F. WILLIAM ENGDAHL

Mit der Ölwaffe zur Weltmacht

Der Weg zur neuen Weltordnung

Dr. Böttiger Verlags-GmbH

F. William Engdahl
Mit der Ölwaffe zur Weltmacht
Der Weg zur neuen Weltordnung

Dr. Böttiger Verlags-GmbH

Englischer Titel: The History of The Oil Weapon from
Sykes-Picot to The New World Order,
© 1992 by Dr. Böttiger Verlags-GmbH.

Aus dem Englischen übertragen von Marlow Dräge und
Helmut Böttiger.

Titelbild: 11. März 1917:
Einzug der britischen Truppen in das eroberte Bagdad.
Quelle: Bildarchiv Preußischer Kulturbesitz

1. Auflage
(c) Copyright 1992 by Dr. Böttiger Verlags-GmbH,
Dotzheimer Str. 166, D-6200 Wiesbaden

Satz: Dinges & Frick, Wiesbaden
Druck: Ebner Ulm
Printed in Germany
ISBN 3-925725-15-6

Inhalt

4

Dieses Buch widme ich

> *Herrn O.T. Rishoff (1876-1956), der mich für die Geschichte begeisterte,*
> *F.D. Wills, der sich der Geschichte bediente, um sie zum Besseren zu verändern,*
> *und meiner Ehefrau Inge, die geduldig die Entstehung des Buches unterstützte.*

Einleitung

Am 16. Januar 1991 entfaltete sich vor den Augen der Welt die gewaltigste Kriegsmaschinerie der bisherigen Geschichte. Eine vereinigte Luftflotte höchstentwickelter Kampfflugzeuge unter amerikanischer Führung warf Bomben mit einer Sprengkraft von rund zwei Millionen Tonnen TNT auf ein Entwicklungsland am Persischen Golf. Der Irak hat 17,4 Millionen Einwohner und eine Landfläche nicht viel größer als Schweden, wovon ein großer Teil Wüste ist. Aber das Pentagon und die Medien sprachen von der viertgrößten Militärmacht der Welt.

Der unrechtmäßige Einmarsch irakischer Truppen nach Kuwait am 2. August 1990 soll die scheinbar überstürzte Entscheidung Washingtons und Londons für den Krieg gegen den Irak ausgelöst haben. Aber rechtfertigt der alte Grenzdisput am Golf einen Vernichtungskrieg mit größerer Zerstörungskraft, als sie im gesamten Zweiten Weltkrieg eingesetzt wurde? Noch weniger entschuldigt er die immer noch andauernde Hungerblockade der Vereinten Nationen gegen Frauen und Kinder im besiegten Irak. Wie konnten sich die Regierungen in London und Washington derart vergessen, warum wagte kein industrialisiertes Land, diesem Wüten zu widersprechen? Ohne die über hundert Jahre zurückreichenden Wurzeln des Konflikts zu beachten, kann man nicht begreifen, was da geschehen ist und noch geschieht.

Die Menschheit mußte sich in diesem Jahrhundert an Schrecken gewöhnen. Sie erlebte zwei Weltkriege. Seit 1945 fanden über zwanzig bewaffnete Konflikte statt, in die sich die westliche Führungsmacht verwickelt hat. Wieviel menschliches Leid dadurch hervorgerufen wurde, davon erzählt keine Chronik. Und heute stehen wir am Rande einer neuen Art Weltkrieg, der gegen die Bevölkerung der Entwicklungsländer gerichtet ist. Wirtschaftliche Krisen erschüttern auch die Industrienationen, die soziale Not in der Welt läßt erschrecken. Volksaufstände, Revolten, Handelskrieg, die Ermordung führender Politiker und Schlüsselfiguren nationaler Volkswirtschaften vergiften die Beziehungen zwischen den Nationen. Stehen wir am Beginn einer Katastrophe, die dem Dreißigjährigen Krieg im 17. Jahrhundert vergleichbar ist?

Durch die Kriege, Konflikte und Auseinandersetzungen seit Ende des letzten Jahrhunderts zieht sich ein „roter Faden" bis zu den großen politischen Ereignissen dieses Jahrhunderts und zum tragischen Golfkrieg. Dieser „rote Faden" ist Gegenstand des vorliegenden Buches. Die herkömmlichen Geschichtsbücher kümmern sich um diesen Zusammenhang wenig, scheinen ihn sogar mit allerlei kurzgreifenden Erklärungen zudecken zu wollen. So bleibt den meisten Menschen die Geschichte mit ihren sinnlosen Schrecken rätselhaft und unerklärlich. Dieses Buch versucht zu erklären, warum die Welt sich 1991 wegen eines alten Streits über wenige tausend Quadratkilometer Wüstensand an den Rand des Chaos treiben ließ. Die historischen Fakten werden unter einem Blickwinkel beleuchtet, der kaum den Zuspruch bestallter Geschichtsbeamter und Meinungsmacher finden wird. Der Leser wird sich am besten selbst ein Urteil bilden, ob die Geschichte so mehr Sinn ergibt als in der hergebrachten Fassung.

Wiesbaden, im September 1991

1. Kapitel

Eine neue Strategie für das Britische Empire

Drei Säulen tragen das Reich

Nichts hat die Geschichte der letzten hundert Jahre so geprägt wie der Kampf um die Kontrolle der Weltölreserven. Wir wollen etwas Licht in diese Auseinandersetzung bringen. Es wird sich zeigen, wie zuerst England und später zunehmend auch die USA ihre wirtschaftliche und politische Macht an den Rohstoff Erdöl banden, und wie sie ihre Kontrolle über diesen Rohstoff im Laufe der Jahre zu nutzen verstanden. Im Licht dieser Auseinandersetzung wird so manche geschichtliche Selbstverständlichkeit plötzlich ganz andere Züge annehmen. Doch beginnen wir am Anfang.

Gegen Ende der neunziger Jahre des letzten Jahrhunderts war Großbritannien in jeder Hinsicht die vorherrschende wirtschaftliche, politische und militärische Macht der Welt. Britisches Gold war, unter den eifersüchtig wachenden Augen der Bank von England, der feste Grund, auf dem das Pfund Sterling ruhte. Gold verlieh dem Sterling die Macht, die Welt zu regieren und aller Welt Kredit einzuräumen. Und Kredit war die Hauptquelle des britischen Ansehens in der Welt. Zwar hatte erst die militärische Landmacht Preußens den Sieg über Napoleon 1815 bei Waterloo möglich gemacht. Aber Wellington und die britische Elite holten sich nicht nur die Siegestrophäe, sie verstanden es auch, diese für ihre wirtschaftlichen Ziele auszunutzen. Sie half ihnen nämlich, den weltweiten Strom der Goldreserven sicher in die Londoner Tresore umzulenken.

„So gut wie Sterling" wurde zur Redensart der Zeit. Ein Gesetz vom 22. Juni 1866 erklärte Gold zum einzigen Wertmaß im Britischen Empire. Aufgabe der britischen Außenpolitik wurde es mehr und mehr, die britische Schatztruhe zu schützen. Vor allem galt es sicherzustellen, daß das in Australien, Kalifornien oder Südafrika neu geschürfte Gold möglichst vollständig in die Tresore der Bank von England gelangte. Es handelt sich bei der Bank von England nicht um eine Staatsbank. Sie ist ein privates Unternehmen, das hoheitliche Aufgaben wahrnimmt, und gehört einem Konsortium der wichtigsten englischen Privatbanken wie Baring, Hambros, Rothschild u.a. Trotzdem nimmt die Bank Aufgaben des Souveräns wahr. Sie beeinflußte besonders die britische Außenpolitik und brachte sie mit den Nationen in Konflikt, die selbst Goldreserven aufbauen wollten.

Seit 1815 konnte sich die britische Vorherrschaft auf den Weltmeeren unangefochten behaupten. Britische Schiffe transportierten britischen Stahl, britische Kohle oder Bekleidung aus der Textilindustrie der Midlands in alle Teile der Welt. Britische Manufakturen hielten in den folgenden Jahrzehnten die Spitzenstellung der Weltproduktion.

Aber wie so oft trügt auch hier der Schein. Hinter der Kulisse der führenden Weltmacht faulte Großbritannien im Inneren. Je weiter die britischen Handelshäuser ihre Stellung in der Welt ausbauten, Londoner Banken Kredite zum Bau von Eisenbahnen in Argentinien, den Vereinigten Staaten und Rußland vorstreckten, desto morscher wurde die Wirtschaft im eigenen Land. Nur wenige Leute haben verstanden, wie eng und gesetzmäßig der Zusammenhang zwischen den beiden scheinbar widersprüchlichen Entwicklungen zu jener Zeit ist.

Seit dem unrühmlichen Wiener Kongreß von 1815, der Europa nach Napoleons Niederlage neuordnen wollte, und den sprichwörtlichen Intrigen des britischen Außenministers Lord Castlereagh, hatte England die Vorherrschaft zur See inne. Es hatte sich dieses Vorrecht mit „Zugeständnissen" an das Haus Habsburg in Österreich und an andere europäische Mächte erkauft. England verstand es aber, solche Zugeständnisse so einzusetzen, daß die Mächte miteinander in Streit geraten mußten und sich auf diese Weise gegenseitig in Balance hielten. Durch ihren Konkurrenzkampf geschwächt, konnten sie die Expansion Englands nicht aufhalten. „Balance of power" wurde zur Leitidee britischer Außenpolitik.

Die britische Vorherrschaft zur See, und damit verbunden die britische Kontrolle über den Welthandel, war das Ergebnis von Waterloo und bildete eine der drei Säulen des britischen Weltreiches.

London konnte wichtige Handelsbedingungen für die Unternehmer in Kontinentaleuropa und in anderen Teilen der Welt festlegen. Dazu dienten nämlich die Tarife des Londoner Schiff- und Seehandelversicherers Lloyds und die Kreditbedingungen des Bankensyndikats der Londoner City. Da die Marine Ihrer Majestät, die größte der Welt war und die Weltmeere und wichtigsten Schiffsrouten bewachte, erhielten britische Schiffe kostenlose Versicherung. Demgegenüber mußten die Handelsflotten der Konkurrenz astronomische Summen an Londons großes Versicherungskartell Lloyds zahlen, um gegen Piraterie, Katastrophen und kriegerische Einwirkungen versichert zu sein.

Um ihre Handelsfahrten zu finanzieren, waren die Seehandelsgesellschaften der Welt auf sehr große Kredite und Wechsel angewiesen. Vorschüsse der erforderlichen Höhe konnten nur die Banken der Londoner City zur Verfügung stellen. Denn nur sie waren durch entsprechende Goldreserven der Bank von England gedeckt. Kredite wurden an Bedingungen geknüpft, die es britischen Handelshäusern erlaubten, die Märkte möglicher Konkurrenten mit einer Flut billiger englischer Exporte gnadenlos zu überschwemmen. Die unangefochtene Dominanz britischer Banken über das Bankwesen anderer Nationen war die zweite Säule britischer Vorherrschaft nach 1815.

Die dritte Säule, die im Laufe des Jahrhunderts immer wichtiger wurde, war die geopolitische Beherrschung der

Rohstoffreserven der Welt. Das waren zunächst Kohle und Erz, Baumwolle und Kaffee sowie gegen Ende des Jahrhunderts das „schwarze Gold" – Öl.

Freihandel, ein Machtinstrument

Im Jahre 1820 verabschiedete das britische Parlament eine folgenreiche Grundsatzerklärung. Sie sollte knapp hundert Jahre später den ersten Weltkrieg mit all seinen tragischen Folgeerscheinungen auslösen. Eine Gruppe mächtiger Finanziers und Seehändler unter Führung von Alexander Baring legte dem britischen Parlament eine damals in seinen Auswirkungen noch unbekannte Wirtschaftsdoktrin vor; sie hieß: „Freihandel". Die Anregung dazu stammte von Adam Smith, der als radikaler Physiokrat in seinen Schriften gut fünfzig Jahre zuvor den „absolut freien Handel" und die freiwillige Unterwerfung der Gesellschaft unter den Automatismus der Marktmechanismen gefordert hatte.

Bis zum Jahre 1846 gelang es dieser Gruppe, mit Hilfe ihrer Freihandelsgrundsätze die berühmten „Corn Laws" in England zu kippen. Die Korngesetze waren vor über hundert Jahren eingeführt worden und sollten die Versorgung der eigenen Bevölkerung mit Nahrungsmitteln sicherstellen. Insbesondere sollten sie die heimische Landwirtschaft vor ausländischer Konkurrenz und das Land vor Erpressungen durch die „Nahrungsmittelwaffe" anderer Mächte schützen. Die mächtigen Handels- und Finanzinteressen der Londoner City hatten sich ausgerechnet, daß sie bei absoluter Handelsfreiheit ihre wirtschaftspolitische Überlegenheit weltweit weiter ausbauen und gegen das Erstarken aufkommender Konkurrenz besser verteidigen konnten. Sie waren entschlossen, ihren Vorteil bis zum letzten auszureizen. Mit Hilfe des „Freihandels" ließ sich nämlich das Wirtschaftswachstum anderer, noch nicht so entwickelter Nationen bremsen oder unterbinden.

Unter dem Deckmantel des „Freihandels" zogen britische Geschäftsbanken nach 1840 – um nur ein besonders drastisches Beispiel für die angestrebte „Freiheit" zu geben – astronomische Gewinne aus dem Dreiecksgeschäft mit Opium, das sie zwischen Indien, der Türkei und China abwickelten. Das britische Außenministerium stellte sich auf die Seite der Finanzinteressen der Opiumhändler und zwang China in mehreren Kriegen, seine Häfen für den „Freihandel", d.h. das Opiumgeschäft, zu öffnen.

Auf dem Höhepunkt der Debatte um den Freihandel im Jahre 1843 schufen sich die mächtigen Finanzinteressen der Londoner City mit der Wochenzeitung *The Economist* ein Propagandainstrument ihrer Wirtschaftsdoktrin. Das offen ausgesprochene Ziel der Zeitung war es, das ehrwürdige Korngesetz mit Hilfe der Freihandelslehre von Adam Smith zu stürzen. Sie erhob den Grundsatz des Händlers an der Ecke: „Kaufe billig, verkaufe teuer" zur Leitlinie nationaler Wirtschaftspolitik und ließ nur noch den Gewinn als Maß und Zweck der Produktion gelten.

Das Jahr 1846 brachte den Erfolg: Die Tories unter Sir Robert Peel brachten das Korngesetz zu Fall. Sie stellten damit eine nicht nur für die britische Geschichte verhängnisvolle Weiche; das Ereignis hatte weltgeschichtliche Auswirkungen. Daß es eine Wende zum Schlechteren war, zeigte sich bereits an den unmittelbaren Folgen. Die neuen Gesetze öffneten die Schleuse für eine Flut billiger landwirtschaftlicher Importgüter. Sie schwemmten die heimische Landwirtschaft hinweg und trieben auch Bauern anderer Länder in den Ruin.

Als die Preise in England plötzlich abrutschten, traf das neben den englischen die irischen Bauern besonders hart. Der Freihandel führte unmittelbar zu Massenelend, Hunger und zwang irische Bauern und ihre Familien zur Auswanderung. Der tragische irische Hungerwinter von 1846 und die späteren Hungersnöte waren die direkte Folge dieser Wirtschaftspolitik. Die britische Politik wollte bislang um jeden Preis verhindern, daß sich in Irland ein Manufakturwesen mit eigener Industrie bildete. Auf diese Weise wurde Irland in die Rolle des billigen Brotkorbs zur günstigen Versorgung Englands gezwungen. Nun zog der freie Markt Irland ersatzlos diesen Boden unter den Füßen weg.[1]

Nach 1846 importierte Großbritannien Nahrungsmittel aus seinen Kolonien. Kulis und Fellachen mit ihren Hungerlöhnen traten in Konkurrenz zu den englischen und irischen Bauern. Die willfährigen Feudalherren zwangen die bedauerlichen Geschöpfe, unter sklavischen Bedingungen zu arbeiten.

So gelang es, das Einkommen der Bauern in Großbritannien zum angeblichen Vorteil der Konsumenten unter das Existenzminimum zu drücken. Andererseits ließ sich in England mit dem Brotpreis auch das Lohnniveau und der Lebensstandard der Arbeiter senken. Ein Armengesetz hatte nämlich den Mindestlohn und die Unterstützungszahlungen für Arbeiter, deren Einkommen unter das Existenzminimum absank, vom Preis für einen Laib Weißbrot abhängig gemacht.

Die Abschaffung des Korngesetzes läutete für das gesamte britische Kolonialreich die Politik der „billigen Arbeit" ein. Und dies hatte Auswirkungen auf die „soziale Frage" im restlichen Europa. Denn die Konkurrenz indischer Fellachen traf nicht nur die englischen und irischen Bauern, sondern auch die deutschen. Die billigen Produkte verelendender britischer Arbeiter drückten die Preise für die aufstrebende Industrie auf dem europäischen Kontinent und in den USA. Sie alle wurden in den erbarmungslosen Verdrängungswettbewerb hineingezwungen.

Die einzigen, die aus dem angeblich ehrenwerten Bemühen um einen billigen Nahrungsmittelpreis Vorteil zogen, waren die großen Londoner Handelshäuser und Banken. Die Senkung der Lebensmittelpreise trieb die Klassengegensätze in England und in den übrigen Industrieländern auf die Spitze. Die sich verschärfende „soziale Frage" machte es mit Hilfe weniger Einflußagenten möglich, in den Konkurrenzländern sozialistische Massenorganisationen aufzubauen. Sie ließen sich gegen das dort aufkeimende industrielle Bürgertum leicht in Bewegung setzen. Mit kurzen Worten läßt sich das Wesen des

Freihandels so bestimmen: Er trennt die Menschen in immer weniger extrem reiche Familien und eine rasch wachsende Zahl immer ärmerer, meist unterernährter Menschen.

Mit den Worten des zeitgenössischen, amerikanischen Ökonomen E. Peshine Smith macht die Freihandelsdoktrin „aus der Nation einen gigantischen Kleinkrämer". Er setzte dieser Lehre das volkswirtschaftliche Denken des übrigen Europa entgegen, besonders das des Deutschen Zollvereins und dessen Urhebers Friedrich List.

„Die Politik (dieser Europäer) wird vom Denken des Herstellers und nicht des Kleinkrämers bestimmt", bemerkt Peshine Smith. „Wenn sie den nationalen Wohlstand beurteilen, schauen sie auf den Produktionsapparat und nicht auf die Handelsspanne. So haben die großen Nationen auf dem europäischen Kontinent – Frankreich, Rußland und die deutschen Staaten, die sich im Zollverein zusammengeschlossen haben – die Wirtschaftsdoktrin, die die Wirtschaftspolitik Englands so lange bestimmte, durch ihre Praxis abgelehnt. Joseph Kay, ein gelehrter und angesehener britischer Schriftsteller, hat den Gewinn, den England aus seiner Art zu wirtschaften zog, richtig eingeschätzt. Er beschreibt seine Nation als eine, in der ,der Adel reicher und mächtiger ist als in irgendeinem anderen Land der Welt, und wo die Armen stärker unterdrückt, ärmer und zahlreicher im Vergleich zu anderen Bevölkerungsschichten, der Religion mehr entfremdet und wesentlich schlechter gebildet sind als die Armen irgend einer anderen europäischen Nation.'"[2]

Schon 1850 versuchte man sich in England über die offensichtliche wirtschaftliche Fehlentwicklung mit einer Kampagne hinwegzumogeln, die noch heute dazu dient: Schuld an allem Elend sei nur eine angebliche Übervölkerung. Damit verdeckte man die Tatsache, daß die finanziellen Auflagen zu Unterinvestitionen in neue industrielle Fertigungsverfahren geführt hatten. Das war die Folge der neuen Lehre, des „britischen Wirtschaftsliberalismus". Diesem Liberalismus ist im wesentlichen zu verdanken, daß sich eine immer mächtigere und immer schmalere Elite immer uneingeschränkter über die „ignoranten Volksmassen" erheben konnte.

Die liberale politische Elite stellte sich wie die britische Regierung den Interessen einer immer exklusiveren, zahlungskräftigen, privaten Clique zur Verfügung. Diese Clique umschwirrte ein Heer von Intellektuellen, die ihre „Analysen" und Propagandaleistungen feilboten. Gegen Ende des 19. Jahrhunderts konzentrierte sich die politische Macht Großbritanniens in den Händen weniger Londoner Bankiers und ihrer Familien.

Britische Weltherrschaft

Beinflussung und Manipulation anderer Volkswirtschaften mit Hilfe der Freihandelsdoktrin bildete in den letzten 150 Jahren das Wesen britischer Wirtschaftsstrategie. Großbritanniens zweifelhafte Größe bestand darin, seine Wirtschaftspolitik dabei geschickt wie ein Chamäleon auf die Wandlungen der internationalen Wirtschaftsrealität einzustellen. Dabei blieb aber ihr Kern, den „absoluten Freihandel" Adam Smiths als Waffe gegen die souveräne nationale Wirtschaftspolitik rivalisierender Mächte einzusetzen, unverändert.

Ende des 19. Jahrhunderts stellte sich dem britischen Establishment erneut das Problem, seine Weltherrschaft gegen aufkommende wirtschaftliche Widerstände in den Kolonien und abhängig gemachten Nationen absichern zu müssen. Als in den achtziger Jahren die Rufe nach einer „neuen Ära des Antiimperialismus" lauter wurden, verlegte die britische Elite sich auf eine raffiniertere und weitaus wirksamere Methode, um ihre Welthegemonie weiter auszubauen. Man kam auf die Idee der „informellen Herrschaft". Während die Kernländer des britischen Kolonialreiches, Indien und die Länder des Fernen Ostens, weiterhin britischer Besitz blieben, wurde der Einfluß des Empire zugleich auf neue, bisher kaum unterworfene Gebiete ausgedehnt. So floß plötzlich Kapital in erstaunlichem Umfang nach Argentinien, Brasilien und andere spanische Kolonien in Amerika. Sie legen um diese Länder Bande finanzieller Abhängigkeit, die sich in vielfacher Hinsicht bald als wirksamer erweisen sollten als der direkte Kolonialstatus.

Zum Komplex der „informellen Herrschaft" zählten Begriffe wie „Klientelstaat" (client state), „Einflußsphären" oder „Machtgleichgewicht" (balance of power). Sie wurden Ende des letzten Jahrhunderts zu Standardbegriffen der internationalen Diplomatie.

Die Stärke Großbritanniens beruhte seit dem englischen Seesieg über die spanische Armada im Jahre 1588 auf seiner Insellage vor dem europäischen Kontinent. Sie ersparte England die Kosten eines großen stehenden Landheeres und hielt ihm den Rücken frei, sich auf die Seefahrt zu konzentrieren. Der Seehandel brachte England in den Genuß der Reichtümer der Welt und erlaubte ihm, seine „Gleichgewichtsdiplomatie" auf dem Kontinent zu finanzieren. Im Sinne dieser Diplomatie schmiedete England Allianzen gegen jede Nation, die bestrebt war, auf dem europäischen Kontinent zwischen Spanien und Rußland eine Vormachtstellung einzunehmen.

Nach dem Wiener Kongreß von 1815, der nach der Niederlage Napoleons die Machtsphären Europas neu verteilte, hatte England seine zynische Strategie des „Machtgleichgewichts" weiter vervollkommnet. Es ging dabei allerdings weniger um das Gleichgewicht zwischen verschiedenen Mächten. Nicht die Waagschalen, oder was darin lag, waren wichtig, sondern einzig und allein das Zünglein dieser Waage war ausschlaggebend: das strategische Interesse des Britischen Empire. Ausschließlich dieses Interesse bestimmte, welche Rivalen England wie gegeneinander ausspielte und mit wem es sich – ebenfalls aus reinem Kalkül – verbündete.

Die hohe Kunst der britischen Diplomatie des 19. Jahrhunderts bestand vor allem in der Abruptheit, mit der das Empire seine Bündnisse entsprechend diesem Kalkül zu ändern gewillt war. Die englische Diplomatie sah in anderen Nationen keine gleichberechtigten, souveränen Partner, sondern nur Rivalen oder nützliche Schachfiguren. Sie war regelrecht stolz darauf, Bündnisse grundsätzlich nicht aus sentimentalen oder moralischen Gründen einzugehen oder beizubehalten, sondern ausschließlich aus Berechnung. So vollzog Großbritannien um die Jahrhundertwende einen Kurswechsel um 180 Grad gegenüber dem vormaligen Erzfeind Frankreich. Aus dem Rivalen auf dem Kontinent wie in den Kolonien wurde nach der Faschoda-Krise von 1898 der Partner in der englisch-französischen „Entente Cordiale" gegen Deutschland. Ebenso plötzlich, wie dieses Bündnis zustandekam, ließ London damals die Türkei fallen. Jahrzehntelang hatte Großbritannien das Osmanische Reich unterstützt, um die russische Expansion einzudämmen, aber jetzt brauchte es Rußland als Bündnispartner in der „Tripelentente" von 1907. Diese Art von Schachbrettpolitik nannte man in London und in Indien das „Great Game", das große Spiel.

Eine neue Variante des großen Spiels war nun die „informelle Herrschaft", die sich verstärkt in der wirtschaftlichen Arena bewegte. Anlaß für den britischen Kapitalstrom in außereuropäische Länder wie Argentinien und Brasilien war das Vorhaben jener Länder, eine eigene nationale Infrastruktur für das Transport- und Verkehrswesen aufzubauen. Die Briten halfen zwar bei der Finanzierung, brachten damit aber diese Projekte unter ihre Kontrolle.

Die jeweilige Regierung unterstützte diese Bemühungen durch die Vergabe großzügiger Zuwendungen und Konzessionen an britische Unternehmen. Britisches Kapital baute die Eisenbahnen, die Hafenanlagen und entwickelte die Schiffahrt. London diktierte aber die Kreditbedingungen so, daß sie die Klientelstaaten finanziell strangulierten und zu wirtschaftspolitischen Gefangenen britischer Handelshäuser und Banken machten. Indem sich die Nationen auf diese Handels- und Finanzbedingungen einließen, traten sie die Kontrolle über ihre Volkswirtschaft an die Handelshäuser und Banken ab. Die Länder wurden damit viel wirksamer und nachhaltiger unterworfen, als wenn britische Soldaten die Hauptstadt erobert und für das Britische Empire Tribute und Steuern eingetrieben hätten.

In den achtziger Jahren des 19. Jahrhunderts wurde zum Beispiel der Eisenbahnbau in Argentinien abgeschlossen. Über die Gleise rollten die Waren des Landes, insbesondere Rindfleisch und Getreide, zum Export in die argentinischen Häfen, wo sie auf britische Schiffe verladen und nach England verschifft wurden. Während sich in diesen Jahren der Export Argentiniens rasch verdoppelte, wuchsen die Verbindlichkeiten gegenüber britischen Finanzhäusern um das Siebenfache. Sie machten das Land zum Vasallen des Britischen Empire. „Billigimperialismus" nannten das damals die Zeitgenossen zutreffend. Niemals dachten die Briten daran, in ihren Klientelstaaten unabhängige, industriell starke Volkswirtschaften hochkommen zu lassen. Einziges Ziel dieser Investitionen war die Kontrolle über die Rohstoffe und Reichtümer des Landes.

Anders zum Beispiel das Vorgehen in Ägypten: Um 1882 landeten dort britische Truppen und besetzten das Land unter dem Vorwand, so den Seeweg nach Indien offenzuhalten. Tatsächlich wollte man den Suezkanal aber dem Rivalen Frankreich, der den Kanalbau begonnen hatte, abjagen. Schon 1875 hatte die britische Regierung unter Königin Viktoria die ägyptischen Suezkanalaktien gekauft. Die militärische Besetzung machte alle Strukturen der Selbstregierung in Ägypten grundlegend zunichte. So blieb das britische „Protektorat" Ägypten auf die Präsenz britischer Truppen und „Verwaltungsspezialisten" angewiesen und zahlte auch noch dafür. Ägypten bildete einen wichtigen Knotenpunkt auf der Achse zwischen London und Indien, und der Suezkanal war das Nadelöhr zwischen den beiden Reichshälften.

Aus ähnlichen Gründen hatten die Briten zuvor schon Südafrika besetzt. Auch hier sollte angeblich der Seeweg nach Indien gesichert werden. Vor allem wollten die Briten aber verhindern, daß andere ausländische Mächte dort Stapelrechte erwerben und dem britischen Seehandel irgendwie zuvorkommen konnten. In den vierziger und fünfziger Jahren war Südafrika weitgehend unabhängig.

Aber nun wollten die Engländer der Burenrepublik den Zugang zum Indischen Ozean verwehren und annektierten aus diesem Grund 1843 Natal. Dann verdrängten sie die Buren aus dem Gebiet von Delagoa Bay und verhinderten, daß sie sich 1869 unter Pretorius politisch vereinigten.

Die Briten wollten die eigene Vorherrschaft nicht nur in der südafrikanischen Region, sondern überall entlang der wichtigsten Schiffahrtswege ausbauen und festigen. Dadurch wollten sie ihr Handelsmonopol zur See erweitern und absichern.

Zu diesem Zweck gruppierten sie damals auch ihren Geheimdienst auf eine sehr bemerkenswerte Weise um. Auch die übrigen Weltmächte wie Frankreich oder Rußland unterhielten militärische Nachrichtendienste. Großbritannien stützte nach dem Sieg von Waterloo seine Macht auf ein ganz eigenartig fein gewobenes, informelles Informations- und Verbindungsnetz. Es wurde zwischen den Spitzenbankiers und Finanziers der Londoner City, Mitgliedern der Regierung und führenden Persönlichkeiten der Schlüsselindustrie und der klassischen Spionagedienste geknüpft. Niemand gelangte in der britischen Gesellschaft, ihrer Politik, Regierung oder Opposition, ihrer Wirtschaft, Kultur oder Kunst zu Rang und Einfluß, wenn er nicht in dieses Netz verflochten war.

Ein typisches Beispiel dieser unseligen, aber wirksamen Verbindung ist der Sproß einer Londoner Handelsbank, Sir Charles Jocelyn Hambro. Er war von 1928 bis zu seinem Tod 1963 Direktor bei der Bank von England. Während des Zweiten Weltkrieges leitete Hambro daneben die Abteilung für besondere Aufträge (Special Operations Executive, SOE) des britischen Geheimdienstes, die dem Ministerium für Wirtschaftskriegführung unterstand. Seiner Dienststelle oblag der Wirtschaftskrieg gegen Deutschland. Sie bildete das Führungspersonal jener Organisation aus, die nach dem Krieg als Central Intelligence Agency (CIA) bekannt wurde. Zu dieser Geheimdienstelite der USA gehörten und gehören Personen wie William Casey, Charles Kindelberger, Walter Rostow und Robert Roosa, später stellvertretender Finanzminister unter der Regierung Kennedy und Geschäftspartner der prominenten Wallstreetfirma Brown Brothers. Harriman.

Die britische Geheimdienstspitze beschaffte sich nicht wie ein gewöhnlicher Geheimdienst Informationen aus ausländischen Hauptstädten. Sie bildete ein geheimes, freimaurerartig verschworenes Netz, das die gewaltige Macht britischer Bankierkreise, Handelshäuser, Großindustrie und der Regierung zusammenhielt. Dieses Netz weihte gerne auch führende Persönlichkeiten anderer Nationen ein, die sich das zur Ehre anrechneten und nun willentlich oder unwillentlich gegen die Interessen ihrer Heimatländer zu arbeiten begannen. Da dieses Netz geheim blieb und hinter den Kulissen arbeitete, erzielte es einen gewaltigen Einfluß auf die leichtgläubige und arglose Wirtschaft und Politik des Auslandes.

Das eigentliche Geheimnis der britischen Vorherrschaft während dieser zu Unrecht „Freihandelsära" genannten Zeit nach 1846 stellt diese heimliche Ehe zwischen den Mächtigen der Wirtschaft, der Regierung und der Geheimdienste dar.

Die große Depression von 1873

Der Übergang Großbritanniens zur Freihandelspolitik löste Mitte des 19. Jahrhunderts eine Finanzpanik und anschließend eine langanhaltende wirtschaftliche Depression aus. Die Freihändler hatten darauf gebaut, ihren Einfluß und die britische Vorherrschaft mit Hilfe politischer Bewegungen wie etwa der Sozialdemokratie in allen Handelsnationen der Welt durchsetzen zu können. Sie hatten die Gleichschaltung aber nicht so rasch und zur vollen Befriedigung bewerkstelligen können.

Nach der ernsten Londoner Bankenpanik von 1857 beschloß das Establishment der City eine ungewöhnliche Maßnahme, um zu verhindern, daß künftig wieder einmal das Währungsgold von Londoner Banken abgezogen

werden konnte. Damals hatte sich nämlich das Ausland
auf die Goldreserven der Bank von England gestürzt und
so den Bankguthaben in England die Deckung entzogen.
Die Gegenmaßnahme, wozu die englischen Behörden damals Zuflucht nahmen, schuf einen unheilvollen Präze-
denzfall für die Politik der Zentralbanken.

Die Bank von England war eine private Einrichtung, die
nicht von der Regierung, sondern von privaten Finanzinteressen der City gelenkt wurde. Letztere waren auf einen
einfachen Mechanismus aufmerksam geworden. Man
brauchte nur den Diskontsatz im Verhältnis zu dem der
Zentralbanken anderer Staaten erhöhen, und schon
konnte man aus Berlin, New York, Paris oder Moskau Gelder anziehen. Damit ließ sich verhindern, daß mit den
dort vorhandenen Kapitaleinlagen Goldreserven aus der
Bank von England abgerufen wurden.

Die Zinspolitik wurde damit zu einer mächtigen Waffe
im Zentralbankwesen. Hierbei hatte die Bank von England ihren Rivalen gegenüber einen entscheidenden Vorteil. Sie konnte in Kauf nehmen, daß die überhöhten Wucherzinsen verheerende Folgen für die britische Industrie
oder Landwirtschaft nach sich zogen. Denn Industrie und
Landwirtschaft bestimmten nicht mehr ihre Wirtschaftsmacht und ihre Wirtschaftspolitik. Nach der Abschaffung
der Korngesetze 1846 hielten die internationalen Banken
und Handelshäuser die Wirtschaftsmacht Großbritanniens in Händen. Die Handelsherren und Bankiers scheuten
sich nicht, um ihrer Vorrangstellung auf den Weltmärkten
willen die heimische Industrie zu knebeln und ihr den Zu-
fluß von Geldern für weitere Investitionen abzugraben.
Das gleiche wiederholt sich seit der Ermordung Präsident
Kennedys in den USA.

Die Hochzinspolitik der Bank von England behinderte
produktive Investitonen und bewirkte folgerichtig eine
verheerende Depression. Die Depression setzte um 1873
ein und hielt bis 1896 an.

Ausgelöst wurde sie allerdings von den englischen Banken. Der riesige Berg an Auslandsschulden, der trotz
hoher Zinsen für den Eisenbahnbau in Nord und Süd-

amerika aufgetürmt worden war, stürzte in sich zusammen, weil sich die Zins- und Tilgungszahlungen nicht eintreiben ließen. Wertpapiere lösten sich über Nacht in Nichts auf. Zwischen 1873 und 1896 verfielen die Binnenpreise um ungefähr 50 Prozent. Dies löste eine Welle von Konkursen aus und trieb die Arbeitslosigkeit in schreckliche Höhen.

Der Mangel an investivem Kapital in den Manufakturen und bei der Industrie Großbritanniens zeichnete sich bereits auf der Weltausstellung von 1867 ab. Damals warteten viele Länder, vor allem aber Deutschland, mit völlig neuen Erzeugnissen hoher Qualität zu niedrigen Preisen auf. Das sprunghaft weiterentwickelte, produktivere Maschinenwesen hatte dies möglich gemacht. Sogar Tuche und Textilien aus Deutschland und anderen Ländern übertrafen die berühmten britischen Waren.

Britische Manufakturen, die noch zwanzig Jahre vorher die Weltspitze angeführt hatten, segelten nun in der Kiellinie anderer, weil sie die technologische Entwicklung verpaßt hatten. Als natürliche Folge sank auch der britische Export an Stahl, Kohle, Tuch und anderen Industrieprodukten. Die britische Wirtschaft und mit ihr die britische Politik trieb, seit die Freihandelsdoktrin den Schwerpunkt des Wirtschaftens von Produktion und Entwicklung in Richtung Handel und Finanzen verlagert hatte, auf einen Wendepunkt zu. Das zeichnete sich schon dreißig Jahre nach Abschaffung der Korngesetze deutlich ab. Die britische Finanzwelt zog daraus ihre Konsequenzen – allerdings andere, als man gemeinhin hätte erwarten sollen. Wenn produktive Spitzenleistungen ihrer Vormachtstellung nicht mehr dienen konnten, mußte man sich eben anderer Machtmittel bedienen.

Jedenfalls war die Zeit vorbei, da Großbritannien den Reigen der Industrieländer der Welt anführte. Das Freihandelsdogma des 19. Jahrhunderts und die damit einhergehenden malthusianischen Ideen hatten sich verhängnisvoll ausgewirkt. Die Anstrengungen, womit das Britische Empire zu verhindern suchte, daß sich irgendwo in der Welt andere Nationen industrialisierten und wirt-

schaftlich entwickelten, hatten England knapp ein Vierteljahrhundert nach Abschaffung der Korngesetze in die
tiefste und längste Wirtschaftsdepression seiner Geschichte gestürzt.

Nach der Krise von 1873 fiel es schwer, das inzwischen
überall als „Englische Krankheit" verschriene „kosmopo-
litische Wirtschaftsmodell" Adam Smiths zu verbreiten.
Es gab erfolgreichere Vorbilder. Dazu gehörte zum Beispiel Deutschland. Es hatte sich mit Hilfe einer rigorosen
Schutzzollpolitik vom Agrarland zum auffälligsten
Industrieland der Welt gemausert und wies die höchsten
Wachstumsraten unter den damaligen Industrienationen
auf.[3]

Vor diesem Hintergrund sah sich die britische Elite zu
der Diskussion genötigt, wie sie ihr Empire und ihre
Macht in der sich rasch verändernden Welt weiterhin
aufrechterhalten konnte. In dieser Diskussion kristalli-
sierte sich seit 1882 immer deutlicher die Ölwaffe als
Machtmittel und Instrument britischer Vorherrschaft heraus.

Anmerkungen

1. In einem Kommentar zur britischen Freihandelspolitik bemerkte 1851 der amerikanische Wirtschaftswissenschaftler Henry C. Carey, der als der Architekt der amerikanischen Volkswirtschaftspolitik unter Präsident Abraham Lincoln gilt: „Wir haben es hier mit einem ungesunden und unnatürlichen System zu tun und zum anderen mit einer Theorie, die zu dem Zweck erfunden wurde, die Armut und Verkommenheit zu erklären, die seine unausweichlichen Folgen sind. Die Mißstände in Irland werden auf die Überbevölkerung geschoben, obwohl Tausende von Hektar besten Ackerlandes des Königreiches dort auf Entwässerung warten, um zu den produktivsten der Welt zu werden, und obwohl die Bevölkerung Irlands gezwungen wird, ein Mehrfaches an Arbeit zur Bezahlung von Tuch und Stahl aufzuwenden, als nötig wäre, ihn selbst zu erzeugen... ,Überbevölkerung', das ist die leichtfertige Ausrede für alle Übel eines verfehlten Systems. Die Zustände werden sich erst ändern, wenn dieses System endet. Nur um es aufrechtzuerhalten, muß der Arbeitslohn auf einem so niedrigen Niveau gehalten werden, das es ermöglicht, die Inder, Deutschen und Amerikaner trotz aller Nachteile aus Frachtkosten und Zolltarifen zu unterbieten."

   Er fährt fort: „England hatte im Maschinenbau über so lange Zeit ein Monopol und damit Erfahrungen und Fertigkeiten angesammelt, daß man damit nicht ohne weiteres konkurrieren konnte. Während dieser Zeit konnte es durch unanständiges Auseinanderdividieren seiner Bevölkerung den Preis für Arbeit und Kapital im eigenen Land unter den seiner Nachbarländer drücken. Die britischen Unternehmen waren gigantisch und stets bereit, diejenigen auszubooten, welche ihnen zur Konkurrenz zu werden drohten. Dabei hätten die ständigen Finanzmanipulationen, die das Kolonialsystem mit sich brachte, schon ausgereicht, alle mit England verbundenen Nationen in den Ruin zu treiben."

   Carey geht auf die Erfahrungen Amerikas mit der Bankerpanik und den Wirtschaftsdepressionen seit 1837 ein. Seit den zwanziger Jahren des 19. Jahrhunderts kontrollierten die Banken der Londoner City immer mehr den amerikanischen Wirtschaftskredit und behinderten eine Nationalökonomie im Sinne Lists.

   Carey schildert die Auswirkungen des Freihandels auf die Arbeitskräfte Großbritanniens: „Frauen und schließlich Kinder im zartesten Alter mußten die Männer auf den Arbeitsplätzen ersetzen. Die Arbeitszeiten wurden ständig verlängert, so daß schließlich ein Einschreiten des Parlaments unabdingbar wurde." Carey prangert die „entsetzlichen Folgen der Bemühungen an, sich die Welt durch das Maschinenmonopol tributpflichtig zu machen. Dabei sind die moralischen Auswirkungen so schlimm wie die physischen. Betrug aller Art wurde allgemein üblich. Getreide wurde durch Baumwolle verdrängt... Die Qualität des Exportstahls und entsprechender Waren wurde immer minderwertiger, aber auch so billig, daß es sich für andere Nationen nicht mehr lohnte, solche Güter selbst herzustellen."

Carey nennt die Abschaffung der Korngesetze von 1846 einen Wendepunkt der britischen Politik: „Und nun zu den Ergebnissen (ihrer Abschaffung), die für England unmittelbare Abhängigkeiten brachte. Die gewaltig angewachsenen Nahrungsmittelimporte aus Übersee ruinierten das Volk in Irland. Der Industrie und des Handels beraubt, war Irland gezwungen, allein von der Landwirtschaft zu leben. Sie sicherte ihm solange ein dürftiges Auskommen, wie der Nachbar ihm einige Preiszugeständnisse machte und für seine Erzeugnisse einen etwas höheren Preis zahlte, als er anderswo dafür hätte entrichten müssen."

„Mit dem Fall der Korngesetze versiegte diese Quelle", fährt Carey fort, „und das Ergebnis ist Armut, Elend und Hunger. Sie zwingen die irischen Landbesitzer, die Leute zu unterhalten, ob sie nun arbeiten oder nicht. So wurden in dem unglücklichen Land wieder die Bedingungen der Leibeigenschaft hergestellt. Statt Nahrungsmittel in großem Umfang zu exportieren, muß Irland diese nun einführen. Irland, ein Land in dem die Nahrungsmittelerzeugung fast die einzige Arbeitsmöglichkeit der Menschen darstellte, wurde zum großen Markt für indisches Getreide. Das System zielt auf das Anwachsen der Personen, die zwischen Hersteller und Konsumenten vermitteln... Auf diese Weise wurde Irland gezwungen, damit alljährlich mehr Arbeit zu verschwenden, als benötigt worden wäre, um das Dreifache der in England hergestellten Menge Stahl oder Tuch aus Wolle und Baumwolle zu produzieren."

Aus: Carey, Henry C.: *The Harmony of Interests, Agricultural, Manufacturing & Commercial*, Philadelphia 1851, bei J.S. Skinner, S. 60-65.

2. Smith, Peshine E.: *A Manual of Political Economy*, New York 1853, bei George P. Putnam &, S. 149-152.

3. Vgl. List, Friedrich: *Das Nationale System der Politischen Ökonomie*. Hrsg. List-Gesellschaft, Tübingen 1959, bei Kyklos-Verlag Basel, J.C.B. Mohr (Paul Siebeck).

2. KAPITEL

Auf Konfrontationskurs

Ein deutsches Wirtschaftswunder vor 1914

S eit 1873 beobachtete die Welt den wirtschaftlichen Niedergang des Britischen Empire und den Aufstieg anderer Industrienationen in Europa, allen voran das Deutsche Reich. Diese Dynamik drängte 1914 zum Ausbruch des Ersten Weltkrieges. Schon damals spielte Erdöl eine bedeutende Rolle in diesem Konflikt, wenn auch nur wenige Personen außerhalb einer kleinen Elite von Bankiers in London und New York sich dessen bewußt waren.

Gegen Ende des 19. Jahrhunderts deutete sich an, daß britische Kreise die eindrucksvolle industrielle Entwicklung in Deutschland beunruhigte. Das betraf vor allem zwei Bereiche. Zunächst bedrohte der Aufbau einer unabhängigen, modernen deutschen Handels- und Kriegsflotte die uneingeschränkte britische Seeherrschaft. Dann gab es das ehrgeizige deutsche Vorhaben, eine Eisenbahnlinie von Berlin bis Bagdad quer durch das Osmanische Reich zu bauen.

In beiden Fällen, beim Ausbau der Flotte wie der Eisenbahn, spielte das Öl für beide Parteien eine entscheidende Rolle, wenn dies auch nicht allen Beteiligten bewußt war. Der deutsche Flottenausbau und der Bau der Bagdadbahn ließen um die Jahrhundertwende einen Krieg in den Augen der angelsächsischen Elite zwingend notwendig erscheinen.In den neunziger Jahren des letzten Jahrhunderts überflügelte die sich rasch entwickelnde Industrie und Landwirtschaft Deutschlands die Großbritanniens hinsichtlich Leistungsfähigkeit, Qualität sowie Tempo und Umfang ihrer jährlichen Zuwachsraten. Die Vereinigten Staaten konzentrierten sich nach dem Bürgerkrieg weitgehend auf den Ausbau ihrer Binnenwirtschaft. Daher sah man in Großbritannien vor allem im industriellen Aufstieg Deutschlands die vorrangige „Bedrohung" der weltweiten Vormachtstellung des Britischen Empire.

In den siebziger Jahren zeigten die Wirtschaftsreformen Friedrich Lists, die mit der Gründung des Zollvereins 1834 eingesetzt hatten, bemerkenswerte Resultate. Sie hatten den Ausbau eines nationalen Eisenbahnsystems vorangetrieben und die sich entwickelnde Industrie durch „Erziehungszölle" geschützt. Diese Schutzzölle hielten in der Aufbauphase eines Industriezweiges die ausländische Konkurrenz nieder, ließen sie aber mit dem Erstarken des Industriezweiges schrittweise immer mehr zu. Die politische Einheit des deutschen Reiches nach 1871 beschleunigte seinen wirtschaftlichen Aufstieg.

Noch bis Mitte des 19. Jahrhunderts hatte sich Deutschland weitgehend an dem scheinbar erfolgreichen britischen Wirtschaftsmodell orientiert. Die Freihandelsdoktrin britischer Ökonomen galten den Großagrariern im Osten wie den deutschen Professoren als eine Art „geheiligtes Evangelium".

Nachdem aber die englische Wirtschaft in den siebziger Jahren in eine langanhaltende Depression gerutscht war, die bald auf Österreich und Deutschland übergriff, kamen Zweifel auf. Man begann in Deutschland immer deutlicher zu verstehen, welch katastrophale Lage ein weiteres Festhalten am „britischen Modell" heraufbeschwor. Das führte zu einer wirtschaftsstrategischen Wende. Und die brachte spürbaren Erfolg.

Von 1850 bis zum Vorabend des Ersten Weltkrieges 1913 hatte sich das deutsche Inlandsprodukt verfünffacht. Die Produktionsleistung pro Kopf wuchs in der gleichen Zeit um 250 Prozent. Die Bevölkerung erlebte einen kontinuierlichen Anstieg ihres Lebensstandards. Das Realeinkommen der Industriearbeiter verdoppelte sich in der Zeit von 1871 bis 1913.

Motor der deutschen industriellen Revolution war die rasante technische Entwicklung. In Deutschland entstanden nach dem Vorbild der französischen Ecole Polytechnique zahlreiche technische Hochschulen und Lehranstalten zur Ausbildung qualifizierter Wissenschaftler und Ingenieure für die Industrie. Die Industrie- und Handelskammern regten zudem die Einrichtung von Handelshochschulen an, in denen qualifizierte Unternehmer herangebildet werden sollten. An den deutschen Universitäten fand der naturwissenschaftliche Unterricht immer mehr das Interesse neuer Studentengenerationen. Das deutsche Ingenieurwesen und die Naturwissenschaften blühten auf.

Noch 1870 war die britische Großindustrie ihrer jüngeren deutschen Konkurrenz weit überlegen. Doch ihr Vorteil sollte in den folgenden Jahrzehnten rasch dahinschwinden. Kohle war bis zum Kriegsausbruch 1914 der Brennstoff für Industrie und Transportwesen. 1890 förderte Deutschland 88 Millionen Tonnen Kohle, Großbritannien hingegen mit 182 Millionen Tonnen mehr als das Doppelte. Aber schon 1910 war die Kohleproduktion in Deutschland auf 219 Millionen Tonnen gestiegen. Großbritannien hielt mit seinen 264 Millionen Jahrestonnen nur noch einen knappen Vorsprung.

Im Mittelpunkt der deutschen Wirtschaftsentwicklung stand die Stahlerzeugung, gefolgt vom Aufbau der Elektrizitätswirtschaft und der chemischen Industrie. Die Erfindung einer neuen Verhüttungsmethode durch Gilchrist Thomas, die das stark phosphorhaltige Eisenerz Lothringens verwertbar machte, ließ die Stahlproduktion in Deutschland zwischen 1880 und 1900 um 1 000 Prozent ansteigen. Dadurch geriet die britische Stahlproduktion erheblich ins Hintertreffen. 1890 produzierte Großbritannien 7,9 Millionen Tonnen Roheisen, Deutschland nur 4,6 Millionen Tonnen. 1910 überrundete Deutschland mit 14,6 Millionen Tonnen die britische Roheisenproduktion, die bei knapp 10 Millionen Tonnen lag. Zu dieser Zeit sanken die Herstellungskosten für Stahl in Deutschland auf 10 Prozent der Kosten von 1860. 1913 schmolzen deutsche

Gießereien fast die doppelte Menge Roheisen ein wie ihre britischen Konkurrenten.[1]

Die „Lokomotive" des ersten deutschen Wirtschaftswunders war der Ausbau eines flächendeckenden Eisenbahnnetzes. Es bewältigte leicht und kostengünstig den Transport der rasch wachsenden Menge industrieller Güter. Nach einigen Vorgeplänkeln begann der Ausbau des Eisenbahnnetzes zwischen 1840 und 1850. Er folgte weitgehend dem Plan, den Friedrich List für den Deutschen Zollverein entwickelt hatte. Mit staatlichen Geldern wurde die Länge des Streckennetzes zwischen 1870 bis 1913 noch einmal verdoppelt.

Die Stromerzeugung verbesserte sich in wenigen Jahren und wurde immer effektiver. Oskar von Miller entwickelte ein leistungsfähiges Versorgungsnetz, das immer größere Entfernungen bewältigte. Unter diesen Voraussetzungen entwickelte sich die deutsche Elektroindustrie. Sie hatte 1895 nur 26 000 Personen beschäftigt, 1913 stammte die Hälfte aller auf dem Weltmarkt gehandelten Elektroerzeugnisse aus Deutschland. Die Beiträge vieler großer Forscher sorgten auch für einen Aufschwung der deutschen chemischen Industrie. Sie überrundete bald die chemische Industrie Frankreichs und Großbritanniens. Mit der Produktion von Anilinfarben aus Steinkohlenteer, von Pharmazeutika und Düngemitteln arbeitete sie sich auf den ersten Platz in der Welt vor.

Nachdem Justus Liebig und andere die wissenschaftliche Grundlage für die Agrochemie gelegt hatten, stieg auch in der deutschen Landwirtschaft die Produktivität steil an. Noch zu Beginn des 19. Jahrhunderts war es immer wieder zu Mißernten und Hungersnöten gekommen. Dann mußte Getreide aus Rußland oder sogar aus Argentinien importiert werden. Selbst in den neunziger Jahren sah sich Deutschland noch gezwungen, Schutzzölle einzuführen, um seine Landwirtschaft und ihre Fähigkeit, die Bevölkerung aus eigenen Mitteln ernähren zu können, vor Billigeinfuhren zu schützen. Vermehrte Mineraldüngung ließ dann trotz der meist minderwertigen und sandigen Böden die Ernteerträge steigen. Zur Zeit des Ersten Weltkrieges erntete man 80 Prozent mehr Getreide als vor 1887, denn in diesem Jahr wurden zum ersten Mal in größerem Maßstab Düngemittel eingesetzt. Im Unterschied zu Deutschland wurden zum Beispiel in Rußland auf 3 Millionen Morgen *mehr* Ackerland 19 Millionen Tonnen Getreide *weniger* geerntet.

Auch die Mechanisierung der Landwirtschaft leistete dazu einen bedeutenden Beitrag. Die Anzahl der eingesetzten Erntemaschinen stieg von 20 000 im Jahre 1882 auf etwa 300 000 im Jahre 1907. Bei Fleisch konnte sich Deutschland 1913 zu 95 Prozent selbst versorgen, obwohl sich der Fleischverbrauch pro Kopf seit 1870 verdoppelt hatte. Dagegen mußte 1913 Großbritannien 45 Prozent seines Fleischbedarfs importieren.

In dem Maße, wie sich Industrie und Landwirtschaft entwickelten, nahm die Auswanderung aus Deutschland ab. Dafür wuchs die Bevölkerung seit Ende des letzten Jahrhunderts stetig an. Zwischen 1870 und 1914 vermehrte sie sich um 27 Millionen auf insgesamt 67 Millionen Menschen. Zwischen Großindustrie und Banken bildete sich in Deutschland eine Art Symbiose. Daraus entstand das sogenannte „Industriebanken-" oder „Großbankenmodell". Vielfach sprach man auch einfach vom „deutschen Modell", wenn Großbanken Anteile an großen Industrieunternehmen besaßen, während die Bankaktien in den Händen der Industriellen lagen.[2]

Die rasche industrielle und wirtschaftliche Entwicklung Deutschlands in den Gründerjahren kann man getrost das erste deutsche Wirtschaftswunder nennen. Das Wirtschaftswunder, das nach dem Zusammenbruch um 1950 einsetzte, baute weitgehend auf den Konzepten und den wirtschaftlichen Grundlagen auf, die damals zwischen 1870 bis 1914 gelegt worden waren.

Die Berliner Bankenpanik

Ausgerechnet eine Bankenpanik verursachte die zweite Ausbauphase der deutschen Wirtschaft und führte zu

dem nationalen Sonderweg der deutschen Wirtschaftspolitik. 1890 stand die renommierte Londoner Handelbank
Baring Brothers am Rande des Konkurses. Die Bank hatte
sich bei Spekulationsgeschäften in Argentinien übernommen und mußte hohe Verluste hinnehmen. Auch deutsche Banken hatten sich an der argentinischen Spekulation beteiligt. Das gewagte Spiel mißglückte, die wanken-
den Finanzkartenhäuser stürzten ein und trafen die Berliner Banken empfindlich.

Deutsche Anleger hatten sich den Verlockungen der internationalen Eisenbahnspekulation der achtziger Jahre
nicht entziehen wollen. Das Geschäft florierte zunächst,
geriet aber, als man so richtig zu verdienen glaubte, plötzlich ins Stocken. Als das große Vorbild, das Bankhaus Baring Brothers, auf argentinischen Anleihen im Wert von
mehr als 75 Millionen Dollar (damals eine riesige Summe)
sitzen blieb, platzten die Illusionen vieler Deutscher über
die Wunderkraft der Finanzspekulation.

Der Berliner Getreidegroßhändler Ritter & Blumenthal
wollte die finanzielle Unsicherheit in Argentinien, damals
eines der wichtigsten Weizenausfuhrländer, nutzen, um
sich gesund zu stoßen. Er versuchte zugleich, den gesamten deutschen Weizenmarkt zu übernehmen. Auch er
hatte sich übernommen. Das heizte die Finanzpanik zusätzlich an. Es kam zum Bankrott der angesehenen Privatbank Hirschfeld & Wolf und zu hohen Verlusten der
Rheinisch-Westfälischen Bank. Nun setzte ein allgemeiner Run auf die deutschen Banken ein und löste den Zusammenbruch der Berliner Börse aus, die sich davon bis
zum Herbst 1891 nicht mehr erholte.

Um der Krise zu begegnen, ernannte Reichskanzler von
Caprivi eine Untersuchungskommission von 28 bedeutenden Persönlichkeiten aus Industrie, Landwirtschaft,
Wissenschaft, Politik und Finanzen. Den Vorsitz übernahm Reichsbankpräsident Dr. Richard Koch. Man wollte
die Ursachen der Krise analysieren und Maßnahmen finden, um die Wiederholung eines derartigen Einbruchs an
den Finanzmärkten zu verhindern. Die „britische" Fraktion der Arbeitsgruppe, die mit dem Sprecher Max Weber

vehement für die Beibehaltung ungebremster Finanzspekulationen eintrat, unterlag.

Das Arbeitsergebnis der Kommission führte zu dem
Börsen- und dem Depotgesetz, die der Reichstag zwischen Juni und Juli 1896 verabschiedete. Beide Gesetze
wollten mit strengen Maßnahmen die Spekulation ein-
dämmen und bekämpfen. Termingeschäfte mit Getreide
wurden zum Beispiel verboten, und die Börsentätigkeit
wurde restriktiven Regelungen unterstellt. Das hatte zur
Folge, daß die Börsenspekulation im deutschen Wirtschaftsleben keine so maßgebliche Rolle mehr spielte, wie
sie es heute noch in Großbritannien und in den USA tut.

Das Börsengesetz von 1896 krempelte das gesamte Fi-
nanz- und Bankwesen in Deutschland um. Die Spieler im
Lande und auch aus den angelsächsischen Einflußzonen
wurden von den Börsen an die Spielbanken verwiesen.
Sie zogen sich aus den weniger lukrativen deutschen
Märkten zurück. Mit ihnen schwand auch der Einfluß der
Londoner City auf die deutsche Wirtschaftspolitik. Die
Unterschiede in der Finanzpraxis zwischen dem anglo-
amerikanischen Raum und dem „deutschen Modell", das
sich bald auch in Holland und Japan und mit Einschrän-
kungen auch in der Schweiz durchsetzte, sind bis auf den
heutigen Tag augenfällig.[3]

Die Bedeutung der Flotte

Die britische Industrie- und Finanzpolitik legte nach 1873
keinen besonderen Wert auf den technologischen Fortschritt. Dagegen zielte die deutsche Wirtschaftspolitik
genau in diese Richtung. Hier liegt der Grund für die
Spannungen zwischen Deutschland und England. Sie
kamen in zwei Bereichen zum Vorschein. Der erste war
der Aufstieg Deutschlands zur modernen Seemacht. Er
bedrohte die jahrzehntelange britische Vorherrschaft auf
den Weltmeeren.

Ohne eine eigene moderne Handelsflotte und eine Marine zu ihrer Verteidigung konnte Deutschland keine Ex-

portwirtschaft betreiben. Solange England die Weltmeere uneingeschränkt beherrschte, konnte es ungestraft in das Wirtschaftsleben anderer Nationen eingreifen und lebenswichtige Aspekte des internationalen Handels manipulieren. Wie sollte man sich dagegen schützen? Um den Außenhandel gegen Eingriffe von außen und ungerechtfertigte Auflagen zu sichern, mußte eine eigene Flotte den Seeverkehr und das Anlegerecht deutscher Schiffe schützen können. Diese Erkenntnis setzte sich in immer breiteren Wirtschaftskreisen Deutschlands durch.

1870 umfaßte die gesamte Handelsflotte des Deutschen Reiches kaum 640 000 Bruttoregistertonnen (BRT) und rangierte in der Welt hinter England, Amerika, Frankreich und Norwegen an fünfter Stelle. 1914 stand sie bereits an zweiter Stelle direkt nach England und wuchs kräftig weiter.

1870 waren deutsche Exporte nur mit den Schiffen und zu den Seefrachttarifen anderer Länder möglich. 1914 bot sich ein ganz anderes Bild. Schon 1901 fuhren 52 000 Schiffe mit insgesamt 9 Millionen BRT unter deutscher Flagge. 1909 war die Zahl auf 65 000 Schiffe mit insgesamt 13 Millionen BRT angestiegen. Zu dieser Zeit wurde fast 70 Prozent des gesamten deutschen Außenhandels über See abgewickelt. Deshalb wurde die Kontrolle über die Seeschiffahrt für die deutsche Außenwirtschaft immer lebenswichtiger. Der britischen Finanzwelt und Politik war dies natürlich alles andere als willkommen.

Die Stahlherstellung und der Maschinenbau Deutschlands stellten sich mehr und mehr auf den Schiffsbau ein. Die Handelsflotte stieg bald· vom Segelschiff auf das Dampfschiff um. An die Stelle der eisenverstärkten Schiffskörper traten rein stählerne. Das machte die deutsche Handelsflotte leistungsfähiger und schneller. 1891 zählte die deutsche Handelsflotte nur drei Dampfschiffe mit rund 7 000 BRT. 1914 fuhren unter deutscher Flagge fünf Dampfschiffe mit über 20 000 BRT, neun mit 15-20 000 BRT und 66 mit 7-10 000 BRT.

Während dieser Zeit dehnte sich die deutsche Seeschiffahrt mit außergewöhnlicher Schnelligkeit und Effizienz aus. 1914 verschifften die Hamburg-Amerika-Linie

(Hapag) und der Norddeutsche Lloyd etwa 40 Prozent der gesamten deutschen Seefracht. Das Geheimnis dieser spektakulären Entwicklung lag in der Organisation der Warenabfertigung und im Einsatz modernster, großer und schneller Schiffe.

Ein französischer Beobachter jener Tage beschrieb die Erfolge der deutschen Handelsflotte so: „Diese Art der Konzentration macht die schnelle Amortisierung von Kapital, das ‚Ausrangieren' alter Schiffe und eine fortwährende Erneuerung der schwimmenden Anlagen möglich. Man findet in der deutschen Handelsflotte keine Schiffe, die älter als 30 oder 40 Jahre sind. Was die deutsche Industrie, genauer gesagt die Metallurgie, Elektrotechnik etc., durch standardisierte Herstellungsverfahren erreicht, leistet der deutsche Handel durch die Häufigkeit und Regelmäßigkeit der Schiffsfahrten." Er fügt hinzu: „Was die Deutschen betrifft, so folgt die Einrichtung von Schiffahrtslinien nicht dem Handel, sondern geht diesem voraus und bringt ihn dadurch erst hervor."[4]

1888 traten Hamburg und später auch Bremen dem Deutschen Zollverein bei. Es dauerte nicht lange und beider Städte Häfen wurden zu den modernsten, schnellsten und umschlagsgrößten Hafenanlagen ganz Europas. Die Eisenbahn lieferte die Güter aus ganz Nordeuropa auf den Kaianlagen an, von dort wurden sie aufs Schiff verladen und zu den Märkten der Welt weitertransportiert. Deutschland baute seine Schiffsrouten zügig aus und fuhr um 1900 alle wichtigen Häfen der Welt an. Damit drang es natürlich auch in die traditionellen britischen Marktmonopole und „Einflußsphären" wie Ägypten oder Nord- und Südamerika vor.

Schon 1897, kaum ein Jahr nach dem Börsengesetz, kündigte Großadmiral von Tirpitz das erste deutsche Flottenbauprogramm an. Es wurde 1898 vom Reichstag gebilligt. 1900 folgte ein zweites Flottenbaugesetz, das den vorgesehenen Bau von Kriegsschiffen verdoppelte.

1906 lief mit der „Dreadnaught" in England eine neue Klasse von Schlachtschiffen vom Stapel, die schneller war und größere Feuerkraft besaß als jedes andere damalige

Kriegsschiff. Als Reaktion darauf wurde in Deutschland im gleichen Jahr ein wenig beachtetes Gesetz verabschiedet. Es bestimmte, daß die deutsche Hochseeflotte alle 20 Jahre erneuert werden müsse. 1909 liefen zum Erstaunen der Briten vier Schiffe der deutschen „Nassau"-Klasse vom Stapel, die der „Dreadnaught" überlegen waren. Bald konstruierten britische Schiffsbauer eine „Super-Dreadnought". Ihr setzten deutsche Konstrukteure wieder Ebenbürtiges entgegen. In Großbritannien hatte niemand ernsthaft damit gerechnet, daß Deutschland eine so moderne Flotte auf eigenen Werften in einer derart kurzen Zeit bauen könnte.

1951 äußerte sich Sir Llewellyn Woodward in einer Vorlesung an der Universität Oxford zu den Ursachen des Ersten Weltkriegs. Er sagte: „Deutschland besaß natürlich wie jede andere Macht die Freiheit, sich eine beliebig große Flotte zu bauen. Das war eine Frage der Zweckmäßigkeit und der realistischen Einschätzung. *Eine deutsche Kriegsflotte konnte aber nichts anderes als eine Herausforderung an die herrschende Seemacht Großbritannien bedeuten..*"[5]

Um 1910 war sich die englische Elite einig, daß man zu drastischen Maßnahmen würde greifen müssen, wollte man den bedrohlichen wirtschaftlichen Aufschwung der Deutschen zurückstutzen. Dabei trat, wie wir gleich sehen werden, zum ersten Mal neben Krieg auch das Öl als entscheidender geopolitischer Machtfaktor in Erscheinung.

Anmerkungen

1. Born, Karl Erich: *Wirtschafts- und Sozialgeschichte des Deutschen Kaiserreiches (1867/1871 bis 1914)*. Stuttgart 1985, bei Steiner.
2. Borchardt, Knut: *German Economy, 1870 to the Present*. London 1967, bei Weidenfeld & Nicholson.
3. Loeb, Ernst: *The German Exchange Act of 1896*. In: *The Quarterly Journal of Economics*, Vol. 11, 1897, Boston.
4. Hauser, Henri: *Germany's Commercial Grip on the World*. Aus dem Französischen, New York 1918, bei Chas Scribner's & Sons, S. 106-108.
5. Woodward, Sir Llewellyn: *Prelude to Modern Europe*. Norfolk 1971, bei Methuen &, S. 135.

3. KAPITEL

Die Welt im Krieg ums Öl

Admiral Fishers Weitblick

Noch 1882 hatte der schwere, schwarze Schlamm, der heute Erdöl genannt wird, außer als Brennstoff für jene neuartigen Öllampen, die der deutsche Lampenfabrikant Stohwasser 1853 entwickelt hatte, eine geringe wirtschaftliche Bedeutung. Zunächst hieß der neue Stoff Petroleum, d.h. „Felsenöl", weil er in einigen Gebieten wie z.B. in Titusville (Pennsylvania) oder in Baku zwischen den Steinen herausgesickert war. Um Petroleum zu vermarkten, gründete John D. Rockefeller 1870 die Standard Oil Co. Er dachte an Lampenöl und verschiedene medizinische und quacksalberische Präparate aus Erdöl. An die Verwendung im Verbrennungsmotor dachte damals noch niemand.

Aber ein Mann verstand die militärstrategische Bedeutung des Erdöls als Mittel zur zukünftigen Kontrolle über die Weltmeere. Erstmals im September 1882 setzte sich Admiral Lord Fisher, damals noch Captain Fisher, in einer öffentlichen Rede dafür ein, daß Großbritannien seine Kriegsflotte von der umständlichen Kohlefeuerung auf den neuen Brennstoff Öl umstellen solle. Zwar verfeuerten schon seit etwa 1870 russische Dampfschiffe auf dem Kaspischen Meer schweres Heizöl, das die Russen „Masut" nannten. Aber das war eine wenig beachtete Ausnahme, als John Fisher und einige wenige weitsichtige Individuen begannen, sich für die Einführung des neuen Treibstoffes einzusetzen. Sie waren davon überzeugt, daß Öl als Treibstoff Großbritannien einen entscheidenden strategischen Vorteil verschaffen würde, um auch in Zukunft die Kontrolle über die Meere zu behaupten.

Fisher konnte noch nicht an den Dieselmotor denken. Der mußte erst erfunden werden. Fisher wollte nur schweres Heizöl statt Kohle unter dem Dampfkessel verfeuern. Seine Auffassung war wohlbegründet. Ein Schlachtschiff, das mit Heizöl betrieben wurde, zog keine verräterische Rauchwolke hinter sich her. Ein kohlebefeuertes Schiff konnte man schon bis auf 10 Kilometer Entfernung an seiner Qualmwolke erkennen. Zwölf Mann konnten an einem halben Tag ein Schlachtschiff mit Öl auftanken. Um die entsprechende Menge Kohle zu verladen, hätten sie ununterbrochen zehn Tage lang arbeiten müssen.

Mit der späteren Erfindung des Dieselmotors kamen weitere entscheidende Vorteile hinzu. Benötigte ein kohlebefeuerter Schiffsmotor vier bis neun Stunden, um auf volle Touren zu kommen, so brauchte ein Ölverbrennungsmotor dazu weniger als 30 Minuten. Er konnte unter Umständen sogar innerhalb von fünf Minuten auf seine Spitzenleistung gebracht werden. Ein Ölmotor mit der gleichen Antriebsleistung wie eine kohlebefeuerte Schiffsdampfmaschine wog lediglich ein Drittel und verbrauchte überdies nur ein Viertel der Brennstoffmenge. Entsprechend war der Aktionsradius einer ölbetriebenen Flotte viermal so groß wie der einer Flotte mit Kohlefeuerung. Dies waren entscheidende Vorteile, die nicht nur für die Kriegs-, sondern auch für die Handelsmarine zählten.[1]

Diese Einsicht setzte sich aber damals noch nicht durch, und so galt John Fisher vielen seiner Zeitgenossen zunächst noch als exzentrischer Visionär.

1883 hatte dann der deutsche Ingenieur Gottlieb Daimler seinen ersten schnellaufenden Benzinmotor entwickelt. Er baute ihn in ein Automobil ein. Bis zur Jahrhundertwende galt das Automobil noch als Spielzeug vermögender Schichten, aber man begann allmählich auch außerhalb des Kreises um Captain Fisher, die wirtschaftliche Bedeutung des Erdöls zu erahnen. 1893 begann Diesel mit der Entwicklung des nach ihm benannten

Motors, der, sobald er ausgereift war, auch als Schiffsmotor verwendet werden konnte.

Das Geheimnis der brennenden Felsen

Bis 1914 waren nur wenige Schiffe der englischen Marine und keines der deutschen von Kohle- auf Ölfeuerung umgestellt worden. Trotzdem stand fest: Die Zukunft des Öls war angebrochen. Um 1904 jedenfalls hatten der britische Geheimdienst und die britische Regierung die strategische Bedeutung des neuen Brennstoffs begriffen und Fisher zu ihrem Admiral befördert. Das Problem für Großbritannien war nur, daß es keine eigenen Ölvorkommen besaß. Es war von Öllieferungen aus Amerika, Rußland oder Mexiko abhängig. Dieser Zustand war schon in Friedenszeiten schwer zu ertragen, aber schon gar nicht in einem Krieg.

Als nun Captain Fisher zum obersten Befehlshaber der britischen Kriegsflotte ernannt worden war, setzte er als eine der ersten Amtshandlungen einen Ausschuß ein, der „Vorschläge erarbeiten" sollte, „wie die Ölversorgung für die britische Kriegsflotte sichergestellt werden könne".

Zu dieser Zeit gehörte der Persische Golf noch zum Osmanischen Reich, und der britische Einfluß in Persien hielt sich in Grenzen. Persien gehörte noch nicht zum Britischen Empire. Großbritannien unterhielt aber seit einigen Jahren Konsulate in Buschir und Bandar Abbas. Nun entsandte es Kriegsschiffe in den Golf, um andere Mächte zu entmutigen, in diesen Gewässern zu „fischen". 1892 schreibt Lord Curzon, der spätere Vizekönig von Indien, über Persien: „Ich würde es als vorsätzliche Beleidigung Großbritanniens ansehen, wenn irgendeine Macht Konzession für einen Hafen im Persischen Golf an Rußland erteilen würde. Es wäre dies ein mutwilliger Bruch des Status quo und eine internationale Kriegsprovokation...". Was das zu bedeuten hatte, war klar.[2]

Aber 1905 sollte sich dieser Zustand ändern. Im Frühjahr hatte der Geheimdienst Seiner Majestät Edward VII.

(1901-1910) seinen Superspion Sidney Reilly, der eigentlich Sigmund Georgjewitsch Rosenblum hieß und in
Odessa in Rußland geboren war, nach Persien in Gang gesetzt. Er hatte den Auftrag, dem exzentrischen australischen Amateurgeologen und Ingenieur William Knox
d'Arcy die Rechte auf die Förderung der mineralischen
Rohstoffe in Persien abspenstig zu machen.

D'Arcy war bibelgläubiger Christ und hatte sich eingehend mit Geschichte befaßt. Beim Studium persischer hei-
liger Schriften war er zu der Überzeugung gelangt, daß
Berichte über die „Feuersäulen" an den heiligen Stätten
des altpersischen Feuergottes Ormuzd eine reale Grundlage hatten. Die Priester Zoroasters, so glaubte d'Arcy,
hätten das aus den Felsen sickernde Naphtha angezündet.
Jahrelang durchstreifte er die Gebiete, in denen alte persische Tempel gestanden hatten, und suchte nach Öl. Häufig reiste er zwischendurch auch nach London, um sich
die finanzielle Unterstützung für seine Nachforschungen
zu sichern. Er hatte bei britischen Bankiers aber nur geringen Kredit.

Schließlich wurde in den neunziger Jahren des 19. Jahrhunderts auch der neugekrönte persische König Resa
Khan Pahlewi auf d'Arcy aufmerksam. Pahlewi wollte
Persien modernisieren und wandte sich zu diesem Zweck
an d'Arcy als einen Ingenieur, der das Land durch und
durch kannte. Er schlug ihm vor, Pläne für ein Eisenbahn-
netz auszuarbeiten und bei der Industrialisierung des
Landes als Berater mitzuwirken. D'Arcy wurde in diesem
Sinne tätig und erhielt 1901 vom Schah für seine Dienste
eine königliche Konzession. D'Arcy und seine Erben sollten „für einen Zeitraum von 60 Jahren alle Rechte und die
unbegrenzte Freiheit" erhalten, „auf persischem Boden
Untersuchungen und Bohrungen vorzunehmen. Die
dabei im Erdboden gefundenen Substanzen sollten ohne
Ausnahme sein unantastbares Eigentum bleiben".

Diese Konzession verlangte ein persönliches „Gegenge-
schenk" an den Schah. D'Arcy zahlte ihm dafür umge-
rechnet etwa 20 000 Dollar in bar und erklärte sich überdies bereit, dem Schah aus dem Verkaufserlös einen Er-

tragsanteil von 16 Prozent auszuzahlen. Auf diese Art kam der exzentrische Australier an eines der wertvollsten Dokumente seiner Zeit. Es versprach ihm und „all seinen Erben, Rechtsnachfolgern und Freunden" die Exklusivrechte für die Ölvorkommen in Persien bis 1961. D'Arcys Nachforschungen stießen zum ersten Mal in der Gegend von Schuschtar im Norden des Persischen Golfes auf Öl.[3]

Zufrieden damit, seine Vermutungen nun bestätigt zu sehen, wollte d'Arcy 1905 wieder in seine Heimat Australien zurückkehren. Zuvor wollte er noch mit dem Pariser Bankhaus Rothschild als Vertreter der französischen Regierung einen Vertrag über eine gemeinsame Ölförderungsgesellschaft unterzeichnen. Da spürte Sidney Reilly ihn sozusagen in letzter Minute auf.

Reilly gab sich als Priester aus und spielte geschickt auf d'Arcys religiösen Neigungen. Er überzeugte ihn, seine Exklusivrechte über die persischen Ölvorkommen nicht an die papistischen Franzosen abzutreten. Er solle sie einer britischen, nämlich der Anglo-Persischen Ölgesellschaft überschreiben, denn nur diese sei ein „gut christliches" Unternehmen. Die britische Regierung schickte auch gleich den schottischen Finanzier Lord Strathcona, der als größter Anteilseigner der Anglo-Persischen Ölgesellschaft eintrat. Es kam zum Vertragsabschluß. Die Rolle der britischen Regierung blieb dabei streng geheim. Auf diese Weise gelang es Reilly, die erste größere Öllagerstätte unter die Kontrolle Großbritanniens zu bringen.

Mit der Bahn von Berlin nach Bagdad

1888 erhielt eine Gruppe von Industriellen und Bankiers unter Leitung der Deutschen Bank von der türkischen Regierung die Konzession zum Bau einer Eisenbahnstrecke von der Hauptstadt Konstantinopel durch Anatolien. Zehn Jahre später wurde der Vertrag erweitert. Die türkische Regierung gab den Bau einer weiteren Strecke, von Konya nach Bagdad, frei. Das großangelegte Projekt wurde als die „Bagdadbahn" bekannt. Das zweite Übereinkommen war ein Erfolg des Staatsbesuches von Kaiser Wilhelm II. beim Sultan in Konstantinopel (dem heutigen Istanbul) im Jahre 1897. In diesen zehn Jahren hatten die deutsch-türkischen Beziehungen sehr an Bedeutung zugenommen.

Bei der Suche nach noch offenen Exportmärkten war Deutschland auf die Türkei gestoßen. Anfang der neunziger Jahre entschloß man sich, enge wirtschaftliche Beziehungen zur Türkei zu knüpfen. Die Eisenbahnstrecke Berlin-Bagdad war der Nerv einer brillanten und praktikablen Wirtschaftsstrategie, für die der Industrielle Georg von Siemens sich und andere begeistert hatte. Die Frage des Erdöls bildete dabei sicherlich einen wichtigen Hintergrund. In London läuteten die Alarmglocken. Hier liegt der Ursprung der Verstrickungen und Feindseligkeiten, die zu zwei Weltkriegen führten und heute noch auf tragische Weise im Nahen Osten ausgefochten werden.

Karl Helfferich führte damals auf seiten der Deutschen Bank die Verhandlungen über das Bagdadbahnprojekt. Er urteilte später völlig zu Recht, in den Jahren vor 1914 habe es mit Ausnahme der Marinefrage keinen anderen Punkt gegeben, der zu größeren Spannungen zwischen London und Berlin geführt habe, als dieses Eisenbahnprojekt.[4]

Das Konsortium unter Leitung der Deutschen Bank erhielt zunächst nur die Konzession für Bau und Betrieb einer Eisenbahnlinie vom außerhalb Konstantinopels gelegenen Haidar-Pascha nach Ankara. Das Unternehmen erhielt den Namen Anatolische Eisenbahngesellschaft und hatte auch österreichische und italienische und zu einem geringen Anteil sogar britische Anteilseigner. Der Bau selbst ging gut voran, so daß der Abschnitt schneller als geplant fertiggestellt werden konnte. So wurde die Strecke weiter nach Süden bis nach Konya fortgeführt.

1896 wurde diese Teilstrecke eröffnet. Man konnte nun von Berlin bis nach Konya, weit in das Innere des anatolischen Hochlands fahren. Der Bau dieser Bahnstrecke war eine große planerische und technische Leistung. Die Strecke führte über 1 000 km lang durch wirtschaftlich völlig unterentwickeltes, unwegsames Gebiet und wurde doch in weniger als acht Jahren fertiggestellt. Dadurch gelangte das märchenhaft reiche Gebiet zwischen Euphrat und Tigris in das Einzugsgebiet des technischen Fortschritts. Bis dahin hatten nur die Engländer und Franzosen Eisenbahnstrecken außerhalb der Hauptindustrieländer gebaut. Dabei handelte es sich immer nur um sehr kurze Strecken, die wichtige Hafenstädte miteinander verbanden. Nie waren solche Verkehrswege so angelegt worden, daß sie zur Industrialisierung der betreffenden Länder beitragen konnten.

Diese Eisenbahnlinie schuf zum ersten Mal eine moderne, wirtschaftliche Verbindung zwischen Konstantinopel und dem asiatischen Hinterland des Osmanischen Reichs. Über Bagdad und Kuwait hinaus geführt, hätte diese Linie der billigste und schnellste Verkehrsweg zwischen Europa und Indien werden können.

Aber genau dies war der Punkt, der England daran mißfiel. „Würde ‚Berlin-Bagdad' fertiggestellt, wäre ein riesiges Gebiet, in dem jeder erdenkliche, wirtschaftliche Reichtum hergestellt werden könnte, das aber für eine Seemacht unangreifbar wäre, unter deutsche Kontrolle geraten", warnte R.G.D. Laffan, der damals als britischer Militärberater in Serbien diente. „Rußland würde durch diese Barriere von England und Frankreich, seinen Freunden im Westen, abgeschnitten", sagte er weiter. „Die deutsche und türkische Armee könnte leicht auf Schußweite an unsere Interessen in Ägypten herankommen. Vom Persischen Golf aus würde unser indisches Empire bedroht. Der Hafen von Alexandropoulos und die Kontrolle über die Dardanellen würde Deutschland im Mittelmeerraum bald eine enorme militärische Seemacht verleihen."

Die Ausführungen Laffans deuteten bereits an, wie die britische Sabotage gegen die Eisenbahnverbindung Berlin-Bagdad eingeleitet werden sollte. „Ein Blick auf die Weltkarte zeigt, aus welchen Gliedern sich die Kette der Staaten zusammensetzt, die zwischen Berlin und Bagdad liegen: das Deutsche Reich, Österreich-Ungarn, Bulgarien und die Türkei. Nur ein kleiner Gebietsstreifen verhindert, daß die beiden Enden der Kette miteinander ver-

bunden werden können. Dieser kleine Streifen ist Serbien.
Serbien steht klein, aber trotzig zwischen Deutschland
und den großen Häfen von Konstantinopel und Saloniki
und versperrt ihm das Tor zum Osten... *Serbien war in der
Tat die erste Verteidigungslinie für unsere Besitzungen im
Osten. Würde es vernichtet oder in das ‚Berlin-Bagdad'-System
einbezogen, hätte unser großes, aber nur schwach verteidigtes
Empire bald den Schock des deutschen Vorstoßes nach Osten ge-
spürt."*[5] (Hervorh. W.E.)

Es ist nicht übertrieben (und nur noch nicht salonfähig),
wenn man sagt, daß die blutigen Balkankriege, der türkische Krieg, der bulgarische Krieg und die fortwährenden
Unruhen in der Region unter der Regie Englands geführt
wurden. Diese Feststellung gewinnt heute erneut an Ak-
tualität. Damals richteten sich die britischen Anstrengungen in erster Linie gegen eine Allianz zwischen Berlin und
Konstantinopel und ganz besonders gegen die Bagdadbahn. Laffan ließ es nicht an Deutlichkeit fehlen.

Dabei kann man den Bau der Eisenbahnlinie Berlin-
Bagdad nicht einmal einen „deutschen Coup" gegen England nennen. Deutschland versuchte immer wieder, die
Briten zur Mitarbeit an diesem Projekt zu bewegen. Vor
allem, als in den neunziger Jahren das Übereinkommen
mit der türkischen Regierung zustandegekommen war,
die 2 500 km lange Reststrecke bis zum heutigen Kuwait
zu bauen, unternahmen die Deutsche Bank und die Regierung in Berlin unzählige Versuche, England an der Finanzierung und an dem Bau des Riesenprojekts zu beteiligen.

Im November 1899 fuhr Kaiser Wilhelm II. selbst nach
England zu seiner Großmutter, der britischen Königin
Viktoria (1837-1901), um sie persönlich noch einmal eindringlich aufzufordern, England an dem Bagdadbahnprojekt zu beteiligen. In Deutschland wußte man sehr
genau, daß Großbritannien im Persischen Golf und in
Suez Interessen vertrat, um seine Schiffahrtswege nach Indien zu sichern. Es war klar, daß das Projekt ohne die Unterstützung Englands in politische und finanzielle
Schwierigkeiten geraten würde. Denn der Finanzbedarf

des Bauvorhabens überstieg die Ressourcen der deutschen Banken bei weitem.

England wandte in den folgenden 15 Jahren jeden erdenklichen Trick an, um den Bau der Eisenbahnlinie zu verzögern oder zu behindern. London gab bis zum Schluß die Hoffnung nicht auf, durch irgendwelche Abkommen die Fertigstellung der Bagdadbahn verhindern zu können. Dieses zunächst wirtschaftlich und diplomatisch ausgetragene Spiel ging im August 1914 als „Fortsetzung der Politik mit anderen Mitteln" in den Ersten Weltkrieg über.

Königin Viktorias Strategen hatten im Poker um die Bagdadbahn noch einen Trumpf im Ärmel, den sie ausspielen wollten, falls die Verhandlungen nicht wie gewünscht verliefen. Die Karte war ein korrupter Scheich, dessen Familie noch heute in Kuwait ihr Unwesen treibt. 1901 hatte England Kriegsschiffe vor die kuwaitische Küste, die zum Osmanischen Reich gehörte, entsandt. Sie sollten die türkische Regierung zwingen, den Hafen im Persischen Golf, nahe der strategisch wichtigen Mündung von Euphrat und Tigris, westlich des antiken Schatt el Arab, als „britisches Protektorat" anzuerkennen und damit an Großbritannien abzutreten. In dem Gebiet hauste der Anaza-Stamm, der dem Scheich Mubarak Al-Sabah gehorchte. Die Türkei war zu diesem Zeitpunkt politisch und wirtschaftlich nicht stark genug, um mehr zu tun als dagegen zu protestieren, daß Großbritannien diesen entlegenen Teil des Osmanischen Reiches annektierte.

Scheich Mubarak Al-Sabah galt als skrupelloser Opportunist. Er hatte Berichten zufolge 1896 die Macht dadurch an sich gerissen, daß er seine beiden Halbbrüder zu sich in den Palast einlud und nachts im Schlaf ermorden ließ. 1907 überredete ihn die britische Regierung, das Gebiet des Bander Shwaik „der edlen, königlichen Regierung von England... auf alle Zeiten" vertraglich zu übereignen. Das Dokument wurde von Major C.G. Knox, politischer Agent der königlichen Regierung von England in Kuwait, gegengezeichnet. Reichliche Handsalben, große Mengen

Gold für die Privatschatulle des Scheichs und Gewehre für seine „Krieger" hatten dem Scheich bei der Unterschrift die Hand geführt.

Im Oktober 1913 hatte Lt.-Colonel Sir Percy Cox sich von dem für Geschenke jederzeit ansprechbaren Scheich einen Brief aushändigen lassen, in dem der Scheich bestätigte, Ölförderkonzessionen in seinem Land „nur an Personen zu erteilen, die von der britischen Regierung dazu ermächtigt, ernannt und empfohlen worden sind."[6]

Seit 1902 wußte man, daß es in der als Mesopotamien bekannten Region des Osmanischen Reiches, dem heutigen Irak und Kuwait, Erdölvorkommen gab. Wie groß und wie leicht zugänglich diese Ölfelder waren, darüber wurde noch spekuliert. Ihre Entdeckung bestimmte das ständige Ringen um die wirtschaftliche und militärische Kontrolle dieser Region, das noch heute anhält.

In den Verhandlungen über die Finanzierung der Bagdadbahn hatte die Deutsche Bank 1912 vom türkischen Sultan eine Konzession erhalten, die der Bagdad-Eisenbahngesellschaft als „Wegerecht" die Konzessionen auf alle Öl- und Mineralvorkommen entlang eines 20 km breiten Streifens zu beiden Seiten der bis Mosul im heutigen Irak reichenden Eisenbahnlinie sicherte.

Inzwischen war auch der deutschen Industrie und Regierung klar geworden, daß Öl der Treibstoff der Zukunft war, und zwar nicht nur für den Landverkehr, sondern auch für die Seeschiffahrt und die Kriegsmarine. Deutschland verfügte über keine unabhängige Ölversorgung. Es war völlig auf den amerikanischen Trust der Rockefeller Standard Oil Company angewiesen. Die zu Standard Oil gehörige Deutsche Petroleum-Verkaufsgesellschaft tätigte 91 Prozent aller Ölverkäufe in Deutschland. Die Deutsche Bank hielt nur neun Prozent der Aktien der Deutschen Petroleum-Verkaufsgesellschaft. Das war noch nicht einmal eine Sperrminorität.

Geologen hatten indessen zwischen Mosul und Bagdad Öl entdeckt. Der geplante Verlauf des letzten Teilstücks der Bagdadbahn sollte mitten durch ein Gebiet führen, in dem riesige Ölvorkommen vermutet wurden. Es gab in den Jahren 1912 und 1913 zahlreiche Bemühungen im Reichstag, eine staatliche Gesellschaft zur Erschließung und Nutzung dieser Ölquellen zu gründen. Sie wurden vor allem durch die SPD-Opposition hinausgezögert und bis zum Ausbruch des Ersten Weltkrieges verschleppt. Der Plan der Deutschen Bank sah vor, das mesopotamische Öl per Bahn nach Deutschland zu schaffen, um so eine mögliche britische Seeblockade zu umgehen und Deutschland eine unabhängige Erdölversorgung auf dem Landweg zu sichern.

Die neuen Kriegsschiffe

Im britischen Establishment war man sich einig, daß sich die britische Weltmacht nur dann behaupten ließe, wenn England den Zugang zu den damals bekannten Erdölvorkommen unter seine Kontrolle bringen könnte. Sie waren entschlossen, die erste mit Öl gefeuerte Kriegsflotte der Welt zu bauen und Deutschland den Zugang zu den Ölvorräten in Mesopotamien zu versperren. Diese britischen Ziele brachten Deutschland in eine schwierige Situation.

Die Zeit war jedenfalls reif für die Pläne Admiral Fishers, eine moderne, ölgetriebene Kriegsflotte aufzubauen. In Deutschland war 1909 das erste Schiff einer verbesserten Ausführung der englischen „Dreadnought"-Serie vom Stapel gelaufen. Die „Von der Tann" hatte 30.000 PS und erreichte, obwohl noch mit Kohle als Brennstoff betrieben, die für damalige Zeit erstaunliche Geschwindigkeit von 28 Knoten. Nur zwei britische Schiffe konnten mit dieser Geschwindigkeit mithalten. Die mit Kohle befeuerte britische Flotte war an ihre technologische Grenze gestoßen. Das deutsche Wirtschaftswunder begann die Überlegenheit der britischen Marine in Frage zu stellen.

1911 hatte der junge Winston Churchill Lord Fisher als Marineminister abgelöst. Churchill setzte sich mit Nachdruck für Fishers Pläne ein und griff auch auf dessen Argumente zurück, daß Schiffe gleicher Größe und gleichen

Gewichts bei Ölbefeuerung viel schneller fahren können, wendiger sind, über einen weiteren Aktionskreis verfügen und wesentlich schneller und einfacher Brennstoff nachbunkern können.

Im Jahr 1912 lieferten die Vereinigten Staaten 63 Prozent des Weltverbrauchs an Öl, die Russen aus ihren Quellen in Baku 19 Prozent und die Mexikaner gerade 5 Prozent. Die britische Anglo-Persische Ölgesellschaft trug noch nicht nennenswert zur Ölversorgung bei. Aber schon betrachtete die britische Regierung den Persischen Golf als ihre wesentliche Interessensphäre. Dem stand, wie wir gesehen haben, das Projekt der Eisenbahnlinie Berlin-Bagdad entschieden im Weg.

Auf Drängen Churchills setzte die Regierung unter Premierminister Asquith im Juli 1912 eine königliche Kommission ein, die sich mit der Frage des Öls und der Ölverbrennungsmaschinen befassen sollte. Den Vorsitz führte der inzwischen pensionierte Lord Fisher.

Wiederum auf Drängen Churchills kaufte die britische Regierung 1913 unter strikter Geheimhaltung die Aktienmehrheit der Anglo-Persischen Ölgesellschaft (heute British Petroleum, BP). Von diesem Zeitpunkt an stand das Öl im Mittelpunkt der britischen strategischen Interessen. Und die ließen sich auf folgenden einfachen Nenner bringen: Gelänge es England, seine Erdölversorgung zu sichern und darüber hinaus, seinen wirtschaftlichen Konkurrenten den Zugang zu den Erdölreserven zu verwehren, dann würde es die nächsten Jahrzehnte die Weltgeschichte dominieren. Konnte Englands stagnierende Industrie schon nicht mit der deutschen Industrie und den neu entwickelten Daimlermotoren mithalten, dann würde es eben den Brennstoffhahn für diese Motoren auf- und zudrehen und seinen Preis bestimmen.[7]

Erst vor dem Hintergrund dieser „Öl-Politik" der britischen Elite läßt sich der weitere Verlauf der Weltgeschichte verstehen, macht er überhaupt erst Sinn.

Sir Greys folgenschwere Reise nach Paris

Aber mußten solche strategischen Absichten auch bedeuten, daß die britische Elite einen Krieg mit allen seinen verheerenden Auswirkungen in Kauf nahm? Es kam ein weiterer Beweggrund hinzu: England sah sein Dogma des „Machtgleichgewichts" gefährdet. Der ausschlaggebende Grund dafür, warum Großbritannien im August 1914 den Krieg erklärte, liegt tief „in den alten Traditionen der britischen Politik, durch die England groß geworden war und durch die es seine Größe zu erhalten suchte", erklärte der deutsche Bankier Karl Helfferich 1918 zutreffend.

„Englands Politik war stets gegen die politisch und wirtschaftlich stärkste Kontinentalmacht gerichtet", führte Helfferich weiter aus. „Seitdem Deutschland die politisch und wirtschaftlich stärkste Kontinentalmacht geworden war, seitdem England sich durch Deutschland mehr als durch ein anderes Land in seiner weltwirtschaftlichen Stellung und in seiner Seegeltung bedroht fühlte, war der englisch-deutsche Gegensatz unüberbrückbar und durch keine Verständigung über irgendwelche Einzelfragen aus der Welt zu schaffen." Helfferich zitierte mit Bedauern die Erklärung des alten Bismarck von 1897: „Die einzige Möglichkeit, die deutsch-englischen Beziehungen zu verbessern, wäre, unsere wirtschaftliche Entwicklung zurückzuschrauben. Und dies ist nicht möglich."[8]

Im April 1914 statteten König Georg V. von England (1910-36) und sein Außenminister Edward Grey dem französischen Präsidenten Poincaré in Paris einen außergewöhnlichen Besuch ab. Es war eines der wenigen Male, daß Sir Edward Grey die britischen Inseln verließ. Der russische Botschafter in Frankreich, Iswolski, wurde zu einigen Treffen des Besuchs hinzugezogen. Ziel der Besprechungen war es, eine geheime militärische Allianz zwischen den drei Mächten England, Frankreich und Rußland zu besiegeln. Sie richtete sich gegen Deutschland und Österreich. Berlin und Wien wurden bewußt nicht gewarnt, daß England sich verpflichtet hatte, in den Krieg

einzutreten, sobald einer ihrer Bündnispartner darin verwickelt würde. Vielmehr ließ die britische Regierung die
deutsche Führung bis zuletzt im Glauben an eine mögliche britische Neutralität.

Schon vor 1914 war dem britischen Establishment klar
geworden, daß es Europa nur mit Hilfe eines Krieges
„unter Kontrolle" halten könnte. Getreu seiner alten
Logik, die Kräfte auf dem europäischen Kontinent gegeneinander auszuspielen, hatte sich die britische Außenpolitik schon Ende des 19. Jahrhunderts neu orientiert. Unter
Frankreichs Außenminister Gabriel Hanotaux (1894-95,
1896-98) und Rußlands Finanzminister Sergej Witte (1892-
95) hatte sich eine Allianz mit der aufstrebenden deutschen Industriemacht abgezeichnet. Das alarmierte die
britische Diplomatie. London nützte die traditionelle
protürkische und antirussische Bündnispolitik des 19.
Jahrhunderts nichts mehr. Nun suchte es die Allianz mit
Rußland gegen Deutschland. Vor allem mußte eine Zusammenarbeit zwischen Deutschland, Frankreich und
Rußland vereitelt werden.

Faschoda: Große Projekte und größere Fehler

In England wuchs die Sorge wegen der wirtschaftlichen
Herausforderungen durch Deutschland. Sie nahm so
überhand, daß sich die britische Elite zu dem grundlegenden Wechsel der Bündnispolitik, die sie seit Jahrzehnten auf dem europäischen Kontinent verfolgt hatte, entschloß. Damit hoffte sie, die Vorgänge in Europa wieder
unter Kontrolle zu bekommen.

Der Auslöser dieser politischen Wende war seltsam
genug. Es handelte sich dabei um einen militärischen
Konflikt mit Frankreich. Es ging um Ägypten. Beide Län-
der hatten historische Interessen an Ägypten und vor
allem am Suezkanal. 1896 setzte sich an der afrikanischen
Westküste ein französisches Truppenkontingent unter
Oberst Jean Marchand in Gang, marschierte quer durch
Afrika und traf im Juli 1998 bei Faschoda am Nil auf bri-

tische Einheiten unter dem Befehl General Kitcheners. Monatelang standen sich englische und französische Soldaten angriffsbereit gegenüber. Jede Seite forderte die andere auf, das Feld zu räumen. Schließlich im November zog Oberst Marchand sich nach Konsultationen mit Paris zurück. Die Auseinandersetzung ging als „Faschoda-Krise" in die Geschichte ein. Ihr nicht so offensichtliches, eigentliches Ergebnis war die neue Zusammenarbeit, die Allianz zwischen Frankreich und England gegen Deutschland. Frankreich opferte leichtfertig seine Pläne und Möglichkeiten, große Teile Afrikas zu industrialisieren und wirtschaftlich zu entwickeln, für die britische Unterstützung gegen das erstarkende Deutschland.

Die Initiative zu diesem Abenteuer war von Kolonialminister Theophile Delcassé ausgegangen. Er hatte das französische Expeditionsheer in Marsch gesetzt und den Angriff auf die englischen Stellungen angeordnet. Obwohl Frankreich seit den Tagen Napoleons Ansprüche auf Ägypten und den Suezkanal geltend machte, hatte sich England dort mehr und mehr breit gemacht und das Land mit dem Kanal so gut wie militärisch besetzt. 1882 hatten die Engländer Ägypten „zeitweilig" besetzt. Bei der Gelegenheit hatten englische Zivilbeamte die Verwaltung Ägyptens in die eigene Hand genommen, angeblich um französische und britische Interessen an der Suezkanal-Gesellschaft zu „schützen". England hatte den Franzosen Ägypten buchstäblich unter dem Hintern weggestohlen.

Kolonialminister Delcassé handelte gegen die besseren Interessen Frankreichs und gegen die Außenpolitik Gabriel Hanotaux'. Als Oberst Marchands Expedition in Gang gesetzt wurde, war Hanotaux gerade sechs kritische Monate lang nicht Mitglied der Regierung. Hanotaux gehörte zu den gemäßigten Republikanern und galt als englandfeindlich. Er strebte ein wirtschaftlich vereinigtes Französisch-Afrika an, dessen Zentrum am Tschadsee liegen sollte. Sein Plan sah die Entwicklung und Industrialisierung der französischen Besitzungen und Interessengebiete in Afrika vor. Zum Beispiel wollte er eine Eisenbahnlinie von Dakar in Senegal quer durch den Kontinent bis nach Djibouti an der Küste des Roten Meeres bauen. Man sprach Frankreich in diesem Zusammenhang vom Transsahara-Eisenbahnprojekt. Diese Eisenbahn, wäre es dazu gekommen, hätte die gesamte Sahelzone und das nördlich gelegenere Wüstengebiet der Sahara vom Westen bis zum Osten Afrikas umgekrempelt. Zugleich hätte es natürlich die großräumigen strategischen Ziele Englands durchkreuzt, die die gesamte Ostküste Afrikas an sich bringen wollten, um den Seeweg nach Indien zu kontrollieren.

Hanotaux versuchte eine vorsichtige Politik der Annäherung zwischen den verfeindeten Staaten Deutschland und Frankreich. Die Normalisierung der Beziehungen zwischen diesen Staaten bedrohte die klassische britische Politik des „Teile und Herrsche". Wenn sich die Staaten gegenseitig in Schach hielten, nannten die Briten dies „Machtgleichgewicht". Anfang 1896 hatte der deutsche Außenminister an den französischen Botschafter in Berlin die Frage gerichtet, ob Frankreich zu einem gemeinsamen Vorgehen in Afrika bereit wäre. Das Ziel sollte sein, „dem unersättlichen Appetit Englands Schranken zu setzen... Denn es ist notwendig, England zu zeigen, daß es nicht mehr den deutsch-französischen Antagonismus dazu ausnützen kann, alles, was es will, zu erobern." Hanotaux war hierzu durchaus bereit.

Aber dann nahm die infame Dreyfus-Affäre in der französischen Presse immer wildere Formen an. Die Kampagne zielte direkt darauf ab, die sich zwischen Hanotaux und dem Deutschen Reich vorsichtig herausbildenden Beziehungen zu zerreißen. Ein französischer Hauptmann der Armee mit Namen Alfred Dreyfus wurde 1884 der Spionage für Deutschland angeklagt. Hanotaux warnte mit Recht gleich zu Beginn der Kampagne davor, daß diese Affäre „diplomatische Spannungen, wenn nicht sogar Krieg mit Deutschland" auslösen könnte. Jahre nach seiner Einkerkerung wurde Dreyfus' Ehre wiederhergestellt. Es stellte sich heraus, daß ein französischer Geheimdienstoffizier das Beweismaterial gegen Dreyfus gefälscht hatte. Der wirkliche Spion war ein gewisser Graf

Ferdinand Walsin-Esterhazy. 1898 stürzte die französische Regierung über die Affäre und mit ihr Außenminister Hanotaux. Sein Nachfolger wurde der anglophile Kolonialminister Theophile Delcassé.

Besonders seit der Faschoda-Krise im gleichen Jahr 1898 ließ Großbritannien nun alle Künste spielen, um Frankreich unter dem neuen Außenminister Delcassé dazu zu bewegen, seine kolonialen und wirtschaftlichen Interessen an Ägypten aufzugeben und sich dafür an Deutschland schadlos zu halten. Großbritannien verpflichtete sich in geheimen Abkommen, die französische Revanchepolitik und vor allem seinen Anspruch auf Elsaß-Lothringen zu unterstützen. Gleichfalls förderte England das Interesse Frankreichs in allen übrigen Gebieten, die für Englands Pläne von geringem Interesse waren. Hanctaux bemerkte zu den britischen Aktivitäten in der Zeit um den Faschoda-Zwischenfall in einem Kommentar aus dem Jahre 1909: „Es ist eine beweisbare historische Tatsache, daß jede koloniale Ausweitung Frankreichs in England mit Besorgnis und Furcht wahrgenommen wurde. Über eine lange Zeit dachte England, es brauchte auf den Meeren keinen Gegner außer dem einen zu fürchten, den die Natur zwischen drei Küstenstreifen gesetzt hat, nämlich zwischen den Ärmelkanal, den Atlantik und das Mittelmeer. Als Frankreich nach 1880 aufgrund einiger Umstände und auf Anregung des genialen Julius Ferry sich daran machte, seine entvölkerten Kolonien wiederherzustellen, traf es immer auf den gleichen Widerstand. Ob in Ägypten, in Tunesien, Madagaskar, Indochina, oder am Kongo und in Ozeanien, immer stieß es mit England zusammen."

Nach Faschoda änderte sich das. Damals wurden bereits die Weichen für die „Entente Cordiale" zwischen England und Frankreich gestellt. 1904 wurde dieses englisch-französische Bündnis, das mit weitreichenden geheimen Vereinbarungen verbunden war, von Hanotaux' Nachfolger Delcassé unterzeichnet. Der eigentliche Kitt, der die beiden widerstreitenden Partner zusammenhielt, war die wachsende Wirtschaftsmacht Deutschlands. Ha-

notaux kommentierte die traurige Entwicklung der Dinge
mit der Bemerkung: Großbritannien nötigte Frankreich
eine neue Außenpolitik auf, deren Erfolg auf der „wunderbaren Erfindung britischen diplomatischen Genies beruhte, seine Gegner gegeneinander aufzuhetzen".

Innerhalb der nächsten acht Jahre kehrte Großbritannien seine geopolitische Bündnispolitik in einer weiteren
Beziehung gründlich um. Es gelang den Briten, die Ereignisse in Rußland zum eigenen Vorteil umzukrempeln.
1891 startete Rußland ein ehrgeiziges Industrialisierungsprogramm. Es gründete sich auf den Ausbau der Infrastruktur und auf Schutzzölle. 1892 wurde der Mann, der
das Eisenbahnbauprogramm in Rußland in Gang gebracht hatte, Graf Sergej Witte, Finanzminister. Witte
stand in recht enger persönlicher Beziehung zu Hanotaux
in Frankreich. Im Zusammenhang mit dem Ausbau des
russischen Eisenbahnnetzes bildete sich eine enge Zusammenarbeit zwischen Frankreich und Rußland heraus.

Weltweit das ehrgeizigste Projekt dieser Tage war der
Bau einer Eisenbahnverbindung vom Westen Rußlands
bis zum Pazifikhafen Wladiwostok im äußersten Osten
Rußlands. Die Transsibirische Eisenbahn umfaßte eine
Strecke von 5 400 km und sollte die Wirtschaft ganz Rußlands revolutionieren. Witte selbst hatte den deutschen
Wirtschaftler und Eisenbahnverfechter Friedrich List eingehend studiert. Er hatte Lists Buch *Das nationale System
der Politischen Ökonomie* ins Russische übersetzt und sich
darauf immer als „die Lösung für Rußland" bezogen.

Witte verfolgte mit dem Eisenbahnprojekt auch die Absicht, das kulturell zurückgebliebene Rußland dadurch zu
erziehen und ihm den Anschluß an westliche Entwicklungen zu ermöglichen. „Die Eisenbahn ist wie ein Ab-
schiednehmen und erzeugt eine kulturelle Gärung in der
Bevölkerung. Auch wenn sie durch das Gebiet noch völlig wilder Stämme führt, wird sie diese in kürzester Zeit
auf ein Niveau bringen, die zu ihrem Betrieb nötig ist",
sagte Witte 1890. Eine zentrale Rolle in Wittes Plan war die
Idee, friedliche und produktive Beziehungen zu China
herzustellen. Indem die Transsibirische Eisenbahn einen

Landweg nach China herstellte, hätten die britischen Besatzungstruppen in den chinesischen Häfen die russisch-chinesischen Beziehungen nicht länger kontrollieren und torpedieren können.

In den neunziger Jahren als Finanzminister und in anderen Funktionen, bis er schließlich als Premierminister von der für England eigenartig günstigen ersten sozialistischen Revolution im Jahre 1905 ausgeschaltet wurde, hatte Witte die Perspektiven Rußlands dramatisch verändert. Er hatte Rußland auf den Weg gebracht, sich vom Getreidelieferanten für britische Handelshäuser zu einem modernen Industriestaat zu entwickeln. Eisenbahnbau wurde der stärkste Industriezweig in Rußland und veränderte die ihm vorgelagerten Industriezweige wie Stahl und Maschinenbau. Zur gleichen Zeit arbeitete Wittes Freund und enger Mitarbeiter, der Chemiker Dimitrij Mendelejew am Ausbau der chemischen und Düngemittelindustrie nach dem Vorbild von Justus Liebig. Witte ernannte ihn zum Vorsitzenden des neugegründeten Amtes für Industrienormen. Mendelejew führte in dieser Funktion das metrische Maßsystem ein und verband dadurch Rußland wirtschaftlich näher mit Kontinentaleuropa.

Die Briten versuchten mit allen Mitteln, eine Opposition gegen Wittes Wirtschaftspolitik und die Transsibirische Eisenbahn aufzubauen. Sie suchten dazu das Bündnis mit erzreaktionären Kreisen um die Großgrundbesitzer, die ihnen wegen des Getreidehandels ohnehin verbunden waren. Andererseits knüpften sie Kontakte zu deren radikal „linken" Widersachern.

Kurz nach Baubeginn der Transsibirischen Eisenbahn brachte ein A. Colqhum die im Außenamt in London vorherrschende Stimmung zum Ausdruck. Er kommentierte das von Frankreich finanzierte Eisenbahnprojekt, das Moskau mit Paris und Wladiwostok verbinden würde, folgendermaßen: „Diese Eisenbahnlinie hat nicht nur die Möglichkeit, die größte Handelsstraße in der bisherigen Weltgeschichte zu werden, es kann sich in der Hand der Russen auch zu einer politischen Waffe entwickeln, deren Macht und Bedeutung noch schwer abzuschätzen ist. Die

Eisenbahn wird Rußland zu einer einzigen Nation zu-
sammenschweißen, die es dann nicht mehr nötig haben
wird, sich durch die Dardanellen oder den Suezkanal hin-
durchzuzwängen. Sie wird Rußland wirtschaftliche Unabhängigkeit geben, wodurch es stärker würde, als es je
zuvor war und je zu werden geträumt hatte."

Seit Jahrzehnten hatte sich die britische Diplomatie bei
ihrem „Teile-und-Herrsche"-Spiel vor allem auf das Osmanische Reich konzentriert. Das Osmanische Reich hatte
darin die feste Rolle, Rußland zu hindern, sich zur Industriemacht zu mausern. Die Unterstützung der Türkei, die
mit den Dardanellen den einzigen Zugang Rußlands zu
Warmwasser-Seewegen kontrollierte, gehörte zu den
wichtigsten politischen Zielen der britischen Geopolitik
dieser Tage. Als sich aber am Ende des Jahrhunderts
immer stärkere Wirtschaftsbeziehungen zwischen der
Türkei und Deutschland anbahnten, versuchte England,
sich Rußland zu nähern und es zu einem Bündnis gegen
Deutschland und die Türkei zu bewegen.

Um das zu erreichen, bedurfte es noch einer Reihe von
Kriegen und Krisen. Sie stellten sich ein, als der britische
Versuch, die Transsibirische Eisenbahn zu verhindern,
fehlgeschlagen war. Der Bau dieser Eisenbahn war bereits
1903 weitgehend fertiggestellt, als Rußland durch den
russisch-japanischen Krieg 1905 schwer getroffen wurde.
In diesem Krieg hatte sich England auf die Seite Japans
gegen Rußland gestellt. Nach der Niederlage 1905 war
Graf Witte kurze Zeit Premierminister unter Zar Nikolaus
II., mußte jedoch gleich wieder zurücktreten. Sein Nach-
folger vertrat die Auffassung, Rußland müsse sich mit
England arrangieren. Zu diesem Zweck übertrug er den
Briten Rechte in Afghanistan und in weiten Gebieten Per-
siens und machte ihnen bedeutende Zugeständnisse in
Asien.

Auf diese Weise war es 1907 gelungen, nach dem englisch-französischen Zweibund (1904) nun eine englisch-
französisch-russische „Tripelentente" zuwegezubringen.
England hatte ein Netz von Geheimabkommen um
Deutschland ausgelegt und das Schlachtfeld für den un-

weigerlichen Zusammenstoß mit dem Deutschen Reich abgesteckt. Die nächsten sieben Jahre nutzte es, um sich auf die Endlösung der wirtschaftlichen Herausforderung durch die Deutschen vorzubereiten.[10]

Nachdem England so die Tripelentente und die Umzingelung Deutschland gefestigt hatte, brach es eine Reihe von Krisen und regionalen Kriegen und Konflikten auf dem Balkan, dem sog. „weichen Unterleib Mitteleuropas", vom Zaun. Im sogenannten ersten Balkankrieg von 1912 unterstützte England insgeheim Serbien, Bulgarien und Griechenland und trieb sie zu einem Krieg gegen das schwache Osmanische Reich. Die Türkei verlor dabei die meisten seiner europäischen Besitzungen. 1913 brach über die Frage der Beute aus dem ersten der zweite Balkankrieg aus. Jetzt half Rumänien, seinen Nachbarn Bulgarien zu zertreten. Die Bühne wurde freigemacht für Englands großen europäischen Krieg.

Schon drei Monate nach der Parisreise des britischen Außenministers Sir Edward Grey streckten tödliche Schüsse den Thronfolger Österreichs, Erzherzog Franz Ferdinand, nieder. Ein Serbe hatte sie abfeuert. Bis heute konnte nicht geklärt werden, wer ihm dazu den Auftrag erteilt hatte. Jedenfalls lösten sie eine vorhersehbare Kette tragischer Ereignisse aus, die in den Ersten Weltkrieg mündeten.

Anmerkungen

1. Mohr, Anton: *The Oil War*. New York 1926, bei Harcourt Brace.
2. Ebenda, S. 124.
3. Hanighen, Frank C.: *The Secret War*. New York 1934, bei The John Day.
4. Helfferich, Karl: *Der Weltkrieg: Vorgeschichte des Weltkrieges*. Berlin 1919, bei Ullstein, S. 120-165.
5. Laffan, R.G.D.: *The Serbs: The Guardians of the Gate*. 1917. Nachdruck New York 1989, bei Dorset Press, S. 163-164.
6. Abu-Hakima, Ahmad Mustafa: *The Modern History of Kuwait*. London 1983, bei Luzak, S. 188-197.
7. Hanighen, siehe oben, S. 22-23.
8. Helfferich, siehe oben, S. 165-166.
9. Wells, H.G.: *Experiment in Autobiography*. New York 1934, bei Macmillan, S. 658-659.
10. Das Material dieses Abschnitts stammt zum größten Teil aus dem unveröffentlichten Manuskript *The Dreyfus Affair* von Dana Sloan Scanlon, Januar 1977, New York. Vgl. des weiteren Hanotaux, Gabriel: *Faschoda: The African Negotiation*. In: *La Revue Des Deux Mondes*, Paris 1909. Die Hinweise auf Graf Witte entnehme ich dem Artikel von Barbara Frazier: *The Railroad Plan of Scientist Mendeleyev and Statesman Witte to Civilize Russia*. In: *The New Federalist*, Leesburg, Virginia, June 10, 1991, sowie dem Buch von T.H. von Laue: *Sergei Witte and the Industrialization of Russia*, New York 1974, bei Atheneum.

4. KAPITEL

Schlachtfeld Naher Osten

Ein bankrottes England bläst zum Krieg

Eines der am besten gehüteten Geheimnisse des Ersten Weltkriegs umrankt die Kriegserklärung Englands an Deutschland vom 4. August 1914. Die britische Staatskasse war leer, die Finanzen des Empire bankrott, ehe noch der Krieg erklärt war. Schaut man sich die finanziellen Verhältnisse der wichtigsten Kriegspartei genauer an, dann findet man eine Menge geheimer Kreditabkommen, die an detaillierte Pläne gekoppelt waren, wie die Rohstoffe und natürlichen Quellen des Reichtums der Welt nach dem Krieg neu verteilt werden sollten. Dabei spielten die bekannten und vermuteten Erdölvorkommen des Osmanischen Reiches eine besondere Rolle. Man hatte also schon vor dem Krieg verpfändet, was man durch den Krieg in seinen Besitz zu bringen gedachte.

Den meisten Darstellungen zufolge wurde der Erste Weltkrieg von den Schüssen eines gedungenen serbischen Mörders ausgelöst, die in der bosnischen Hauptstadt Sarajewo am 28. Juni 1914 den Erzherzog und Thronfolger der österreichisch-ungarischen Monarchie Franz Ferdinand und dessen Frau töteten. Nach einem Monat seltsamer und dann auch vergeblicher Verhandlungen erklärte am 28. Juli das damals noch mächtige Österreich dem kleinen Serbien wegen des Mordanschlags den Krieg. Österreich wagte diesen Schritt, weil Preußen für den Fall Unterstützung zugesagt hatte, daß Rußland Serbien beispringen sollte. Schon am folgenden Tag, also am 29.Juli, ordnete Rußland die Mobilmachung seiner Truppen an.

Am Tag der Mobilmachungsorder bat der deutsche Kaiser seinen Vetter Zar Nikolaus telegraphisch, die Mobilmachung zurückzunehmen. Der Zar unterbrach die Mobilmachung tatsächlich, aber schon am darauffolgenden Tag, dem 30. Juli gelang es dem russischen Oberkommando, den verunsicherten Zaren zu überzeugen, die Mobilmachung fortzusetzen. Tags darauf, am 31. Juli, erfolgte die Generalmobilmachung in Deutschland. Am 1. August überreichte der deutsche Botschafter in Petersburg dem Zaren die deutsche Kriegserklärung. Es wird berichtet, er habe sich seiner Tränen nicht erwehren können und sei während der Audienz aus dem Zimmer gerannt. Am gleichen Tag erklärte die französische Regierung auf eine deutsche Anfrage, daß es „seinen Interessen gemäß" handeln werde.

Dem deutschen Generalstab drohte ein Zweifrontenkrieg. Im Osten hatte Rußland mobilgemacht, im Westen wollte sich Frankreich nicht eindeutig erklären. Frankreich hatte aber mit Rußland ein wechselseitiges Verteidigungsabkommen. Es sollte für den Fall eines Angriffs auf Rußland oder Frankreich in Kraft treten. Der deutsche Generalstab konnte mit einer langwierigen Mobilmachung in Rußland rechnen und entschied sich, zuvor Frankreich möglichst rasch niederzuringen. Für diesen Fall war der Schlieffen-Plan vorbereitet worden. Daher erklärte Deutschland Frankreich, um einem französischen Angriff nach abgeschlossener russischer Mobilmachung zuvorzukommen, am 3. August den Krieg. Um die französischen Befestigungsanlagen an der Grenze zu Deutschland zu umgehen, marschierten die deutschen Truppen durch Belgien, obwohl die belgische Regierung die Zustimmung hierzu am 2. August verweigert hatte.

Acht Tage nach der Kriegserklärung Österreichs an Serbien forderte nun England ultimativ den Rückzug Deutschlands aus Belgien. Das kam einer Kriegserklärung gleich, und England trat damit auch selbst in den Krieg ein. In seinem Ultimatum berief sich England auf die Garantieerklärung der Londoner Konferenz von 1830, die erreichen sollte, daß das bedeutende Industriepotential Belgiens weder der Großmacht Frankreichs zugeteilt noch der Finanzmacht Holland angegliedert wurde. Das tatsächliche Motiv Englands hatte aber nichts mit nachbarlicher Hilfeleistung zu tun.

Englands Entschluß, sich am großen kontinentalen Krieg gegen Deutschland zu beteiligen, war höchst erstaunlich und ungewöhnlich. Die britische Staatskasse war, wie gesagt, leer und das „Pfund-Sterling-System" faktisch bankrott. Interessante Fragen werfen in diesem Zusammenhang die kürzlich zur Veröffentlichung freigegebenen Memoranden des britischen Schatzamtes unter Schatzkanzler David Lloyd George auf. Im Januar 1914, also gut sechs Monate vor den Schüssen von Sarajewo, erhielt der leitende Beamte im Schatzamt, Sir George Paish, von seinem Kanzler den Auftrag, eine Studie über die Situation der britischen Goldreserven zu erarbeiten. Der Sterling-Gold-Standard bildete seit gut 75 Jahren die Grundlage des Weltwährungssystems. Das Pfund Sterling galt auf den internationalen Finanzmärkten als dem Währungsgold ebenbürtig. Somit spielte das Pfund 1914 dieselbe Rolle wie der amerikanische Dollar vor dem 15. August 1971.

Sir Georges Paishs vertrauliches Memorandum enthüllt die Ängste, die das Denken der Finanzelite in London bewegten: „Ein anderer Grund, um zur Reform des Banksystems zu schreiten, liegt in der wachsenden wirtschaftlichen und finanziellen Kraft Deutschlands. Denn mit ihr wächst die Unruhe, die Goldreserven könnten *vor oder mit Beginn eines größeren Konflikts zwischen den beiden Ländern geplündert werden."* (Hervorhebung von W.E.). Der streng vertrauliche Bericht, dem diese Zeilen entnommen sind, war sieben Monate vor Ausbruch des Weltkriegs, als angeblich niemand einen Krieg für möglich hielt, geschrieben worden.

Im weiteren Verlauf des Memorandums beschreibt Paish seine wachsende Sorge über die Klugheit der großen deutschen Handelsbanken, im Zusammenhang mit der Balkankrise von 1911-1912 ihre Währungsreserven aufzustocken. Paish warnte seinen Vorgesetzten

Lloyd George davor, daß ein möglicher „run" auf die
Bank von London unter den derzeitigen Umständen „die
Nation ernstlich daran hindern würde, Gelder aufzunehmen, um einen größeren Krieg zu führen".[1].

Am 22. Mai 1914 schrieb ein höherer Finanzbeamter namens Basil Blackett ein weiteres streng vertrauliches Memorandum für seinen Kanzler Lloyd George. Auch dieses
Memorandum befaßt sich mit den „Auswirkungen des
Krieges auf unsere Goldreserven". Blackett schreibt darin
bezeichnenderweise: „Es ist natürlich unmöglich, klar
vorauszusehen, welche Auswirkungen ein allgemeiner
europäischer Krieg, an dem die Länder des Kontinents
wie auch Großbritannien beteiligt sind, mit sich bringt.
Denn dadurch würde *von den großen Finanzzentren nur
noch New York übrig bleiben (wenn wir die Neutralität der Vereinigten Staaten unterstellen), um sich Gold für den Kriegsschauplatz zu beschaffen"*. (Hervorh. W.E.)

Im Hinblick auf Englands Kriegseintritt an jenem
schicksalhaften 4. August 1914 ist auch ein Brief bemerkenswert, den George Paish mit Datum „2 Uhr morgens,
Samstag den 1.8.1914" an seinen Vorgesetzten Lloyd George schickte: „Verehrter Herr Kanzler, das Kreditsystem,
auf das sich die Geschicke dieses Landes stützten, ist
völlig zusammengebrochen. Es ist von außerordentlicher Wichtigkeit, Schritte einzuleiten, um diesen
Mißstand unverzüglich zu beheben. Andernfalls können
wir nicht damit rechnen, einen großen Krieg finanzieren
zu können, ohne daß unmittelbar mit seinem Beginn unsere größten Häuser in den Bankrott gezwungen werden".[2]

Daraufhin wurde das Bankgesetz von 1844 in Kraft gesetzt und alle Zahlungen in Gold- und Silberwährung untersagt. Diese und weitere Entscheidungen gaben der
Bank von England große Geldmengen in die Hand. Sie
sollte damit im Auftrag der Regierung in großem Umfang
Nahrungsmittel und Kriegsmaterial für den Krieg gegen
Deutschland einkaufen. Der Goldbesitz der britischen
Bürger wurde eingezogen und in Noten der Bank von
England umgewandelt. Diese wurden für die Dauer des

Dringlichkeitsfalles zu gesetzlichen Zahlungsmitteln erklärt. Am 4. August war die britische Finanzwelt zum
Krieg gegen Deutschland bereit.

Aber als eigentliche Geheimwaffe entpuppte sich später
die Sonderbeziehung des Schatzamtes Seiner Majestät
zum New Yorker Bankensyndikat der Morgans. Davon
wird noch zu reden sein.

Die Rolle des Öls im großen Krieg

Zwischen dem Beginn der Kampfhandlungen 1914 und
ihrem Ende 1918 kam es in der Militärstrategie zu einer
Revolution. Das Erdöl erwies sich dabei als unumgängli-
cher Schlüssel zum militärischen Erfolg. Das Zeitalter des
Luftkriegs, der beweglichen Panzerkämpfe und der raschen Marineeinsätze begann. All das stand oder fiel mit
der sicheren und reichlichen Treibstoffversorgung.

Außenminister Sir Edward Grey war es vor allen anderen, der in den Monaten vor dem 4. August 1914 England
zum Krieg antrieb. Es wurde der blutigste und zerstöre-
rischste Krieg der bisherigen Geschichte. Nach amtlichen
Statistiken errechnete man zwischen 16 und 20 Millionen
Tote, davon waren 10 Millionen und mehr Zivilisten. Das
Britische Empire hatte in den vier Kriegsjahren etwa
500 000 Tote und etwa zwei Millionen Verwundete zu beklagen. „Es war ein Krieg, um Schluß mit allen Kriegen zu
machen", äußerte ein Franzose. Er vergaß, daß es zwei
verschiedene Dinge sind, Kriegsleiden zu erdulden und
Kriegsgewinne zu verbuchen.

Selten werden in der Literatur die geopolitischen Ziele
erörtert, die England lange vor 1914 anstrebte und jetzt
mit diesem Krieg verfolgte. Da ging es ja nicht nur darum,
den aufsteigenden großen industriellen Rivalen Deutschland ein für allemal aus dem Feld zu schlagen. Man wollte
sich durch Eroberungen und territoriale Neuordnung
nach dem Krieg vor allem die uneingeschränkte Kontrolle
über die wichtigsten Lagerstätten des strategischen Roh-
stoffs der Zukunft sichern: Erdöl.

Der Krieg gehörte zu dem, was die Strategen der britischen Führungsclique damals gerne „the Great Game" (das große Spiel) nannten. Sie verstanden darunter den Aufbau eines neuen, weltumspannenden Britischen Empire, dessen Führungsanspruch für den Rest des Jahrhunderts nicht mehr angefochten werden konnte, kurz: eine Art *neue Weltordnung* der damaligen Zeit.

Die Kriegsschauplätze des Ersten Weltkriegs zeigen überdeutlich, daß der Griff nach den Erdölvorkommen bereits im Mittelpunkt des strategischen Denkens stand. Der deutsche Feldzug unter Feldmarschall von Mackensen nach Rumänien sollte Steaua Romana in deutsche Hand bringen. Man wollte den Komplex von Ölbohr- und Förderanlagen, Raffinerien und Verladeeinrichtungen, die englische, holländische und französische Firmen dort unterhielten, zu einem einheitlichen deutschen Kombinat zusammenfügen. Während des Krieges blieb das die einzige Quelle, aus der Deutschland die Treibstoffe für seine Luftwaffe, LKW, Panzer und vor allem die U-Boote bezog. Der Vorstoß der Briten an die Dardanellen, der bei Gallipoli fürchterlich scheiterte, sollte die Versorgung der anglo-französischen Kriegsanstrengungen mit russischem Öl aus Baku sicherstellen. Das Osmanische Reich hielt die Dardanellen für den Transport russischen Öls gesperrt.

Nach dem Frieden von Brest-Litowsk zwischen Deutschland und Rußland Anfang März 1918 waren die reichen Ölfelder von Baku am Kaspischen Meer das Ziel großer politischer und sogar militärischer Anstrengungen sowohl von deutscher wie von britischer Seite. England kam dem deutschen Generalstab zuvor, besetzte die Ölfelder und schnitt dem deutschen Generalstab 1918 für die letzte Offensive im Westen die Ölversorgung ab. Das war kriegsentscheidend. Nur wenige Wochen danach mußte Deutschland um Waffenstillstand bitten, obwohl sich in den letzten Monaten zuvor militärisch ein deutscher Sieg über die alliierten Truppen abgezeichnet hatte. Es zeigte sich immer deutlicher: Das Öl rückte in den Mittelpunkt der Geopolitik.

Am Ende des Ersten Weltkrieges zweifelte keine der führenden Mächte an der strategischen Bedeutung des neuen Treibstoffs hinsichtlich ihrer wirtschaftlichen und militärischen Interessen. Zu Kriegsende liefen 40 Prozent der britischen Flotte mit Öl. Zu Beginn des Krieges verfügte die französische Arme über ganze 110 Lastkraftwagen, 60 Traktoren und 132 Flugzeuge. Vier Jahre später hatten sie ihre Bestände auf 70 000 LKW und 12 000 Flugzeuge vermehrt. Die Briten warfen zusammen mit den Amerikanern 105 000 LKW und 4 000 Flugzeuge an die Front. Während der Schlußoffensive der Alliierter an der Westfront wurden täglich 12 000 Faß Öl verbraucht.

Im Dezember 1917 war die Ölversorgung der französischen Truppen so knapp, daß General Foch Kriegsminister Clemenceau aufforderte, einen dringenden Appell an Präsident Wilson zu schicken. Darin hieß es: „Ein Ausfall in der Ölversorgung wird unsere Armeen unmittelbar auflösen und uns einen für die Alliierten ungünstigen Frieden aufzwingen." Clemenceau schrieb weiter an Wilson: „Die Sicherheit der Alliierten steht in Frage. Wenn die Alliierten den Krieg nicht verlieren wollen, dann dürfen sie Frankreich für den Fall einer deutschen Großoffensive nicht das Öl vorenthalten, das auf den Schlachtfeldern von morgen so unentbehrlich wie das Blut ist."

Rockefellers Gesellschaft Standard Oil entsprach dem Ersuchen General Fochs und lieferte den französischen Verbänden den erforderlichen Treibstoff. Weil der Nachschub aus Rumänien stockte, blieb die deutsche Großoffensive trotz Einstellung der Kriegshandlungen gegen Rußland nach dem Frieden von Brest-Litowsk vor allem aus Mangel an Treibstoff für die Lastkraftwagen, die den Nachschub zu sichern hatten, stecken.

Der britische Außenminister Lord Curzon kommentierte recht zutreffend: „Die Alliierten wurden auf einer Welle von Öl zum Sieg getragen... Seit Beginn des Krieges eroberte sich das Öl und seine Produkte die Führungsposition unter den Kampfstoffen, mit denen die Alliierten den Krieg führen und gewinnen konnten. Wie hätten sie ohne Öl die Beweglichkeit der Flotte, den Transport der

Truppen oder die Herstellung der Sprengstoffe ermöglichen können?" Er sagte dies anläßlich einer Siegesfeier am
21. November 1918, zehn Tage nachdem die Waffenstillstandsverhandlungen den Krieg beendet hatten. Und Senator Henry Berenger, Direktor des französischen Gene-
ralkomitees zur Ölbeschaffung, pflichtete dem bei: „Öl
war das Lebensblut für den Sieg. Deutschland legte zuviel
Wert auf seine Überlegenheit bei Kohle und Stahl und hat
unsere Überlegenheit in der Ölversorgung zuwenig in
Rechnung gestellt."[3]

Mit der Gründung des Völkerbundes bei den Versailler
Friedensverhandlungen von 1919 verwirklichte Großbritannien die von ihm angestrebte *neue Weltordnung*, die
dem Bestand des britischen Imperiums unter den neuen
weltpolitischen Gegebenheiten Dauer verleihen sollte.
Der Völkerbund lieferte, ähnlich wie heute die UNO, eine
Fassade internationaler Legitimität, hinter der sich die
nackten imperialistischen Territorialansprüche Englands
Geltung verschaffen konnten. Die Finanzelite der Londoner City hielt das Leben von Hunderttausenden seiner
Mitbürger für einen verhältnismäßig günstigen Preis, zu
dem sie die Kontrolle über die Schlüsselrohstoffe der
Welt, vor allem aber über das Erdöl erkauft und ihre Vormachtstellung über die Entwicklung der Weltwirtschaft
gefestigt hatte.

Englands Krieg im Osten

Wenn irgendetwas offenlegt, was die Alliierten mit der
Einkesselung Deutschlands, Österreich-Ungarns und des
Osmanischen Reichs bezwecken wollten, dann tut das ein
diplomatisches Geheimabkommen, das 1916, auf dem
Höhepunkt des Schlachtenlärms, unterzeichnet worden
war. Es wurde zwischen Großbritannien und Frankreich
vereinbart und zusätzlich von Italien und dem Vertreter
des zaristischen Rußlands unterzeichnet. Gemeint ist das
Sykes-Picot-Abkommen, so benannt nach den beiden Beamten, die es ausgearbeitet hatten. Das Abkommen zeigt,

wie direkt England seine Verbündeten – vor allem die arabischen, aber auch die anderen – betrog. England schrieb in ihm seine Absicht fest, die noch unentwickelten Erdölvorkommen der arabischen Golfregion an sich zu bringen.

Während Frankreich in furchtbaren und sinnlosen Materialschlachten in dem Grenzgebiet zu Deutschland gebunden war, warf England einen erstaunlich großen Teil seiner eigenen Truppen, nämlich über 1,4 Millionen britische Soldaten, auf den Kriegsschauplatz des Nahen Ostens. Den Franzosen sandte es Hilfstruppen und Kanonenfutter aus seinen indischen und afrikanischen Kolonien.

England rechtfertigte diesen ungewöhnlichen Einsatz kostbarer Truppen und knappen Materials im Nahen Osten damit, daß es dort die Kampfkraft der russischen Truppen gegen die Mittelmächte entscheidend stärken und die Getreidelieferungen aus Rußland durch die Dardanellen nach Westeuropa sichern würde. Dieser Zweck stand aber in keinem Verhältnis zu dem Aufwand an Menschen und Material an diesem militärisch relativ abgelegenen Frontabschnitt.

Daß der geäußerte nicht der eigentliche Zweck dieser Unternehmen war, wurde daran deutlich, daß England selbst nach Kriegsende gut eine Million seiner Soldaten im Nahen Osten stationiert hielt. Der Persische Golf war dadurch um 1919 zu einem „britischen Binnensee" geworden. Das verärgerte Frankreich protestierte immer wieder erfolglos dagegen, daß Großbritannien, während Millionen französischer Soldaten an der deutschen Westfront verbluteten, die Reichtümer des geschwächten Osmanischen Reiches plünderte und sich in diesem Raum wichtige Vorteile sicherte. Frankreichs 1,5 Millionen Tote und 2,6 Millionen Verwundete standen britischen Verlusten von 500 000 Toten und einer Million Verwundeten gegenüber.

Im November 1917 entdeckten Lenins Kommunisten nach der bolschewistischen Machtergreifung in den Archiven des zaristischen Außenministeriums das Geheim-

dokument und brachten es triumphierend an die Öffentlichkeit. Das Sykes-Picot-Abkommen enthielt den Plan
der Großmächte, wie sie das Osmanische Reich nach dem
Krieg unter sich aufzuteilen beabsichtigten. Die Einzelheiten waren im Februar 1916 ausgearbeitet, das Vertragswerk selbst im drauffolgenden Mai unterzeichnet
worden. Im großen und ganzen hat die Welt diese Ge-
heimdiplomatie während des Krieges nicht zur Kenntnis
genommen.

Entworfen hatte das Dokument Sir Mark Sykes, Nahost-
berater des Kriegsministers Lord Kitchener mit Sitz in
Khartoum. Mit diesem Abkommen sollte Frankreichs Zustimmung dafür gewonnen werden, daß Großbritannien
den größten Teil seiner Truppen und seines Kriegsgeräts
aus dem europäischen Kriegsschauplatz in den Nahen
Osten verlegte. Um dem französischen Unterhändler Georges Picot, dem früheren Generalkonsul in Beirut, dahingehend Zugeständnisse abzuringen, hatte Sykes Vollmacht, Frankreich wertvolle arabische Gebiete im Osmanischen Reich zu versprechen.

Er bot Frankreich zum Beispiel die Herrschaft über ein
Gebiet mit der Bezeichnung „A" an. Es umfaßte Großsyrien mit dem späteren Libanon. Dazu gehörten die Städte
Aleppo, Hama, Homs und Damaskus aber auch die Erdölvorkommen in Mosul im Nordosten des heutigen Irak.
Ausdrücklich wurden Frankreich die Ölkonzessionen der
türkischen Petroleumgesellschaft zugesprochen, die der
Deutschen Bank gehörten. Unter „französischem Protektorat" sollten die französisch kontrollierten arabischen
Gebiete sich vom Osmanischen Reich „unabhängig" erklären dürfen.

Das „Gebiet B" südöstlich des französischen Gebietes
umschloß das heutige Jordanien und östlich davon die
Gebiete des heutigen Irak und Kuwait mit den Städten
Basra und Bagdad. Dieses Gebiet schlug das Sykes-Picot-
Abkommen Großbritannien zu. Darüber hinaus sollten
die Häfen Haifa und Akre (heute Akko) an England fallen
und das Recht, eine Eisenbahnlinie von Haifa quer durch
das französische Gebiet nach Bagdad zu bauen. Das Ab-

kommen gestand ausdrücklich den Transport britischer Truppen auf dieser Bahn zu.

Italien hatte man das Bergland an der Mittelmeerküste Südanatoliens und die vorgelagerte Zwölferinselgruppe versprochen. Das zaristische Rußland sollte die armenischen Gebiete der Türkei und Kurdistan südwestlich von Eriwan erhalten.[4]

Abgesehen von diesen Bestimmungen des Sykes-Picot-Abkommens steckten die Briten die Staatsgrenzen der arabischen Reststaaten willkürlich ab. Sie bestehen zum größten Teil bis heute fort und dienen, wie im Falle des jüngsten Golfkrieges zu beobachten war, als Vorwand für ganz anders motivierte militärische Interventionen. So kam es zur Bildung der Staaten Syrien und Libanon unter französischem Protektorat, sowie Transjordanien, Palästina, Irak und Kuwait, die britischen Interessen dienen sollten. Persien wurde, wie wir gesehen haben, bereits seit 1905 von Großbritannien kontrolliert. In Saudi-Arabien erkannte Großbritannien damals noch keinen strategischen Nutzen. Diesen groben Fehler bedauerten die Briten später zutiefst.

Die Gallipoli-Expedition von 1915 und ihr verheerendes Scheitern hatte England militärisch beträchtlich geschwächt. Dadurch sah sich England gezwungen, Frankreich die Konzessionen für die Ölfelder von Mosul zu überlassen, obwohl England sie zunächst für sich beansprucht hatte. Wie sich bald zeigen sollte, handelte es sich nur um ein taktisches, kurzfristiges Zugeständnis in dem großen strategischen Poker um die Kontrolle der Weltölreserven.

„Dasselbe Pferd zweimal verkauft"

Die Veröffentlichung des Sykes-Picot-Abkommens brachte Großbritannien in große diplomatische Verlegenheit. Es hatte nämlich den Führern der Araber, um sie noch während des Krieges zum Aufstand gegen die türkische Herrschaft zu bewegen, großzügige Versprechungen gemacht. Das Abkommen zeigte, daß die Versprechungen von Anfang an in betrügerischer Absicht gegeben worden waren. Großbritannien hatte ganz andere Pläne mit dem Territorium der Araber. Die untereinander mißgünstigen Araber scheinen aber bis heute keine Schlüsse aus diesem Betrug und den vielen anderen, die ihm noch folgen sollten, gezogen zu haben.

Mit solchen Versprechungen hatte sich Großbritannien die unschätzbare Unterstützung der arabischen Kämpfer des haschemitischen Emirs von Mekka, des Beschützers der heiligen islamischen Städten Mekka und Medina, Sherif Husain Ibn Ali für ihr militärisches Vorgehen gegen die Türken erkauft. England hatte als Gegenleistung für diese Truppen, die sich dem Oberbefehl von T.E. Lawrence („Lawrence von Arabien") unterstellten, den Arabern die volle Souveränität und Unabhängigkeit nach dem Krieg zugesichert. Diese Zusagen waren in einer Reihe von Briefen zwischen Henry McMahon, Englands Hohem Kommissar in Ägypten, und Sherif Husain von Mekka, dem damaligen selbsternannten Führer der Araber, festgeschrieben worden.

Der „edle" Lawrence war sich des britischen Betrugs an den Arabern voll bewußt. „Ich riskierte den Betrug", gab er wenige Jahre später in seinen Lebenserinnerungen zu, „weil ich überzeugt war, daß die arabische Unterstützung für einen *billigen und raschen Sieg im Nahen Osten* unabdingbar war und daß es besser war zu siegen und das Wort zu brechen als zu unterliegen... Die arabische Begeisterung war unsere Hauptwaffe, um den Nahostkrieg zu gewinnen. So versicherte ich ihnen, daß England sein Wort dem Buchstaben und dem Geist der Verträge nach halten würde. So beruhigt, führten sie ihre großartigen Anschläge aus. Aber statt stolz auf das zu sein, was wir zusammen erreichten, plagte mich ständig eine bittere Scham."[5] (Hervorh. W.E.)

Der Tod von über 100 000 arabischen Freiwilligen verteuerte die Kosten des „billigen und raschen Siegs" in englischen Augen nicht nennenswert. Um selbst in den Genuß der riesigen Ölvorkommen und der politischen

Vorteile zu kommen, die mit der Kontrolle des arabischen Raums verbunden waren, hat Großbritannien seine Versprechungen verraten, bevor es sie noch gegeben hatte.

Das Sykes-Picot-Dokument deckte den Betrug auf und machte den Widerspruch zwischen den britischen Zusagen an Frankreich und an die Araber offenkundig. Um dem Betrug noch den Hohn aufzusetzen, erklärten England und Frankreich am 7. November 1918, nach Bekanntwerden des Sykes-Picot-Abkommens und vier Tage vor Abschluß der Waffenstillstandsverhandlungen mit Deutschland, in einer feierlichen Note: England und Frankreich kämpften gemeinsam „für die vollständige und endgültige Befreiung aller Völker, die solange von den Türken unterdrückt worden waren. Sie treten für die Errichtung nationaler Regierungen und Verwaltungen ein, deren Autorität auf der freien, demokratischen Wahl durch die einheimische Bevölkerung" beruhen.[6]

Dieses edle Vorhaben der beiden Sieger wurde natürlich nicht verwirklicht. Kaum war die Tinte unter dem Vertrag von Versailles getrocknet, setzte Großbritannien eine Million Soldaten in der Region in Bewegung, um sich auch noch die Vorherrschaft über die französischen Gebiete zu sichern. Schon am 30. September mußte sich das militärisch durch den Krieg geschwächte Frankreich einem englischen Diktat fügen und anerkennen, was man „vorübergehende militärische Besatzungszonen" nannte. Die Briten besetzten Palästina und unterstellten es als „feindlich besetztes Gebiet" ihrer Verwaltung.

Die britische Elite wußte, wie schwer es Frankreich fallen mußte, Truppen in diese Gebiete zu verlegen, nachdem diese auf dem europäischen Kriegsschauplatz ausgeblutet waren. Deshalb bot die Londoner Regierung Frankreich großzügig an, ihm die militärische Sicherung und die Verwaltung dieser Gebiete abzunehmen. So unterstand ab 1918 der gesamte Nahe Osten einschließlich der ursprünglich an Frankreich abgetretenen Gebiete tatsächlich der diktatorischen Befehlsgewalt von General Sir Edmund Allenby, dem Oberbefehlshaber des britischen Expeditionskorps in Ägypten.

Im Dezember 1918 führte der britische Premierminister Lloyd George in London eine private Unterredung mit dem französischen Präsidenten Clemenceau. Dabei teilte George seinem Gast mit, England verlange von Frankreich, „Mosul dem britischen Teil des Irak zuzuschlagen und Palästina von Dan bis Beersheba an Großbritannien abzugeben". Als Entschädigung dafür wollte England erstens den Besitzanspruch Frankreichs auf Großsyrien gegen Ansprüche anderer verteidigen, zweitens Frankreich die Hälfte der Öleinnahmen von Mosul zufließen lassen und es drittens bei seinem Vorgehen an Rhein und Ruhr unterstützen.[7] Diese privaten Vereinbarungen hatten höchst verhängnisvolle Auswirkungen, auf die wir noch eingehen werden.

Ein seltsamer Brief an Lord Rothschild

Über die Landkarte des besiegten Osmanischen Reichs gebeugt kamen den Briten weitere Ideen. Zu den Landmassen in ehemals türkischem Besitz gehörte auch Palästina. Weltweit gab es unzählige Juden, die es zu Geld und Wohlstand gebracht hatten. Ließe sich da nicht ein Geschäft machen, das nicht nur Geld brachte, sondern auch politischen Nutzen im Bemühen, die erst betrogenen und nun unruhigen Araber in Schach zu halten? Es ging um die Gründung eines jüdischen Staates auf dem Gebiet Palästinas. Das Außergewöhnliche an seiner Gründung war, daß das Vorhaben in erster Linie von rein englischen „Zionisten" ausgegangen war, zu denen auch Lloyd George gehörte.[8]

Der 2. November 1917 fiel in die für die anglo-französische Kriegsallianz finsterste Zeit des Ersten Weltkriegs. Die russische Front war unter dem Druck des innenpolitischen und wirtschaftlichen Chaos zusammengebrochen, und die Bolschewisten hatten die Macht übernommen. Die USA hatte sich immer noch nicht zum offenen Kriegseintritt auf Seiten Englands gegen Deutschland entschließen wollen. Damals schrieb der britische Außenminister Arthur Balfour an Walter Lord Rothschild, einem Repräsentanten der Vereinigung englischer Zionisten, folgenden bemerkenswerten Brief:

„Ich habe das große Vergnügen, Ihnen im Namen der Regierung Ihrer Majestät folgende Sympathieerklärung für die jüdisch-zionistischen Vorhaben abzugeben. Sie hat dem Kabinett vorgelegen und seine Zustimmung gefunden. Die Regierung Seiner Majestät betrachtet mit Wohlwollen die Errichtung einer nationalen Heimstatt für das jüdische Volk und will alle Anstrengungen unternehmen, um dieses Ziel zu erreichen. Dabei gibt sie klar zu verstehen, daß sie nichts unternehmen wird, was die religiösen und zivilen Rechte der bereits in Palästina lebenden nichtjüdischen Gemeinden oder die Rechte und den politischen Status, den Juden in irgendeinem anderen Land genießen, einschränkend vorwegbestimmt. Ich wäre Ihnen dankbar, wenn Sie diese Erklärung der zionistischen Vereinigung zur Kenntnis bringen würden."[9]

Auf die in dem Brief angedeutete Erklärung stützte sich das Mandat des Völkerbundes über Palästina. Der Völkerbund wurde damals auf der ganzen Linie von den Briten kontrolliert. Er lieferte den Vorwand, um territoriale Verschiebungen mit weltweiten Auswirkungen zu erzwingen. Die in dem Schreiben fast beiläufig gemachte Bemerkung über die „bereits in Palästina lebenden nichtjüdischen Gemeinden" bezog sich auf über 85 Prozent der dort lebenden Bevölkerung. Es handelte sich um arabische Palästinenser. 1917 gab es in Palästina weniger Juden pro Kopf der Bevölkerung als in Deutschland, nämlich weniger als 1 Prozent.

Bemerkenswert an dem Schreiben ist auch, daß es sich wie ein Austausch zwischen engen Freunden liest. Beide, Balfour wie Lord Rothschild, gehörten der neuaufkommenden imperialistischen Fraktion der britischen Elite an, die ein dauerhaftes, weltumspannendes „neues Empire" errichten wollte. Es sollte sich nicht wie bisher auf militärische Machtmittel stützen, sondern auf die neuen Methoden der sozialen Kontrolle, auf Medienfehlinformation und sozio-psychologische Manipulation.

Weiter fällt an dem Schreiben Balfours auf, daß es sich an
Lord Rothschild und nicht an den Vorstand der internationalen jüdisch-zionistischen Organisation richtete. Rothschild war lediglich Mitglied der „Englischen Vereinigung
der Zionisten", deren Vorsitzender zu diesem Zeitpunkt
Chaim Weizmann war. Wenn es auch im wesentlichen Ro-
thschildgelder waren, die diese Organisation zum Leben
erweckt hatten, er war nicht der richtige Ansprechpartner.
Rothschild finanzierte die Auswanderung russischer und
polnischer Juden über eine jüdische Kolonisierungsgesell-
schaft. Bei ihr führte er den Vorsitz auf Lebenszeit. Aber in
London nahm man es nicht so genau, wenn es galt, ferne
Länder für die jüdische Emigration zu öffnen. In England
wurden jüdische Flüchtlinge zu dieser Zeit keineswegs
mit offenen Armen empfangen.

Wichtiger aber als die Heuchelei der Balfour-Erklärung
war das „Große Spiel", in das sie sich fügte. Die geographische Lage des Landes, das England den Juden großzügig als neue Heimat anwies, spielte darin eine wesentliche
Rolle. Palästina lag nicht nur dicht bei einem Gefahren-
punkt für die Hauptschlagader des Britischen Empire, der
Seeverbindung nach Indien. Es hatte auch eine Schlüssel-
stellung zwischen den der Türkei abgenommenen Erd-
ölländern des Nahen Ostens. Im britischen Protektorat
Palästina eine aufmüpfige Minorität unterzubringen,
würde London eine Menge neuer strategischer Möglichkeiten an die Hand geben, glaubten Balfour und seine
Leute – und hatten dabei zynische Hintergedanken.

Balfour und das „neue Empire"

Ungefähr zu Beginn der neunziger Jahre des letzten Jahrhunderts hatte der Gold- und Diamantenkönig Cecil Rhodes an den Eliteuniversitäten Oxford und Cambridge eine
Gruppe junger Leute zusammengeführt. Sie sollte in den
kommenden Jahrzehnten die Politik des britischen
Großreiches nachhaltig beeinflussen. Es handelte sich
dabei nicht um einen offiziell „eingetragenen Verein",

aber die Gruppe hinterließ seit 1910 mit der Gründung
ihrer Zeitschrift *Round Table* (Runder Tisch) eine recht ein-
deutige Spur. Sie vertrat die Ansicht, daß es eines viel sub-
tileren und wirkungsvolleren Systems der Machtaus-
übung bedurfte, wollte man die Vormacht des angelsächsischen Empire in das neue Jahrhundert hinüberretten.

In ihrer Anfangszeit gab sich die „Round Table"-
Gruppe, wie sie manchmal auch genannt wurde, ausge-
sprochen antideutsch und imperialistisch. Im August
1911, also drei Jahre bevor England Deutschland den
Krieg erklärte, schrieb der einflußreiche Philipp Kerr,
auch als Lord Lothian bekannt, im *Round Table*: „Zur Zeit
stehen sich in der Welt zwei gegensätzliche Moralauffas-
sungen gegenüber, die britische oder angelsächsische und
die kontinentale oder deutsche. Beide gemeinsam können
nicht überdauern. Wenn dem Britischen Empire die Kraft
fehlt, als wirklicher Vermittler zwischen den Nationen zu
handeln, dann werden die reaktionären Standards der
deutschen Bürokratie triumphieren. Dann ist es nur noch
eine Frage der Zeit, wann das Britische Empire selbst zum
Opfer eines internationalen Zwischenfalls wie dem von
Agadir wird. Wenn es dem britischen Volk an Stärke fehlt
zu verhindern, daß hinterwäldlerische Rivalen es mit
Aussicht auf Erfolg angreifen, muß es sich den politischen
Spielregeln der aggressiven Militärmächte beugen."[10]

Die ständige militärische Besetzung der britischen Kolonien erschien der Gruppe zu teuer. Stattdessen forderte
sie eine wirksamere Unterdrückung durch scheinbar
größere Toleranz. Sie schlug die Bildung eines britischen
„Commonwealth of Nations" vor, der den Ländern eine
gewisse Illusion von Unabhängigkeit erlaubte. Damit
könnte England leicht die Kosten seiner weltweit operierenden Eroberungs- und Besatzungsarmeen in den Ländern zwischen Indien und Ägypten, in Afrika und dem
Nahen Osten senken. Die vorgeschlagene Neuordnung
des Empire nannten manche auch „informelles Empire".

Die neue Gruppe scharte sich bald um die einflußreiche
Londoner *Times*. Zu ihr zählten Leute wie Albert Lord
Grey, der Historiker und die graue Eminenz des briti-

schen Geheimdienstes Arnold Toynbee, der Schriftsteller
H.G. Wells, sowie Alfred Lord Milner vom Südafrika-Pro-
jekt und ein junger Aufsteiger namens H.J. Mackinder
von der berüchtigten Londoner Wirtschaftsschule, der
London School of Economics. Er gilt als Erfinder der sogenannten „Geopolitik" als Fachgebiet der Politischen
Wissenschaft. Man richtete ihm dafür eine eigene „Denk-
fabrik" ein, das Royal Institute of International Affairs,
auch als „Chatham House" bekannt. Das Institut wurde
1919 in den Korridoren von Versailles gegründet.

Mackinder beschrieb, was diese Gruppe mit der Gründung eines jüdischen Staates und dem britischen Protektorat über Palästina im Schilde führte. Zwischen den untereinander zerstrittenen arabischen Staaten sollte ein von
Juden dominierter Staat entstehen. Der bliebe um des eigenen Überlebens willen auf das Wohlwollen Großbritanniens angewiesen. Über ihn könnte der Einfluß Großbritanniens in der Region trotz größerer Widerstände der
Araber weiterhin geltend gemacht werden.

In Mackinders Worten liest es sich so: „Wenn die Weltinsel unweigerlich der Hauptsitz der Menschheit auf diesem Erdball ist, und wenn Arabien als Durchgangsland
zwischen Europa und Indien und zwischen dem nördlichen und südlichen Herzland der Weltinsel zentrale Bedeutung hat, dann kommt der Zitadelle auf den Hügeln
Jerusalems im Hinblick auf die große Politik eine strategisch wichtige Position zu. Sie unterscheidet sich nicht
wesentlich von der idealen Lage Jerusalems im Mittelalter
oder seiner strategischen Position in der Antike zwischen
Babylon und Ägypten."

Weiter stellt er fest: „Der Suezkanal führt den umfangreichen Verkehr zwischen Europa und Indien und liegt in
unmittelbarer Reichweite einer in Palästina stationierten
Armee. Schon wird in der Ebene von Jaffa an der Eisenbahnverbindung zwischen dem südlichen und dem nördlichen Herzland gebaut."

Was der erwähnte Brief seines Freundes Balfour an Lord
Rothschild bewirken sollte, kommentiert Mackinder so:
„Die Errichtung eines jüdischen nationalen Zentrums in

Palästina wird eines der *wichtigsten Ergebnisse des Krieges* sein. Dies ist eine Angelegenheit, bei der wir es uns mittlerweile erlauben können, offen die Wahrheit auszusprechen... Eine nationale Heimat im tatsächlichen und historischen Zentrum der Welt sollte die Juden veranlassen, sich ,einzureihen'... Es gibt Leute, die wollen zwischen der jüdischen Religion und der semitischen Rasse unterscheiden, aber sicherlich liegt die allgemeine Ansicht, die beide für dasselbe hält, nicht so ganz falsch." (Hervorh. W.E.)[11]

Nach den Vorstellungen dieser Gruppe sollte England nach dem ersten Weltkrieg seinen umfangreichen und zerstreuten Kolonialbesitz zu einem Gebiet, das sie „Weltinsel" nannten, zusammenfassen. Sie reichte von den Gold- und Diamantengruben Cecil Rhodes' in Südafrika, die Rothschild saniert hatte, bis nach Ägypten an den Suezkanal, der lebenswichtigen Schiffahrtstraße nach Indien, und von dort über Mesopotamien, Kuwait, Persien bis nach Indien im Osten.

Daß die Engländer die deutschen Kolonien am Tanganjika, Deutsch-Ostafrika, eroberten, war gewiß nicht kriegsentscheidend. Es zwang Deutschland nicht an den Verhandlungstisch. Für das britische Kolonialreich zwischen dem Kap der Guten Hoffnung und Kairo bildete diese Kolonie allerdings eine wichtige Landbrücke.

England kontrollierte aber nicht nur ein riesiges Kolonialgebiet. Es hatte seine Hand auf die wichtigsten Rohstoffe für die Weltindustrie gelegt. Das fing beim Gold, dem standardisierten internationalen Zahlungsmittel des Welthandels, an und reichte bis zum Erdöl, das sich als der wichtigste Energierohstoff der künftigen industriellen Entwicklung herausgestellt hatte.

Dieser Kolonialbesitz ist seit 1919 bis in unsere Tage in jeder Beziehung geopolitische Realität geblieben. Daran änderten auch die politkosmetischen Verschönerungen der UNO-Ära nichts. Die Kontrolle über diese Landmasse zwang jede andere Nation der Welt unter das Zepter des britischen „informellen Empire". Cecil Rhodes blieb bis zu seinem Tode im Jahr 1902 der wichtigste Geldgeber der neuen Elite, die das „informelle Empire" konzipiert hatte.

Auch der Burenkrieg von 1899 bis 1902 war ein Projekt dieser Gruppe gewesen. Er wurde von Cecil Rhodes persönlich angeregt und finanziert. Rhodes hoffte, durch diesen Krieg England die Kontrolle über die riesigen Bodenschätze des Transvaal sichern zu können. Bis dahin gehörten sie den Buren, einer kleinen aus Holland stammenden Minderheit. Der Krieg, in dem sich Winston Churchill zum ersten Mal einen Namen machte, war von Cecil Rhodes, Alfred Milner und anderen „Round Table"-Leuten eingefädelt worden. Ihr ursprüngliches Ziel war dabei vor allem, die Goldvorräte, die damals als die größten der Welt galten, fest in britische Hand zu bringen.

Nachdem der kalifornische Goldrausch 1848 wieder abgeklungen war, lieferte die Eroberung des Transvaal mit seinen großen Goldvorkommen London das Rückgrat als Weltfinanzier und ermöglichten der City, den Goldstandard der Weltwährung zu garantieren. Lord Milner, Jan Smuts und Cecil Rhodes, die zum Krieg gegen die unabhängigen Buren geblasen hatten, gehörten alle der Fraktion des „neuen Empire" an. Sie betrachteten die Schaffung der südafrikanischen Union als Schachzug in ihrem „Großen Spiel".[12]

1920 hatte England seine Herrschaft über Südafrika einschließlich Deutsch-Südwestafrika gefestigt. Es hatte verstanden, sich die erst vor kurzem entdeckten riesigen Ölvorkommen des Osmanischen Reiches anzueignen und zu sichern. Es hatte dazu die Araber betrogen, eine ungeheure militärische Präsenz im Nahen Osten aufgebaut und das britische Protektorat über Palästina eingerichtet, um es allmählich zu einem neuen jüdischen Staat auszubauen. Aber nicht alle Rechnungen waren 1920 schon aufgegangen. Das Britische Empire stand finanziell nicht besser da als zu Beginn des Ersten Weltkrieges.

Anmerkungen

1. Paish, Sir George: Memorandum on British Gold Reserves sent to Chancellor. Januar 1914. Treasury, Files of British Public Record Office, T 171 53.
2. Paish: Letter to the Chancellor Lloyd George, dated, 2 a.m. Saturday, Aug. 1, 1914. Public Record Office, T 170 14.
3. Hanighen, Frank C.: *The Secret War*. New York 1934, bei John Day, S. 82-83.
4. Documents on British Foreign Policy, 1919-1939. First Series. Vol. IV, S. 245-247.
5. Lawrence, T.E.: *Seven Pillars of Wisdom*. London, Cape 1935, S. 24.
6. Nevakivi, J.: *Britain, France and the Arab Middle East, 1914-1956*. London 1969, S. 264.
7. Zeine, Z.N.: *The Struggle for Arab Independence: Western Diplomacy and the Rise and Fall of Faisal's Kingdom in Syria*. Beirut 1960, S. 59.
8. Rose, N.A.: *The Gentile Zionists: A Study in Anglo-Zionist Diplomacy, 1929-39*. London 1973, bei Frank Cass.
9. Wilson, Derek: *Rothschild: A Story of Wealth and Power*. London 1990, bei Mandarin, S. 341.
10. Kerr, Philip (Lord Lothian): *The Round Table*. August 1911, S. 422-423.
11. Mackinder, Halford J.: *Democratic Ideals and Reality*. New York 1969, bei W.W. Norton, S. 89.
12. Quigley, Carroll: *The Anglo-American Establishment: From Rhodes to Clivden*. New York 1981, bei Books in Focus, S. 5.

5. Kapitel

Engländer und Amerikaner im Streit ums Öl

Das Geld für Englands Krieg

Aus den Versailler Verhandlungen ging Großbritannien 1919 scheinbar unangefochten als die führende Weltmacht hervor. Zu beachten ist allerdings der kleine Schönheitsfehler, der im Zuge der Kriegsereignisse leicht übergangen wird: Der Sieg war mit geliehenem Geld errungen worden.

Das Wallstreet-Bankhaus J.P. Morgan hatte in den USA Gelder im Wert von mehreren Milliarden Dollar zusammengekratzt und nach England gebracht. Diese Gelder waren kriegsentscheidend. Zur Zeit der Versailler Verhandlungen beliefen sich die britischen Schulden an die USA auf die für damalige Verhältnisse phantastische Summe von 4,7 Milliarden Dollar. Die britische Binnenwirtschaft selbst war aber keineswegs gesund, sie steckte in einer tiefen Nachkriegsdepression. Die Industrie lag darnieder, die Produktionsanlagen waren überaltert, die Preisinflation kletterte über die vier Kriegsjahre auf 300 Prozent. Die Staatsschulden hatten sich in dieser Zeit verneunfacht und beliefen sich auf die enorme Summe von 7,4 Milliarden Pfund Sterling, das waren 924 Prozent mehr als 1913.

In Versailles ließ sich das Britische Empire den militärischen Sieg über den europäischen Kontinent bescheinigen. In den USA sah man das anders. Die USA waren durch den Ersten Weltkrieg zum ersten Mal in ihrer Ge-

schichte zu einem schuldenfreien Land geworden. Das
verlieh ihnen ein neues Selbstbewußtsein. Eine Reihe international tätiger Bankhäuser, Finanzmakler und die von
ihnen abhängigen Firmen hielten nunmehr sich selbst
und nicht mehr ihre englischen Kollegen für die mächtigste Wirtschaftsmacht der Welt. Sie glaubten, damit auch
das Recht auf die Weltführung erworben zu haben. Um
diese Frage entstand in den nächsten Jahren ein erbitterter Machtkampf zwischen britischen und amerikanischen
Wirtschaftskreisen, der bisweilen fast zu blutigen Auseinandersetzungen führte.

Anfang der zwanziger Jahre rüttelte die „inter-
nationalistische" Finanzelite, die sich in den USA herous-
gebildet hatte, an den drei Säulen, auf denen die britische
Weltherrschaft ruhte. Sie beanspruchte für sich die Kontrolle über die Schiffahrtswege, die Kontrolle über die
Weltfinanzen und die Kontrolle über die verfügbaren
Rohstoffe. Diese Internationalisten waren seit Jahrzehnten in Großbritannien in die Schule gegangen. Nun schien
sich ihnen die Gelegenheit zu bieten, die Position des
Juniorpartners abzuschütteln und selbst das Geschäft zu
übernehmen. So entbrannte ein heftiger Streit zwischen
den englischen und amerikanischen Eliten. Einerseits
zogen sie nach wie vor am gleichen Strang, andererseits
trachteten sie danach, sich diesen Strang gegenseitig zu
entwinden. Auch dieser Konflikt bildete den Nährboden
für den kommenden Zweiten Weltkrieg.

Das Ziel war verlockend. Den USA ging es um die
Frage, ob sie sich aufgrund ihrer neu erworbenen Wirtschaftsmacht zur politisch weltbeherrschenden Supermacht aufschwingen könnten oder auch nach Versailles
weiterhin in der Kiellinie eines britisch beherrschten
anglo-amerikanischen Kondominiums segeln müßten.
Mit anderen Worten: Sollte die Hauptstadt der in Versailles diktierten neuen Weltordnung London oder Washington heißen? Im Jahr 1920 war diese Frage noch nicht entschieden.

Eine Note, die der britische Botschafter in Washington
1921 an sein Außenministerium in London sandte, zeigt

an, mit welcher Intensität dieser wirtschaftliche und politische Machtkampf zwischen Engländern und Amerikaner ausgefochten wurde: „Im Mittelpunkt der Bestrebungen der Realisten unter den amerikanischen Politikern steht das Ziel, für Amerika die Position der Weltführungsmacht zu gewinnen und sich zum Führer unter den englischsprechenden Nationen aufzuschwingen. Zu diesem Zweck bauen sie die stärkste Kriegs- und die größte Handelsmarine auf. Aus diesem Grund hindern sie uns auch daran, Waren nach den USA zu verkaufen, um unsere Schulden abzutragen. Ferner *halten sie nach Gelegenheiten Ausschau, uns wie einen Vasallen zu behandeln, solange wir mit unseren Schuldzahlungen im Rückstand bleiben.*"[1]

Seit 1870 hatten die Engländer vorzugsweise in den USA investiert. Sie legten ihr Geld besonders gerne in Eisenbahnaktien an, wo sie mit ihnen nahestehende New Yorker Bankhäuser handelten. Als der Krieg 1914 ausbrach, schickte das britische Kriegsministerium einen Sonderbeauftragten in das damals noch neutrale Amerika, um den Kauf von Kriegsgerät und wichtigen Versorgungsgütern zu vereinbaren. Man rechnete damals allgemein mit einem kurzen Kriegsverlauf.

Im Januar 1915, also nur fünf Monate nach Kriegsbeginn, ernannte die britische Regierung ein privates Bankhaus in New York, nämlich J.P. Morgan & Co., zum alleinigen Finanzagenten für alle seine kriegswichtigen Einkäufe in den neutralen USA. Morgan war der exklusive Verkäufer britischer Kriegsanleihen in den USA und vermittelte Bankkredite und vergleichbare Zwischenfinanzierungen. Bald danach mußte Großbritannien gegenüber amerikanischen Kreditgebern auch die Garantie für die Einkäufe und Anleihen seiner Kriegsverbündeten, der Franzosen, Italiener und Russen, übernehmen. Auf diese Weise sammelten sich beim Bankhaus Morgan Schulden in einem Umfang an, wie sie nie zuvor in der Wirtschaftsgeschichte von einer einzelnen Bank jongliert worden waren. Noch nie zuvor hatte ein privates Bankhaus mit einem so hohen und riskanten Einsatz gespielt.

Das Britische Empire und sein Mutterland waren schon

zu Beginn des Krieges so gut wie bankrott gewesen. Aber die britische Finanzelite baute auf die Unterstützung durch die USA und die anglophilen Kreise der New Yorker Finanzwelt.

Die Tätigkeit Morgans und der New Yorker Bankiers wurde für die Kriegsanstrengungen der Entente entscheidend. Nach dem genannten Exklusivabkommen handhabte das Bankhaus Morgan für Großbritannien, Frankreich und die anderen Alliierten in Europa alle Einkäufe an Munition, Waffen und für die Versorgung wichtigen Lebensmittel. Morgan bediente sich dazu natürlich auch seiner europäischen Niederlassungen. Dazu gehörte auch die Firma Morgan Grenfell & Co.. Morgans Partner, C.E. Grenfell, war Direktor bei der Bank von England und Intimus des Schatzkanzlers Lloyd George. In Paris gehörte die Firma Morgan Harjes & Co. dazu. Morgan vereinigte im eigenen Haus die wirtschaftspolitische Führungsgruppe der Entente.

Wenn man sich den Umfang der Finanzierungsanforderungen der alliierten Kriegsanstrengungen vor Augen führt, wird klar, welche politische und finanzielle Macht hier ein einzelnes Finanzinstitut auf sich konzentriert hatte. Dafür hatte die bisherige Geschichte kein Beispiel.

Das Privileg, als einziger Einkaufsagent für den Kriegsbedarf der Entente tätig zu sein, erhob das Haus Morgan zum Richter über die Existenzfähigkeit zahlreicher Firmen der amerikanischen Exportindustrie. Morgan konnte entscheiden, wem die äußerst günstigen und gewinnbringenden Exportaufträge zugeschlagen wurden und wer leer ausging.

Wegen ihrer engen Bindung an das Bankhaus Morgan durften Firmen wie zum Beispiel DuPont Chemicals, Remington oder Winchester zu multinationalen Industriegiganten heran wachsen. Im Mittleren Westen schlossen sich unter Morgans segenspendender Hand große Getreidekartelle zusammen. Sie durften Morgans europäische Kunden versorgen. Dabei bildeten sich geradezu „blutschänderische" Beziehungen heraus. Denn ein großer Teil der Privatanleihen, die das enorme Exportgeschäft finanzieren mußten, wurde von den Firmen oder ihnen nahestehenden Personen gezeichnet, die dann auch am Exportgeschäft teilhaben durften.

Die Position dieses privaten Bankhauses wurde politisch so gewichtig, weil US-Präsident Woodrow Wilson nach außen hin die strikte Neutralität der USA in diesem Krieg behauptete. Diese Neutralität wurde jedoch immer fadenscheiniger, da doch Kriegsgerät im Umfang von Milliarden von Dollar ausschließlich an eine der kriegsführenden Parteien geliefert wurde. Immerhin hatte allein das britische Kriegsministerium durch das Bankhaus Morgan Einkäufe im Wert von 20 000 000 000 (20 Mrd.) Dollar tätigen lassen. Dabei sind nicht die Anleihen eingerechnet, die Morgan direkt für England, Frankreich und die anderen Alliierten gezeichnet hatte. Das vertrug sich natürlich nicht mit dem behaupteten neutralen Status. Es verletzte eindeutig das Völkerrecht, wonach es neutralen Ländern verboten ist, auf ihrem Hoheitsgebiet Versorgungsbasen kriegsführender Nationen zu dulden.

Tatsächlich zeigte ein Senatsunterausschuß Morgan nach dem siegreich beendeten Krieg wegen Neutralitätsverletzungen an. Dies war aber nur ein Vorwand. Die Anzeige galt eigentlich dem Vorwurf, Morgan habe überhöhte Profite aus dem Exklusivgeschäft gezogen und Aufträge ausschließlich an solche Firmen vergeben, an denen er selbst und seine Partner beteiligt waren. Morgan hatte für seine Agententätigkeit eine Provision von 2 Prozent auf den Nettopreis aller nach Europa verschifften Waren genommen. Das ergab alles in allem eine stolze Summe. Jedenfalls sah sich Morgan gezwungen, das Geschäft mit E.R. Stettinius als Partner zu teilen. Diese Geschäftsverbindung qualifizierte Stettinius später zum amerikanischen Außenminister. Von der Anzeige des Senatsunterausschusses war nicht lange die Rede.

Schon 1915 hatte US-Finanzminister McAdoo den nervösen Präsidenten Wilson überzeugt, daß private Kriegsanleihen nötig seien, um das „amerikanische Exportgeschäft aufrechtzuerhalten". Daher nahm der es mit der Neutralität auch nicht so genau und ließ die Gelder weiter fließen. Von 1913 bis zum Jahr 1915 wuchsen die amerikanischen Exporte nach England um 68 Prozent. Als die USA 1917 auf der Seite Großbritanniens in den Krieg eintraten, hatten die New Yorker Banken bereits private Kriegsanleihen im Wert einer für damalige Verhältnisse ungeheuren Summe von 1,25 Milliarden Dollar gezeichnet. So etwas war dem privaten Bankhaus Morgan nur möglich, weil es Sonderbeziehungen zur damals gerade gegründeten amerikanischen Bundesbank, der Federal Reserve Bank, unterhielt. Wie die Bank von England ist die Federal Reserve ein Konsortium privater Banken, dem die US-Regierung die hoheitlichen Aufgaben einer Notenbank übertrug. Dem Federal Reserve Board, dem Aufsichtsgremium des Konsortiums, stand Gouverneur Benjamin Strong vor. Ihn hatte Morgan zuvor bei sich als Bankier beschäftigt.

Das Unternehmen der Kriegsfinanzierung war für Morgan höchst riskant. Seine Bank drohte mehrere Male unter der ungeheuren Finanzlast zusammenzubrechen. Im Januar 1917, als sich die russische Front infolge innenpolitischer Wirren aufzulösen begann, schien auch die Niederlage Großbritanniens und Frankreichs zum Greifen nahe zu sein. Im Bankhaus Morgan wurde die höchste Alarmstufe ausgerufen. Alle ihm zu Gebote stehenden Propagandakanäle begannen die Kriegstrommel zu rühren, und alle politischen und finanziellen Hebel wurden in Bewegung gesetzt, um die USA offen in den Krieg einzuschalten.

Dies fand selbstverständlich die aufmerksame Unterstützung der britischen Elite und der höchsten Stellen des britischen Geheimdienstes. Erstaunlicher ist, wie eindeutig die amerikanische Presse in diesen Tagen für Morgans Entente-Kunden in Europa Partei ergriff und den Eintritt der USA in den Krieg forderte. Denn allen Beteiligten war klar geworden, daß nur ein zügiger amerikanischer Kriegseintritt das Blatt für die Entente in Europa noch wenden konnte. Alles andere hätte für das Bankhaus Morgan und seine Klienten das endgültige Aus bedeutet. Vor allem der Presse war es zu „danken", daß Amerika sein Gewicht auf die „richtige" Seite warf und die „britischen Interessen" unterstützte. Ohne den Erfolg der Kriegspropaganda wären Morgan und mit ihm England im Frühjahr 1917 finanziell restlos ruiniert gewesen.

Zum Glück für Morgan und London lieferte der deutsche Generalstab unter General Erich Ludendorff den Vorwand für den US-Kriegseintritt, der den finanziellen Ruin der anglo-amerikanischen Interessen verhinderte. Im Februar verhängte Deutschland den uneingeschränkten U-Bootkrieg über bestimmte Küstengebiete, um dadurch den Nachschub an Waffen und Munition aus den USA an die westeuropäische Front zu unterbinden. Dabei wurden auch amerikanische Munitionstransporter und Öltanker versenkt. Dies war für die amerikanische Presse, die wie viele andere die Hand nach Morgans Geld ausgestreckt hielt, Anlaß genug, immer wütender die Beendigung der amerikanischen Neutralität zu fordern.[2]

Als sich der amerikanische Kongreß am 2. April 1917 endlich zur offenen Kriegserklärung an Deutschland aufraffte, setzte die New Yorker Bankenwelt unter Führung des Gouverneurs der Federal Reserve, Strong, die ehrgeizigste Finanzierungsoperation der bisherigen Geschichte in Gang.

Es ist fraglich, ob die Vereinigten Staaten von Amerika den englischen Krieg in dem Umfang, wie sie es dann taten, finanziert hätten, wäre am 23. Dezember 1913 nicht das Gesetz zur Errichtung der Federal Reserve Bank unterzeichnet worden. Auch England hätte ohne eine solche Einrichtung in der Rückhand 1914 wohl kaum sein abenteuerliches Spiel gegen die Konkurrenz in Kontinentaleuropa gewagt. Die Federal Reserve Bank jedenfalls dankt ihre Entstehung und ihre besondere Organisation der emsigen Geschäftigkeit und rührigen Aktivität der Finanzkreise um J.P. Morgan und der einflußreichen Finanzelite der Londoner City. Sie drängten in den Monaten vor Ausbruch des europäischen Krieges mit allem Nachdruck, der ihnen zu Gebote stand, darauf, daß dieses entscheidende Machtinstrument geschmiedet wurde.

Der deutsche Reichstag hatte aufgrund seiner Erfahrungen mit der Finanzkrise seit den neunziger Jahren die Möglichkeiten zur Spekulation drastisch eingegrenzt. Genau entgegengesetzte Absichten bewegte die Gruppe von Finanziers, die das Gesetz über die Errichtung der Federal Reserve Bank im Jahr 1913 entworfen hatten. Diese Leute waren alle ausnahmslos vom Haus Morgan abhängig. Sie waren bei ihren Kollegen in London in die Schule gegangen, hatten die Mechanismen studiert, mit denen die britische Elite die Weltfinanzen zu ihrem Vorteil handhabte und waren nun von der Idee beherrscht, New York zum Weltfinanzzentrum zu erheben.

Im August legte die Federal Reserve sogenannte Freiheitsanleihen und -obligationen auf, um die amerikanischen Kriegsanstrengungen zu finanzieren. Auch diese US-Schatzanweisungen, die mit groß angeheizter, ,,patriotischer Begeisterung" an private Anleger vertrieben werden sollten, verkaufte vornehmlich das Bankhaus Morgan neben wenigen anderen Bankhäusern in New York. Die Verkaufsaktion der ,,Freiheits-Anleihen" war finanziell ein voller Erfolg. Sie brachte bis zum 30. Juni 1919 die atemberaubende Summe von 21,5 Milliarden Dollar ein. Nie zuvor in der Geschichte wurde eine solche Summe Geld in so kurzer Zeit zusammengebracht. Die Provision, die Morgan daraus zog, konnte sich sehen lassen.

Im Jahre 1920 stellte Thomas W. Lamont, ein Partner Morgans, mit offensichtlicher Genugtuung fest, daß als Ergebnis des vierjährigen Krieges und der damit verbundenen weltweiten Verwüstungen ,,die Staatsschulden der Welt in den letzten sechs Jahren um 475 Prozent auf 210 Milliarden Dollar angewachsen sind. Das hat die natürliche Folge, daß sich das Spektrum der verschiedenen von Regierungen aufgelegten Papiere und die Anzahl der Anleger in hohem Maße vermehrt haben". Lamont fährt fort: ,,Das hat auf allen Anlagemärkten der Welt Ergebnisse gezeitigt, aber wohl nirgends in größerem Umfang als in den Vereinigten Staaten."[3]

Nun hatten Morgan und die Finanz- und Anlageberater einen Vorgeschmack davon erlebt, Weltfinanzmacht zu sein und waren nicht mehr zu bremsen. Sie waren zu allem bereit, um sich diese Macht zu erhalten.

Morgans Leute, unter ihnen auch Thomas W. Lamont und dessen Freund von der Wall Street, Bernard Baruch, saßen in Versailles hinter verschlossenen Türen mit am Tisch, als die „Rechnung" für den Krieg aufgemacht wurde. Sie besetzten dort eine permanent tagende Kommission, die den genauen Betrag der deutschen Kriegsreparationen berechnete und hierfür die Zahlungsbedingungen festlegte.

Als gut konservative Bankiers wollten Morgan und seine Freunde den Briten und ihren Alliierten die Kriegsanleihen in der Siegeseuphorie nicht einfach erlassen, auch wenn A.J. Balfour und andere im britischen Establishment mit einer solchen Großzügigkeit gerechnet hatten. Morgan & Co. hatten, nachdem die USA in den Krieg gegen Deutschland eingetreten waren, schnell ihre privat gezeichneten, britischen Kriegsanleihen auf das amerikanische Finanzministerium übertragen. Das hatte die Folge, daß nach dem Krieg die britischen Schulden dem amerikanischen Steuerzahler aufgebürdet wurden. Trotzdem gelang es Morgan, sich noch einen beträchtlichen Anteil an den deutschen Reparationszahlungen zu sichern. Nachdem die Menge amerikanischer Kriegsschulden über alles hinausgewachsen war, was man bisher erlebt hatte, verschwammen die Interessen der US-Regierung mit denen des Bankhauses Morgan. Offiziell war das nicht, aber die US-Regierung hatte sich in wachsendem Maße zum bloßen Handlanger der sich zu internationaler Geltung aufschwingenden, privaten New Yorker Bankhäuser machen lassen.

New Yorks Banken fordern die Londoner City heraus

Während der Versailler Verhandlungen gründete sich eine neue Institution zur Regelung der gemeinsamen anglo-amerikanischen strategischen Angelegenheiten. Lionel Curtis, der bereits lange Zeit der „Round Table"-

Gruppe und dem „Informal Empire"-Kreis um Balfour, Milner, Mackinder und andere angehört hatte, schlug am 30. Mai 1919 am Rande der Versailler Verhandlungen bei einer privaten Party im Hotel Majestic die Gründung des Royal Institute of International Affairs (Königliches Institut für internationale Angelegenheiten) vor. Mit von der Partie waren Philipp Kerr oder Lord Lothian und ein ausgesuchter Kreis aus der „Round Table"-Gruppe. Dieses Institut sollte als erstes die „amtliche" Geschichte der Versailler Friedensverhandlungen schreiben. Dazu wurden ihm als Erstausstattung von Thomas W. Lamont vom Bankhaus Morgan 2 000 Pfund Sterling überwiesen. Der erste hauptamtlich angestellte Mitarbeiter des Instituts war der später berühmte Historiker Arnold J. Toynbee.

Der Kreis, der im Hotel Majestic in Versailles zusammengekommen war, beschloß auch, eine amerikanische Zweigstelle des Instituts in New York zu gründen. Es sollte Council on Foreign Relations (New Yorker Rat für auswärtige Beziehungen) heißen, damit seine enge Verbindung zu dem britischen Institut nicht so auffiel. Im New Yorker Institut saßen anfangs ausschließlich Leute aus dem Bankhaus Morgan, auch sein Geld bezog es ausschließlich daher. Eigentliche Aufgabe der Institution war es, in der Nachkriegsära die amerikanischen und englischen Interessen aufeinander abzustimmen. Das aber wollte in den ersten Jahren nicht recht gelingen.[4]

Die zwanziger Jahre erhitzte der Streit um die Kriegsschuldfrage, die Reparationszahlungen und die damals sehr aktuelle Kautschukfrage. Hinzu kam die Frage, wie der Flottenausbau und die Währungsbeziehungen unter dem Goldstandard zu regeln seien. Vor allem anderen galt es aber, die Kontrolle über die bis dahin noch nicht erschlossenen Erdölvorkommen der Welt abzustecken. Erst als diese Streitfragen geklärt waren, konnte es zur angloamerikanischen Zusammenarbeit in der Form kommen, wie wir sie heute kennen.

Im Jahre 1922 beschreibt ein Rechtsanwalt der Wall Street, John Foster Dulles, das simple Kalkül Morgans und der anderen New Yorker Bankiers. Dulles war für die

US-Regierung in führender Position an den Versailler Verhandlungen beteiligt gewesen und hatte dort den berüchtigten Artikel 231 durchgesetzt. Er enthielt die infame
Klausel über die deutsche Alleinschuld am Krieg. Dulles
schrieb in der Zeitschrift des Council on Foreign Relations
mit dem Titel Foreign Affairs: „Es gibt keinen Krieg ohne
Verluste. Verluste werden im Endergebnis in Schulden gemessen. Schulden erscheinen unter vielerlei Formen, als
Binnenschulden, Reparationsforderungen, Verbindlichkeiten zwischen Alliierten und ähnlichem. Sie drücken
sich in der Regel in Obligationen, Schuldbriefen usw.
aus."

Dulles rechnete zusammen, daß England und seine Alliierten den Vereinigten Staaten 12,5 Milliarden Dollar zu
5 Prozent Zinsen schuldeten. Die Forderungen der Bündnispartner Englands, Frankreichs und der anderen, an
Deutschland summierten sich zu der stolzen Zahl von 33
Milliarden Dollar. Das war ein Betrag, der in jenen Tagen
über alles Fassungsvermögen ging. Im Mai 1921 wurde
die Gesamtsumme endgültig auf 132 Milliarden Goldmark festgelegt. Deutschland erhielt sechs Tage Zeit, die
Schuld anzuerkennen. Für den Fall, daß es sich weigerte,
sollte das Ruhrgebiet militärisch besetzt werden. Dazu
kam es danach aus anderen Gründen. Der weltweit ums
Öl entbrannte Konkurrenzkampf spielte hierbei eine entscheidende Rolle.

Deutschland, dem Hauptopfer der Versailler Verhandlungen, wurden nicht nur Reparationsforderungen in
unvorstellbarer Höhe aufgebürdet, es büßte auch wertvolle Rohstoffquellen ein. Man raubte ihm seine Kolonien
und zog seine Besitzungen im Ausland ein. Darunter fiel
zum Beispiel auch die 25-prozentige Beteiligung an der
türkischen Petroleum-Gesellschaft. Diese überließen die
Engländer großzügig den Franzosen.

Der amerikanische Kongreß übte harte Kritik an den un-
geheuerlichen Versailler Verträgen und hat sie niemals ratifiziert. Deshalb waren die USA auch dem Völkerbund
nicht beigetreten. Trotzdem wurden sie wirksam. Morgan
und die Federal Reserve Bank hatten politisch eben mehr

zu sagen als Kongreß und Völkerbund. Sie bestimmten die Geschicke im Nachkriegseuropa. Die Kriegsschulden prägten das Weltfinanzsystem und die internationale Geldpolitik von 1919 bis zum Börsenkrach 1929. Zu den Kriegsschulden zählten nicht nur die ungeheuren Reparationslasten Deutschlands, sondern auch die internationalen Verbindlichkeiten der „Sieger" untereinander, also die Schulden Frankreichs, Belgiens, Italiens an England und Englands an die Vereinigten Staaten.

Der Betrag aller bestehenden internationalen Verbindlichkeiten wurde zusammengezählt und der Kriegsschuld Deutschlands zugeschlagen. Da kannten Morgan und die Federal Reserve Bank keinen Pardon und waren zu keinem Kompromiß bereit. Der Umfang dieser aufgetürmten Schuldenlast war so groß, daß das gesamte Aussenhandelsvolumen der USA nicht ausgereicht hätte, um nur die Zinsen für diese Schulden zu bezahlen. Der Schuldendienst band alle Gelder, die man für der Wiederaufbau und die Modernisierung der unter der Kriegslast heruntergewirtschafteten europäischen Industrie hätte investieren sollen.

J.P. Morgan und seine Kollegen genossen gegenüber der zerstörten europäischen Wirtschaft Konkurrenzvorteile, denn die New Yorker Banken konnten der zerstörten europäischen Wirtschaft die Kreditbedingungen diktieren. Die Profite aus den neuen europäischen Anleihen, mit denen die Zinsen der alten Schulden gezahlt wurden, versprachen weit höhere Renditen als alle nur denkbaren Investitionen in die amerikanische Industrie und die Erweiterung ihrer Produktionskapazität. Die New Yorker Finanziers und die Federal Reserve Bank unter Morgan-Intimus Benjamin Strong hielten die Zinsen innerhalb der USA gerne auf niedrigem Niveau. Dadurch wurde Liquidität geschaffen, die man einsammeln und lukrativ auf den europäischen Markt werfen konnte. Amerikanische Nachkriegsanleihen überschwemmten Europa und den Rest der Welt. Dort wurde das Finanzkapital strikter kontrolliert und erzielte eine höhere Risikoprämie als in den USA. England und der neue Gouverneur der Bank von

England, Montagu Norman, verfolgten nervös, wie amerikanische Finanziers wie die Wölfe in ihre traditionellen
Finanzweiden einfielen und dort ihre besten Schafe rissen.

In der ersten Nachkriegszeit verschärfte sich die Rivalität zwischen Amerikanern und Engländern auf den Finanzmärkten dramatisch. Gold war am wichtigsten, und
im Jahre 1924 wollten die USA den Briten die Gold- und
Erzbergwerke Südafrikas abnehmen, die diese sich erst
zwanzig Jahre zuvor im blutigen Burenkrieg gesichert
hatten.

Die südafrikanische Regierung hatte eine internationale
Kommission unter Führung des amerikanischen Finanz-
experten Professor Edwin W. Kemmerer ˇ von der Universität Princeton eingeladen. Er sollte sie beraten, ob Südafrika, unabhängig davon, wie sich Großbritannien in dieser Frage entscheiden würde, zum Goldstandard zurückkehren solle. Ende 1924 konnte Großbritannien wegen der
Kriegsschäden nicht zum Goldstandard der Vorkriegszeit
zurückzukehren, ohne extreme wirtschaftliche Härten befürchten zu müssen. Es gab damals 1,5 Millionen Arbeitslose in England.

Kemmerer schlug den Südafrikanern vor, sie sollten
ohne Rücksicht auf London den Goldstandard einführen,
direkte Beziehungen zu den New Yorker Banken knüpfen
und dadurch ihre Abhängigkeit von Großbritannien
lockern. In London wußte man genau, die finanzpolitische Zusammenarbeit Südafrikas mit der US-Fi-
nanzwelt hätte den USA die Weltgoldvorräte in die Hand
gespielt und sie zur entscheidenden Macht über den Welt-
kredit gemacht. England hätte dadurch alles verloren,
wofür es mit so hohem Einsatz militärisch gekämpft hatte.
Die Opfer seiner eigenen und der Bevölkerung aller anderer Länder wären in den Augen der Londoner Finanziers vertan gewesen. London reagierte blitzschnell. Die
Gefahr konnte abgewehrt werden, aber zurück blieb eine
Wunde, die nicht so schnell heilen wollte.[5]

Die USA hatten sich nach Versailles in einen neuen Isolationismus zurückgezogen. Das kam den britischen In-

teressen sehr entgegen. Der amerikanische Kongreß verweigerte Wilson die Gefolgschaft und unterstützte die britische Idee des Völkerbundes nicht. Auch hinsichtlich der vielfältigen Ansätze zu einer neuen Weltordnung, die sich aus den karthagischen Verhandlungen in Versailles ergeben sollten, hielt sich der Kongreß zurück. Bei der Enthaltsamkeit der USA konnte England um so aggressiver seine langfristig angelegten Hegemoniebestrebungen in Europa, Afrika und im Nahen Osten durchsetzen.

Doch die mächtigen amerikanischen Bank- und Ölinteressen ließen sich auf Dauer nicht durch einen politischen Isolationismus fesseln. Gierig streckten sie ihre Hände nach allem aus, was die Engländer für ihre Domäne hielten. Die britische Macht mußte die von dort drohende Konkurrenz entweder ausschalten oder sich mit ihr arrangieren.

San Remo, eine Ohrfeige für die Amerikaner

Kaum war der Versailler Vertrag vom Tisch, da merkten die mächtigen amerikanischen Ölinteressen, allen voran Rockefellers Standard Oil, daß sie von ihren britischen Kollegen sehr geschickt um ihren Anteil an der Kriegsbeute geprellt werden sollten. Die Grenzen im Nahen Osten waren gezogen und die Märkte im Europa der Nachkriegszeit verteilt. Beides lag fest in der Hand der britischen Regierung, die sich heimlich in die Firmen Royal Dutch Shell und Anglo-Persische Ölgesellschaft (später BP) eingekauft hatte.

Im April 1920 trafen sich in San Remo die Minister des Obersten Rates der Alliierten, ohne daß die USA eingeladen worden waren. Die Versammelten wollten im Detail vereinbaren, welche Länder welchen Teil der Ölvorräte des früheren Osmanischen Reiches bekommen sollten. Englands Premierminister und der französische Ministerpräsident Alexandre Millerand unterzeichneten das San-Remo-Abkommen. Großbritannien sagte Frankreich 25 Prozent der britischen Ölförderung auf den Feldern von

Mosul zu. Die Franzosen mußten aber zusehen, wie Mesopotamien, das ursprünglich ihnen zugedacht war, zum britischen Mandat unter förmlicher Oberaufsicht des Völkerbundes wurde.

Die Franzosen erhielten also eine 25-prozentige Beteiligung an der Konzession der ehemals deutsch-türkischen Petroleum-Gesellschaft, die man Deutschland als Teil der Kriegsbeute abgenommen hatte. Die verbleibenden 75 Prozent der Ölkonzession in Mesopotamien eignete sich die britische Regierung über die Ölgesellschaften Royal Dutch Shell und die Anglo-Persische Ölgesellschaft an. Die französische Regierung gründete eine Compagnie Française des Petroles (CFP) und unterstellte sie dem Industriellen Ernest Mercier. Die Gesellschaft sollte die Konzessionen in Mesopotamien wahrnehmen.

Der Geist hinter dem San-Remo-Abkommen war Sir Henry Deterding, ein gebürtiger Holländer, der die britische Staatsbürgerschaft angenommen hatte. Er stand der Royal Dutch Shell vor und diente in dieser Eigenschaft zugleich in der britischen Geheimdienstelite in hoher Position. Er hatte seiner Firma die riesigen, unerschlossenen Ölreserven in Mosul und Mesopotamien gesichert und Frankreich an das benachbarte Syrien verwiesen. Politisch ausgearbeitet hatte das San-Remo-Abkommen Sir John Cadman. Er leitete damals das Komitee für Ölpolitik in London. Später wurde er Vorstandsvorsitzender der regierungseigenen Anglo-Persischen Ölgesellschaft. Cadman und Deterding hatten in privaten Gesprächen das San-Remo-Abkommen vorbereitet und seine wichtigsten Bestimmungen vorher festgelegt.

Für die 25-prozentige Beteiligung an der Ölkonzession in Mosul gewährte Frankreich den Engländern großzügige Rechte zum Bau einer Pipeline durch das französische Gebiet zu den Mittelmeerhäfen. Die Pipeline und alle damit verbundenen Unternehmungen wurden von der landesüblichen Steuer befreit. Cadman hatte damit gerechnet, daß Frankreich aus Mangel an Anlagen und Know-how nicht in der Lage wäre, nennenswerten Nutzen aus seiner Konzession zu ziehen. Das hätte den Briten praktisch das Monopol auf alles Öl, das im Nahen Osten gefördert wird, gelassen. Das San-Remo-Abkommen enthielt nämlich eine Klausel, die es den Briten erlaubte, jede andere ausländische Konzession aus dem gesamten Gebiet fernzuhalten.

Zusätzlich verpflichtete das San-Remo-Abkommen Frankreich, alle die Ölpolitik betreffenden Fragen mit England, Rumänien und der Sowjetunion abzustimmen. Da Frankreich aus dem Krieg wirtschaftlich wesentlich schwächer hervorgegangen war als England, erwies sich das San-Remo-Abkommen als ein typischer Londoner Streich. Es fesselte Frankreich an ein weltweites Dominium über Öl, dessen bestimmender Mittelpunkt England war und das nun über die reichen Ölquellen der arabischen Gebiete des ehemals Osmanischen Reiches herrschte.

Churchill und das Arabien-Büro

Im März 1921 berief Winston Churchill als Staatsminister für Kolonialfragen an die 40 Nahostexperten nach Kairo. Dort sollte die Aufteilung der neu erworbenen Gebiete besiegelt werden. Zugegen waren alle führenden Arabienexperten Großbritanniens, neben Churchill sein Intimus T.E. Lawrence, Sir Percy Cox, Gertrude Bell und andere. Auf der Versammlung wurde die Abteilung Nahost im britischen Kolonialministerium ins Leben gerufen. Sie ersetzte das Arabien-Büro von 1916. In Kairo wurde unter anderem beschlossen, Mesopotamien in Irak umzubenennen und formell dem Sohn des Haschemiten Hussain Ibn Ali von Mekka und Medina, Feisal Ibn Hussain, zu übergeben. Im Land wurde die britische Luftwaffe fest stationiert. Die Verwaltung wurde dem unerfahrenen Feisal großzügig vom Vorstand der Anglo-Persischen Ölgesellschaft abgenommen.

Als das US-Außenministerium stellvertretend für die amerikanische Gesellschaft Standard Oil Protest einlegte und eine Beteiligung an den Konzessionen im Nahen

Osten forderte, ließ der britische Außenminister Lord
Curzon am 21. April 1921 durch den britischen Gesandten
in Washington eine kurze Note übergeben. Darin hieß es
lapidar, daß den amerikanischen Gesellschaften keine
Konzessionen in der britischen Nahostregion überlassen
würden.[6]

Das San-Remo-Abkommen leitete eine heftige Auseinandersetzung zwischen den amerikanischen und britischen Ölinteressen über die Kontrolle des Weltölmarktes
ein. Dieses Ringen beherrschte die zwanziger Jahre und
prägte entscheidend die diplomatischen und Handelsbeziehungen der Amerikaner und Engländer zur neuen bolschewistischen Regierung in Sowjetrußland in den kritischen ersten Jahren nach der Revolution.

Die amerikanischen Öl- und Bankkreise waren aufge-
schreckt. Sie mußten befürchten, England sei auf dem
Weg zum Weltmonopol über das Öl den USA weit voraus-
geeilt. Deterdings Royal Dutch Shell hatte den exklusiven
Zugriff auf die Ölkonzessionen in Holländisch-Ostindien,
in Persien und im Irak. Shell kontrollierte den weitaus
größten Teil des Nahen Ostens. Übrig blieb nur noch Lateinamerika. Hier sollten während der zwanziger Jahre
amerikanische und britische Ölinteressen hart aufeinan-
derprallen.

Die Schlacht um Mexiko

Kaum waren die riesigen Ölvorräte vor der mexikanischen Küste in Höhe der Stadt Tampico im Golf von Mexiko entdeckt worden, da schickte der „friedliebende"
US-Präsident Wilson auch schon seine Truppen aus. Es
galt nicht, eine undemokratische Regierung durch eine
demokratischere zu ersetzen. Der Vorstoß zielte gegen die
britischen Interessen, die sich bei der mexikanischen Regierung eingenistet hatten. Im Jahr 1912 kam es zu einem
bedeutungslosen Vorfall, bei dem amerikanische Marine-
soldaten während ihres Aufenthalts im Hafen von Tampico in polizeilichen Gewahrsam genommen worden

waren. Dies nahm Wilson zum Vorwand, der US-Kriegs-
marine den Angriff auf Vera Cruz zu befehlen. Amerikanische Truppen landeten im Feuerschutz der Schiffsge-
schütze und eroberten das Zollamt. Bei diesem Vorfall fielen 20 Amerikaner und 200 Mexikaner.

Die Operation sollte die Regierung von General Victori-
ano Huerta stürzen, der offensichtlich von der Ölgesellschaft Mexican Eagle ins Amt gehievt und finanziert worden war. Präsident der Ölgesellschaft war ein gewisser
Weetman Pearson, der spätere Lord Cowdray. Er war ein
enger Vertrauter Deterdings und arbeitete für die Royal
Dutch Shell und den britischen Geheimdienst. Er war in
die Mexican Eagle eingeschleust worden, um die mexikanische Ölförderung an britische Interessen zu binden. Zur
Zeit, als Präsident Wilson den Angriff auf Mexiko befahl,
hatte sich Mexican Eagle bereits die Konzessionen für die
Hälfte aller Ölvorkommen in Mexiko gesichert.

Da Großbritannien damals auf den Krieg mit Deutschland hinarbeitete, entschied man sich in London zu vor-
nehmer Zurückhaltung. General Huerta wurde gestürzt
und die Regierung von General Venustiano Carranza von
Präsident Wilson sofort anerkannt. Waffen und Geld für
den Putsch stammten von Rockefellers Standard Oil. Bei
den Lieferungen lag auch ein Scheck über 100 000 Dollar
an den General persönlich. Weitere Schmiergelder folgten. Die amerikanischen Ölinteressen hatten den Briten
Mexiko abgejagt. Die Ölquellen vor Tampico ließen damals alle Welt vor Neid erblassen. Es gab dort Quellen, die
eine Rekordmenge von 200 000 Faß täglich lieferten.

Als Carranza schließlich die mexikanischen Wirtschaftsinteressen zu entdecken und über die der amerikanischen Ölgesellschaften zu stellen begann, schlug ihm
plötzlich eine unglaubliche Hetzkampagne entgegen.
Standard Oil lenkte sein Geld um und schickte es dem
Bandenchef Pancho Villa. Er war seit 1916 der Mann der
USA gegen Carranza.

Noch kurz bevor Amerika in den ersten Weltkrieg eingriff, sandte die US-Regierung General Pershing mit
Truppen zu einer kurzen Expedition nach Mexiko. Sie

mußte bald abgeblasen werden. Als dann die USA auf seiten Englands in den Ersten Weltkrieg eintraten, einigten
sich Washington und London darauf, Mexiko unter Carranza zu boykottieren. Die Kriegswirren ließen Mexiko
aber eine kurze Atempause. Es blieb für die Dauer des
Krieges von dem amerikanisch englischen Streit ums Öl
verschont. So konnte Carranza bis 1920 Präsident bleiben.
Erst kurz nach Abschluß der Versailler Verhandlungen
fand sich für ihn ein Mörder.

Carranza hatte als Vermächtnis Mexikos erste Verfassung hinterlassen. Sie trat 1917 in Kraft. Ihr Paragraph 27
bestimmte, daß der „ausschließliche Besitz über alle Rohstoffe, Öl, alle Kohlenwasserstoffe, ob fest, flüssig oder
gasförmig" der Nation vorbehalten blieb. Nichtmexika-
ner konnten nur dann Konzessionen auf Öl, Kohle und
dergleichen erhalten, wenn sie die volle Souveränität der
mexikanischen Gesetze über ihre gesamte Geschäftstätig-
keit anerkannten, die jeden Einspruch fremder Regierungen von vornherein ausschloß. Das hinderte freilich die
amerikanischen und britischen Ölinteressen nicht, nach
Beendigung der Kampfhandlungen in Europa und Abschluß der Friedensverhandlungen hinter den Kulissen
ihren früheren Kampf um Mexikos Öl wieder aufzunehmen. Dieser Kampf dauerte bis Ende der dreißiger Jahre.
Dann entschloß sich die Regierung Cardenas, alle ausländischen Titel auf mexikanisches Öl zu nationalisieren. Die
britischen und amerikanischen Ölmagnaten antworteten
darauf mit einem Boykott, den ihre Regierungen gegen
Mexiko verhängten und 40 Jahre lang folgsam aufrechter-
hielten.

Das Geheimnis britischer Ölpolitik

Seit der Entdeckung der größeren mexikanischen Ölfelder
im Jahre 1910 konnte sich die britische Firma Mexican
Eagle Petroleum Ltd. unter ihrem Vorsitzenden Weetman
Pearson (Lord Cowdray) in Mexiko bis in die Mitte der
zwanziger Jahre hinein behaupten. Sie spielte dort bei der

Ölförderung eine wichtige Rolle und stellte sich gerne als Gegengewicht zu den starken amerikanischen Ölgesellschaften heraus.

Pearson arbeitete nicht nur wie andere britische Ölmagnaten für den britischen Geheimdienst. 1926 verkaufte er seine Anteile an Mexican Eagle der Royal Dutch Shell. Das brachte ihm den Lordtitel ein. Pearsons Vermögen aus dem Ölgeschäft wurde in einen besonders geschützten Trust eingebracht, der noch immer unter dem Namen „Pearson-Gruppe" eine der einflußreichsten Firmengruppen in England darstellt. Zu ihr gehört das Verlagshaus des Londoner *Economist* und der *Financial Times* und ein beachtlicher Teil der einflußreichen Handelsbank Lazard Frères mit Sitz in London, Paris und New York.

Im weltweiten Kampf um die Ölreserven arbeiteten das britische Außenministerium, die Geheimdienste und die britischen Ölfirmen zwar nur unter der Hand und insgeheim, aber bestens aufeinander abgestimmt zusammen. Dies war sonst in keinem anderen Land, mit Ausnahme vielleicht von Sowjetrußland, in diesem Ausmaß möglich.[7]

Anfang der zwanziger Jahre verfügte die britische Regierung über ein ansehnliches Arsenal scheinbar privater Firmen, die in Wirklichkeit der Regierung Seiner Majestät direkt unterstanden. Mit ihrer Hilfe gelang es, die Kontrolle über alle die Gebiete an sich zu ziehen, wo irgendwelche nennenswerten Ölvorkommen vermutet wurden. Hierbei taten sich besonders vier Firmen hervor, die alle auch direkt mit britischen Geheimdienstaktivitäten verflochten waren.

Royal Dutch Shell war trotz des Namens fest in der Hand der britischen Regierung. Hierzu ist der Werdegang Deterdings aufschlußreich. Er war in Amsterdam geboren. Auf den wirtschaftlichen Nutzen von Öl war er als Verwaltungsbeamter der holländischen Regierung in Sumatra in Holländisch-Ostindien gestoßen. Er machte Karriere und wurde bald Präsident einer kleinen holländischen Firma, die in Europa indonesisches Öl zum Betrieb von Petroleumlampen verkaufte. Diese Ölgesellschaft war die Royal Dutch Oil Company.

1897 erkannte Deterding, wie wichtig es war, die Bedingungen für den Fernhandel kontrollieren zu können. Er tat sich mit einer Schiffahrtsgesellschaft zusammen. So fusionierte er seine Royal Dutch Oil Company mit dem in London ansässigen Transport- und Handelsunternehmen Shell, das dem gewitzten englischen Reeder Marcus Samuel Lord Bearsted gehörte. Dieser Mann sollte den ersten Öltanker der Welt bauen. Aus der Verbindung zwischen Deterdings Royal Dutch Oil Company und Samuels Transport- und Handelsgesellschaft Shell ging bald der größte und mächtigste Trust der Welt hervor. Dies gelang natürlich nur, weil ihm die britische Regierung den Rücken deckte. Deterding hatte inzwischen die britische Staatsangehörigkeit angenommen. Die Firma begann schließlich Rockefellers Standard Oil selbst in den USA herauszufordern und gründete dazu die Firmen California Oil Fields Ltd. und Romana Petroleum Corporation of Oklahoma. Beide Firmen waren hundertprozentige Töchter der Shell-Auslandsabteilung. Sie unterstanden nicht den in den USA geltenden Antitrustgesetzen, die Rockefellers Standard Oil innerhalb der USA gewisse Schranken auferlegten.

Nach Gründung der Anglo-Persischen Ölgesellschaft, um die reichen Ölvorkommen in Persien und im Nahen Osten im britischen Interesse zu erschließen, rief die britische Regierung eine weitere Gesellschaft ins Leben. Die Gesellschaft ist wenig bekannt, war aber eng an das Außenministerium gebunden und dem Geheimdienst unmittelbar unterstellt. Sie war weltweit mit der Exploration von Ölfeldern betraut und hieß D'Arcy Exploitation Company.

Der Kampf ums Öl hatte in den zwanziger Jahren deutlich politischen Charakter angenommen. Die britische D'Arcy Exploitation Company steckte mitten in diesem Kampf. „Die Agenten der D'Arcy Exploitation Company sind immer die ersten in Mittelamerika oder Westafrika, in China oder Bolivien, sie kommen immer vor den anderen Agenten der britischen Regierung", schrieb ein Zeitgenosse.[8]

Das vierte geheime Unternehmen im Kampf der britischen Regierung um die weltweiten Ölreserven, war eine nominell kanadische Firma. Sie unterstand einem gewissen Mr. Alves und führte den Namen British Controlled Oilfields oder BCO. Auch BCO gehörte wie Shell und die anderen insgeheim der Regierung Seiner Majestät von Großbritannien. Alves übernahm es, in Mittel- und Südamerika neu entdeckte Ölfelder der amerikanischen Rockefeller-Gruppe wegzuschnappen und England zu sichern.

Alves versprach der Regierung Tinoco in Costa Rica 1918 die Anerkennung durch die britische Regierung und erhielt als Gegenleistung eine Ölkonzession für die BCO in einem Gebiet von 7 Millionen Hektar. Das Gebiet lag nahe an der Grenze zu Panama und der wichtigen Kanalzone. Die USA verweigerten Tinoco die Anerkennung. Als es 1921 zu einem Grenzkonflikt zwischen Costa Rica und Panama kam, schalteten sich die USA ein. Der Krieg bekam den Namen „Spielzeugkrieg" und Costa Rica eine neue Regierung. Ihre erste Amthandlung bestand darin, alle zuvor vergebenen Ölkonzessionen für null und nichtig zu erklären. Das galt natürlich in erster Linie der BCO. Im Gegenzug für zinsgünstige, umfassende Kredite an die neue Regierung von Costa Rica erhielten nun amerikanische Ölgesellschaften umfassende Ölkonzessionen.

BCO zog daraufhin weiter nach Süden. 1922 hatte man in Maracaibo, am Mündungsdelta des Orinoco in Venezuela, ergiebige Ölvorkommen entdeckt. Alves konnte die größten Ölfelder davon seiner BCO sichern. Royal Dutch Shell folgte ihm rasch und gründete zwei neue Firmen: die Venezuelean Oil Concessions Ltd. und die Colon Development Company. Natürlich blieb Rockefellers Standard Oil nicht abseits stehen. Sie nahm den Kampf um die Herrschaft über das lateinamerikanische Öl mit der neugegründeten Standard Oil of Venezuela auf. Venezuela wurde während der zwanziger Jahre zu einem der bedeutendsten Ölförderländer der Welt.

Die britischen Firmen hatten so beträchtliche Erfolge, weil sie von ihrer Regierung insgeheim unterstützt wurden und auf die Hilfe der britischen Geheimdienste zurückgreifen konnten. 1912, am Vorabend des Ersten Weltkriegs, kontrollierte Großbritannien erst 12 Prozent der damals bekannten Ölreserven. 1925 hatte es den größten Teil der Welterdölreserven in seine Hand gebracht.

Im September 1919 erschien in einem britischen Bankmagazin, dem *Sperling's Journal* ein Artikel von Sir Edward Mackay Edgar, der eine gute Einschätzung der Situation gibt: „Ich sollte erwähnen, daß zwei Drittel der neuerdings entdeckten Ölfelder Mittel- und Südamerikas in britischer Hand sind. Die Alves-Gruppe (BCO), die praktisch zwei Drittel der Vorkommen in der Karibik umfaßt, ist ganz britisch. Sie arbeitet unter einem Arrangement, das sicherstellt, daß alle seine Unternehmungen in britischer Hand bleiben. Oder nehmen wir die größte aller Ölgesellschaften, die Shell-Gruppe. Sie besitzt allein oder kontrolliert Anteile an jedem wichtigen Ölfeld der Welt, inbegriffen die USA, Rußland, Mexiko, Holländisch-Ostindien, Rumänien, Ägypten, Venezuela, Trinidad, Indien, Ceylon, Malaysia, Nord- und Südchina, Siam, die Niederlassungen an der Meerenge von Singapur und auf den Philippinen. Wir werden noch einige Jahre warten müssen, bis der gesamte Vorteil dieser Situation Früchte trägt. Daß aber die Ernte schließlich gewaltig sein wird, daran kann überhaupt kein Zweifel bestehen... Amerika wird bald sein Öl von britischen Gesellschaften kaufen müssen und dafür in Dollar bezahlen, und zwar in stets steigenden Proportionen, denn ohne Öl geht nichts mehr, und bald wird die eigene Produktion nicht mehr ausreichen."[9]

Aber im Jahr 1922 nötigte ein unerwarteter Schlag die konkurrierenden amerikanischen und britischen Ölinteressen binnen kurzem zu einem Burgfrieden. Im Osten braute sich ein Bündnis zusammen, das Engländer und Amerikaner zwang, ihre Weltherrschaftsambitionen zu einem Kondominium zusammenzuführen. Das Öl bildete nun die strategische Grundlage für die Sonderbeziehungen der ehemaligen Konkurrenten.

Das Ereignis mit solch weitreichenden Folgen ereignete sich in Genua. Wieder einmal war es Deutschland, das den Plänen Großbritanniens in die Quere kam und London gegen seinen Willen zur engeren Zusammenarbeit mit Washington nötigte.

Anmerkungen

1. Dayer, R.A.: *British War Debts to the United States*. In: *Pacific Historical Review*, Nr. 45 (Nov. 1976), S. 577.
2. Burk, Kathleen: *Britain, America and the Sinews of War, 1914-1918*. London 1985, bei George Allen & Unwin.
3. Lamont, Thomas W.: *Foreign Government Bonds*. In: *Annals of the American Academy*, März 1920, S. 121.
4. Quigley, Carroll: *The Anglo-American Establishment: From Rhodes to Clivden*. New York 1981, bei Books in Focus.
5. Costigliola, Frank C.: *Anglo-American Financial Rivalry in the 1920's*. In: *Journal of Economic History*, Vol. 37, Nr. 4, Dez. 1977.
6. Mohr, Anton: *The Oil War*. New York 1926, bei Harcourt Brace.
7. Hanighen, Frank C.: *The Secret War*. New York 1934, bei John Day.
8. Mohr, siehe oben, S. 138.
9. Ebenda, S. 222-223.

6. Kapitel

Britisch-amerikanischer
Schulterschluß

Der Rapallo-Vertrag

Am 16. April 1922 platzte auf der internationalen Wirtschaftskonferenz in der Villa de Alberti im italienischen Genua eine politische Bombe, deren Druckwelle bis über den Atlantik reichte. Der deutsche Außenminister Walther Rathenau eröffnete der Versammlung in Anwesenheit seines sowjetischen Kollegen Tschitscherin, Deutschland und die Sowjetunion hätten ein bilaterales Wirtschaftsabkommen geschlossen. Die russische Seite habe auf deutsche Reparationszahlungen verzichtet, im Gegenzug sei Deutschland bereit, wichtige industrielle Technologie zu liefern.

Der Vertrag hieß nach dem kleinen Ort Rapallo außerhalb Genuas, wo Russen und Deutsche ihn in nächtlichen Sitzungen ausgehandelt hatten. Das Rapallo-Abkommen traf die in der Villa de Alberti versammelten Vertreter der Siegermächte ganz unvorbereitet, insbesondere die Vertreter Englands und Frankreichs.

Der Wirtschaftsgipfel von Genua war 1922 auf Drängen Englands zustandegekommen. Großbritannien verfolgte damit drei politische Ziele. Zunächst wollte es zum Goldstandard zurückkehren, wie er vor 1914 gegolten hatte und von London kontrolliert worden war. Zweitens wollten die Briten, indem sie das bolschewistische Rußland nach Genua eingeladen hatten, diplomatische Beziehungen zu Sowjetrußland anknüpfen. Seit die sowjetische Regierung sich geweigert hatte, die üppigen Schulden des zaristischen Rußlands anzuerkennen, wurde die Sowjetunion allerseits als Pariastaat behandelt. Und drittens hatten die Briten ihre amerikanischen Kollegen davon überzeugen können, der Konferenz fernzubleiben und ihnen diese Initiative allein zu überlassen.

Englands Einladung an Moskau war eine deutliche Geste. Lukrative Geschäfte mit den Russen sollten den diplomatischen Beziehungen folgen. In Vorgesprächen hatten die Kommunisten zugestimmt, Royal Dutch Shell und anderen britischen Ölfirmen den Zugang zu den im Krieg zerstörten Ölfeldern von Baku zu öffnen und ihnen die alten Förderkonzessionen wieder einzuräumen.

Natürlich verließen sich die Engländer nicht nur auf solche Zusagen. Während sie mit den Sowjets verhandelten, finanzierten sie seit 1918 auch die weißrussische Gegenrevolution. Dabei hatte auch der damalige Kolonialminister Winston Churchill mitgeholfen. In Erwartung, daß das Sowjetregime in kürzester Zeit politisch, militärisch und vor allem wirtschaftlich zusammenbrechen würde, hatte Shell-Chef Deterding heimlich seine Fühler nach Paris ausgestreckt und dort alle Wertpapiere und Konzessionsbriefe für die Ölfelder Bakus aufkaufen lassen. Sie stammten aus der Zeit vor der Revolution und schienen inzwischen wertlos geworden zu sein. Entsprechend billig waren sie zu haben. Er gründete die Anglo-Kaukasische Ölgesellschaft, in die er die Ölkonzessionen für Baku einbrachte.

Die politischen Ereignisse, die Großbritannien die Annäherung an Moskau nahegelegt hatten, sind nicht uninteressant. Zum einen waren 1918 britische und amerikanische Expeditionstruppen in Archangelsk gelandet. Sie sollten die weißrussische Gegenrevolution unterstützen. Winston Churchill hatte sich hinter eine russische Exilregierung unter dem recht zwielichtigen Boris Savinkow gestellt. Savinkow war in der Übergangsregierung Kerenskys Kriegsminister gewesen und weithin als morphiumsüchtig bekannt. Mit dem Einverständnis Churchills und der britischen Regierung hatte Royal Dutch

Shell Savinkow beträchtliche Geldmittel zugespielt. Der kaufte sich damit die Generäle von Wrangel, Denikine und Admiral Kolschak mitsamt ihren Freischärlern.

Zum anderen flog damals gerade die sogenannte Lockhart-Verschwörung auf. Den beiden britischen Agenten Sir Robin Bruce Lockhart und Sidney Reilly wurde die Beteiligung am Attentat auf Lenin im August 1918 vorgeworfen. Beide wurden in Abwesenheit zum Tode verurteilt. Um sicherzugehen, hatte Deterding für alle Fälle noch Gelder in eine kaukasische Separatistenbewegung gesteckt. Im Zweifelsfall hätte er sich von diesen Leuten die Ölfelder Bakus verpfänden lassen.[1]

Vier Jahre solcher teils geheimen, teils offenen Umsturzversuche gegen das bolschewistische Regime hatten keinen Erfolg gebracht. Das zwang die Briten, ihre Taktik den Russen gegenüber zu ändern. 1921 verkündigte Lenin sein verzweifelt pragmatisches neues Wirtschaftsprogramm (NEP) und signalisierte London russisches Entgegenkommen. Das ließ dort die Hoffnungen auf lukrative Exklusivgeschäfte im Osten wieder aufkeimen.

Sinclair und das amerikanische Angebot

Ebenso entschlossen wie die britischen Ölgesellschaften waren die amerikanischen, die riesigen russischen Ölfelder unter ihre Kontrolle zu bringen, allen voran Rockefellers Standard Oil. Daraus entspann sich ein hitziger Konkurrenzkampf, der vor allem auf dem diplomatischen Parkett und mit Hilfe von Geheimdienstleuten ausgetragen wurde. Und hier fühlten sich die Briten überlegen.

Im Jahre 1922 schien nun die Zeit reif, daß Moskau sich den britischen Absichten öffnen würde. Englands Hauptrivale im Gerangel um die Ölkonzessionen in Baku war die amerikanische Ölgesellschaft von Harry Sinclair. Der wurde plötzlich in einen Skandal verwickelt und schließlich durch eine gewaltig aufgerührte Medienkampagne ausgeschaltet.

Harry Sinclair besaß eine Ölfirma in Oklahoma. Die Sinclair Oil Company erschien allgemein als unabhängige Firma. In Wirklichkeit war sie aber nur „Strohmann" für Standard Oil und deren Bankinteressen. Man schickte ihn immer dann aus, wenn sich irgendwo neue Felder oder Marktchancen andeuteten. Sinclair trat also auf, wenn man kein direktes Standard-Oil-Angebot machen wollte, weil das die allgemeine Aufmerksamkeit, vor allem der britischen Konkurrenz, geweckt und die Preise unnötig hochgetrieben hätte.

Sinclair war also durchaus nicht der Einzelgänger und „self-made man", als den ihn die Medien darstellten. Im Aufsichtsrat seiner Sinclair Refining Company saß Theodore Roosevelt jun., der Sohn des früheren Präsidenten. Archibald Roosevelt, dessen Bruder, war Vizepräsident bei Sinclair Oil. William Boyce Thompson, Direktor von Rockefellers Chase Bank in New York, der Hausbank von Standard Oil, saß auch in Sinclairs Aufsichtsrat.

Harry Sinclair hatte sich mit Leonid Krassin, einem Emissär der sowjetischen Regierung, in London öfters getroffen. Zu den Besprechungen begleitete ihn US-Senator Albert Fall und sein Stellvertreter Archibald Roosevelt. Es ging um den Wiederaufbau der wertvollen Ölfelder von Baku und darüber hinaus noch um die Entwicklung neuer, reicher Ölvorkommen auf der Insel Sachalin. Ein weiteres Vorhaben war, zusammen mit der sowjetischen Regierung eine Handelsgesellschaft zu gründen, die das sowjetische Öl auf dem Weltmarkt vermarkten sollte. Den Gewinn wollten sich beide Seiten 50:50 teilen.

Die Sinclair-Gruppe wollte 115 Millionen Dollar bereitstellen. Außerdem wollte die US-Regierung dulden, daß eine größere russische Staatsanleihe in den USA aufgelegt würde. Voraussetzung dazu war die diplomatische Anerkennung der sowjetischen Regierung durch die USA. Das hätte die internationale Isolation der sowjetischen Regierung durchbrochen. Moskau wußte um die hervorragenden Beziehungen Sinclairs zu Präsident Harding und dessen republikanischer Regierung. Sinclair war mit dem Abkommen einverstanden, weil er wußte, daß Harding bereit war, die Sowjets anzuerkennen.

Da brach in Wyoming ein Skandal vom Kaliber des späteren Watergate-Skandals gegen die Regierung Nixon aus. Die Informationen, die ihn auslösten, stammten von der Konkurrenz, der Shell-Gruppe. Deterding selbst hatte sie der Presse zugespielt. In den Skandal waren Sinclair, Senator Fall und sogar Präsident Harding verwickelt. Ihnen wurde vorgeworfen, sich unverhältnismäßig günstige Schürfrechte im regierungseigenen Gebiet Teapot Dome im Staate Wyoming zugeschustert zu haben. Ein Mediensturm brach los. Weder der Presse noch den Autoren verschieder Kongreßeingaben fiel jedoch die merkwürdige zeitliche Übereinstimmung zwischen dem Ausbruch des Skandals und dem vorgesehenen Vertragsabschluß mit den Russen auf. Um ein Haar hätte Sinclair den Briten die wertvollen Baku-Konzessionen weggeschnappt und sie für die USA gesichert. Der Skandal verhinderte dies.[2]

Präsident Harding wollte gerade die neuen diplomatischen Beziehungen zur Sowjetunion und den vorteilhaften Handelsvertrag bekannt machen, als der Teapot-Dome-Skandal platzte. Harry Sinclairs Photo schmückte am 14. April 1922 die Titelseite des *Wall Street Journal* und bald jeder größeren Zeitung. Binnen eines Jahres starb Präsident Harding unter sehr merkwürdigen Umständen. Der folgende Präsident Coolidge ließ Sinclair fallen. Auch ließ er die Finger von dem brenzligen Baku-Geschäft und machte keine Anstalten zur diplomatischen Anerkennung der Sowjetunion. Der Verdacht kam auf, daß hier die bewährte Hand des britischen Geheimdienstes im Spiel gewesen war, um das amerikanische Angebot an die Sowjets auf gekonnte Weise vom Tisch zu fegen.

Ein zaghafter Versuch Deutschlands

Dies also war der internationalen Wirtschaftskonferenz in Genua vorausgegangen, wo die Briten ihren Sieg über die amerikanische Konkurrenz und ihren Zugriff zum riesigen Wirtschaftspotential Rußlands feiern wollten. In die

Feier platzten Walther Rathenau und Georgij W. Tschit-scherin mit dem Rapallo-Vertrag. Sie hatten ihn in den wenigen Konferenzwochen zustandegebracht, ohne daß die anderen Konferenzteilnehmer, auch nicht die Engländer und Franzosen, etwas davon bemerkt hatten.

Dabei war es eigentlich gar nicht Rathenaus bevorzugte Absicht gewesen, mit der Sowjetunion ins Geschäft zu kommen. Viel lieber wäre er mit den Briten und Amerikanern klargekommen. Als Reichsminister für Wiederaufbau hatte er wiederholt Vorschläge und dringende Eingaben an die westlichen Siegermächte gerichtet. Von ihnen erhoffte er sich Zugeständnisse, die es der deutschen Wirtschaft ermöglicht hätten, das Geld für die Reparationszahlungen auch zu verdienen. Er wurde immer wieder abgewiesen. Stattdessen knebelte man die deutsche Wirtschaft durch immer neue Auflagen und Benachteiligungen. Zum Beispiel erhoben seit 1921 gerade die Briten, die sich für den Freihandel so stark machten, einen Einfuhrsonderzoll von 26 Prozent auf Waren aus Deutschland.

Im Westen wollte man alles unterbinden, was es den Deutschen erlaubt hätte, die Versailler Reparationsforderungen zu bezahlen. Der Grund hierfür war, daß die Engländer das Sykes-Picot-Abkommen revidieren wollten. Die Franzosen sollten nämlich auf die ihnen ursprünglich zugesagten Ölfelder von Mosul verzichten, und die Engländer wollten ihnen das durch Zugeständnisse bei der geplanten militärischen Besetzung des Ruhrgebiets schmackhaft machen. Als es dann zur Ruhrbesetzung kam, rührte sich von einer diplomatischen Pflichtübung abgesehen kein englischer Widerstand.

Nur weil er im Westen auf Granit biß, suchte Rathenau nach anderen Wegen, um die deutsche Industrie aus ihrem Nachkriegstief zu führen. Rathenau entstammte einer bekannten Industriellenfamilie. Sein Vater Emil war Ingenieur und hatte den großen Elektrokonzern AEG aufgebaut. Die Idee, der Sowjetunion Industriegüter und -anlagen zu liefern, damit die deutsche Schwerindustrie zu sanieren und Deutschland die Rohstoffversorgung zu sichern, lag ihm also nicht fern.

Seit dem Versailler Diktat konnte die deutsche Regierung nur auf Pump – vornehmere Leute nennen es „deficit spending" – überleben. Die Reichsbank druckte das Geld, das die Regierung zur Deckung ihrer Schulden ausgab. Die Geldausschüttung erfolgte schneller, als es neugeschaffene Werte dafür zu kaufen gab. Die Inflation war vorprogrammiert. Sie wurde aber als kleineres Übel in Kauf genommen. Alles andere hätte nämlich unweigerlich zur wirtschaftlichen Selbstaufgabe Deutschlands geführt.

Rathenau wußte sehr wohl, daß die Kosten des verlorenen Weltkriegs allein schon den Keim einer gefährlichen Inflation gelegt hatten. Im Jahre 1919 war die Golddeckung der Reichsmark auf die Hälfte des Vorkriegsstandes zusammengeschrumpft. Die Großhandelspreise waren laut amtlicher Statistik kriegsbedingt um 150 Prozent gestiegen, die Schwarzmarktpreise um weit mehr. Der Krieg war in Deutschland anders als in England ausschließlich durch Kriegsanleihen der eigenen Bevölkerung finanziert worden. Für Deutschland hatte kein Bankhaus Morgan Gelder im Ausland aufgetrieben. Deutschland war vielmehr systematisch von den internationalen Kreditmärkten ausgeschlossen gewesen.

Darüber hinaus hatten sich die Siegermächte nach der Niederlage alle für die Deutschen lebenswichtigen Wirtschaftsquellen angeeignet. Die Briten zum Beispiel übereigneten sich die Kolonien, insbesondere Tanganjika und Deutsch-Südwestafrika. Die zukunftsträchtigen Märkte des Osmanischen Reiches, die der Bau der Bagdadbahn erschließen sollte, waren dahin. Mit Elsaß-Lothringen und den ostelbischen Gebieten waren wichtige Rohstofflager und gute landwirtschaftliche Nutzflächen vom Reichsgebiet abgetrennt worden. Auf diese Weise hatte Deutschland 75 Prozent seiner Eisenerzlager, 68 Prozent seiner Zinkerze und 26 Prozent seiner Kohlevorräte eingebüßt. Auch die Textilindustrie im Elsaß und die für die Düngemittelindustrie so wichtigen Phosphatlager waren verloren. Die gesamte Handelsflotte wurde beschlagnahmt, ein Fünftel aller Binnenschleppkähne, und mit drastischen Folgen für die Eiweißversorgung der Bevölkerung wurde ein Viertel der Fischereiflotte konfisziert. Das genügte noch nicht. 5 000 Lokomotiven, 150 000 Eisenbahnwagons und 5 000 LKW mußten abgeliefert werden. Dies alles wurde als Kriegsreparationszahlung eingetrieben, ehe noch ein Gesamtbetrag dafür festgelegt worden war. Die Lieferungen wurden auf die später verhängten Geldzahlungen auch nicht angerechnet.

Erst im Mai 1921 traf sich das Reparationskomitee der Siegermächte, um den endgültig aus Deutschland einzutreibenden Betrag und die Zahlungsbedingungen festzulegen. Das Ergebnis war das sogenannte „Londoner Ultimatum". Es legte fest, daß Deutschland außer den bereits erwähnten Sachlieferungen noch Verbindlichkeiten in der für damalige Ohren astronomischen Höhe von 120 Milliarden Goldmark zu übernehmen hatte. Selbst britische Experten wie John Maynard Keynes hielten diese Summe für das Dreifache dessen, was Deutschland mit einiger Wahrscheinlichkeit würde aufbringen können. Die Reparationsschuld wurde mit jährlich 6 Prozent für damalige Verhältnisse sehr hoch verzinst. Zusätzlich wurde, wie bereits erwähnt, ein Sonderzoll über alle von Deutschland gelieferten Waren verhängt. Eine alliierte Reparationsagentur in Berlin überwachte die Zahlungsvorgänge im Land. Sie hatte auch dafür zu sorgen, daß als Zahlungsgarantie immer neue Steuern verhängt wurden.

Die Bezeichnung „Londoner Ultimatum" bestand zu Recht. Denn die Siegermächte drohten das industrielle Herzland Deutschlands, das Ruhrgebiet, militärisch zu besetzen, falls Deutschland den unglaublichen Bedingungen nicht binnen sechs Tagen zustimmte oder seinen Zahlungsverpflichtungen nicht pünktlich nachkäme. Es ist nicht verwunderlich, daß der Reichstag dem Ultimatum nur mit einer äußerst dünnen Mehrheit beipflichtete.[3]

Und nun kam der Rapallo-Vertrag. Er allein hätte der deutschen Wirtschaft jedoch kaum wieder auf die Beine helfen können. Was die westlichen Alliierten an dem Vertrag wirklich erschreckte, war etwas ganz anderes. Der Vertrag sah nämlich vor, daß die Deutschen den Sowjets die Industrieanlagen liefern sollten, die sie befähigt hätte, die Ölfelder von Baku selbst und unabhängig von westlichen Firmen zu betreiben.

Darüber hinaus hatten sich die Deutschen als Gegenleistung verpflichtet, in ihrem Land ein Netz von Öl- und Benzinlagern sowie Tankstellen einzurichten, das der Vermarktung sowjetischen Öls gedient hätte. Zu diesem Zweck hatte man eigens eine Firma, die Deutsch-Russische Petroleumgesellschaft oder „DEROP" gegründet. Damit hätte sich Deutschland aus dem eisernen Griff der britischen und amerikanischen Ölkartelle befreien können, die nach Versailles den deutschen Markt unangefochten beherrschten.

Rathenau hat sich niemals gegen die Forderungen des Londoner Ultimatums gestellt. Er suchte nur blauäugig nach praktischen Möglichkeiten, sie erfüllen zu können.[4]

Ruhrbesetzung und galoppierende Inflation

Die Antwort auf das Rapallo-Abkommen ließ nicht lange auf sich warten. Bereits zwei Tage nach seiner offiziellen Bekanntmachung, am 18. April 1922, überreichten die Siegermächte in Berlin eine alliierte Protestnote. Sie verurteilte, daß Deutschland „hinter dem Rücken" der Reparationskommission mit den Russen verhandelt habe. Das war noch übliche diplomatische Praxis. Die weniger übliche folgte am 24. Juni 1922. Gut zwei Monate nach dem Rapallo-Vertrag wurde Walther Rathenau vor seinem Haus im Berliner Grunewald ermordet. Als Täter wurden zwei Rechtsextremisten ausgemacht, Mitglieder der extremistischen „Organisation Consul". Der eine wurde bei der Festnahme im Schußwechsel mit der Polizei getötet, der andere beging unmittelbar nach der Festnahme „Selbstmord".

Die Tat wurde als Ausgeburt des um sich greifenden Extremismus und Antisemitismus hingestellt. Es machten aber auch Gerüchte die Runde, „ausländische Interessen" hätten den Schützen die Hand geführt. Einige sprachen

sogar offen von „britischen Interessen". Wie dem auch sei,
der Architekt des Rapallo-Abkommens, einer der bedeutendsten Politiker im Nachkriegsdeutschland, war besei-
tigt und die Nation bis in die Grundfesten erschüttert.

Der Mord an Rathenau war freilich nur ein Anfang. Den
Rest hatte Frankreich zu erledigen. England wollte offiziell mit dem Revanchismus der Regierung Poincaré in
Frankreich nichts zu tun haben, verstand es aber, diesen
zu einem besonderen Kuhhandel auszunutzen. Frankreich sollte, wie gesagt, auf die Gebiete um Mosul verzichten, obwohl England ihm dieses Gebiet im geheimen
Sykes-Picot-Abkommen von 1916 zugesagt hatte. Den
Verlust und die damit verbundene Beleidigung französischen Ehrgefühls machte England den Franzosen dadurch schmackhaft, daß es ihnen die Besetzung des
Rheinlandes und des Ruhrgebietes nahelegte. England
würde lediglich verbalen Protest dagegen erheben, im
übrigen aber den französischen Schritt absichern. Die
englische Diplomatie sah es nicht ungern, daß die Franzosen die Rolle des Scharfmachers, der Deutschland den
Rest geben wollte, übernahmen.[5]

Der Regierung Poincaré fehlte nur noch ein Vorwand,
um den Einmarsch vor aller Welt zu rechtfertigen. Er war
vorsichtshalber in die Bestimmungen des Versailler Abkommens bereits eingebaut worden. Am 26. Dezember
1922 traf sich das Reparationskomitee in London zu seiner Jahresabschlußsitzung. Poincaré trat auf und klagte
Deutschland an, mit der Vertragserfüllung in Verzug geraten zu sein. Eine Holzlieferung zur Herstellung von Te-
legrafenmasten war noch unterwegs und an den Kohle-
lieferungen fehlte eine kleinere Menge.[6]

Unmittelbar nach den Schüssen auf Rathenau begann
die Reichsmark an den internationalen Märkten zu fallen.
Im Juli 1922 war sie auf 493 Mark pro Dollar gesunken.
Das Vertrauen in die politische Stabilität der Weimarer Republik hatte sein Nachkriegstief erreicht. In der Reichsbank lief die Druckerpresse auf Hochtouren. Die Regierung wollte krampfhaft zwei miteinander nicht zu ver-
einbarende Ziele zugleich erreichen. Sie wollte den Lon-

doner Reparationsforderungen pünktlich nachkommen
und im Land Vollbeschäftigung erzielen. Die Regierung
förderte zu diesem Zweck die Exportindustrie, damit sie
die für die Schuldenzahlungen benötigten Devisen verdienen konnte. Schon im Dezember war der Wert der
Mark auf 7 592 pro Dollar abgesackt.

Am 9. Januar gab das Reparationskomitee dem Antrag
Frankreichs mit drei gegen eine Stimme statt. Frankreich,
Belgien und Italien stimmten dafür, England hatte zum
Schein widersprochen. Deutschland wurde offiziell vorgeworfen, die Reparationszahlungen nicht eingehalten zu
haben. Schon am 11. Januar erteilte Poincaré seinen Truppen den Befehl zum Einmarsch ins Ruhrgebiet. Belgische
und italienische Truppenteile beteiligten sich pro forma.
Fabrikanlagen und die Städte des Ruhrgebietes und des
übrigen Rheinlandes wurden besetzt. Das besetzte Gebiet
war 100 Kilometer lang und etwa 50 Kilomenter tief. In
ihm lebten etwa 10 Prozent der deutschen Bevölkerung.
Hier wurden 80 Prozent der Steinkohle gefördert, 70 Prozent des Stahls erzeugt und 70 Prozent des Frachtaufkom-
mens abgewickelt. England hatte 1921 noch selbst mit der
Ruhrbesetzung gedroht, kritisierte nun aber zum Schein
und wirkungslos das Vorgehen Frankreichs.

Die Reichsregierung rief die Bevölkerung zum passiven
Widerstand auf. Sämtliche Beamte, auch die bei Post und
Bahn, sollten sich weigern, Befehle der Besatzer auszu-
führen. Aber nicht nur die Beamten folgten dem Aufruf.
Überall in den Stahlwerken, Kohlenzechen und sonstigen
Betrieben kam die Arbeit zum Erliegen. Nichts lief mehr.
Die Familien der Streikenden mußten unterstützt werden,
und die Reichsbank druckte das erforderliche Geld.

Weil die Produktion fast vollständig zum Erliegen kam,
warf Frankreich eigene Ingenieure und Truppen als Arbeiter ins Revier. Aber auch damit kam die Produktion
nicht nennenswert in Gang. Bis Ende 1923 gelang es den
Besatzern unter Zwang, knapp ein Drittel von dem weg-
zuschaffen, was ihnen zuvor freiwillig überstellt worden
war. Dabei scheuten sie nicht vor drakonischen Maßnahmen zurück. Bei Strafaktionen wurden mehr als 150 000

Deutsche deportiert, 400 getötet und 2 000 verwundet.

Die wirtschaftlichen Folgen der Besetzung waren verheerend, weil die Besatzer versuchten, das besetzte Gebiet hermetisch vom Reichsgebiet abzuriegeln. Sie beschlagnahmten alle Bargeldbestände, die sie in den Kassen der Banken, Postämter oder Betriebe fanden. Die Reichsregierung stellte sofort alle Reparationszahlungen an Frankreich, Belgien und Italien ein, zahlte aber pünktlich weiter an England.

Das ruinierte nun Deutschlands Zahlungsfähigkeit völlig. Zwar war der Wert der Mark bereits Ende 1922, als sich die Ruhrbesetzung politisch abzuzeichnen begann, inflationär abgeglitten. Mit der Ruhrbesetzung fiel er rasch auf rund 18 000 Mark pro Dollar. Krampfhaft einsetzende, antiinflationäre Maßnahmen der Reichsbank konnten diesen Kurs bis etwa Mai verteidigen. Danach waren auch ihre Möglichkeiten erschöpft. Die Antiinflationsmaßnahmen hatten die Wirtschaft so geschwächt, daß Berlin alle Maßnahmen zur Rettung der Währung aufgab.

Nun geriet die Lage völlig außer Kontrolle. Im Juli war ein Dollar schon 353 000 Mark wert, im August 4 620 000. Der Wert der Mark stürzte im freien Fall. Am 15. November kostete der Dollar schließlich 4,2 Billionen Mark. Die Wirtschaftsgeschichte hatte so etwas bis dahin noch nicht erlebt.

Die Preise folgten der Geldentwertung mit geringer Verzögerung rasch nach. Wählen wir für den Juli 1922, also unmittelbar nach Rathenaus Ermordung, einen Preisindex von 100, dann stiegen die Preise bis Januar 1923, dem Beginn der Ruhrbesetzung, um etwa das Dreißigfache und erreichten die Indexzahl 2785. Der Preisindex kletterte bis zum Juli des Jahres auf 74 787. Im September lag er bei 23 949 000, und erreichte im November 750 Milliarden. Das fegte alle Ersparnisse der Bevölkerung hinweg. Einigen wenigen Schiebern gelang es, selbst aus der Inflation Gewinn zu schlagen, aber die Masse der Bevölkerung versank in bittere Armut. Regierungsanleihen, Pfandbriefe, Kommunalobligationen, Bankeinlagen – alles war wertloses Papier. Der wichtige industrielle Mittelstand wurde damals wirtschaftlich ruiniert.

Inzwischen war Gustav Stresemann in Deutschland an die Regierung gelangt. Er ordnete noch im September 1923 das Ende des passiven Widerstands an. Im November – die Hyperinflation hatte ihren Gipfel erreicht –. unterzeichnete er ein formelles Abkommen mit Frankreich und den übrigen Besatzungsmächten. Alles atmete erleichtert auf. Geändert hatte sich nichts. Aber Deutschland war für die weitere Behandlung weichgeklopft worden.

Im Oktober 1923 hatte US-Außenminister Charles Evans Hughes, der früher Syndikus bei Rockefellers Standard Oil gewesen war, Präsident Calvin Coolidge empfohlen, der Farce ein Ende zu machen. Er schlug vor, die Zahlungsbedingungen für die Schulden neu zu regeln. Nur so ließe sich, wie er meinte, die Schuldenpyramide über Deutschland, die in den politischen Wirren nach dem Rapallo-Schock einzustürzen drohte, retten. Hughes schlug vor, einen ihm verbundenen Bankier mit der Neuregelung der Schuldenfrage zu betrauen. Es handelte sich um Charles C. Dawes. Er war für das Bankhaus J.P. Morgan tätig gewesen und durch einige Korruptionsskandale und Bestechungsaffären in der Republikanischen Partei von Illinois ins Zwielicht geraten.

Dawes erhielt den Vorsitz über das nach ihm benannte Komitee und legte am 9. April 1924 seinen Plan vor, wie die Reparationsforderungen hinfort eingetrieben werden sollten. Die Delegierten griffen den Plan auf. Auch die Vertreter der Regierung Stresemann stimmten, nachdem der Widerstand in Deutschland gebrochen war, zu. Im Mai verlor Poincaré in Frankreich die Wahlen. Edouard Herriot löste ihn ab. Auch sein neues Kabinett stimmte als eine der ersten Amtshandlungen dem Dawes-Plan zu. Am 1. September trat er offiziell in Kraft.

Der Dawes-Plan ist das erste deutliche Zeichen für eine erneute Annäherung zwischen Amerikanern und Engländern. Sie begruben ihre Verstimmungen über die Verteilung der Kriegsbeute und begannen es im eigenen Interesse für vorteilhafter zu halten, ihre Macht und ihren politischen Einfluß miteinander zu verbinden. Eine neue atlantische Zusammenarbeit bahnte sich an. Die britische Elite hatte begriffen, daß es sich für sie auszahlte, wenn sie den Amerikanern auf der Weltbühne den Vortritt ließ, dafür aber ihren Einfluß auf die amerikanische Politik um so besser ausüben konnte.[7]

Der Dawes-Plan wollte sicherstellen, daß die Schuldenzahlungen der Deutschen pünktlich und vollständig erfolgten. Er stellte die Haushalts- und Finanzpolitik unmittelbar unter die Kontrolle der privaten amerikanischen Bankgesellschaften. Das war wirksamer und kostengünstiger als Poincarés militärische Besetzung. Aber ohne die Erfahrungen der Ruhrbesetzung, der Hyperinflation und ihrer politischen Auswirkungen hätte sich wahrscheinlich keine deutsche Regierung auf so etwas eingelassen.

Im November 1923 wurde der deutsche Bankier Hjalmar Schacht als Bevollmächtigter für Währungsstabilität eingesetzt. Schachts Vater hatte es bis zum Leiter der Deutschlandabteilung einer Lebensversicherung der Morgan-Gruppe gebracht. Morgan hatte Hjalmar zu sich geholt und in die wirkliche Bankpraxis eingeweiht. Außerdem pflegte Schacht engen Umgang mit Montagu Norman, dem Gouverneur der Bank von England.

Hjalmar Schacht wurde für seine Rentenmark berühmt. Es handelte sich um ein Zahlungsmittel, das in Ermangelung von Gold und Devisen den Grund und Boden verpfändete. Am 20. November, als Schacht seinen Plan zur Währungsstabilisierung vorlegte, starb Reichsbankpräsident Rudolf Havenstein unter merkwürdigen Umständen. Er hatte dieses Amt seit 1908 innegehabt und in äußerst schwierigen Zeiten sehr erfolgreich geführt. Den Siegermächten war er ein Dorn im Auge. Stresemann und sein sozialdemokratischer Finanzminister Hilferding hatten sich alle erdenkliche Mühe gegeben, ihn aus dem Amt zu drängen.

Bald wurde auch klar, warum Havenstein gehen sollte. Am 4. Dezember 1923 hatte der Aufsichtsrat der Reichsbank mit großer Mehrheit beschlossen, Havensteins Ver-

trauten Karl Helfferich, den früheren Vorstandsvorsitzen-
den der Deutschen Bank und Architekt des Bagdadbahn-
Projekts zu seinem Nachfolger im Amt des Reichsbankpräsidenten zu wählen. Stresemann und Hilferding hatten andere Pläne für dieses Amt. Am 18. Dezember machten sie Morgans Mann in Deutschland, Hjalmar Schacht,
zum Reichsbankpräsidenten. Das gehörte zum unge-
schriebenen Teil des Dawes-Plans.[8] Wenige Monate später
kam Helfferich bei einem Zugunglück ums Leben.

   Unter dem Dawes-Plan bezahlte Deutschland seine
Schulden und Zinsverpflichtungen fünf Jahre lang pünktlich und vollständig. Dies hatte den vorgeplanten Effekt,
daß Deutschland 1929 nicht weniger, sondern mehr Schulden hatte als zuvor. Hier haben wir bereits das einfache
Schema organisierter Plünderung vor uns, das die Londoner und New Yorker Banken später gegenüber den Entwicklungsländern auf die heute beobachtbare Spitze trieben.

   S. Parker Gilbert, ein Partner J.P. Morgans und Vertrauter Owen D. Youngs, richtete sich in Berlin als Hauptbe-
vollmächtigter der Siegermächte ein Büro ein. Von dort
aus überwachte er die Schuldenzahlungen. Mit einem Risiko, das gegen Null ging, begannen die Londoner und
New Yorker Banken ein lukratives Leihgeschäft zu für sie
extrem profitablen Bedingungen. Das Geld floß ihnen aus
den Reparationszahlungen zu und konnte so immer wieder mit Provisionen und hohen Zinsen ausgeliehen werden. Auf diese Weise ließ sich eine riesige, internationale
Schuldenpyramide auftürmen.

   In den Jahren 1924-1931 hatte Deutschland 10,5 Milliarden Mark an Reparationszahlungen geleistet, dafür aber
aus Übersee 18,6 Milliarden Kredit aufgenommen. Was als
„Erholung Deutschlands nach 1923" unter der Regie Hjalmar Schachts und Montagu Normans galt, war in Wirklichkeit eine gewaltige Wechselreiterei der anglo-amerikanischen Banken. Man wiegte sich allgemein in Sicherheit,
weil die in Deutschland an die Macht gesetzte Regierung
keine Rapallo-Initiativen und keinen Widerstand gegen
die Kommandos der Siegermächte erwarten ließ. Die auf-

getürmte Schuldenpyramide mußte aber einstürzen, sobald der Kreditstrom aus New York und London unterbrochen wurde. Ein solches Ereignis trat 1929 ein.[9]

Ein Weltölkartell

Die Amerikaner und Briten hatten inzwischen den Kampf um die wirtschaftliche und finanzielle Vormachtstellung beigelegt. Den Krieg ums Öl, der die Weltpolitik über ein Jahrzehnt in Atem hielt, beendete ein „Waffenstillstand". Er manifestierte sich in dem allmächtigen anglo-amerikanischen Erdölkartell, das später den Spitznamen „Sieben Schwestern" erhielt.

Das Friedensabkommen zwischen den Rivalen war am 17. September 1928 auf Schloß Achnacarry in Schottland geschlossen worden. Sir Henri Deterding von Royal Dutch Shell hatte das Schloß als Zeichen seines neuen Standes erworben. Er hatte unter anderem John Cadman, der die Anglo-Persische Ölgesellschaft der britischen Regierung (heute British Petroleum, BP) vertrat, und Walter Teagle, den Präsidenten von Rockefellers Standard Oil of New Jersey (Esso) zu sich geladen. Anläßlich einer Birkhuhnjagd schuf man das wichtigste und mächtigste Kartell der Welt. Die „Sieben Schwestern" sind nämlich in Wirklichkeit nicht sieben unterschiedene Schwestern, sondern eher ein Einzelkind, das auf sieben verschiedene Namen hört.

Der auf Schloß Achnacarry geschlossene, streng geheime Pakt erhielt den Namen „As Is Agreement of 1928", wurde aber auch „Achnacarry Agreement" genannt. Darin einigten sich die führenden Ölmagnaten Englands und Amerikas darauf, die zu dieser Zeit erreichte Aufteilung der Welt festzuschreiben, einen für alle verbindlichen Ölpreis festzusetzen und die kostentreibenden Konkurrenz- und Preiskämpfe einzustellen.

Die jeweiligen Regierungen ratifizierten dieses eigentlich „privat" abgeschlossene Abkommen noch im gleichen Jahr. Es hieß nun das „Red Line"-Abkommen. England und das schwache Frankreich mußten den Amerikanern 1927 Zutritt zum Nahen Osten gewähren und ihre geheimen Abkommen aus dem Krieg dahingehend abändern. Nun zog man eine „rote Linie" von den Dardanellen, an Palästina vorbei, durch den Suezkanal, bis zum Jemen und von dort durch den Persischen Golf rund um die Türkei, Syrien, Libanon, Saudi-Arabien, Jordanien, Irak und Kuwait. Und wehe dem, der es wagte, in das Gebiet innerhalb dieses rot markierten „Stolperdrahts" vorzustoßen, bzw. dort eigene Interessen geltend zu machen! In dem so abgegrenzten Gebiet errichteten die verschiedenen Ölinteressen so etwas wie eiserne Vorhänge. Sie bestehen trotz scheinbarer Unabhängigkeit der betreffenden Staaten bis heute. Im Irak erhielten BP, Shell und die Compagnie Française des Petroles, die der Deutschen Bank nach dem verlorenen Krieg die Konzessionen abgenommen hatte, das exklusive Recht, die Ölvorräte 75 Jahre lang auszubeuten. Kuwait teilten sich BP und Gulf Oil, die zur amerikanischen Mellon-Gruppe gehörte.[10]

Zum Achnacarry-Kartell gehörten alle nennenswerten Gesellschaften im anglo-amerikanischen Einzugsgebiet wie Esso (Standard Oil of New Jersey), Mobil (Standard Oil of New York), Gulf Oil, Texaco, Standard of California (Chevron), Royal Dutch Shell und British Petroleum. Es bestand in dieser Form bis 1932. Danach wurde es aggressiv auf außenstehende Firmen ausgedehnt. Für sogenannte Außenseiter hatte man folgendes Rezept: „Es wird festgehalten: die Umwandlung von *nicht kontrollierten Außenseitern in kontrollierte* ist wünschenswert. In dieser Hinsicht wird Mitgliedern von „As Is" (gemeint ist das Achnacarry-Kartell) nahegelegt, erfolgreiche Handels- und Vertriebsgesellschaften als *Tendenz, die Marktstabilität zu erhöhen*, aufzukaufen".[11] (Hervorh. W.E.)

Das „Projekt Hitler"

Die instabile internationale Finanzordnung, die dem besiegten Zentraleuropa von den Londoner und New Yorker Bankiers im Versailler Vertrag von 1919 auferlegt worden war, brach 1929 zusammen. Montagu Norman, damals als Gouverneur der Bank von England der einflußreichste Zentralbankier der Welt, hatte selbst den Krach an der Wallstreet im Oktober 1929 herbeigeführt. Die Bank von England hatte nämlich den Gouverneur der amerikanischen Federal Reserve Bank, George Harrison, aufgefordert, die Zinsen in Amerika anzuheben, um das Spekulationsfieber in den USA zu bremsen. Harrison folgte dem Rat, und es kam zum dramatischsten Finanz- und Wirtschaftskollaps in der bisherigen amerikanischen Geschichte.

Anfang 1931 planten Montagu Norman und ein kleiner Kreis des britischen Establishments, die politische Dynamik in Zentraleuropa tiefgreifend zu verändern

Zu dieser Zeit war die Wiener Creditanstalt Österreichs größtes Bankhaus. Mit engen Beziehungen zum österreichischen Zweig des Hauses Rothschild hatte die Creditanstalt in den zwanziger Jahren massiv expandiert, indem sie angeschlagene kleinere Banken übernahm. Die größte Fusion wurde der Creditanstalt im Oktober 1929, dem Monat des New Yorker Börsenkrachs, angeboten. Die Behörden forderten sie auf, die Wiener Bodenkreditanstalt zu übernehmen, die ihrerseits in den Jahren zuvor mehrere marode Banken geschluckt hatte, sich dabei aber verschluckt zu haben schien.

Anfang 1931 stellte sich die Creditanstalt als eine der mächtigsten Banken der Welt dar. Tatsächlich war sie eine der kränksten. Das von Großbritannien, Frankreich und den USA verhängte Versailler Diktat hatten Österreich-Ungarn gesprengt und die österreichische Wirtschaft von den einträglichen Handelsbeziehungen und Bodenschätzen in Ungarn und Südosteuropa abgeschnitten. Von diesen Folgen des Ersten Weltkriegs hatte sich die österreichische Industrie nicht erholt. Die Betriebe waren heruntergekommen, die Anlagen veraltet und die riesigen Kriegsanleihen untilgbar. Die Folge war, daß in den zwanziger Jahren große Teile der insolventen österreichischen Unternehmen in die Hände der immer weiter expandie-

renden Creditanstalt übergegangen waren. Österreich
und dort besonders die Wiener Creditanstalt waren Anfang 1931 das schwache Glied in der internationalen Fi-
nanzkette. Der Creditanstalt gelang es nicht, aus der
schwachen österreichischen Wirtschaft genügend Kapital
zu ziehen, und so blieb sie größtenteils von kurzfristigen
Kreditaufnahmen in London und New York abhängig,
um ihre Geschäfte zu betreiben. Die Bank von England
war ihr wichtigster Geldgeber.

Im März 1931 kündigte der französische Außenminister
Briand seinen entschlossenen Widerstand gegen die geplanten Verhandlungen zwischen Berlin und Wien an, die
auf eine österreichisch-deutsche Handels- und Zollunion
abzielten. Es war dies ein später Versuch, die sich vertie-
fende Weltwirtschaftsdepression zu bekämpfen. Die französische Regierung soll die französischen Banken angewiesen haben, die Kreditgrenzen gegenüber der Creditanstalt enger zu ziehen, um so verstärkt Druck auf die
österreichische Regierung auszuüben. Im Mai tauchten
dann in der Wiener Presse Gerüchte über einen Run der
Sparer auf die Creditanstalt auf. Daraus entwickelte sich
eine Kreditkrise, die ganz Europa erfaßte. Die österreichische Zentralbank und damit der österreichische Staat
sahen sich gezwungen, der Creditanstalt in dieser größten
Bankenpleite der Geschichte beizuspringen.

Spätere Untersuchungen ergaben, daß die Krise nie solche dramatischen Ausmaße hätte annehmen müssen. Bestimmte mächtige Finanziers in London und New York
hatten sie forciert, um eine Wende in der europäischen Geopolitik herbeizuführen.[12]

J.P. Morgan hatte sich davon überzeugt, daß radikale
politische Lösungen nützlich sind, um das Zahlen staatlicher Schulden und Zinsen sicherzustellen. Sie hatten ihre
italienischen Forderungen dem starken Mann des faschi-
stischen Regimes, Benito Mussolini, anvertraut und
waren nicht enttäuscht worden. Im November 1925 erklärte der italienische Finanzminister Volpi di Misurata,
das Mussolini-Regime habe mit Großbritannien und den
Vereinigten Staaten ein Abkommen über die Zahlungen

der Schulden aus dem Versailler Vertrag erzielt. Eine Woche später erklärte sich das Bankhaus J.P. Morgan & Co. bereit, Italien mit einem Kredit über 100 Millionen Dollar „zur Stabilisierung der Lira" unter die Arme zu greifen. Das Bankhaus vertrat seitdem die Regierung Mussolinis in Finanzsachen innerhalb der USA.

Morgan wollte das faschistische Regime in Italien stabilisieren. Auf Anraten und Druck von J.P. Morgan und Montagu Norman gründete Volpi di Misurata 1926 die italienische Zentralbank, die Banca d'Italia. Ihre Aufgabe war es, der Regierung die nationale Finanz- und Wirtschaftspolitik abzunehmen. Sie sollte sich ganz auf ihre Hauptaufgabe konzentrieren können, nämlich Zinsen und Schulden pünktlich zu bezahlen. Mussolini war dafür der geeignete starke Mann in Italien. Er hatte die Gewerkschaften zerbrochen, Lebensstandard und Löhne drastisch gesenkt und die nötigen Sparmaßnahmen der Regierung durchgedrückt. Damit wollte er die Zahlungsfähigkeit Italiens an die New Yorker Banken garantieren.

In den USA kontrollierte zu dieser Zeit Benjamin Strong die Finanzpolitik. Er hatte sich in der Morgan Bank hochgedient und war mit Montagu Norman eng befreundet. Strong traf sich mit Volpi di Misurata und dem Gouverneur der neugegründeten Banca d'Italia, Stringher, um die Details des Stabilisierungsplans für Italien zu verabreden. Das Dreigestirn J.P. Morgan, Montagu Norman und die New Yorker Federal Reserve organisierten damals eine strenge und wirksame Kontrolle über Wirtschaft und Finanzen aller osteuropäischen Länder von Polen bis Rumänien. Der Vorwand war immer, die Volkswirtschaften bedürften einer „Stabilisierung". um kreditwürdig zu sein. Sie bildeten damit eine Art Vorläufer zum heutigen Internationalen Währungsfonds. Die New Yorker Banken pumpten die vorwiegend sehr kurzfristigen Gelder nach Europa, die Bank von England stellte die Experten, die die Volkswirtschaften berieten und auf Linie brachten, während das Außenministerium in London für den nötigen politischen Druck sorgte, daß diese Politik auch wirklich durchgesetzt wurde.[13]

Auf das Deutschland der zwanziger Jahre konzentrierten sich die finanzpolitischen Anstrengungen der anglo-amerikanischen Elite besonders. Zunächst setzten sie 1923 die Ernennung Hjalmar Schachts zum Präsidenten der Reichsbank erfolgreich durch. Schacht nutzte seine neue Position, um die deutsche Zustimmung zum drakonischen Schuldenprogramm des Dawes-Plans durchzudrücken. Der Dawes-Plan war der Einfachheit halber gleich im Bankhaus Morgan ausgearbeitet worden. Aufgrund der Bestimmungen dieses Plans war die deutsche Wirtschaft völlig auf kurzfristige Überbrückungskredite angewiesen, die nur von Londoner oder New Yorker Banken und ihren Verbündeten in Paris aufgebracht werden konnten. Diese kurzfristigen Darlehen erwiesen sich für die Banken als höchst lukrativ, sie waren gewinnbringender als alles, was es sonst auf den Finanzmärkten gab.

Besonders die viertgrößte Bank in Deutschland, die Darmstädter und Nationalbank Kommanditgesellschaft, die sogenannte Danat-Bank, war immer stärker auf solche kurzfristigen Kredite angewiesen, die sie nur zu exorbitanten Zinsen bekam. Die Hyperinflation des Jahres 1923 hatte nicht nur die Ersparnisse der deutschen Bürger entwertet, sondern auch die Spareinlagen und damit die Kapitalreserven der Banken. Alle Binnenkredite stammten also von Banken, die nur über eine extrem dünne Kapitaldecke verfügten. Deutschland stand also zur Zeit des New Yorker Aktienkrachs von 1929 wackeliger da als irgendein anderes Land unter den größeren Industrienationen. Das Land schuldete den internationalen Banken kurzfristige Kredite in Höhe von rund 16 Milliarden Reichsmark.

Bei einer derart ungesunden Finanzsituation bedarf es nur eines geringen Anstoßes, und das ganze Kartenhaus der Wertpapiere purzelt durcheinander. Der Anstoß kam von der New Yorker Federal Reserve Bank und der Bank von England. Beide hoben innerhalb kurzer Zeit die Zinsen drastisch an, nachdem sie zuvor über zwei Jahre die Aktienspekulation, die damals in einer bis dahin nicht dagewesenen Weise ausuferte, mit billigem Geld angeheizt hatten. Die Folge war kalkulierbar. Die Aktienmärkte brachen zusammen, und die Banken sahen sich genötigt, ihr Geld so rasch wie möglich aus Deutschland und Österreich abzuziehen. Im Mai 1931 war das Gemisch für die Explosion reif.

Am 13. Mai mußte die große Wiener Creditanstalt ihre Schalter schließen. Die Franzosen hatten beschlossen, Österreich dafür zu bestrafen, daß es sich auf Zollvereinbarungen mit Deutschland einlassen wollte. Sie belegten den Schilling mit Sanktionen. Als französische Unternehmen auf Regierungsdruck ihre Gelder aus Österreich abzuziehen begannen, brach die größte Bank Österreichs, die Wiener Creditanstalt, als erste zusammen. Um den Ansturm auf die Bank abzuwehren, kündigten die Creditanstalt und andere österreichische Banken alle Gelder, die sie in Deutschland liegen hatten. Und alsbald fielen die durch wechselseitige Kredite miteinander verzahnten Banken Mitteleuropas wie eine Reihe Dominosteine um.

Die folgende Bankenkrise und Wirtschaftsdepression sowie die damit verbundenen tragischen Ereignisse in Deutschland und Österreich waren buchstäblich von Montagu Norman und dem Gouverneur der Federal Reserve Bank George Harrison diktiert worden. Man hatte beschlossen, Deutschland von allen Krediten abzuschneiden. Damals hätte ein relativ kleiner Umschuldungskredit noch verhindern können, daß die Krise außer Kontrolle geriet.

Stattdessen setzte nun eine lawinenartige Kapitalflucht aus Deutschland ein. Unter dem Druck von Montagu Norman und George Harrison enthielt sich der neue Reichsbankpräsident Hans Luther pflichtbewußt aller finanzpolitischer Eingriffe. So konnte er auch nichts unternehmen, um den Zusammenbruch aufzuhalten. Nach der Creditanstalt in Wien stolperte die Danat-Bank in Deutschland. Im Mai verlor sie über 100 Millionen Reichsmark, im Juni waren es dann 848 Millionen. Das waren bereits 40 Prozent der gesamten Einlagen. Im gleichen Zeitraum verloren die Dresdner Bank 10 Prozent und die Deutsche Bank 8 Prozent ihrer Einlagen. Im Juni kündigte

Bankers Trust, zu Morgan gehörig, die Kreditlinie der Deutschen Bank.

George Harrison forderte, daß Reichsbankpräsident Hans Luther eine rigorose Kreditverknappung durchsetzen und den Kapitalmarkt in Deutschland trockenlegen solle. Er behauptete, dies sei der einzige Weg, um die Kapitalflucht, beziehungsweise den Abzug ausländischen Kapitals, einzudämmen. Damit stellte er sicher, daß das deutsche Bankensystem und die deutsche Industrie in die schlimmste vorstellbare Depression getrieben wurden.

Montagu Norman stellte sich hinter Harrison. Schließlich konnten sie auch den französischen Zentralbankchef auf ihre Seite ziehen und machten Deutschland für die Wirtschaftskrise verantwortlich. Die Regierung Brüning unternahm verzweifelte letzte Versuche, um Hans Luther dazu zu bewegen, sich bei anderen Zentralbanken um kurzfristige Stabilisierungskredite zu bemühen und damit den Bankenkrach einzudämmen. Doch Luther weigerte sich und blieb seinen eigentlichen Auftraggebern ergeben. Als er sich schließlich doch breitschlagen ließ und bei Montagu Norman um einen Kredit nachsuchte, schlug ihm dieser buchstäblich die Tür vor der Nase zu, mit dem Ergebnis, daß Deutschland in kritischer Situation keinen Geldgeber mehr finden konnte.

Im Juli, zwei Monate nachdem der Krach der Wiener Creditanstalt die Kapitalflucht aus Deutschland ausgelöst hatte, berichtete die Baseler *Nationalzeitung* über „Schwierigkeiten" der Danat-Bank. Das genügte in der aufgeheizten Situation, um eine Panik gegen diese Bank auszulösen. Der Danat-Vorsitzende warf später der Reichsbank vor, sie habe den Krach seiner Bank durch einseitige Kreditverweigerungen vorbereitet. Mit dem Untergang dieser Bank setzte dann die allgemeine Bankenkrise und der Zusammenbruch der Industrieproduktion ein. Es folgte der Winter 1931-1932, den manche den „schlimmsten Winter des Jahrhunderts" nannten, und es wurde die Saat für zahlreiche radikale politische Bewegungen gelegt.

Im März 1930, also kurz bevor die anglo-amerikanischen Banken Deutschland den Kredit abschnitten, überraschte der damalige Reichsbankpräsident Hjalmar Schacht die Regierung mit seinem Rücktrittsgesuch. Grund dafür war das Angebot Ivar Kreugers an die Reichsregierung, ihr mit einem Überbrückungskredit von 500 Millionen Reichsmark beizustehen. Der schwedische Industrielle und Streichholzkönig Kreuger hatte zusammen mit seiner amerikanischen Bank Lee Higgins & Co. Deutschland und anderen Ländern, denen die Londoner und Wallstreet-Banken Kredite verweigert hatten, bereits öfters über kritische Situationen hinweggeholfen. In der damaligen Situation hatte das Kreditangebot Kreugers unannehmbare und explosive Folgen für die Strategie Montagu Normans und seiner Freunde. Der damalige Finanzminister Rudolf Hilferding von der SPD bat Hjalmar Schacht, der nach den Bestimmungen des Dawes-Plans allen Krediten aus dem Ausland zustimmen mußte, eindringlich, das Kreditangebot Kreugers anzunehmen. Doch Schacht lehnte ab und reichte stattdessen bei Hindenburg sein Rücktrittsgesuch ein.

Kreuger selbst fand man nur wenige Monate später, Anfang 1932, tot in einem Hotelbett in Paris. Die polizeiliche Feststellung erkannte auf Selbstmord. Jahrzehnte später ergaben die detaillierten Untersuchungen schwedischer Detektive abschließend, daß Kreuger ermordet worden war. Mit Kreugers Tod endete jede Hoffnung Deutschlands auf finanzielle Entspannung, es war jetzt von jedem ausländischen Kredit ausgeschlossen.[14]

Schacht gab sich nach seinem Rücktritt keineswegs dem Müßiggang hin. Er widmete seine nun gut bemessene Freizeit der Aufgabe, jenem Mann die finanzielle Unterstützung zu sichern, den er und seine Freunde in London und New York als Führer für Deutschland ausersehen hatten, die Finanzkrise in Deutschland in ihrem Sinn zu lösen. Seit 1926 unterstützte Hjalmar Schacht, zunächst noch unauffällig, die radikale politische Bewegung der NSDAP unter Adolf Hitler. Nach seinem Rücktritt vom Posten des Reichsbankpräsidenten stellte Schacht Verbindungen zwischen den mächtigen, damals aber noch sehr skeptischen deutschen Industriellen, den Schlotbaronen an der Ruhr, und führenden Finanzkreisen im Ausland, vor allem in England, her.

Die britische Politik verfolgte damals das „Projekt Hitler". Dabei machte man sich keinerlei Illusionen über die letzten geopolitischen und militärischen Konsequenzen, zu denen ein solcher Plan führen würde. Oberst David Stirling, der Gründer der britischen Eliteeinheit Special Air Service (SAS) gestand in einem privaten Gespräch gut ein halbes Jahrhundert später ein: „Der größte Fehler, der uns Briten unterlief, war der, anzunehmen, wir könnten das Deutsche Reich gegen Rußland ausspielen, in der Hoffnung, beide würden dabei verbluten".

Die britische Unterstützung für Hitler reichte bis in die höchsten Kreise. Dazu gehörte auch Englands Premierminister Neville Chamberlain, der 1938 für das Münchner Friedensangebot an Hitler verantwortlich war, welches Hitler den Einmarsch in das Sudetenland ermöglichte. Chamberlain wurde dahingehend von Philip Kerr (dem späteren Lord Lothian) beraten, der zu Cecil Rhodes' „Round Table" gehörte. Auch Lord Beaverbrook, der britische Pressezar der damaligen Zeit, zu dessen Imperium unter anderem das Boulevardblatt *Daily Express* und der *Evening Standard* gehörten, stellte sich hinter Hitler. Der sicherlich einflußreichste Unterstützer Hitlers in England war damals zweifellos Edward VIII., 1936 für einige Monate König von England und nach seiner Abdankung Herzog von Windsor.

Auch die zahlreichen Unterstützer aus dem amerikanischen Establishment machten sich sicherlich keine Illusionen über Adolf Hitler und seine Bewegung. Führende Wallstreet-Kreise und Regierungsmitglieder in den USA waren von Anfang an am „Projekt Hitler" beteiligt. Noch vor dem fehlgeschlagenen Putsch im Bürgerbräukeller und dem anschließenden „Marsch auf die Feldherrnhalle" von 1923 ließ sich Robert Murphy, der ständige Vertreter der US-Regierung in München, durch General Ludendorff persönlich mit Hitler bekannt machen. Zuvor diente Murphy während des Ersten Weltkriegs unter Allen Dulles in Bern mit dem Auftrag, Nachrichten aus

1880–1914

Seit 1882 drängte
der britische Admiral
John Fisher darauf,
die königliche
Marine auf
Ölfeuerung
umzurüsten.

H.M.S. Dreadnought läutete eine neue Epoche
der Seekriegsführung ein.

Eine Ruhepause während des langen Marsches quer durch Afrika nach Faschoda. Links am Tisch sitzend Jean Marchand.

Oberst Jean Marchand führte die französischen Truppen 1898 in Faschoda am weißen Nil gegen die britischen Truppen des Lord Kitchner. Der ruhmlose französische Rückzug von Faschoda war der Anfang der britisch-französischen „Entente Cordiale" gegen Deutschland

W. Knox d'Arcy, ein
australischer
Ingenieur, erhielt
1901 umfassende
persische Ölkonzes-
sionen. Sie
wurden zur Grund-
lage von British
Petroleum.

Karl Helfferich,
Chef der
Deutschen Bank,
leitete die Anatoli-
sche Eisenbahn-
gesellschaft, die
vor dem
Ersten Weltkrieg
die Bagdadbahn
baute.

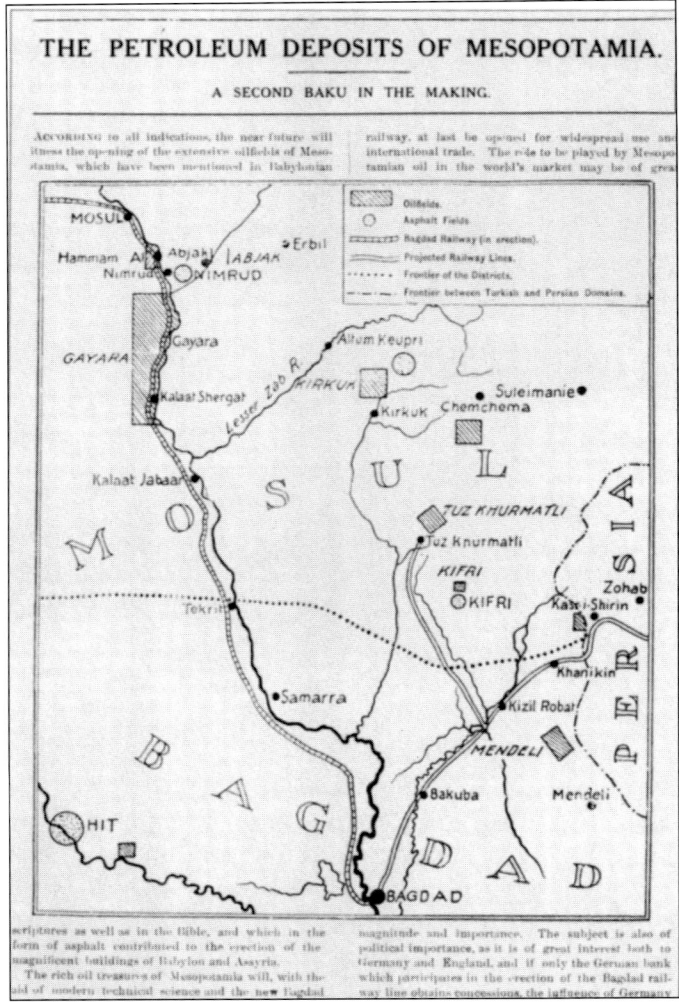

THE PETROLEUM DEPOSITS OF MESOPOTAMIA.

A SECOND BAKU IN THE MAKING.

According to all indications, the near future will witness the opening of the extensive oilfields of Mesopotamia, which have been mentioned in Babylonian

railway, at last be opened for widespread use and international trade. The rôle to be played by Mesopotamian oil in the world's market may be of great

Oilfields
Asphalt Fields
Bagdad Railway (in erection).
Projected Railway Lines.
Frontier of the Districts.
Frontier between Turkish and Persian Domains.

scriptures as well as in the Bible, and which in the form of asphalt contributed to the erection of the magnificent buildings of Babylon and Assyria.

The rich oil treasures of Mesopotamia will, with the aid of modern technical science and the new Bagdad

magnitude and importance. The subject is also of political importance, as it is of great interest both to Germany and England, and if only the German bank which participates in the erection of the Bagdad railway line obtains concessions, the influence of Germany

Karte aus dem Londoner Petroleum Review vom 23. Mai 1914. Sie zeigt die Bagdadbahn quer durch die Ölfelder Mesopotamiens, die man für „ein zweites Baku" hielt.

V

Die „Bagdadbahn": Die Strecke Konstantinopel-Konya wurde 1896 fertig. 1903 begannen die Bauarbeiten der Strecke bis Bagdad, wurden aber durch den Ersten Weltkrieg unterbrochen. Erst 1940 konnte die Bahn durchgehend bis Bagdad befahren werden. Die Strecke Aleppo-Damaskus wurde 1883-1905 von Franzosen gebaut. Den Bau der „Hedjas-Bahn" von Damaskus nach Medina (1901-1908) leitete der deutsche Ingenieur August Heinrich Meißner-Pascha. Die Baukosten wurden von Mohammedanern in aller Welt aufgebracht.

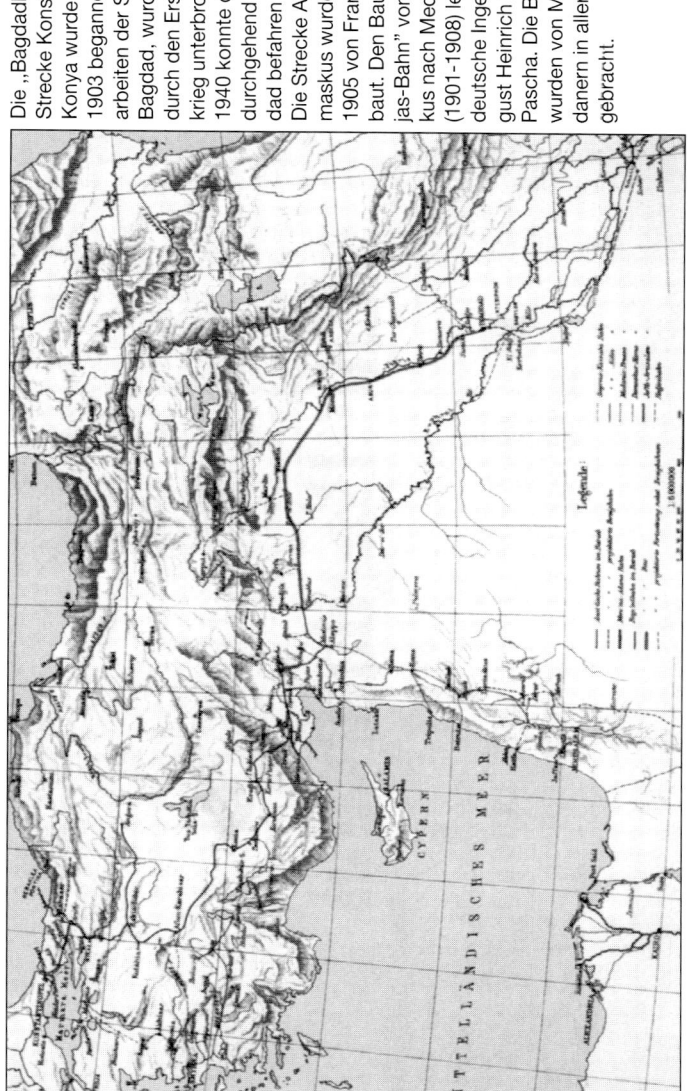

VI

Bau der Bagdadbahn durch Anatolien. Ein Lager deutscher
Ingenieure in Alexandretta.

Scheich Mubarak
Al-Sabah von
Kuwait zur Zeit des
Ersten Weltkriegs.

AGREEMENT BY THE SHAIKH OF KUWAIT REGARDING THE NON-RECEPTION OF FOREIGN REPRESENTATIVES AND THE NON-CESSION OF TERRITORY TO FOREIGN POWERS OR SUBJECTS, 23RD JANUARY 1899.

The object of writing this lawful and honourable bond is that it is hereby covenanted and agreed between Lieutenant-Colonel Malcolm John Meade, I.S.C., Her Britannic Majesty's Political Resident, on behalf of the British Government on the one part, and Sheikh Mubarak-bin-Sheikh Subah, Sheikh of Koweit, on the other part, that the said Sheikh Mubarak-bin-Sheikh Subah of his own free will and desire does hereby pledge and bind himself, his heirs and successors not to receive the Agent or Representative of any Power or Government at Koweit, or at any other place within the limits of his territory, without the previous sanction of the British Government; and he further binds himself, his heirs and successors not to cede, sell, lease, mortgage, or give for occupation or for any other purpose any portion of his territory to the Government or subjects of any other Power without the previous consent of Her Majesty's Government for these purposes. This engagement also to extend to any portion of the territory of the said Sheikh Mubarak, which may now be in the possession of the subjects of any other Government.

In token of the conclusion of this lawful and honourable bond, Lieutenant-Colonel Malcolm John Meade, I.S.C., Her Britannic Majesty's Political Resident in the Persian Gulf, and Sheikh Mubarak-bin-Sheikh Subah, the former on behalf of the British Government and the latter on behalf of himself, his heirs and successors do each, in the presence of witnesses, affix their signatures on this, the tenth day of Ramazan 1316, corresponding with the twenty-third day of January 1899.

(Sd.) M. J. MEADE,   MUBARAK-AL-SUBAH.
Political Resident in the
Persian Gulf.   (L.S.)

Witnesses.

(Sd.) E. WICKHAM HORE,   MUHAMMAD RAHIM BIN
Captain, I.M.S.   ABDUL NEBI SAFFER.
(Sd.) J. CALCOTT GASKIN.   (L.S.)

Großbritannien erhob seit 1899 Anspruch auf Kuwait. Der Text des ersten anglo-kuwaitischen Abkommens gibt England praktisch volle Verfügungsgewalt über das Scheichtum.

1919–1939

Winston Churchill und seine Truppe von der Nahost-Abteilung des britischen Außenamts, dem früheren „Arabien-Büro", 1921 vor den Pyramiden von Kairo. Vor der Sphinx von links: Winston Churchill, Getrude Bell, T.E. Lawrence.

Der britische Geheimagent T.E. Lawrence („Lawrence von Arabien") organisierte den arabischen Aufstand gegen die Türkei während des Ersten Weltkriegs.

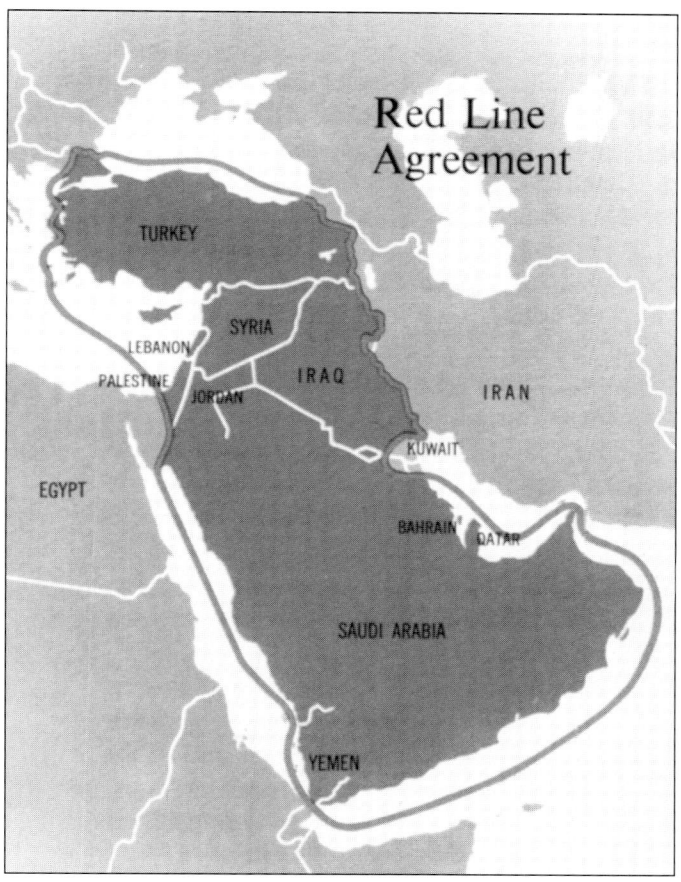

1928 trafen sich die Chefs der britischen und amerikanischen Ölkonzerne in Deterdings Schloß Achnacarry in Schottland und teilten den Nahen Osten im sogenannten „Red Line"-Abkommen unter sich auf. Sämtliche Ölvorkommen innerhalb dieser „roten Linie" waren in anglo-amerikanischer Hand, und kein Außenstehender sollte es wagen, diese Linie zu übertreten.

X

Sir Henry Deterding, Wahlbrite und Gründer der Royal Dutch Shell im Jahre 1907, arbeitete auch für den britischen Geheimdienst.
1928 organisierte er das „Red Line"-Abkommen, und 1932-33 war er einer der wichtigste Finanziers der NSDAP.

Der Außenminister der Weimarer Republik Walther Rathenau schloß im April 1922 mit dem sowjetischen Außenminister Tschitscherin das Abkommen von Rapallo. Deutschland sollte russisches Öl erhalten, Rußland deutsche Technik. Die Weimarer Republik wäre von anglo-amerikanischen Öllieferungen unabhängig geworden. Zwei Monate später wurde Rathenau ermordet.

Der Mord an Rathenau und die Ruhrbesetzung von 1923 stürzten Deutschland in die galoppierende Inflation.

Der schwedische Unternehmer und Finanzier Ivar Kreuger war
1931 als einziger bereit, das vom Bankhaus J. P. Morgan und der
Bank von England verhängte Kreditembargo gegen die Weimarer
Republik zu brechen. 1932 fand man ihn tot in einem Pariser Hotel.

Schacht im
Gespräch mit
Dr. Ley, dem Leiter
der Deutschen
Arbeiterfront.

Reichsbankpräsident und Reichswirtschaftsminister Hjalmar Schacht
paradiert neben Hitler. Der enge Freund Montagu Normans organisierte
vor der Machtergreifung internationale finanzielle und politische Unterstützung für die NSDAP.

Bis in die späten dreißiger Jahre nahm Reichsbankpräsident Schacht an den monatlichen Treffen der Bank für internationalen Zahlungsausgleich in Basel teil. Beim 5. Vorstandstreffen der BIZ sieht man (vom

Pfeil aus im Uhrzeigersinn): Paul Reusch, Hjalmar Schacht, Kurt Freiherr von Schröder. Vorne rechts sitzt Montagu Norman, der Gouverneur der Bank von England.

Nach dem Münchner Abkommen mit Hitler 1938 jubelte Neville
Chamberlain, der englische Premierminister: „Ich glaube, wir haben
den Frieden in unserer Zeit erreicht." Ein Jahr später begann der
Zweite Weltkrieg.

dem Deutschen Reich zu beschaffen. Danach stellte ihn die US-Armee zusammen mit Truman Smith, einem anderen hohen Regierungsbeamten, als Nachrichtendienstler nach München ab.

In seinen Memoiren beschreibt Smith seine Ankunft in München Ende 1922 und sagt unter anderem: „Zusammen mit dem Münchner Konsul Robert Murphy (später ein verdienter amerikanischer Botschafter), General Erich Ludendorff, Kronprinz Rupert von Bayern und Alfred Rosenberg sprach ich lang und breit über den Nationalsozialismus. Rosenberg wurde später der politische Philosoph der Nazipartei. Bei solchen Besuchen traf ich auch oft Ernst F.S. („Putzi') Hanfstängl aus der bekannten Münchner Künstlerfamilie. Putzi studierte in Harvard und wurde später Hitlers Sprecher für die ausländische Presse... Ich führte mehrstündige Interviews mit Hitler. Ich habe damals in München Tagebuch geführt, woraus hervorgeht, daß ich damals sehr von Hitlers Persönlichkeit beeindruckt war und damit rechnete, daß er eine bedeutende Rolle in der deutschen Politik übernehmen würde."

Im November 1922 erstattete Smith an seine Vorgesetzten in Washington Bericht über seine Einschätzungen der damals noch unbedeutenden Hitler-Gruppierung. Über Hitler führte Smith darin aus: „Sein Hauptziel ist es, den Marxismus zu überwinden... und die Arbeiterbewegung für die nationalsozialistischen Staats- und Eigentumsideale zu gewinnen... Der harte Zusammenstoß der Parteiinteressen zeigt, wie unmöglich Deutschland sich mit demokratischen Mitteln von seinen gegenwärtigen Schwierigkeiten wird erholen können. Hitlers Bewegung zielt darauf ab, eine nationalsozialistische Diktatur auf nichtparlamentarischem Weg einzuführen. Hat er dieses Ziel erreicht, wird er verlangen, daß die Reparationen auf ein vernünftiges Maß herabgesetzt werden. Die Summe, auf die man sich einigen wird, will er dann *bis auf den letzten Pfennig bezahlen* und diese Bezahlung zu einer Sache nationaler Ehre machen. Zu diesem Zweck muß er als Diktator einen umfassenden Reparationsdienst einführen und diesen mit der gesamten Staatsmacht durchdrücken.

Während der Erfüllung der Reparationen darf seine
Macht nicht durch Gesetze oder Parlamente behindert
werden..." (Hervorh. W.E.). Um sicherzustellen, daß seine
Geheimdienstfreunde in Washington ihn richtig verstanden, fügte Smith noch eine persönliche Einschätzung Hitlers an: „In privater Unterhaltung entpuppte er sich als ein
machtvoller und logischer Redner, der mit seinem fanati-
schen Ernst bei einem neutralen Zuhörer einen sehr tiefen
Eindruck hinterläßt".[15]

Bereits im Spätherbst 1931 kam im Londoner Bahnhof
Liverpool Street ein Mann aus Deutschland an. Er hieß Alfred Rosenberg. Er traf sich mit dem Herausgeber der einflußreichen Londoner *Times*, Geoffrey Dawson. Die Folge
war, daß die *Times* Hitler und seiner Bewegung in den folgenden Monaten eine unschätzbare internationale Publi-
zität verschaffte. Aber wichtiger noch als dieses Treffen
war Rosenbergs Zusammenkunft mit Montagu Norman,
dem damals einflußreichsten Bankier der Welt. Norman
haßte nach Darstellung seines Privatsekretärs drei Perso-
nengruppen besonders, die Franzosen, die Katholiken und
die Juden. Norman und Rosenberg stießen bei ihren Gesprächen auf keinerlei Schwierigkeiten. Hjalmar Schacht
hatte Rosenberg bei Norman eingeführt. Zwischen beiden,
Hjalmar Schacht und Montagu Norman, hatte sich seit
ihrer ersten Begegnung 1924 eine feste Freundschaft entwickelt, die bis zu Normans Tod im Jahr 1945 anhielt.

Rosenberg beendete seine schicksalsschwere London-
reise mit einem Besuch bei einem Vorstandsmitglied der
Londoner Schroeder Bank. Die Bank stand in enger Beziehung zum New Yorker Bankhaus J.H. Schroeder und
mit der Kölner Privatbank J.H. Stein des Barons Kurt von
Schröder. Der Mann, den Rosenberg in der Schroeder
Bank traf, war F.C. Tiarks, der auch dem Direktorium der
Bank von England angehörte und mit Montagu Norman
eng befreundet war.

Als Baron von Schröder sich 1931 zusammen mit Hjalmar Schacht an die führenden Persönlichkeiten der deutschen Industrie und Finanzwelt wandten, um für Unterstützung Hitlers und seiner Bewegung zu werben, stießen

sie als erstes auf die nervöse und skeptische Frage: Wie beurteilt die internationale Finanzwelt, allen voran Montagu Norman, eine deutsche Regierung unter Hitler? War dieser Norman bereit, in einem solchen Falle Deutschland mit Krediten wieder unter die Arme zu greifen? Tatsache ist, daß damals, als Hitlers NSDAP bei den Wahlen des Jahres 1930 knapp über 6 Millionen Stimmen erhielt, die entscheidende Unterstützung von Montagu Norman, Tiarks und deren Freunden in London herrührte.

Am 4. Januar 1932 kam es in der Kölner Villa des Barons von Schröder zu einem geheimen Treffen zwischen von Schröder, Hitler und von Papen. Von Schröder arrangierte damals stillschweigend die Finanzierung der NSDAP bis zur Machtübernahme. Die Partei war zu diesem Zeitpunkt vollkommen verschuldet und finanziell ruiniert. Genau ein Jahr später kam es am gleichen Ort zu einem weiteren Treffen zwischen von Papen, von Schröder und Hitler. Damals wurde der gemeinsame Beschluß gefaßt, die schwache Regierung General von Schleichers zu stürzen und eine rechtskonservative Koalition an die Regierung zu bringen. Schon am 30. Januar wurde Adolf Hitler zum Reichskanzler ausgerufen.

Zum letzten Besuch Rosenbergs in London kam es im Mai 1933. Diesmal kam er als eine in der neuen Regierung Hitler am nächsten stehende Persönlichkeit. Er fuhr sogleich zum Landsitz Sir Henri Deterdings im Buckhurst Park in Ascot. Der Vorstandsvorsitzende der Royal Dutch Shell galt damals als der einflußreichste Industrielle der Welt. Nach englischen Presseberichten führten die beiden ein warmes und ausgiebiges Gespräch. Rosenberg hatte Deterding bereits bei seinem Londoner Besuch im Jahre 1931 aufgesucht. Royal Dutch Shell unterhielt enge Beziehungen zur NSDAP und unterstützte die Partei reichlich. Aus zuverlässigen Quellen in England geht hervor, daß Deterding dem „Projekt Hitler" in seiner kritischen ersten Phase mit beträchtlichen Zuwendungen aus der Krise half.

Während die Gelder für die Hitlerbewegung sprudelten, widersetzte sich die Bank von England hartnäckig,

Deutschland in der kritischen Phase 1931 Kredite zu geben. Sie leitete damit die Banken- und Wirtschaftskrise ein, die viele Menschen in Deutschland in Verzweiflung und in die Arme politisch radikaler Gruppen trieb. Aber unmittelbar nachdem Hitler an die Macht gekommen war, beeilte sich der gleiche Montagu Norman, die neue Regierung mit Krediten der Bank von England zu versorgen. Im Mai 1934 fuhr Norman sogar persönlich nach Berlin, um das neue Regime in Geheimabkommen finanziell zu stabilisieren. Hitler erwies sich erkenntlich und machte Normans geschätzten Freund Hjalmar Schacht zum Wirtschaftsminister und Reichsbankpräsidenten in einer Person. Reichsbankpräsident blieb Schacht bis 1939.[16]

Anmerkungen

1. Clarke, Stephen V.O.: *The Reconstruction of the International Monetary System: The Attempts of 1922 & 1933*. Princeton 1973, N.J. Princeton Studies in International Finance, Nr. 33.
2. Hanighen, Frank C.: *The Secret War*, siehe oben.
3. Stolper, Gustav und Häuser, Kurt: *Deutsche Wirtschaft seit 1870*. Tübingen 1966.
4. Zischka, Anton: *Ölkrieg: Wandlung der Weltmacht Öl*. Leipzig 1939, bei Wilhelm Goldmann. (Zischka stützt sich stark auf die früheren Untersuchungen von Hanighen, ohne sich allerdings auf sie zu beziehen. Welche Gründe er hat, Hanighen nicht zu erwähnen, ist unklar.
5. Zeine, Z.N.: *The Struggle for Arab Independence: Western Diplomacy and the Rise and Fall of Faisal's Kingdom in Syria*. Beirut 1960, S. 59.
6. Stolper u.a., siehe oben.
7. Ebenda.
8. Pfleiderer, Otto: *Währung und Wirtschaft in Deutschland 1876-1975*. Frankfurt 1976, Deutsche Bundesbank, S. 194.
9. Quigley, Carroll: *Tragedy and Hope: A History of the World in Our Time*. London 1966, bei Collier-Macmillan.
10. Blair, John M.: *The Control of Oil*. New York 1976, bei Pantheon Books.
11. U.S. Federal Trade Commission: *The International Petroleum Cartel*. Report to U.S. Senate Small Business Committee. 82nd Congress, 2nd Session, 1952, S. 245.
12. Stiefel, Dieter: *Finanzdiplomatie und Weltwirtschaftskrise: Die Krise der Creditanstalt für Handel und Gewerbe, 1931*. Frankfurt a.M. 1989, bei Fritz Knapp.
13. Meyer, Richard H.: *Bankers' Diplomacy: Monetary Stabilization in the 1920's*. New York 1970, bei Columbia University Press.
14. Aangstroem, Lars-Jonas: *Ivar Kreuger blev moerdad!* In: *Den Svenska Marknaden*. Stockholm, August 1987.
15. Smith, Truman: *Berlin Alert: The Memoirs and Reports of Truman Smith*. Stanford, California 1984, bei Hoover Institution Press.
16. Zu den nützlicheren Darstellungen dieser selten behandelten Hintergründe gehören folgende Bücher: Pool, J.& S.: *Hitlers Wegbereiter zur Macht: Die geheimen deutschen und internationalen Geldquellen, die Hitlers Aufsteig zur Macht ermöglichten*. München 1979, bei Scherz. Pentzlin, Heinz: *Hjalmar Schacht*. Berlin 1980, bei Ullstein. Chaitkin, Anton: *Treason in America*. New York 1985, bei Benjamin Franklin House. James, Harold: *The German Slump: Politics and Economics, 1924-1936*. Oxford 1986, bei Clarendon Press.

7. KAPITEL

Öl und
die neue Weltordnung
von Bretton Woods

Als sich der Staub gelegt hatte

Inzwischen war Deutschland durch die Mangel des
Dritten Reiches gedreht worden. Die Welt durchtobte
ein Weltkrieg, der 55 Millionen Tote auf den Schlachtfeldern und in den Ruinen der Städte zurückließ. Der
Krieg hatte die politischen Karten neu gemischt. Als 1945
die Waffen schwiegen, war die Welt nicht mehr, was sie
vorher gewesen war. Für die größten Gebiete der Welt,
vor allem für die Weiten im Osten Europas und die südli-
che Hemisphäre, die wir „Entwicklungsländer" zu nennen gewöhnt sind, hörte der Krieg 1945 nicht auf. Für sie
wandelte er nur sein Gesicht. Er wurde, was man sonst
nur bei Krankheiten kennt, „chronisch".

Das Britische Empire hatte 1919 im Versailler Abkommen seine größte Ausdehnung erreicht. Es umfaßte ein
Herrschaftsgebiet, in dem „die Sonne nicht unterging".
Dreißig Jahre später, im Jahre 1949, war es allerdings
schon in voller Auflösung begriffen. In den Kolonien regte
sich der Widerstand gegen die wirtschaftliche Ausbeutung durch das tyrannische „Mutterland", das weniger
als nichts für die Entwicklung der Länder getan hatte. Das
britische Kolonialreich war nicht zuletzt durch den Krieg,
der seine Aufmerksamkeit von den Kolonien abgezogen
hatte, in Schwierigkeiten geraten. Es war vielleicht der

drastischste Umbruch, den in der Geschichte je ein Königreich erlebt hatte.

Im Februar 1946 meuterte die königlich-indische Flotte.
Premierminister Clement Atlee der britischen Labour-Regierung ernannte Herzog Mountbatten von Burma zum
letzten Vizekönig in Indien. Er sollte den Rückzug der britischen Streitkräfte und Verwaltungsbeamten abwickeln.
Zu diesem Zweck teilte er den riesigen indischen Sub-
kontinent, trennte die vorwiegend muslimische Bevölkerung im Osten und Westen des Landes von der hinduisti-
schen und führte die Wohngebiete der Muslims zu einem
östlichen und einem westlichen Pakistan (dem späteren
Bangladesch) zusammen, zwischen dessen beiden Teilen
Indien lag. Die Teilung hatte er binnen fünf Monaten
durchgesetzt.

Anderen Kolonien wurde ebenfalls die Unabhängigkeit
gewährt. In nur wenigen Jahren mußte Großbritannien die
formelle Herrschaft über den größten Teil seiner Besitzungen in Afrika, am Pazifik und im Mittelmeerraum aufgeben. Der Anlaß dazu war nicht etwa ein plötzlicher Ausbruch wohltätiger Gefühle oder gar eine brennende Leidenschaft für das demokratische Selbstbestimmungsrecht
der betreffenden Völker und Nationen. Die pure Notwendigkeit erforderte Ende der vierziger, Anfang der fünfziger Jahre die radikale Umstellung der Herrschaftsform.

Der Krieg hatte die Handelsmechanismen des Empire,
die seine finanzielle Macht ausmachten, durcheinander-
geworfen. Um die enormen Kriegskosten zu decken, sah
man sich in London gezwungen, riesige Überseebesitzun-
gen abzustoßen. Die Staatsschulden überwucherten alles.
Die Produktionsstätten im Land selbst waren abgearbei-
tet und heruntergekommen. Nicht einmal die Elektrizitätsversorgung Englands arbeitete noch zuverlässig. Der
Hausbesitz verwahrloste, die Bevölkerung war kriegs-
müde und erschöpft. Zum Kriegsende sank der Außenhandel Englands auf 31 Prozent des Vorkriegsstandes von
1938 ab.

In der Nachkriegszeit wurde England auf der ganzen
Linie von den Unterstützungsleistungen des großen Bru-

ders in Amerika abhängig. Die Führungsclique in den USA, das internationalistisch ausgerichtete Ostküsten-establishment der Bank- und Ölinteressen sah es als gewinnbringend an, auf den Sachverstand der Briten zurückzugreifen. Sie suchten die Zusammenarbeit mit ihnen, um unter den besonderen Bedingungen der Nachkriegszeit die Weltherrschaft antreten zu können. So führte jetzt kein Weg mehr an dem Konzept des „Informal Empire" vorbei, das kurz vor dem Ersten Weltkrieg von Leuten um Lord Lothian, Lord Milner, Cecil Rhodes und der „Round Table"-Gruppe ausgeklügelt worden war. Großbritannien konnte seinen Einfluß nur noch indirekt ausüben und bediente sich dazu der „Sonderbeziehungen zwischen den USA und Großbritannien". Sie zu entwickeln und zu festigen, wurde zur vordringlichen Aufgabe der britischen Elite.

Schon während der Auseinandersetzungen nach dem Ersten Weltkrieg waren diese Sonderbeziehungen vorsichtig angebahnt worden. Zu diesem Zweck waren ja noch in Versailles das Royal Institute of International Affairs (Königliches Institut für internationale Angelegenheiten) in London und der New Yorker Council on Foreign Relations (Rat für auswärtige Beziehungen) geschaffen worden. Hier diskutierte man gemeinsam das internationale politische Vorgehen.

Während des Zweiten Weltkrieges hatte sich ein neues Element dieser Zusammenarbeit herausgebildet. England und die USA hatten die volle Integration ihrer Militärkommandos vereinbart. Während nach außen hin die USA dominierten, arbeitete der eben erst unter der Bezeichnung Office of Strategic Services (OSS, Büro für strategische Dienste) flügge gewordene US-Geheimdienst von einer Londoner Kommandozentrale aus. Er unterstand weitgehend der Führung und Leitung der britischen Special Operations Executive (SOE, Führungsstab für besondere Einsätze). Daraus ging nach dem Krieg die Central Intelligence Agency (CIA, Zentraler Nachrichtendienst) hervor. Im Grunde entstanden alle verdeckten Regierungseinrichtungen der USA mehr oder weniger di-

rekt aus den während des Krieges geknüpften Geheimdienstbeziehungen zu England. Das hatte für die spätere
US-Politik ebenso wichtige wie tragische Folgen.[1]

Mit einem Paukenschlag mischten sich die Briten in die
politische Debatte in den Vereinigten Staaten ein und
gaben der amerikanischen Politik für die Nachkriegszeit
eine grundsätzlich andere Richtung. Winston Churchill
hatte die Wirkung seines Schachzugs gewissenhaft vorausgeplant, als er am 5. März 1946 nach Fulton in Missouri, dem Heimatstaat des neuen Präsidenten Truman,
reiste. Er hielt dort seine berühmte Rede vom „Eisernen
Vorhang". Diese Rede gab der gesamten westlichen Politik der Nachkriegszeit die Richtung vor. Wenn man über
ihre Folgen diskutierte, vergaß man meistens zu erwähnen, daß die Umorientierung der amerikanischen Politik
den Briten in ihrer schwierigen Nachkriegslage außerordentliche Vorteile einräumte. Genau darauf aber hatte es
Churchill abgesehen.

Sicherlich hat Stalin verschiedene mit Churchill und
Roosevelt getroffene Vereinbarungen gebrochen. Aber
beim Ausrufen des „Kalten Krieges" in Fulton spielte das
die geringste Rolle. Winston Churchill hatte ganz andere
Absichten. Er wollte den noch relativ unerfahrenen neuen
Präsidenten der USA an die „Sonderbeziehungen" fesseln, die dem verstorbenen Präsidenten Roosevelt gegen
Ende seines Lebens immer verdächtiger geworden waren.

Churchill gestaltete seinen Besuch bei Truman möglichst aufsehenerregend und ungewöhnlich. Er will unter
anderem beim gemeinsamen Pokerspiel absichtlich 75
Dollar verloren haben. Dadurch erwarb sich der frühere
Premierminister Trumans Wohlwollen und wendete das
politische Heft zum entscheidenden Vorteil für England.
Beide wollten sich auf eine gemeinsame Verteidigungspolitik einigen, die sich auf den Austausch ihrer nachrichtendienstlichen Erkenntnisse und militärischen Geheimnisse gründen sollte. Truman versprach, alle antibritischen Elemente aus seiner Regierung zu entfernen. Das
bekannteste Beispiel dafür war der Landwirtschaftsminister Henry Wallace. Die Geheimdienste beider Staaten

vereinbarten auf allen Gebieten die denkbar engste Zusammenarbeit.

Dollarstandard: „Big Oil" und „Big Money"

Die anglo-amerikanischen Ölinteressen gingen aus dem Zweiten Weltkrieg auf der ganzen Linie gestärkt hervor. Das zeigte sich vor allem in den Vereinbarungen, die eine neue Weltordnung für die Nachkriegszeit festlegen sollten. Sie waren im wesentlichen zwischen den amerikanischen und britischen Unterhändlern in Bretton Woods, New Hampshire, im Jahre 1944 ausgehandelt worden. Im Kalkül eines Lord Keynes wie seines amerikanischen Kollegen Harry Dexter White spielte das Erdöl eine entscheidende Rolle.

Das neu errichtete System von Bretton Woods stand auf drei Füßen. Der erste war der Internationale Währungsfonds, in den Einlagen aus den Mitgliedsländern flossen, um mögliche Zahlungsbilanzschwierigkeiten auszugleichen. Als zweiter Fuß diente die Weltbank. Sie konnte Mitgliedsländern bei der Finanzierung großer Entwicklungsprojekte helfen. Den dritten Fuß bildete ein „Allgemeines Abkommen über Zolltarife und Handel" (GATT), um den allmählichen Übergang zu einem weltweiten System des „Freihandels" zu regeln.

In das umfangreiche Vertragswerk wurden von Keynes und seinem amerikanischen Mitspieler Dexter White geschickt formulierte Klauseln eingebaut, die den Anglo-Amerikanern die Vorherrschaft über das weltweite Finanz- und Handelsgeschehen der Nachkriegszeit garantierten. Zunächst richtete man die Abstimmungsverfahren bei der Weltbank und beim Internationalen Währungsfonds so ein, daß England und Amerika gemeinsam die Wahlergebnisse bestimmen konnten. Dann führten sie das sogenannte Goldumtauschsystem ein. Dieses System band die Währung jedes Mitgliedslandes an den Dollar und legte den Dollarkurs auf den Wert von 35 Unzen Feingold fest. Diesen Kurs hatte Präsident Roosevelt 1934 gesetzlich fixiert, als die Große Depression die Talsohle durchschritt und sich der kommende Weltkrieg abzuzeichnen begann.

Die New Yorker Federal Reserve Bank hatte während des Krieges die Masse der in der Welt greifbaren Währungsgoldreserven auf diese Weise äußerst günstig an sich bringen können. Die USA verfügten damit über die unbestritten stärkste Währung der Welt und konnten sich dabei noch auf die zweifellos stärkste Wirtschaft der Welt stützen. Den Gegnern der Regelungen fiel es schwer, Argumente gegen den Dollar als Leitwährung für die Weltwirtschaft zu finden.

Keinesfalls aber hatten sich die großen Ölgesellschaften der USA über diese neuen Regelungen zu beklagen. Sie hatten sich den größten Teil der Erdölkonzessionen im Nahen Osten angeeignet. Saudi-Arabien war zum Teil als Folge der klugen Diplomatie Präsident Roosevelts und wegen Winston Churchills Pfuscherei während des Krieges dem britischen Einfluß entglitten. Der saudische König Abdul Asis erreichte 1943 bei Roosevelt ein äußerst günstiges Waffenpachtabkommen nach dem „Lend-Lease"-Verfahren. Es sicherte den amerikanischen Ölinteressen nach dem Krieg das saudische Wohlwollen.

Roosevelt hatte sich zu dem Abkommen auf Anraten von Harold Ickes und des Außenministeriums entschlossen. Ickes war damals Koordinator der Ölversorgung der Streitkräfte. Das Außenministerium hatte in einem Memorandum geschrieben: „Es ist unsere feste Überzeugung, daß die Entwicklung der saudiarabischen Ölquellen im Licht übergreifender, nationaler Interessen zu betrachten ist".

Damit waren die USA in Beziehung zu einem Wüstenscheichtum getreten, das über 10 000 Meilen von den Vereinigten Staaten entfernt zwischen Persischem Golf und Rotem Meer lag. Das sollte Auswirkungen auf die amerikanische Außenpolitik haben. Die USA wurden in einigen Schlüsselbereichen ihrer Außenpolitik noch imperialistischer als die Briten. Nur so glaubten sie ihre Machtposition und ihre strategischen Interessen in Gebieten behaupten zu können, die sie im Krieg hinzugewonnen hatten.[1]

Nur wenige Amerikaner haben in den ersten Nachkriegsjahren die Auswirkungen dieser Politik im Inneren bemerkt. Sie waren während der Nachkriegsdepression viel zu sehr damit beschäftigt, zu normalen Lebensbedingungen zurückzukehren.

Marshall-Plan und Öl

Gerne werden in dem europäischen Wiederaufbauprogramm für die Nachkriegszeit – nach dem damaligen US-Außenminister, George C. Marshall auch Marshall-Plan genannt – einige wichtige Seitenaspekte übersehen. Von Anfang an verschlang der Ankauf von Öl und Treibstoffen den größten Posten der Marshallplangelder, die westeuropäische Länder erhalten hatten. Die Gelder flossen direkt in die Taschen amerikanischer Ölkonzerne. Selbst die offiziellen Statistiken des US-Außenministeriums zeigen an, daß 10 Prozent aller Marshall-Plan-Gelder zum Kauf amerikanischen Öls ausgegeben wurden.[2]

Die amerikanische Ölindustrie war nach Kriegsende ebenso international wie die britische. Ihre Hauptquellen lagen in Venezuela, im Nahen Osten und an anderen abgelegenen Stellen. Sofort nach Kriegsende machten sich die fünf großen amerikanischen Gesellschaften mit ihren britischen Schwestern daran, die europäischen Märkte unter sich neu zu verteilen. Amerikanisch firmierten Standard Oil of New Jersey (Esso bzw. Exxon), Socony-Vacuum Oil (Mobil), Standard Oil of California (Chevron), Texaco und Gulf Oil, während Royal Dutch Shell und BP als britische Firmen auftraten.

Bis zum Krieg war die Kohle die hauptsächliche Energiequelle Europas gewesen. Die Kohleversorgung war im Krieg hart getroffen worden. Deutschland verlor endgültig die schlesischen Kohlereviere. Die Kohleförderung in den westlichen Revieren sank auf 40 Prozent des Vorkriegsstandes. Auch in Großbritannien war die Kohleförderung um 20 Prozent unter den Stand von 1938 gefallen. Die osteuropäischen Ölquellen verriegelte – wie es Churchill geplant hatte – der Eiserne Vorhang. So konnten nur die Sieben Schwestern Europa mit Öl versorgen. Die amerikanischen Öl-Magnaten zögerten nicht, sich diesen Markt mit allen ihnen zu Gebote stehenden Mitteln zu erschließen.

Zwar gab es einige schwache Einwände von seiten des amerikanischen Kongresses und aus den mittleren Rängen der Regierungsbürokratie gegen den offenkundigen Mißbrauch der Marshallplangelder, für die der amerikanische Steuerzahler aufkommen mußte. Doch solche Widerstände hinderten die US-Ölfirmen nicht daran, sich ihre Öllieferungen so teuer wie nur irgend möglich bezahlen zu lassen. In der Zeit von 1945 bis 1948 verdoppelten sie die Preise für ihre europäischen Kunden von 1,05 Dollar pro Faß auf 2,22 Dollar. Obwohl das Öl direkt aus den Ölquellen im Nahen Osten angeliefert wurde, berechneten sie zusätzliche Frachtgebühren, als müßte es aus der Karibik herbeitransportiert werden.

Auf dem europäischen Markt setzten sie dann noch phantastische Preisunterschiede durch. In Griechenland kostete dieselbe Tonne Heizöl 8,07 Dollar, für die man in England nur 3,95 Dollar zu zahlen hatte. Dazu setzten es die US-Ölfirmen mit Hilfe der Regierung in Washington durch, daß Marshall-Plan-Gelder zunächst nicht für den Auf- und Ausbau von Raffineriekapazitäten verwendet werden durften. Schließlich wollten sie auch künftig in Europa abkassieren.[3]

Allmählich erholten sich auch die britischen Firmen BP und Shell und bauten ihre Kapazitäten entsprechend aus. Jetzt mußten sich die amerikanischen Firmen wieder mit ihnen arrangieren und ihre Märkte in Europa und dem Rest der Welt mit ihnen teilen. In den fünfziger Jahren war die Position der anglo-amerikanischen Firmen unangreifbar geworden.

Sie verfügten über die unglaublich billigen Ölquellen im Nahen Osten, hielten die europäischen Märkte in einem festen, monopolartigen Griff und kontrollierten die

sich bildenden Märkte in Asien, Südamerika und natürlich auch ihre eigenen in Nordamerika.

Während der fünfziger Jahre blieb der Weltölpreis weitgehend stabil. Er wurde einheitlich in Dollar verrechnet.
Die Gesellschaften strichen auf den Weltmärkten enorme
Profite ein. Damals erhob sich die Automobilindustrie mit
ihren Zulieferern zum größten Zweig der US-Wirtschaft.
Aus Steueraufkommen wurden Milliarden für den Fern-
straßen- und Autobahnbau abgezweigt. Präsident Eisenhower ließ den Bau eines nationalen Autobahnnetzes per
Gesetz beschließen. Es wurde mit der Vorstellung be-
gründet, nur über nationale Fernstraßen ließen sich im
Falle eines atomaren, sowjetischen Angriffs die Großstädte schnell genug evakuieren. Demgegenüber wurde
der Ausbau des Eisenbahnnetzes vernachlässigt. Es geriet
allmählich sogar in Verfall, obwohl der Schienenverkehr
dem energieintensiven Straßenverkehr viele wichtige
Vorzüge voraushat. Damals konnte Verteidigungsminister Wilson, der zuvor im Aufsichtsrat einer großen
Detroiter Automobilfirma gesessen hatte, ohne Protest
auszulösen, öffentlich erklären: „Was für General Motors
gut ist, ist auch gut für Amerika". Er hätte wohl hinzufü-
gen sollen: „...auch gut für Esso, Texaco und die anderen
Ölriesen". Öl war die Ware, aus deren Erlös die USA ihre
Welthegemonie finanzierten.

Der Griff der amerikanischen Ölfirmen nach den Ölfeldern und Märkten der Welt hatte eine wenig beachtete
Begleiterscheinung, nämlich den Aufstieg der New Yorker Banken zu internationalem Ansehen und den Beginn
ihrer Vorherrschaft auf den Finanzmärkten der Welt. Ihre
Macht war von jetzt an eng mit dem Öl verbunden. Spä-
testens seit dem Dawes-Plan in den zwanziger Jahren hatten sich die New Yorker Banken von heimischen Finanzie-
rungsaufgaben ab- und dem internationalen Bank-
geschäft zugewandt. Als die US-Ölfirmen während des
Zweiten Weltkriegs die Weltölversorgung an sich gerissen
hatten, zogen die New Yorker Banken den Nutzen aus
dem Geldfluß. Der weltweite Ölhandel pumpte nun das
Geld durch ihre Konten. Um sich diesen Vorteil zu erhal-

ten oder ihn sogar noch auszubauen, übten sie entsprechend Druck auf Keynes und Dexter White aus, im Bretton-Woods-System die Weichen entsprechend zu stellen.

Anfang der fünfziger Jahre fusionierten eine Reihe New Yorker Banken. Da die Zusammenschlüsse nicht aus finanziellen Schwierigkeiten erfolgten, fanden sie auch kaum Beachtung. Ihre Folge war aber ein beträchtlicher Machtzuwachs dieser Banken auf den internationalen Märkten. So verbanden sich 1955 Rockefellers Chase National Bank mit der Bank of Manhattan und dem Bronx City Trust zur Chase Manhattan Bank. Die National City Bank of New York, wie die Chase National Bank eine Hausbank der Standard Oil, übernahm nun die First National Bank of New York und bildete daraus die First National City Bank. Später wurde daraus die Citibank Corporation. Die Chemical Bank & Trust verschmolz mit der Corn Exchange Bank und der New York Trust Corporation zur drittmächtigsten New Yorker Bankengruppe: Chemical Bank New York Trust. Auch diese Gruppe gehörte zum Standard-Oil-Komplex. Bankers' Trust übernahm die Public Bank & Trust, die Title Guarantee & Trust sowie mehrere Regionalbanken und bildete daraus eine weitere mächtige Bankengruppe. Schließlich verband sich J.P. Morgan & Co. mit der Guaranty Trust Co., um als Morgan Guaranty Trust Co. die fünfte Position der Bankenhierarchie einzunehmen.

Die Verflechtung und Kartellisierung der New Yorker Banken orientierte sich an den Bedürfnissen der mit der Förderung von Öl und seiner Vermarktung befaßten, international arbeitenden Unternehmen. Diese Verflechtung wirkte sich mehr oder weniger stark auf alle Aspekte der amerikanischen Wirtschaftsgeschichte nach Kriegsende aus. Sie beeinflußte die Politik der USA sowohl nach innen wie nach außen.

Die New Yorker Banken hatte sich schon immer am Überseegeschäft orientiert, jetzt richteten sie ihre unverhältnismäßig hochkonzentrierte Macht ausschließlich auf das internationale Geldgeschäft. Sie glichen sich darin immer mehr den Londoner Finanzgruppen wie der Mid-

land Bank, Barclays und anderen an. Trotzdem kamen
1961 75 Prozent aller Bankguthaben aus dem Gebiet um
die Metropole New York, Amerikas größter Wirtschafts-
zone, bei einer der fünf großen New Yorker Banken.[4]

Die Machtkonzentration der New Yorker Banken spie-
gelte sich in der Mitgliederliste des New Yorker Council
on Foreign Relations. Den Vorsitz führte dort in den fünfziger Jahren der Wallstreet-Rechtsanwalt John J. McCloy,
der nun Vorsitzender der Chase Bank war und zuvor als
Rechtsanwalt die Interessen von Rockefellers Standard
Oil vertreten hatte.

In den frühen fünfziger Jahren bemerkten die wenigsten
Amerikaner, welch ungeheure politische und wirtschaftliche Macht sich da über ihren Häuptern zusammenge-
braut hatte. Sie begriffen noch nicht, welche Folgen diese
Machtkonzentration der New Yorker Banken, der von
ihnen vertretenen Unternehmen und der ihnen verbundenen Rechtsanwaltskanzleien in nur wenigen Händen
auch für die Bürger Amerikas haben würde. Die amerikanische Gesellschaft verwandelte sich zunehmend nach
dem britischen Konzept des „informellen Empire". Das
Schwergewicht verschob sich immer weiter weg von tech-
nischer Entwicklung und industriellem Fortschritt hin zu
Finanzkontrolle, Kontrolle der Rohstoffe, Festlegung von
Handelsbedingungen und dergleichen.

Mohammed Mossadegh scheitert am Ölkartell

In den fünfziger Jahren hatte England alle äußeren Er-
scheinungsformen seines Kolonialreichs unübersehbar
verloren. Dafür klammerte es sich um so eiserner an den
Herrschaftseinfluß, den es indirekt und informell in den
ehemaligen Kolonien ausüben konnte. Statt mit aller Gewalt die territorialen Ansprüche über das bis Indien und
Australien ausgedehnte Empire aufrechtzuerhalten, konzentrierte es seinen Einfluß auf die Beherrschung des Öls
und anderer strategischer Rohstoffe. Dabei war ihm die
Hilfe der USA gewiß. Auf diese Weise gewann Ägypten

mit dem Suezkanal, über den der größte Teil des Öls nach Europa floß, für England noch weiter an Bedeutung. Das gleiche gilt für die Aufrechterhaltung seines politischen Einflusses in den Ölförderländern des Nahen Ostens. Unter ihnen war damals besonders der Iran für England wichtig. Mit Hilfe der Anglo-Persischen Ölgesellschaft konnte die britische Regierung die Wirtschaft und Politik dieses Landes weitgehend bestimmen.

Wir haben schon berichtet, mit welcher Perfidie die Briten 1901 dem australischen Ingenieur William Knox d'Arcy die Exklusivrechte für die iranischen Ölquellen abgeschwindelt hatten. Seither kämpfte Großbritannien wie ein Tiger um das iranische Ölmonopol. Im Ersten Weltkrieg kämpften im Nahen Osten über eine Million der besten britischen Truppen, während den Franzosen an die europäische Front nur Kanonenfutter aus den Kolonien zu Hilfe geschickt wurde. Im Zweiten Weltkrieg waren die Briten mit dem Iran besonders hinterhältig umgesprungen. Sie überredeten Stalin, mit ihnen gemeinsam in den Iran einzufallen. Als Vorwand diente die Tatsache, daß eine Handvoll deutscher Ingenieure in dem neutralen Land tätig waren. Sie mußten den Krieg rechtfertigen. Einen Monat nach dem gemeinsamen Überfall auf Persien im August 1941 dankte der als Freund der Achsenmächte geltende Schah zugunsten seines Sohnes Mohammed Resa Pahlewi ab, welcher der britisch-sowjetischen Besatzungsmacht mehr entgegenkam.

Die britische Besatzungsmacht, die später noch durch ein Kontingent US-Truppen aufgefüllt worden war, hatte ruhig zugesehen, wie sich die russischen Besatzer aus den Nahrungsmittelreserven des Landes bedienten. Hunderttausende Iraner mußten verhungern, weil der Iran vor der Versorgung der eigenen Bevölkerung erst die britischen und russischen Besatzungstruppen zu verköstigen hatte. Flecktyphus und Typhus brachen aus. Die Transportkapazität der Eisenbahnen wurde für den Transport amerikanischer Hilfsgüter nach Rußland beschlagnahmt. Das behinderte weiter die zivile Versorgung und ließ weitere Tausende Perser sterben. Sie erfroren im bitter kalten Winter 1944-45, weil es an Heizöl fehlte. Die britische Politik unterdrückte systematisch alle Ansätze bürgerlich-nationaler, politischer Organisationen und unterstützte die reaktionärsten Feudalherren im Land.

In einem verzweifelten Versuch bat die persische Regierung die amerikanische Regierung um Hilfe. Tatsächlich tauchte 1942 ein amerikanischer Militärbeauftragter im Iran auf. Es handelte sich um General M. Norman Schwarzkopf, Vater des Kommandeurs der „Operation Wüstensturm" von 1991 gegen den Irak. Schwarzkopf baute über sechs Jahre lang eine nationale Polizeitruppe im Iran auf. Mit Hilfe dieser Truppe wurde im August 1953 der patriotische Premierminister Mossadegh gestürzt.

Noch während des Krieges versprach die feierliche Erklärung von Teheran mit den Unterschriften von Stalin, Churchill und Roosevelt Persien für die Nachkriegszeit die volle Souveränität. Nichtsdestoweniger beanspruchte Stalin die Schürfrechte im nördlichen Teil des Iran an der Grenze zu Aserbaidschan. Er hatte sie sich während der Besatzungszeit mit militärischem Zwang übereignen lassen. Auch England verlangte ultimativ, daß die Konzessionen an Royal Dutch Shell, die unter gleichen Bedingungen abgetreten worden waren, noch erweitert wurden. Noch standen Besatzungstruppen im Land und setzten auf dem Hoheitsgebiet des Iran die Regierung unter Druck. Da legte der Führer der Nationalen Front, Dr. Mohammed Mossadegh, dem persischen Parlament im Dezember 1944 einen Gesetzesentwurf vor, welcher der amtierenden Regierung alle Verhandlungen über Ölkonzessionen mit dem Ausland verbieten sollte.

Als er das Gesetz einbrachte, zitierte Mossadegh einen Leitartikel der Londoner *Times* vom 2. November 1944. Darin wurde vorgeschlagen, die drei Mächte England, Rußland und die Vereinigten Staaten sollten nach dem Krieg den Iran unter sich aufteilen. Die Abgeordneten reagierten empört und stimmten mehrheitlich seiner Resolution zu, wenngleich sie eine Entscheidung über die alten Konzessionen, die d'Arcy 1901 der Anglo-Persischen Ölgesellschaft überlassen hatte, ausdrücklich auf einen späteren Zeitpunkt vertagten.

Es entbrannte ein erbitterter Kampf. Iran trug seinen Fall bis vor die neugegründeten Vereinten Nationen und erreichte schließlich den Abzug der Besatzungstruppen aus seinem Hoheitsgebiet. Das genügte freilich noch nicht, um das Land aus dem Schwitzkasten der britischen Regierung und der Anglo-Iranischen Ölgesellschaft, wie sie nunmehr hieß, zu befreien. Sie hielten die Wirtschaft des Landes fest im Griff. Im Süden Irans lagen die damals bekannten größten Ölfelder der Welt. Sie unterstanden seit 1901 den Briten, die seitdem die exklusiven Rechte über dieses Gebiet ausübten. Seit 1919 hatten britische Berater, um ihr Monopol besser behaupten zu können, praktisch die Verwaltung des Landes an sich gebracht. Auf Fragen der iranischen Souveränität und ähnliche Kleinigkeiten konnte und wollte man da keine Rücksicht nehmen.

Nach Ende des Krieges, als sich in Indien, Asien und Afrika der Widerstand gegen den Kolonialismus erhob, wollte sich auch der Iran nicht länger mit der Mißachtung seiner Souveränität abfinden. Ende 1947 forderte die iranische Regierung die Anglo-Iranische Ölgesellschaft auf, die lächerlich geringen Abgaben, die sie für ihre Exklusivrechte auf das wichtigste Erölvorkommen der Welt bezahlte, zu erhöhen.

Der Iran bezog sich in seiner Klage auf den Fall Venezuela, wo die amerikanische Standard Oil 50 Prozent der Ölerträge an die Regierung abführte. Iran merkte an, daß die Ölgesellschaft in diesem Fall statt 36 Millionen Dollar jährlich über 100 Millionen Dollar für die Ausbeutung seiner wichtigsten nationalen Rohstoffe zu zahlen hätte. Die iranische Regierung rechnete vor, daß die Anglo-Amerikaner, wie die Sache bisher stand, ganze 11 Prozent des Gewinns an den Iran abführten. Darüber hinaus hielt Großbritannien noch exklusive Schürfrechte über ein riesiges Gebiet von 100 000 Quadratmeilen, weigerte sich aber, dort überhaupt nach Erdöl zu suchen. Berechnungen der iranischen Regierung ergaben, daß die Anglo-Iranische Ölgesellschaft bei einer Förderung von jährlich 20 Millionen Tonnen Rohöl einen Reingewinn von 320 Millionen Dollar erzielte, von dem sie nur 36 Millionen als Royalties abführte. Teheran verlangte anhand der vorgelegten Daten, daß die Konzessionen zu fairen und gerechten Konditionen neu verhandelt werden sollten.[5]

Dieser Vorschlag stieß in London auf keine Gegenliebe. Der britische Rundfunk BBC strahlte gefälschte Meldungen aus, die die iranische Regierung in Schwierigkeiten bringen sollte. So wurde zum Beispiel gemeldet, Außenminister Esfandiari habe dem britischen Außenminister Ernest Bevin erniedrigende Zugeständnisse bei der Änderung der iranischen Verfassung gemacht. Aber dies war nur der Anfang.

Die Verhandlungen über die Änderung der Konzessionsvereinbarungen zog sich bis 1949 hin, ohne daß es zu einer nennenswerten Annäherung der Standpunkte gekommen wäre. Die Briten verfolgten die Strategie der hinhaltenden Verzögerung, während sie alles nutzten, um die iranische Regierung zu schwächen. Da machten Dr. Mossadegh und seine kleine Partei, die Nationale Front, die Ölverhandlungen zum Hauptthema ihres Wahlkampfes für die Parlamentswahlen 1949. Sie gewann sechs Sitze hinzu, und Mossadegh erhielt den Vorsitz einer parlamentarischen Kommission über die Ölfrage.

Iran hatte einen 50-prozentigen Anteil an den Gewinnen der Anglo-Iranischen Ölgesellschaft verlangt und darüber hinaus auf persischer Beteiligung an der Leitung der Gesellschaft bestanden. Die britische Regierung weigerte sich, den Iranern auch nur auf halbem Wege entgegenzukommen. Eine Regierung nach der anderen stürzte im Iran über die ungelöste Ölfrage. Im April 1951 wurde Mossadegh schließlich zum Premierminister gewählt. Mossadegh war kein Anhänger der kommunistischen Tudeh-Partei, der russischen Kommunisten oder irgendeiner anderen extremen Gruppe, wie die Medien in den USA und England unablässig behaupteten. Er mochte Fehler haben, war aber ein leidenschaftlicher Patriot und ein Gegner Sowjetrußlands.

Bereits am 15. März hatte die Majlis, das iranische Parlament, den Vorschlägen Mossadeghs und seiner Kommission zugestimmt und beschlossen, die Anglo-Iranische Ölgesellschaft zu verstaatlichen, wobei den Engländern eine faire Entschädigung bezahlt werden sollte. Der endgültige Nationalisierungsbeschluß passierte die Majlis am 28. April 1951, einen Tag bevor Mossadegh mit der Regierungsbildung beauftragt wurde.

In britischen Augen hatte sich Persien damit einer unverzeihlichen Sünde schuldig gemacht. Seine Regierung hatte iranische Interessen über die der britischen Regierung gestellt. England kündigte sofort Vergeltung an und schickte Seestreitkräfte nach Abadan. Scheinheilig hatte sich die britische Regierung zuvor geweigert, in die Verhandlungen zwischen der Anglo-Iranischen Ölgesellschaft und der persischen Regierung einzugreifen. Sie wolle sich nicht in die Angelegenheiten eines privaten Unternehmens einmischen, hieß es als Begründung. Dabei befanden sich über 53 Prozent der Aktien im Besitz der Regierung Seiner Majestät. Jetzt, nach dem Nationalisierungsbeschluß, „griff die britische Regierung in die Auseinandersetzung zwischen dem Iran und der Gesellschaft ein. Sie untermauerte die Forderungen der Gesellschaft dadurch, daß sie Einheiten der königlichen Kriegsmarine in iranische Gewässer entsandte und drohte, Abadan durch Fallschirmjäger besetzen zu lassen, angeblich um britische Interessen zu schützen". In Abadan arbeitete die in jenen Tagen größte Raffinerie der Welt. Sie gehörte der Anglo-Iranischen Ölgesellschaft.[6]

In den 28 Monaten, in denen Mossadegh an der Regierung war, hatten die Briten mit rechtlich übergroßen Schwierigkeiten zu ringen. Der Iran handelte, solange er Entschädigungen anbot, nämlich in völliger Übereinstimmung mit dem Völkerrecht, wenn er eine auf seinem Hoheitsgebiet arbeitende Firma verstaatlichte. Und ebendies hatte Mossadegh ja getan. Er hatte England sogar die gleiche Menge Öl liefern und dies auch vertraglich garantieren wollen, die es bis zur Nationalisierung der Gesellschaft aus dem Iran bezogen hatte. Er zeigte sich sogar be-

reit, die Arbeitsverträge britischer Staatsangehöriger, die
bei der Gesellschaft beschäftigt waren, zu übernehmen.

Ab September verhängte England widerrechtlich eine
totale Wirtschaftsblockade gegen den Iran. Es legte ein
Embargo auf alles Öl aus dem Iran und fror sämtliche Ver-
mögenswerte des Iran bei britischen oder von Großbritannien kontrollierten Banken ein. Britische Kriegsschiffe
patrouillierten in den internationalen Gewässern vor der
persischen Küste. In Basra, im damals noch britischen
Irak, zog England Landtruppen zusammen. Dem britischen Embargo schlossen sich alle anglo-amerikanischen
Ölgesellschaften an. Die anglo-amerikanische Elite wollte
ein abschreckendes Beispiel setzen, wie es Entwicklungsländern ergeht, die sich ihren Interessen widersetzen.

Der britische Geheimdienst hatte Angestellte der iranischen Zentralbank, der Bank Melli, und anderer Verwal-
tungsdienststellen bestochen. Dadurch erhielt er auf
stündlicher Basis Berichte über die Auswirkungen des
Handelsembargos. Möglichen Käufern des nationalisierten iranischen Öls drohten die Ölkartelle damit, von ihnen
die Entschädigungen einzutreiben, die der Iran der
Anglo-Iranischen Ölgesellschaft angeblich schulde, die
aber noch nicht geregelt waren. Dieses legalistische Argument war unaufrichtig, weil es ja gerade die Gesellschaft
und die Engländer waren, die Entschädigungsverhand-
lungen verhindert hatten. Auf diese Weise verstrich ein
Monat nach dem anderen. Allmählich begann das Embargo sich auf die noch zerbrechlich schwache Wirtschaft
des Iran auszuwirken. Die damit unvermeidlich verbundenen wirtschaftlichen Schwierigkeiten untergruben die
Regierung Mossadegh. Die wichtigsten Einnahmen des
Landes, die aus dem Ölgeschäft, versiegten. Sie sanken
von 400 Millionen Dollar im Jahre 1950 auf weniger als 2
Millionen Dollar zwischen Juli 1951 und Mossadeghs
Sturz im August 1953.

Im September 1952 reiste Mossadegh persönlich zu den
Vereinten Nationen nach New York, um sich an den Welt-
sicherheitsrat zu wenden. Dieser wollte sich mit dem Fall
nicht befassen und schob ihn vor sich her. Daraufhin

wandte sich Mossadegh an Washington, um dort Unterstützung für sein Land zu finden. Mossadegh machte den
großen Fehler zu übersehen, daß die US-Außenpolitik an
die Ölinteressen gekettet und diese untrennbar mit den
britischen Interessen im Weltölkartell verbunden waren.
Die USA schickte W. Averill Harriman als „Vermittler" in
den Iran. Er reiste in Begleitung einer Delegation, die zum
großen Teil aus leitenden Angestellten der Ölgesellschaften bestand. Ihr gehörte unter anderen auch der Wirtschaftsexperte des Außenministeriums Walter Levy an.
Harriman empfahl der Teheraner Regierung, auf das britische „Angebot" einzugehen. Schon in Washington hatte
Mossadegh immer wieder nur den Vorschlag zu hören bekommen, er solle die Royal Dutch Shell beauftragen, alle
Ölangelegenheiten des Iran zu betreuen.

Als die Briten den Fall vor den Internationalen Gerichtshof in Den Haag brachten, vertrat Mossadegh, der in
der Schweiz und in Belgien Jura studiert hatte, die Sache
Persiens dort persönlich und mit Erfolg. Der Gerichtshof
bestritt Großbritannien das Recht, sich in diesen Fall ein-
zumischen und verwies ihn mit Spruch vom 22. Juli 1952
zurück an die iranische Gerichtsbarkeit.

Der Journalist Ned Russell schrieb im Oktober 1952 in
der *Herald Tribune* einen recht zutreffenden Kommentar
über diesen Fall. Es gebe nur wenige Führer kleiner Nationen von der Statur eines Mossadegh, die den Mut aufbringen, wenn sie ihr Land unter einer massiven wirtschaftlichen und finanziellen Blockade leiden sehen, die
Großbritannien und nun auch die USA verhängt haben,
Truman und Churchill zu widersprechen." Russell bemerkte in seinem Artikel sehr richtig, es sei Churchills
Ziel, „die USA und Großbritannien durch ihr gemeinsames Vorgehen gegen Mossadegh als Komplizen
zusammenzuschweißen".

Im Jahr 1953 hatte der anglo-amerikanische Geheimdienst seine Antwort an Mossadegh fertig. Der neuge-
wählte Präsident Dwight Eisenhower wies Mossadeghs
Ersuchen um Wirtschaftshilfe ab. Dazu hatte ihm sein
Außenminister John Foster Dulles und der CIA-Chef,

Bruder Allen Dulles, geraten. Am 10. August trafen Allen
Dulles, der amerikanische Botschafter im Iran Loy Hen-
derson und die Schwester des Schahs in der Schweiz zusammen. Zur gleichen Zeit reiste General Norman
Schwarzkopf sen. nach fünfjähriger Abwesenheit wieder
nach Teheran, um „alte Freunde" aufzusuchen. Er hatte
enge Verbindungen zum Schah und zu führenden Armee-
generälen, die er früher ausgebildet hatte. Im Auftrag
Washingtons machte er ihnen Versprechungen für den
Fall, daß ihnen der Staatsstreich gegen Mossadegh gelingen würde.

Mit Hilfe der royalistischen Elemente im persischen Militär gelang den britisch-amerikanischen Geheimdienstkreisen der Putsch und Mossadeghs Verhaftung. Sein Einfluß war schon vorher durch den zweijährigen Wirtschaftskrieg der Amerikaner und Briten gegen den Iran
geschwächt worden. Dazu wimmelte es in der Verwaltung von britischen Überbleibseln aus den Tagen, als sie
im wesentlichen den Briten unterstanden hatte. Diese Elemente hatten die Regierung Mossadeghs von innen her
unterhöhlt. Der britische Geheimdienst hatte Außenminister John Foster Dulles und Bruder Allen, den CIA-Chef,
überzeugt, und beide zusammen hatten Präsident Eisenhower überredet, daß am Sturz Mossadeghs kein Weg
vorbeiführe.

Die Operation lief unter dem Codenamen „AJAX". CIA
und britischer SIS arbeiteten Hand in Hand. Als es zu
einem Verfassungskonflikt zwischen Mossadegh und
dem Schah kam, stellten die Anglo-Amerikaner sich auf
die Seite des Mohammed Resa Pahlewi. Der für kurze Zeit
ins Ausland geflüchtete Schah kehrte zurück und errichtete mit Hilfe der anglo-amerikanischen Geheimdienste
und des iranischen Geheimdienstes SAVAK ein höchst au-
toritäres Regime. Sodann wurden die Wirtschaftssanktio-
nen aufgehoben. Die anglo-amerikanischen Ölinteressen
hatten sich behauptet und gezeigt, wozu sie fähig waren,
sobald irgendein Staat sich ihnen widersetzte. Es ist eine
Ironie der Geschichte, daß die gleichen anglo-amerikanischen Ölinteressen aus den gleichen Gründen ein Viertel-

jahrhundert später dem gleichen Schah den Laufpaß gaben.[7]

Der Ausbruch des Kalten Krieges zwischen dem Westen und der Sowjetunion bot den Geheimdiensten in England und den USA eine hervorragende Chance. Wo immer sich so etwas wie Widerstand gegen ihre politische Linie regte, färbten sie ihn rot ein und setzten die Staatmacht der USA gegen die Kommunisten oder „kommunistisch angehauchten" Widerständler in Bewegung. Nirgends war dies leichter als im Falle wenig bekannter, politischer Führer der Entwicklungsländer oder ehemaliger Kolonien, die ihre Unabhängigkeit gerade erst errungen hatten. Dieser durchschaubaren Taktik haben sich die Dienste in London und Washington nur allzuoft bedient. So zeichneten damals alle westlichen Berichte und Stellungnahmen Dr. Mohammed Mossadegh als unverantwortlichen Radikalen, der mit den Kommunisten zusammen an den westlichen Lebens- und Sicherheitsinteressen rüttelte.

Italiens mutiger Mann

Nur eine einzige Gesellschaft zeigte Interesse, von Mossadegh Öl zu kaufen. Es war eine italienische Gesellschaft, oder genauer: Es war der Gründer des italienischen Staatsunternehmens für die Ölversorgung, Enrico Mattei. Er sollte auch weiterhin den anglo-amerikanischen Ölkartellen viel Kopfzerbrechen bereiten.

Enrico Mattei besaß „Entschlossenheit" in dem Sinne, den Clausewitz dem Wort einmal gegeben hatte. Während des Zweiten Weltkriegs führte er in Italien die größte nichtkommunistische Widerstandsbewegung an. Als Alcide de Gasperi 1945 seine christdemokratische Regierung bildete, ernannte er Mattei zum Chef einer morschen, zwanzig Jahre alten Gesellschaft, der Azienda Generale Italiana Petroli. Sie ist heute unter der Bezeichnung AGIP viel bekannter.

Italien hatte 1943 während des Kriegs die Fronten gewechselt. Trotzdem gingen die Kämpfe und Bombardie-

rungen der Westmächte, die sich langsam durch die gesamte Halbinseln von Süden nach Norden hindurch-
kämpften, noch zwei Jahre weiter. Dies und über 20 Jahre
faschistischer Herrschaft hatten das Land ruiniert. Im
Jahre 1945 war das italienische Nationalprodukt auf den
Stand von 1911 zurückgeworfen und lag um gut 40 Prozent unter dem Stand von 1938. Aus den verlorenen Kolonien strömten große Bevölkerungsgruppen zurück nach
Italien und füllten die Verluste, die der Krieg gerissen
hatte, mehr als auf. Hungersnöte drohten und der Lebensstandard der Bevölkerung fiel auf ein erschreckend nied-
riges Niveau.

In dieser Situation schaute sich Mattei nach heimischen
Energiequellen um. Trotz des Auftrags, AGIP so rasch wie
möglich zu privatisieren, ließ Mattei die Firma in erster
Linie nach Öl und Gas suchen. Besonders intensiv suchte
er in der Po-Ebene in Norditalien und stieß auch bald auf
beträchtliche Öl- und Gaslagerstätten. Die erste fand er
1946 bei Caviaga, dann 1949 ein größeres Lager südlich
von Cremona bei Cortemaggiore. Hier stieß er nicht nur
auf Erdgas, sondern zum ersten Mal auch auf Erdöl. Nach
diesen Entdeckungen wurde er zum Vorsitzenden der Gesellschaft ernannt und erhielt von der Regierung General-
vollmacht, die Firma, staatlich wie sie war und blieb, auszubauen.

Sofort wollten die amerikanischen Ölmagnaten bei der
neuen italienischen Ölfirma einsteigen. Sie wurden abgewiesen. Mattei war italienischer Patriot und entschlossen,
die Wirtschaft seines Landes wieder aufzubauen. Bei diesem Bemühen erwies sich als Haupthindernis, daß wertvolle Währungsreserven zum Einkauf von Öl abflossen.
Italien wurde deshalb ständig von Zahlungsbilanzschwierigkeiten geplagt. Mattei packte dieses Problem
mit der ihm eigenen Kühnheit an. Er ließ eine 3 000 Kilometer lange Pipeline bauen. Sie leitete Erdgas von Cortemaggiore in die industriellen Zentren von Mailand und
Turin. Die Gewinne aus den neuen Gaslagern benutzte er,
um die industrielle Infrastruktur in ganz Norditalien auszubauen.

Mattei war es auch, der die Bezeichnung „Sieben Schwestern" prägte. Er hatte nämlich die Kartellisierung des Weltölmarktes eingehend untersucht und bemerkt, daß das große anglo-amerikanische Ölkartell den Weltmarkt unter sich aufgeteilt hatte. Mattei versuchte alles mögliche, um die Unterwerfung Italiens unter das Diktat dieser „Sieben Schwestern" zu verhindern. Er warf ihnen öffentlich und völlig zu Recht vor, sie drosselten die Produktion, um den Preis für Erdöl künstlich hoch zu halten, sie preßten dem verarmten Europa für ihr Rohöl aus dem Nahen Osten künstlich überhöhte Preise ab. Dadurch zog er sich natürlich sehr rasch die Feindschaft der großen Ölgesellschaften und ihrer Freunde in den Regierungen zu.

Im Februar kämpfte er im Parlament mit Erfolg für ein Gesetz, das eine zentrale, halb selbstständige, aber staatseigene Energieholding gründen half: die ENI. Präsident der neuen Holding wurde Enrico Mattei. Neben AGIP, die für Öl, Erdgas und Raffinerien zuständig war, gehörte die SNAM zur Holding. Sie betrieb den Bau von Pipelines. Aber schon bald baute sie Tanker und überzog Italien mit einem Tankstellennetz. Dieses Tankstellennetz stach bald das der Esso und Shell aus und übertraf sie an Qualität und Kundenservice. Hier verband man zum ersten Mal den Tankdienst mit moderner Restauration und anderen Dienstleistungen. Nach den gleichen Prinzipien, womit Mattei AGIP geführt und aufgebaut hatte, entwickelte er nun ENI.

Er benutzte die Gewinne, um damit Ölraffinerien und weitere petrochemische Anlagen zu errichten. So baute er ein großes Werk für synthetischen Kautschuk, in dem das Erdgas der ENI weiterverarbeitet werden konnte. Mattei schuf dazu eine eigene Firma für den Anlagenbau zum Ausbau von Raffinerien und petrochemischer Anlagen. Schließlich erwarb er eine eigene Tankerflotte, die am Schiffahrtsmonopl der Ölkartelle vorbei Rohöl von Übersee nach Italien brachte.

ENI förderte pro Jahr Erdgas im Wert von rund 75 Millionen Dollar. Das half Italien wertvolle Devisen sparen. Sie wären sonst auf den internationalen Ölmärkten ver-

sickert. Wahrscheinlich hat niemand in Italien während
der ersten fünfzehn Jahre der Nachkriegszeit mehr für
den industriellen Aufbau Italien geleistet als Enrico Mattei.[8]

Bereits 1954 zeigte sich die amerikanische Botschaft in
Rom über die Aktivitäten Matteis besorgt. „Zum ersten
Mal in der italienischen Geschichte", heißt es in einem
Memorandum der Botschaft an die Regierung in Washington, „befindet sich eine staatseigene Firma in der
einzigartigen Situation, finanziell gesund zu sein, kompe-
tent geführt zu werden und niemandem gegenüber Re-
chenschaft zu schulden, als ihrem Chef."[9]

Entwicklungsfreundliche Konditionen

Die Bemühungen Matteis, Italien von den Öllieferungen
der Sieben Schwestern unabhängig zu machen, mag die
anglo-amerikanischen Interessen irritiert haben. Seine
Versuche, sich an ihnen vorbei auch aus Übersee Öl zu beschaffen, erregte ihren lodernden Zorn. Dieser brach offen
aus, als sie erfuhren, welche Art von Verhandlungen er
mit Entwicklungsländern über Öllieferungen führte.

Nachdem der Schah mit Hilfe seiner amerikanischen
und englischen Unterstützer die Macht in Persien zurück-
gewonnen hatte, wollte er das Werk seines gestürzten Pre-
mierministers nicht ganz zunichtemachen. Die Nationale
Iranische Ölgesellschaft (NIOC) blieb ein staatseigener
Betrieb, dem die Kontrolle über alle bekannten Öl- und
Erdgaslager oblag. Aber schon im April 1954, weniger als
ein Jahr nach dem Staatstreich, bemühten sich die Sieben
Schwestern zusammen mit ihrer kleinen französischen
Stiefschwester, Frankreichs staatseigener CFP, um Verhandlungen mit der iranischen Regierung und der NIOC.
Sie wollten sich die Ausbeutungs- und Schürfrechte in
einem 100 000 Quadratmeilen großen Gebiet auf weitere
25 Jahre sichern. Es war das gleiche Gebiet, weswegen
unter Mossadegh der Streit mit der Anglo-Iranischen Ölgesellschaft ausgebrochen war.

Die Anglo-Iranische Ölgesellschaft nannte sich im selben Jahr in Britisch Petroleum (BP) um. Sie erhielt den Löwenanteil, nämlich 40 Prozent der Konzession des Gebietes. Royal Dutch Shell brachte den zweitgrößten Teil, nämlich 14 Prozent, nach Hause. Damit hatten sich die Briten 54 Prozent der Ölförderung aus diesem Gebiet gesichert. Die Amerikaner teilten unter sich weitere 40 Prozent der Rechte auf. Frankreichs CFP schließlich ging mit 6 Prozent aus. Mattei wandte sich an die Sieben Schwestern, um auch für ENI einen Anteil der Schürfrechte im Iran zu erhalten und erhielt dafür eine weithin schallende Ohrfeige.

Mattei ließ sich dadurch nicht entmutigen, sondern nahm Verhandlungen mit Gamal Abd el-Nasser auf, der nach dem Sturz König Faruks in Ägypten 1954 an die Macht gelangt war. Dadurch konnte er sich für ENI einen Teil der Schürfrechte auf der noch zu Ägypten gehörenden Halbinsel Sinai sichern. Sofort begann er mit der Erschließung und brachte es bis 1961 auf eine Jahresfördermenge von 2,5 Millionen Tonnen. Der größte Teil davon wurde in italienischen Raffinerien verarbeitet und deckte den wachsenden Bedarf Italiens, ohne daß dafür nur ein US-Dollar zu bezahlen war.

Im Jahre 1957 brachte Mattei das Faß zum überlaufen. Im Frühjahr 1957 bot er dem Schah von Persien nie dagewesene Konditionen an. NIOC und ENI sollten Teilhaber einer neuen Firma werden, und der Iran sollte 75 Prozent, Italien nur 25 Prozent des Gewinns erhalten. Die neue Firma, Societé Irano-Italienne des Petroles (SIRIP), sollte über 25 Jahre die Konzessionen für ein bisher noch nicht vergebenes Gebiet von 8 800 Quatratmeilen im Iran erhalten, wo größere Ölfelder vermutet wurden. Diese Nachricht verleitete einen höheren britischen Beamten zu der Äußerung: „Die Italiener sind entschlossen, sich auf die eine oder andere Art und Weise Zugang zum Öl im Nahen Osten zu verschaffen."

Washington und London teilten hierbei voll die Ansichten der Vorstände der Sieben Schwestern. Matteis revolutionäre Initiativen waren geeignet, die mit großer Mühe ausbalancierte Weltölordnung über den Haufen zu werfen. Das Standardabkommen über die Rohöllieferung zwischen Ölgesellschaft und Entwicklungsland sah eine Profitbeteiligung von 50:50 vor. Dabei waren Abweichungen nach unten, welche die Gewinnmarge der Ölfirma aufbesserten, einkalkuliert. Mattei aber gewährte dem Iran 75 Prozent. Wo sollte das hinführen, wenn es Schule machte?

Hätte man aber Italien mit Matteis ENI in den „Ölclub" aufgenommen, damit er sich an das Standardabkommen hielte, wäre man Gefahr gelaufen, daß demnächst belgische, deutsche oder sonstige Gesellschaften ebenfalls ihren gerechten Anteil an den Ölvorkommen verlangten. Solche Überlegungen der privaten Ölfirmen veranlaßten die Regierungen in Washington und London, beim Schah offiziellen Protest gegen den bevorstehenden Vertrag mit Mattei einzulegen.

Der Schah zeigte sich bestürzt, doch der diplomatische Vorstoß blieb ohne rechten Erfolg. Im August 1957 unterzeichneten die Perser das bahnbrechende Geschäft mit Mattei. Anläßlich der Unterzeichnung sprach Mattei über die Perspektiven des neuen Vertragswerks und brachte seine Ansichten auf die kurze Formel: „Der Nahe Osten sollte der Mittlere Westen des industrialisierten Europa werden". Er deutete damit die Absicht an, daß dieses Abkommen nur ein erster Schritt sei, um im Nahen Osten eine industrielle und technologische Infrastruktur aufzubauen.

Im März 1961 ging der erste italienische Öltanker, die „Cortemaggiore", im süditalienischen Hafen Bari vor Anker. Er brachte die ersten Früchte der neuen iranisch-italienischen Ölpartnerschaft: 18 000 Tonnen persisches Rohöl wurden gelöscht. Es gab noch einen zweiten bemerkenswerten italienisch-iranischen Erfolg in diesem Jahr. Der gemeinsamen Firma SIRIP war eine der ersten erfolgreichen Ölexplorationen unter Wasser gelungen.

Die Sieben Schwestern fanden nun keine Ruhe mehr. Mattei setzte ihnen nun auch in Italien zu. Er forderte für die Verbraucher immer neue Preiszugeständnisse an den

Tanksäulen. Zugleich überzeugte er die Regierung, die übertrieben hohen Benzinsteuern zu senken. Das Ergebnis dieser Politik war, daß in Italien zwischen 1959 und 1961 die Benzinpreise um 25 Prozent nachgaben. Das war eine der Hauptursachen dafür, daß in Italien nach dem Krieg die produktive Wirtschaft wiederaufleben konnte.

Mattei setzte seine aktive Außenpolitik auch außerhalb Italiens fort. Er suchte sich besonders solche Regionen aus, die von den Ölmultis als „zu unbedeutend" an den Rand gedrängt worden waren. Er reiste für ENI persönlich in kleinere Länder in Afrika und Asien. Dort erörterte er künftige Verträge, die die gemeinsame Nutzung möglicher Lagerstätten vorsahen. Er bot ihnen Konditionen an, von denen die kürzlich erst aus dem Kolonialstatus entlassenen Länder nur träumen konnten.

Das wichtigste bei alledem war, daß Enrico Mattei den Ländern anbot, vor Ort eine eigene petrochemische Industrie zu errichten. Dies vor allem hätte die eiserne Kontrolle durchbrochen, die die Sieben Schwestern durch ihren monopolisierten Handel mit Raffinerieprodukten auf Rohölbasis weltweit gewinnbringend ausübten. Das jeweilige Ölförderland sollte nicht mehr nur Rohstoffe liefern. Es würde auf der Grundlage seiner Rohstoffe eine eigene industrielle Grundstoffindustrie aufbauen. Diese würde wiederum die Basis für die weitere Industrialisierung legen. ENI würde für seine Investitionen einen gewissen Gewinnanteil bekommen. Wichtiger waren Mattei aber noch die Exklusivrechte für den Ausbau der petrochemischen Industrie des Partnerlandes und die Exklusivrechte für den weltweiten Vertrieb der erzeugten Ölprodukte.

Schließlich, im Oktober 1960, brannten im Weißen Haus, in der Downing Street Nr. 10 und bei den Vorständen der Sieben Schwestern die Sicherungen gleichzeitig durch. Italiens antikommunistischer Widerstandskämpfer und langjähriger Christdemokrat Enrico Mattei reiste nach Moskau. Auch dieses Mal ging es, wie schon in Rapallo in den zwanziger Jahren, mehr oder weniger direkt um die riesigen russischen Ölreserven. Und wieder setzten die Anglo-Amerikaner alle Hebel in Bewegung, um einen Erfolg dieser Verhandlungen zu vereiteln.

Schon 1958 hatte ENI mit den Sowjets einen Vertrag über geringfügige Öllieferungen abgeschlossen. Es handelte sich um etwa eine Million Tonnen jährlich. Aber dann sickerten Gerüchte durch, daß bei den Gesprächen zwischen Mattei und dem sowjetischen Außenhandelsminister Patolitschew weit ehrgeizigere Geschäfte angebahnt wurden. Am 11. Oktober unterzeichnete Mattei einen neuen Vertrag mit seinem sowjetischen Gesprächspartner über die jährliche Lieferung von 2,4 Millionen Tonnen Öl für fünf Jahre. Außerdem verpflichtete sich ENI, größere Mengen sowjetischen Öls im Westen zu vermarkten.

Das Öl brauchte nicht in harter Währung bezahlt zu werden. Es wurde durch die Lieferung großvolumiger Pipeline-Rohre abgegolten. Mit diesen Rohren wollten die Sowjets die Hauptader eines verzweigten Pipeline-Netzes bauen, das sowjetisches Öl und Erdgas bis in die Tschechoslowakei, Polen und Ungarn bringen sollte. Diese Pipeline würde nach Fertigstellung jährlich 15 Millionen Tonnen Öl im Austausch für Investitionsgüter und Nahrungsmittel nach Osteuropa schaffen. Zum damaligen Zeitpunkt fehlten der Sowjetunion die Kapazitäten, um den riesigen Bedarf an großvolumigen Röhren in der benötigten Menge und Qualität zu decken.

Mattei sicherte sich die Rückendeckung der Regierung und der staatseigenen Finsider-Gruppe. Diese bekam grünes Licht für den Bau eines großen Küstenstahlwerks in Tarent. Dieses sollte so ausgelegt werden, daß es jährlich 2 Millionen Tonnen großvolumiger Pipeline-Röhren liefern konnte. Der Bau des Werkes wurde so rasch vorangetrieben, daß bereits im September die ersten Rohre in die Sowjetunion geliefert werden konnten.

Italien konnte in der Sowjetunion Rohöl zum Preis von 1 Dollar das Faß frei Schwarzmeerhafen kaufen. Demgegenüber kostete das Rohöl in Kuwait 1,59 Dollar zuzüglich einer willkürlichen Frachtrate von 0,69 Dollar pro Faß. In den USA kostete das Faß Anfang der sechziger

Jahre 2,75 Dollar. Da dieses Geschäft eine enorme Menge zusätzlicher Arbeitsplätze in der petrochemischen aber auch in der Stahlindustrie schuf, gab es in Italien wenig Einwände dagegen. In Italien glaubte niemand freiwillig den hysterischen Anwürfen der anglo-amerikanischen Presse, Mattei sei ein „Krypto-Kommunist" oder ein „sowjetischer Trittbrettfahrer".[10]

Das Walzwerk in Tarent hatte kaum die Arbeit aufgenommen, um die Pipeline-Rohre für die Sowjets herzustellen, da ereilte Mattei das Schicksal. Matteis Privatflugzeug stürzte unter bis heute ungeklärten Umständen auf dem Flug von Sizilien nach Mailand ab. Alle drei Insassen kamen ums Leben. Vermutungen allerdings und Gerüchte, daß dabei Sabotage eine Rolle gespielt habe, starben nie. Damals hatte das Schicksal noch keine „Rote Brigaden" oder eine „Rote Armee Fraktion" zur Hand.

Mattei war gerade 56 Jahre alt und stand auf der Höhe seines Erfolgs. Der CIA-Stationsleiter in Italien, Thomas Karamessines, verließ damals das Land fluchtartig und ohne Erklärung. Er war später in den chilenischen Staatsstreich gegen Salvador Allende verwickelt. Ein weiterer, verwunderlicher „Zufall" war, daß der damalige CIA-Chef John McCone zum Zeitpunkt von Matteis verdächtigem Unfall Aktienanteile an der Standard Oil of California (Chevron) im Wert von über einer Million Dollar besaß. Ein detaillierter Bericht Karamessines' vom 28. Oktober 1962 über die Vorgänge um den Flugzeugabsturz wurde von der US-Regierung bis heute nicht zur Veröffentlichung freigegeben. Zur Begründung heißt es, der Bericht „enthalte Gegenstände, die die nationale Sicherheit der USA betreffen".

Bevor er starb, hatte Mattei ähnliche Verträge wie mit dem Iran, Ägypten und der Sowjetunion auch mit Marokko, Sudan, Tansania, Ghana, Indien und Argentinien abgeschlossen. Aber das war nicht alles. Er hatte sich noch eines weiteren „Verbrechens" gegen die Firmen des Energiemonopols schuldig gemacht. Mattei hatte es durchgesetzt, daß Italien seinen ersten Testreaktor für die friedliche Nutzung der Kernenergie baute. Zu diesem Zweck

gründete er eine eigene Firma als ENI-Tochter. Sie hieß
ENEL und war ein staatseigenes Elektrizitätsversor-
gungsunternehmen. Mattei hatte im Hinblick auf die
künftige Nutzung der Kernenergie ein ehrgeiziges Strom-
netz für Italien entworfen, und ENEL sollte es verwirklichen.

Der in London erscheinende Economist – die Zeitung,
die das Londoner Finanzestablishment einmal gegründet
hatte, um 1846 die Korngesetze zu Fall zu bringen und die
nun zum Imperium Lord Cowdrays von Royal Dutch
Shell gehörte – schrieb im Zusammenhang mit der Mel-
dung von Matteis Tod: „Wie groß oder wie finster dieser
Mann Enrico Mattei in Wirklichkeit war, wird man noch
lange mit großer Leidenschaft erörtern. Man kann ihn
wohl irgendwo zwischen Deterding (Royal Dutch Shell)
und Ivar Kreuger (gemeint ist der schwedische Finanzier
und Großindustrielle, der 1931 auf ebenfalls ungeklärte
Weise umkam) einreihen. Jedenfalls ist es schwierig, ir-
gendeinen Großen im Ölgeschäft oder in Italien – den Gebieten, wo er die längsten Schatten geworfen hat – zu finden, dessen plötzlicher Abtritt von der Bühne in beiden
Bereichen einen solchen Unterschied macht." Die *New
York Times* nannte ihn „die bedeutendste Persönlichkeit in
Italien", der mehr als irgendein anderer Italiener für „das
Wirtschaftswunder in Italien verantwortlich" war.[11]

Um die Zeit seines Todes hatte Mattei einen Besuch bei
Präsident John F. Kennedy in Washington geplant. Kennedy hatte die US-Ölfirmen aufgefordert, zu einer Art
„Detente" mit Mattei zu kommen. Was Mattei mit Kennedy besprechen wollte, blieb unbekannt. Man kann nur
darüber spekulieren. Denn gut ein Jahr nach Mattei
wurde Kennedy selbst ermordet. Die blutige Spur führt,
trotz ungeheurer Vertuschungsbemühungen, über ein
kompliziertes Netz von Strohmännern des organisierten
Verbrechens immer wieder an die Tür des amerikanischen
Geheimdienstes.

Anmerkungen

1. United States National Archive. 890F.24/20: Memorandum of Alling to A.A. Berle and Secretary of State Dean Acheson. 14. Dezember 1942.
2. US-Senat: *ECA and MSA Relations with International Oil Companies Concerning Petroleum Prices.* U.S. Senate Select Committee on Small Business. 82nd Congress, 2nd Session, 1952.
3. Painter, David S.: *Oil and the Marshall Plan.* In: *Business History Review,* Nr. 58, Herbst 1984, Universität Harvard.
4. De Cecco, Marcello: *International Financial Merkets and U.S. Domestic Policy Since 1945.* In: *International Affairs,* Vol. 52, Nr. 1, London, Januar 1976.
5. Fatemi, Nasrollah S.: *Oil Diplomacy: Powderkeg in Iran.* New York 1954, bei Whittier Books.
6. Ebenda, S. 342.
7. Zabih, Sepehr: *The Mossadegh Era.* Chicago 1982, bei Lake View Press.
8. Joesten, Joachim: *Ölmächte im Wettstreit.* Baden-Baden 1963, bei August Lutzeyer.
9. United States National Archives. Department of State. Memorandum on „Enrico Mattei and the ENI." 16. Dez. 1954. NA RG 59. 865.2553/12-1654.
10. Joesten, Joachim, siehe oben, S. 108-112.
11. *The Economist:* „ENI Minus Mattei". 5. Nov. 1962.

8. Kapitel

Adenauer, de Gaulle und die Pfundkrise 1967

Kontinentaleuropa nach dem Krieg

Ende der fünfziger Jahre sah die Welt zum ersten Mal seit über dreißig Jahren wieder vielversprechend aus. Das galt für die Mehrzahl der westeuropäischen Länder ebenso wie für die aufstrebenden Länder der südlichen Hemisphäre, die man heute Entwicklungsländer nennt.

1957 unterzeichneten Frankreich, Westdeutschland und Italien die Römischen Verträge über eine neue Form der wirtschaftlichen Zusammenarbeit in Europa, die Europäische Wirtschaftsgemeinschaft oder EWG. Sie kam aufgrund dieser Verträge am 1. Januar 1959 zustande. Damals begann sich die Bundesrepublik Deutschland von den Folgen des Zusammenbruchs zu erholen. In Frankreich war de Gaulle 1958 an die Regierung gelangt. Er setzte auch dort ein umfassendes Wiederaufbauprogramm in Gang. Dieses Konzept seines Wirtschaftsberaters Jacques Rueff sah die Errichtung einer modernen Infrastruktur, den Wiederaufbau der zerstörten Industrie und Landwirtschaft vor und wollte für die Volkswirtschaft eine stabile finanzielle Grundlage legen. Auch Italien genoß Ende der fünfziger Jahre die Früchte der wirtschaftlichen Erholung, die weitgehend den Initiativen Enrico Matteis von der ENI zu danken war.

Tatsächlich erlebten die nichtkommunistischen Länder und zahlreiche Entwicklungsländer zehn Jahre nach dem

verheerenden Zweiten Weltkrieg einen bis dahin nicht ge-
kannten wirtschaftlichen Aufschwung ihrer Industrie
und Landwirtschaft. Das produzierende Gewerbe
schaffte in Kontinentaleuropa gesunde Wachstumsraten
von um die 5 Prozent. Dieser Aufschwung hielt sich bis in
die sechziger Jahre hinein. Der Welthandel hatte seit 1938
stagniert und begann erst mit dem Marshall-Plan ab 1948
wieder langsam zu wachsen. Bis zum Jahre 1963 steigerte
sich das Volumen des Weltwarenaustauschs um gute 250
Prozent, ohne daß sich ein Ende des Wachstums abzeichnete. Auch überstieg damals zum ersten Mal in der Geschichte der Handel mit Fertigprodukten den mit industriellen und landwirtschaftlichen Rohstoffen.

Die Lokomotive des Aufschwungs war der rasch wachsende Handel des gemeinsamen Marktes in Europa. 1953
entfielen nur 19 Prozent des Welthandels auf den europäischen Warenaustausch. 1960 übertraf der Außenhandel der EWG-Länder bereits den der USA und erreichte mit einem Geldvolumen von 30 Milliarden Dollar
26 Prozent des Weltaußenhandels.

In den westeuropäischen Ländern setzten umfangreiche
Investitionsprogramme ein und begannen die Arbeitsproduktivität deutlich anzuheben. Die Investitionen flossen
vor allem in den Ausbau und die Modernisierung der
Stahlindustrie, der Elektrizitätsversorgung und die Modernisierung der wichtigsten Hafenanlagen. Die Arbeitsproduktivität stieg in der EWG zwischen 1950 und 1960
um jährlich gesunde 7 Prozent. Sie wuchs damit gut ein-
einhalb mal so schnell wie zur gleichen Zeit in den USA.[1]

Bei diesem günstigen Wachstum von Industrie und
Handel der kontinentaleuropäischen Länder bildeten sich
auch gute Wirtschaftsbeziehungen zu den Entwicklungsländern heraus. Der Außenhandel mit ihnen entwickelte
sich Ende der fünfziger Jahre erfreulich. Er erlaubte der
Industrie dieser Länder den größten Entwicklungssprung
in diesem Jahrhundert. So verbesserte sich der Anteil der
Entwicklungsländer an der Weltgüterproduktion von 6,3
Prozent im Jahre 1953 auf 9 Prozent im Jahre 1963. Das bedeutete ein relatives Wirtschaftswachstum von gut 50

Prozent in nur 10 Jahren und war in absoluten Waren-
werten gemessen noch weit größer.[2]

Als de Gaulle 1958 in Frankreich die Regierung übernahm, verlieh er dem wirtschaftlich wieder erstarkenden
Kontinentaleuropa eine kräftige, eigenständige, politische
Stimme. De Gaulle war als Militär und Politiker eine ge-
reifte Persönlichkeit. Er machte sich keine Illusionen über
die Absichten, die Großbritannien in Europa verfocht.
Dazu hatte er die britische Politik im Widerstand zu haut-
nah erfahren. Sorgen bereitete ihm die wachsende Erkenntnis, daß die politischen Vorstellungen der USA und
Großbritanniens miteinander verschmolzen. Gleich zu
Beginn seiner Präsidentschaft trat er in intensive Verhandlungen mit General Eisenhower, dem damaligen
Präsidenten der USA. Er schlug ihm grundlegende Reformen der NATO vor. De Gaulle wollte für Frankreich ein
Vetorecht beim Einsatz von Atomwaffen, fand jedoch
damit kein Gehör.

1959 drückte er in einem Schreiben an Eisenhower seine
große Besorgnis so aus: „Im Zuge zweier Weltkriege standen die USA auf der Seite Frankreichs, und wir haben die
Hilfe nicht vergessen, die wir den Amerikanern danken.
Aber wir haben auch nicht vergessen, daß diese Hilfe im
Ersten Weltkrieg erst nach drei langen Kriegsjahren ein-
traf, die sich für Frankreich fast als tödlich erwiesen hatten. In den Zweiten Weltkrieg griffen die USA erst ein, als
Frankreich bereits vernichtend geschlagen war... Ich weiß
so gut wie Sie, was eine Nation mit ihrer geographischen
Lage, ihren Interessen, ihrem politischen System, ihrer öf-
fentlichen Meinung, ihren Leidenschaften, Ängsten und
Irrtümern ausmacht. Hier liegt auch der Grund, warum
ich, obwohl ich zu unserem Bündnis stehe, der Integration
Frankreichs in die NATO nicht beipflichten kann."[3]

Washington stellte sich taub. So entwickelte de Gaulle
für Frankreich eigene, seine Unabhängigkeit garantie-
rende Atomwaffen, die „Force de Frappe". Gleichzeitig
kündigte er an, Frankreich werde seine Mittelmeerflotte
dem NATO-Oberkommando entziehen. 1960 testeten die
Franzosen mit Erfolg ihre erste Atombombe in der Sahara.

De Gaulle sprach sich bei der Gelegenheit für ein wieder-
erwachendes, unabhängiges und wirtschaftlich erstar-
kendes Europa aus.

Gleich nach seiner Amtseinführung lud de Gaulle den
deutschen Bundeskanzler Konrad Adenauer auf seinen
privaten Landsitz nach Colombey-les-deux-Eglises ein.
Damit begann die Aussöhnung der traditionellen Kriegs-
gegner auf dem Kontinent. Es entwickelte sich auch eine
persönliche Freundschaft zwischen den beiden gereiften
Staatsmännern. Fünf Jahre später erreichte die deutsch-
französische Annäherung ihren Höhepunkt, als de Gaulle
und Adenauer den deutsch-französischen Vertrag am 22.
Januar 1963 für die Abstimmung in den Parlamenten fer-
tigstellten. In dem Vertrag waren die enge Zusammenarbeit der beiden Staatschefs umrissen und Leitlinien vorgelegt, wie sich Industrie und Wirtschaft der beiden Länder einander angleichen sollten.

Die enge Übereinstimmung zwischen Adenauer und de
Gaulle ließ in London und Washington die Alarmglocken
läuten. Ein Kontinentaleuropa unter der Führung von de
Gaulle, Adenauer und Aldo Moro in Italien schmeckte einigen Herrschaften in London und Washington viel zu
sehr nach Unabhängigkeit und Eigenmächtigkeit. London überhörte auch nicht, daß die französische Regierung
einen Tag, nachdem der deutsch-französische Vertrag unterzeichnet worden war, ihr Veto gegenüber einem britischen EG-Beitritt ankündigte. De Gaulles Widerstand
gegen den Beitritt Großbritanniens zur Europäischen
Wirtschaftsgemeinschaft beruhte auf seinem tiefsitzenden Mißtrauen in die Motive, die Großbritannien zum
EWG-Beitritt bewogen. Er fürchtete für die Unabhängigkeit Kontinentaleuropas.

Anglo-amerikanische Widerstände gegen Europa

Politische Kreise hinter der Regierung Kennedy in den
USA hatten ihre Antwort auf die Unabhängigkeits-
bestrebungen der Europäer und die enge Zusammenar-

beit zwischen de Gaulle und Adenauer schon vorbereitet. Dem Konzept eines starken, unabhängigen Europas setzten sie eine besondere Gestalt des atlantischen Bündnisses entgegen. Zu den Köpfen dieser Gruppe gehörte zum Beispiel der auf allen Korridoren der Macht heimische John J. McCloy. Er war zwischen 1949 und 1952 Präsident Trumans Hoher Kommissar in Deutschland gewesen. Dazu zählten auch der Sicherheitsberater des Weißen Hauses McGeorge Bundy, Finanzminister Douglas Dillon, der stellvertretende Außenminister George Ball und Robert Bowie von der CIA.

Diese Leute priesen Jean Monnets Europakonzept laut und überschwenglich. Damit wollte man Europa für den Export aus den USA erschließen und Absatz und Verbreitung amerikanischer Waren erleichtern. Außerdem konnte der Gemeinsame Markt die Europäer noch fester in die NATO, in der die USA und England den Ton angaben, einbinden. England sollte wie ein amerikanischer Fuß in die Tür der Sechsergemeinschaft gezwängt werden. Dem widersetzte sich de Gaulle aus gutem Grund.

Als sich de Gaulle und Adenauer im Januar 1963 zur Paraphierung der Verträge über die deutsch-französische Zusammenarbeit trafen, hatte Washington zusammen mit London längst Gegenmaßnahmen getroffen. Kennedys Außenministerium hatte bisher schon nicht verhehlt, daß ihm die deutsch-französische Zusammenarbeit überhaupt nicht gefiel. Die CDU war angehalten worden, sich von Adenauer als Bundeskanzler zu trennen. Der dafür vorgesehene Zeitpunkt rückte heran. Nun erhielt die US-Botschaft in Bad Godesberg Anweisung, ihren Druck auf einige Abgeordnete der CDU und Erich Mendes FDP zu verstärken. Die SPD-Opposition wurde von ihren traditionellen „Betreuern", den Engländern, bearbeitet.

Nur zwei Tage vor der ersten Lesung des deutsch-französischen Vertrags im Bundestag bestimmte die CDU am 24. April 1963 auf amerikanischen Druck hin Ludwig Erhard zum Nachfolger Konrad Adenauers. Angefangen hatte der Sturz Adenauers durch die eigene Partei bereits mit der sogenannten „Spiegel-Affäre" im Oktober 1962.

Sie diente der FDP als Vorwand, die Koalition mit der CDU aufzukündigen. Der noch parteilose Ludwig Erhard, Adenauers Nachfolger, war ein linientreuer US-Gefolgsmann und daher gegen de Gaulle und das deutsch-französische Bündnis eingenommen. Er machte sich sogleich für den Beitritt Großbritanniens in die EWG stark.

Der deutsch-französische Vertrag wurde nach Adenauers Abgang zwar noch ratifiziert, blieb aber in den folgenden Jahren ein lebloses Stück Papier. Kanzler Erhard saß behäbig und unbeweglich auf einer in sich gespaltenen Partei. De Gaulle äußerte sich im Juli 1964 in einem Presseinterview voll Bitterkeit über den Zustand der deutsch-französischen Beziehungen. „Man kann nicht sagen, daß Deutschland und Frankreich bereits zu einer gemeinsamen Politik gefunden hätten. Das rührt zweifellos daher, daß sich Bonn bis heute nicht zu der Überzeugung hat durchringen können, eine gemeinsame Politik müsse eine europäische und vor allem eine unabhängige Politik sein."

Den Atlantikern in Washington und London war es noch einmal gelungen, die Gefahr eines unabhängigen Kontinentaleuropa abzuwenden und ihre atlantische Ordnung zu sichern. Das schwächste Glied dabei war das noch immer „besetzte" Nachkriegsdeutschland. Zugleich hatte sich auch das strategische Grundkonzept der britischen Elite, stets ein sich wechselseitig paralysierendes Machtgleichgewicht anzustreben, wieder einmal bewährt. England konnte durch seinen verlängerten Arm, das US-Außenministerium, die europäischen Kräfte dahin manipulieren, daß sie sich gegenseitig in Schach hielten, statt wirksam zusammenzuarbeiten. Als schwieriger erwies es sich, de Gaulle selbst auszuschalten.[4]

Die Wirtschaftskrise 1957, ein Wendepunkt

Die USA hatten sich der Bildung eines gemeinsamen europäischen Marktes nicht widersetzt, weil sie sich davon in Europa einen besseren Absatz ihrer Produkte erhofften.

Aber ein politisch und wirtschaftlich unabhängiges Europa war sicherlich das letzte, was sich die anglo-amerikanische Elite wünschen konnte.

Das Gefühl der Bedrohung wuchs noch, als Amerika 1957 in eine ernste und langanhaltende Wirtschaftsrezession glitt. Sie bescherte den USA wirtschaftliche Stagnation und wachsende Arbeitslosigkeit. Die Rezession schleppte sich bis Mitte der sechziger Jahre hin.

Die eigentlichen Gründe der Rezession waren nicht schwer zu entdecken, hätte man ernsthaft danach gesucht. Seit zwanzig Jahren wurde in den USA nicht mehr richtig investiert. Die amerikanischen Produktionsanlagen und ihre technische Ausrüstung veralteten. Zu Beginn des Zweiten Weltkriegs hatten große Investitionsanstrengungen die USA wirtschaftlich ein gutes Stück vorangebracht. Das war nun lange vorbei.

Zum Nachteil der USA und nicht zum Nutzen der übrigen Welt setzten sich nun Führungskreise durch, die den Weg zum Wohlstand nicht in Investitionen und Produktivitätssteigerungen sahen, sondern in Adam Smith' Krämerdevise „Kaufe billig, verkaufe teuer". Aber noch stand der Weg, den die USA einschlagen wollten, nicht fest. In den Führungskreisen brach darüber ein heftiger Richtungsstreit aus. Schließlich setzten sich die Pläne der New Yorker Council on Foreign Relations (Rat für auswärtige Beziehungen) und der Stiftung der Gebrüder Rockefeller durch. Auf der Seite der Rockefellers tat sich ein junger Harvardprofessor besonders hervor, er hieß Henry Kissinger. Der Streit war um die Auswirkungen der amerikanischen Rezession entbrannt. Industrie und Landwirtschaft verlangten billige Kredite, um überfällige Investitionen und technische Neuerungen finanzieren zu können. Dem widersetzte sich die mächtige Koalition der Liberalen im sogenannten Ostküstenestablishment.

Der gewaltigen internationalen Finanzmacht der New Yorker Banken bot Amerika kein ausreichendes Betätigungsfeld mehr. Sie strebten nach Weltherrschaft und hielten weltweit nach lukrativen Profitmöglichkeiten Ausschau.

In der Debatte tat sich eine besonders schrille Stimme kund. Sie gehörte dem Vorsitzenden des New Yorker Council on Foreign Relations, John J. McCloy. Er war Rechtsanwalt und damals Vorstandsvorsitzender der New Yorker Chase Manhattan Bank, die vor allem im Ölgeschäft tätig war. McCloy hatte aus Europa, wo er als Hoher Kommissar für die Entwicklung in Deutschland Verantwortung getragen hatte, Henry Kissinger mit nach Harvard gebracht. Er übertrug ihm nun die Aufgabe, die Politik der sogenannten „Weisen Männer der Nation" – so nannten sich die Mitglieder des Council on Foreign Relations – vorzubereiten und zu formulieren.

In den fünfziger Jahren betrachteten die großen Ölgesellschaften und ihre New Yorker Banken die ganze Welt als ihre Jagdgründe und wollten sich nicht mehr auf die ihnen zu eng gewordenen USA beschränken lassen. Ihnen war zum Beispiel Saudi-Arabien wichtiger als Texas. Das gab – wie wir gleich zeigen werden – bei der politischen Debatte in den USA den Ausschlag. Denn nun begann sich die US-Außenpolitik ganz auf Vorteil und Nutzen der internationalen Banken von Lower Manhattan und der Wallstreet auszurichten. Die Banken hatten sich der stets kritischen Medien rechtzeitig versichert. Zum Teil gehörten sie ihnen unmittelbar, wie zum Beispiel die *New York Times*. Oder sie waren ihnen, wie die neu entstandenen Fernsehnetze, finanziell hörig. Mit den Medien gehörte den Banken weitgehend auch die öffentliche Meinung. So ließ sich in den USA eine Politik durchsetzen, die im deutlichen Widerspruch zu den grundlegenden Interessen der Nation stand und die sich in kritischen Situationen sogar direkt gegen die Interessen der einzelnen Bürger richtete. Damals bürgerte es sich ein, im Zusammenhang mit den vorherrschenden, politischen Tendenzen vom „liberalen Ostküstenestablishment" zu sprechen.

Ein Chevrolet, Baujahr 1958

Die Farmer in Iowa hatten wie die Werkzeugmacher in Cincinnati keine Ahnung, was Ende der fünfziger Jahre in

Washington gespielt wurde. Henry Ford soll einmal gesagt
haben, er sei stolz darauf, die höchsten Löhne zu zahlen,
die niedrigsten Preise für seine Autos zu verlangen und
dadurch zum reichsten Mann der Welt zu werden. Er erreichte dies, weil er die weltweit modernste und produkti-
vste Technik einsetzte. Daran dachte nun niemand mehr.
Jetzt winkten leichte Auslandsprofite. Banken verdienen
nicht an technischen Investitionen, sondern an hohen Zinsen. Die aber machen das Investieren unrentabel.

Selbst die Fordwerke gaben ihren alten Kurs auf. Bei
Ford hatte ein Buchhalter namens Robert McNamara
Ende der fünfziger Jahre das Steuer an sich reißen können.
Er hatte nur noch kurzfristige Gewinne im Auge und
nicht mehr die dauernde Gesundheit des Unternehmens.
Nicht anders erging es fast allen Bereichen der öffentlichen Verwaltung. Auch hier ließen die Buchhalter die
Städte verfallen, kümmerten sich nicht viel um Investitionen und hielten wenig von technisch leistungsfähigeren
Produktionsverfahren. Man ließ das Bildungswesen sowohl in den öffentlichen Schulen als auch die Ausbildung
des Arbeiternachwuchses verwahrlosen. Kurz, man
glaubte, es sei nicht notwendig, die produktive Leistungsfähigkeit der Menschen und der Gesellschaft zu
pflegen. Stattdessen interessierte man sich für neue Ver-
kaufstechniken und Verführungskünste und ließ die
Dollars ins Ausland fließen. Dort sollten sie alles aufkaufen, was billig zu haben war, zum Beispiel erfolgreich arbeitende Industrieunternehmen in Westeuropa, Südamerika und Südostasien.

Als 1957 die Rezession einsetzte, folgten Großbetriebe
und Banken der USA in ihrer Industriepolitik vermehrt
dem britischen Modell. Es wurde üblich, systematisch an
der Qualität der Waren zu sparen, um die Preise bei stei-
gendem Profit halten zu können. Milton Friedman und
andere hatten diese Art des Wirtschaftens „Monetarismus" genannt. Es war nichts anderes als die alte Krämer-
mentalität: „Kaufe billig, verkaufe teuer!" Sie ergriff die
gewerbliche Wirtschaft in den USA. Der Stolz auf die Ar-
beitsleistung, die Begeisterung für den technisch-indu-

striellen Fortschritt galten nichts mehr. An ihre Stelle traten Listen über die finanziellen Gewinnerwartungen, welche die Unternehmensleitungen alle drei Monate neu berechnen ließen. Sie standen unter dem Druck der Aktionäre, die wegen der hohen Bankzinsen noch höhere Dividenden forderten. Die Betriebsleitung schraubte ständig die Gewinnquote pro Beschäftigten hinauf.

Der Durchschnittsamerikaner hätte an seinem Familienauto erkennen können, was da ablief. In Detroit dachte man nicht mehr über Produktionsverfahren nach, die die Produktivität anheben konnten. Man begann am Produkt zu manipulieren. 1958 verarbeitete General Motors zum Beispiel bei seinem Chevrolet nur noch halb so viel Stahl wie beim Modell von 1956. Erwartungsgemäß ließ das die Statistik der Verkehrstoten hinaufschnellen. Es hatte aber auch Rückwirkungen auf die heimische Stahlindustrie. Während die Autoindustrie in den USA 1956 noch 19 Millionen Tonnen Stahl verarbeitete, benötigte sie 1960 nur noch knappe 10 Millionen Tonnen. So ließ sich der Spruch von einst folgendermaßen abwandeln: Was gut für General Motors ist, ist schlecht für Amerika und den Rest der Welt.

Trotzdem mußte der amerikanische Arbeiter mehr Geld für seinen neuen Chevrolet hinlegen. Er bezahlte damit die schlaue Verkaufswerbung der Madison Avenue, die protzigen Kühleraufbauten und die blitzenden Zierleisten, die sich täuschend über die verminderte Qualität legten. Die US-Industrie hatte sich zu einem schleichenden Selbstmord überreden lassen. Denn auf Selbstmord läuft es schließlich hinaus, wenn man seine Kunden um des raschen Profits willen betrügt. Der Industrie erging es dabei wie einem Betrunkenen, der im 20. Stock aus dem Fenster fällt und dann eine zeitlang das berauschende Gefühl des freien Falls genießt. Die wenigsten machten sich in den sechziger Jahren Gedanken darüber, wohin der eingeschlagene Weg der „post-industriellen" Gesellschaft in den nächsten zwanzig Jahren führen würde.

Die Dollarkriege der sechziger Jahre

Die US-Banken hatten Amerika den Rücken gekehrt, weil sie sich anderswo eine höhere Verzinsung ihrer Einsätze erwarteten. Sie kauften damals gut funktionierende europäische Firmen billig ein. Denn in Europa war Kapital wegen des Bedarfs an Investitionen für den Wiederaufbau der Industrie knapp geworden. Das hob die Kapitalzinsen an, um die einzige weltweit gültige Währung, den Dollar, anzulocken.

Chase Manhattan Bank, Citibank und andere erkannten ihre Chance und fuhren in Europa viel größere Profite ein. Sie realisierten dort gut den doppelten Gewinn, den ihnen Investitionen in amerikanische Kommunalobligationen gebracht hätten. Deshalb wurde der Handel mit solchen Papieren in den folgenden Jahren schwierig. Investitionen in die Infrastruktur, in die Kanalisation, die Straßen- und Brückenerneuerung und den Ausbau des knappen Wohnraums waren dringend nötig. Aber die Regierung wagte nicht, sich mit den mächtigen Finanzinteressen anzulegen. In vielen Fällen stellten die Banken ja auch die Regierungsbeamten. So wurde nichts unternommen, um diese Probleme ernsthaft in Angriff zu nehmen.

Seit 1957 flossen zum ersten Mal seit dem Krieg mehr Dollar aus den USA heraus, als im Ausland eingetrieben wurden. In der Zeit von 1957 bis 1965 wuchs der Kapitalexport aus den USA nach Westeuropa von knapp 25 Milliarden Milliarden Dollar auf gut 47 Milliarden. Das war verglichen mit heutigen Zahlen noch eine geringe Summe. Wenn es sich nur um den Dollarabfluß gehandelt hätte, wäre das sicherlich zu verkraften gewesen. Hinzukam, daß seit 1958 sogar die Goldreserven der USA langsam, aber stetig abschmolzen. So näherte man sich dem Punkt, an dem das Bretton-Woods-System der Nachkriegszeit zusammenbrechen mußte. Doch das kümmerte die Politiker in den USA zunächst kaum. Sie wurden ganz von den US-Banken, der Großindustrie und den Ölgesellschaften in Beschlag genommen, die sich die Extraprofite aus Billiglohnländern nicht entgehen lassen wollten. Mit dem Geld wurde aber auch mehr und mehr die Produktion in diese Länder ausgelagert.

Ende der fünfziger Jahre verwandelten sich die riesigen Vorteile, die das Bretton-Woods-System den USA als dem einzigen Reservewährungsland der Welt einräumten, in Nachteile. Als sich Westeuropa bei der industriellen Produktion seine unabhängige Stellung zurückeroberte und seine Arbeitsproduktivität die der veralteten Anlagen in den USA überrundete, kündigte sich die wachsende Schwäche der US-Wirtschaft an. Dies trat um die Zeit des Regierungsantritts von Präsident Kennedy offen zutage.

Als die amerikanischen Unterhändler in Bretton Woods 1944 die Bedingungen für das internationale Währungssystem der Nachkriegszeit festlegten, stützten sie sich auf Grundannahmen, die einen fatalen Denkfehler enthielten. Sie richteten einen Goldumtauschstandard ein, wonach die Mitgliedsländer ihre Währungen zwar nicht direkt an den Goldpreis banden, sondern an den Dollar. Und der Dollarwert war an das vorhandene Währungsgold zu einem festen Goldpreis von 35 Dollar pro Feinunze gebunden.

Dieser Goldpreis war bereits 1934 von Präsident Roosevelt auf dem Höhepunkt der Wirtschaftskrise in den USA festgesetzt worden. Er war also schon über ein Vierteljahrhundert alt. Dazwischen lagen so tiefgreifende Ereignisse wie der Zweite Weltkrieg, die dramatische Nachkriegsentwicklung und der Wiederaufbau in Europa. Das konnte wohl auch am Goldpreis nicht spurlos vorüber gegangen sein.

Solange die USA die unangefochten stärkste Wirtschaftsmacht der westlichen Welt waren, fiel die Willkür des festgesetzten Goldpreises nicht weiter auf. Im Jahrzehnt nach dem Krieg saugte der Wiederaufbau Europas und der hohe Ölpreis jeden freien Dollar auf. Die USA besaßen damals den weitaus größten Teil des Währungsgoldes der Welt. Aber schon zu Beginn der sechziger Jahre wurde vielen Leuten klar, daß am Abkommen von Bretton Woods einiges nicht mehr stimmte und dringend geändert werden mußte.

In Washington fand man mit solchen Überlegungen kein
Gehör. Dort hielt man sich nicht einmal selbst an die Spielregeln, die man den Verbündeten 1944 aufgenötigt hatte.
Weder die republikanische Regierung Eisenhower noch
die des Demokraten John F. Kennedy hinderte den massiven Dollarabfluß ins Ausland, den die New Yorker Banken
wegen der höheren Profiterwartung im Ausland betrieben; man förderte ihn geradezu. So stellte sich knapp zehn
Jahre später auch ein, was kommen mußte. Seither hat sich
die Krise an den Finanzmärkten aufgrund von allerlei Fi-
nanzinnovationen und -manipulationen ständig verschärft. Die New Yorker Banken sprachen nicht gern über
die hohen Geldprofite, die sie anderswo durch ihre Inve-
stitionsverweigerung in Amerika erzielten. Zwischen 1962
und 1965 realisierten die US-Gesellschaften, wenn man
einem Regierungsbericht an den Kongreß aus jenen Tagen
noch glauben darf, für ihr Geld Zinsen zwischen 12 und 14
Prozent. In den USA hätten sie nur knapp die Hälfte bekommen.

Aus diesem Grund drängten die Banken die Regierung
unauffällig aber nachdrücklich, dieses lukrative Spiel
weiter betreiben zu dürfen. Dabei ließen sie ihre Profite
natürlich in Europa liegen und brachten sie nicht in die
USA zurück. Ja, sie begannen sogar auf den europäischen
Märkten Gelder aufzunehmen, die sie dann weiter verliehen. Daraus entstand der sogenannte Eurodollarmarkt. Er
entwickelte sich in den siebziger Jahren wie ein Krebsgeschwür im Körper der Gastländer und drohte die Weltwirtschaft und das Weltfinanzsystem zu zerstören.

Für die amerikanische Nation und auch für den Rest der
Welt wäre es viel nützlicher gewesen, wenn eine vernünftige Steuer- und Finanzpolitik dafür gesorgt hätte, daß die
anfallenden Dollarmilliarden zu angemessenen Zinsraten
in den Ausbau der heimischen Infrastruktur und die technische Erneuerung der Produktionsstätten in den USA geflossen wären. Das hätte auch die Chancen für Länder der
Dritten Welt verbessert, sich ungestört industriell entwickeln zu dürfen. Denn ihre Industrialisierung hätte den
amerikanischen Exportwaren neue Märkte erschlossen.

Wenn eine Nation über einen längeren Zeitraum die Menge ihrer produzierten Waren auf dem gleichen Stand hält und nur die Menge des umlaufenden Geldes vermehrt, dann wird der Verbraucher das über kurz oder lang an steigenden Preisen zu spüren bekommen. In einem solchen Fall muß er vielleicht für einen Laib Brot 1960 schon 2 Dollar zahlen, den er 1950 noch für einen Dollar bekam. Weil die USA als Führungsmacht ihre Dollarvermehrung aber über den gesamten Weltmarkt ausbreiten konnte, blieb ihr der zwangsläufige Inflationseffekt über einen längeren Zeitraum verborgen. Das nahm ihm aber nichts von seiner Gefährlichkeit.

Schließlich kam mit Lyndon B. Johnson in den USA ein Politiker aus einer texanischen Kleinstadt an die Macht, der wenig Erfahrung mit internationaler Politik und gar keine mit internationaler Währungs- und Wirtschaftspolitik ins Weiße Haus mitbrachte. Als erste Amtshandlung nahm er unter Anleitung seiner Wirtschaftsberater alle Maßnahmen zur Modernisierung der Produktion, die Kennedy noch kurz vor seiner Ermordung veranlassen ließ, zurück. Er glaubte, ein kleiner Krieg irgendwo weit weg im südostasiatischen Raum könnte die aufgestauten Probleme der stagnierenden US-Wirtschaft viel wirksamer und besser lösen. Dieser Krieg würde der Welt darüber hinaus zeigen, daß Amerika trotz aller Wirtschaftsprobleme noch ernstzunehmen war.

Der Vietnamkrieg

Über den tragischen Krieg in Vietnam, seine Ursachen und Hintergründe sind viele Bände voll geschrieben worden. Darin wird bis zu einem gewissen Grad dargelegt, daß führende Leute aus der US-Rüstungsindustrie und den New Yorker Banken Washington zu diesem Krieg ermutigt hätten. Sie taten dies, obwohl sich dieser absichtlich vom Zaum gebrochene Krieg vor der eigenen Bevölkerung weder politisch noch militärisch irgendwie rechtfertigen ließ. Sein Grund war ein rein wirtschaftlicher. Ein

Krieg steigert naturgemäß die Nachfrage nach Waffen und hilft, dem Publikum glaubhaft zu machen, es müsse zur Unterstützung der eigenen Truppen und der sie versorgenden Rüstungsindustrie Opfer hinnehmen. Da während der sechziger Jahre ein großer Teil der zivilen Produktion aus den USA in die Billiglohnländer ausgewandert war, bildete in den USA die Waffenproduktion das Rückgrat des produzierenden Gewerbes. Arbeitsmarktpolitische Maßnahmen konnten hier am leichtesten ansetzen. Der Kalte Krieg und die kommunistische Bedrohung hatte zu rechtfertigen, daß immer mehr Milliarden Dollar in die Rüstung gepumpt wurden.

Die leichtfertige Behauptung, nur der Zweite Weltkrieg habe die US-Wirtschaft aus der großen Depression herausgebracht, tat ihre Wirkung. Ein kleiner Krieg erschien als probates Mittel, um das stark vernachlässigte produktive Gewerbe in den USA wieder anzukurbeln. Außerdem war die Rüstungsindustrie der für die New Yorker Banken interessanteste Bereich der US-Binnenwirtschaft. Der Rüstungsmarkt war naturgemäß kein „freier", sondern ein politisch und staatlich kontrollierter Markt. Auf ihm ließen sich die Gewinnspannen mit Hilfe einer politischen Lobby oder – wie in den USA üblich – durch eingeschleuste Staatsbeamte aus der eigenen Firma trefflich festlegen. Deshalb erschien er den großen Verehrern der „freien Marktwirtschaft" so interessant. Auch in diesem Punkt äfften die USA die Wirtschaftspolitik des Britischen Empire aus dem 19. Jahrhundert nach. Sie legten ihr nur ein antikommunistisches Make up auf.

Die Strategen des Vietnamkriegs, Verteidigungsminister Robert McNamara, Sicherheitsberater McGeorge Bundy und die zuständigen Militärs im Pentagon führten den Krieg ganz bewußt so, daß er nicht gewonnen werden konnte. Er sollte sich möglichst lange hinziehen, um möglichst lange den verstärkten Ausbau der Rüstungsindustrie zu rechtfertigen. Der amerikanische Wähler würde, so rechnete man in Washington, große Kosten auf sich nehmen, wenn wegen des Krieges gegen die „gottlosen Übergriffe der Kommunisten" in der Rüstungsindustrie neue Arbeitsplätze entstanden. Er half auch, die wachsenden Defizite im US-Haushalt besser zu verkraften.

Die USA konnten so lange und so hemmungslos Dollars drucken und auf den Weltmarkt werfen, wie sich diese Dollars auf dem Weltmarkt verliefen und nicht als Forderungen an die US-Wirtschaft zurückkamen. Die Regierung der USA brauchte nur ihre Verbündeten mit geeigneten Mitteln zu überzeugen, als Währungsreserven nicht Gold zu horten, sondern Dollar oder gleich Schatzanweisungen der US-Regierung. So viel Schatzanweisungen der US-Regierung bei den Notenbanken der Verbündeten eingelagert waren, so viele Schulden konnte die US-Regierung bedenkenlos machen. Sie brauchte dazu weder ein Wählervotum noch die Zustimmung der privaten Federal Reserve Bank einzuholen.

Die Handelspartner und Verbündeten trugen sogar noch in Form der Inflationsverluste ihrer Währungsrücklagen einen großen Teil der Kosten dieser Geldvermehrung. Der wachsende Umlauf wertete den Dollar aber allmählich doch ab. Da der Goldpreis seit 1944 politisch festgelegt worden war, hatte der schleichende Währungsverfall keine Auswirkungen auf den Goldpreis. Dadurch zwangen die USA ihre Verbündeten, den Dollar als internationale Weltwährung zu Bedingungen anzunehmen, die zwanzig Jahre nicht geändert worden waren, obwohl die Währung inzwischen an tatsächlicher Kaufkraft beträchtlich eingebüßt hatte.

Präsident Johnson warf die Druckmaschine an, um die enormen Defizite zu decken, die seine Phantasien von der „Great Society" und der Vietnamkrieg in den Staatshaushalt gerissen hatten. Er überschwemmte den Weltmarkt mit Dollars und ließ diese dadurch wieder aufsammeln, indem er andere Regierungen zum Ankauf von US-Staatsanleihen nötigte. Dieser Weg schien ihm einfacher zu sein, als dem US-Wähler Steuererhöhungen zuzumuten. In den sechziger Jahren belief sich das Defizit des US-Staatshaushalts im Durchschnitt auf jährlich rund 3 Milliarden Dollar. 1967 erreichte es bereits die beängstigende

Summe von 9 Milliarden Dollar. Die wachsenden Kriegskosten trieben das Defizit 1968 auf stolze 25 Milliarden
Dollar hoch.

Die europäischen Zentralbanken lagerten zu dieser Zeit
nicht ganz freiwillig riesige Dollarbeträge als Währungsreserven ein. Schon 1961 hatte Washington von seinen
Verbündeten in Japan und Europa, von der sogenannten
„Zehnergruppe", verlangt, ihre wachsenden Dollarreser-
ven bei sich zu behalten. Sie sollten sie nicht, wie es das
Bretton-Woods-System ursprünglich vorsah, in Gold einlösen. Man wollte dadurch verhindern, daß weiterhin US-
Goldreserven abflossen.

Dafür, daß sie ihre Dollars in US-Staatsanleihen statt in
Gold eintauschten, erhielten die Zentralbanken eine geringe Verzinsung. Mit diesem Trick nötigte man die europäischen Zentralbanken, die riesigen Haushaltsdefizite
der USA zu „finanzieren". Als ein Freund dem Futurolo-
gen Herman Kahn erklärte, wie die Staatsdefizite finanziert wurden, soll dieser ihm geantwortet haben: „Da betreiben wir ja den größten Betrug der Geschichte! Selbst
das Britische Empire haben wir aufs Kreuz gelegt". Es war
aber durchaus nicht klar, wer da wen aufs Kreuz legte. Die
Londoner City hatte mit dem frei zirkulierenden US-
Dollar schon längst ihr Comeback vorbereitet. Davon
wird bald zu reden sein.

Die Wirtschaftslage in Frankreich und Deutschland unterschied sich 1964 bereits deutlich von der des Jahres
1944, als das Bretton-Woods-System festgelegt worden
war. Entsprechend wuchs in Europa auch die Unzufrie-
denheit mit diesem System. Aber US-Politiker weigerten
sich, die europäischen Proteste zur Kenntnis zu nehmen,
besonders wenn de Gaulle aus Frankreich sie vortrug.
Nach ihrer Ansicht würde eine Abwertung des Dollars
gegenüber dem Gold die Macht der „allmächtigen" New
Yorker Banken auf den Finanzmärkten der Welt beein-
trächtigen. Und das wollten sie auf keinen Fall. Washington folgte dem verheerenden Kurs Englands aus der Zeit
vor dem Ersten Weltkrieg.

Die New Yorker Banken hatten gerade damit begonnen,

verstärkt in Westeuropa und in Lateinamerika zu spekulieren, als Präsident Kennedy versuchte, in den Vereinigten Staaten erneut technologisch orientierten Optimismus zu entfachen. Er ermutigte mit dem Apollo-Mondflug-Programm beträchtliche Investitionen in neue technische Entwicklungslinien und gründete zu diesem Zweck die NASA. 1962 teilte noch immer eine deutliche Mehrheit der Amerikaner die Auffassung, das Land solle sich durch Produktion seinen Weg aus der Krise bahnen.

Am 22. November 1963 wurde John F. Kennedy in Dallas ermordet. Noch Jahre später fand ein Richter aus New Orleans, Jim Garrison, seine Behauptung nicht stichhaltig widerlegt, die CIA habe den Mord mit Hilfe gewisser Fachleute aus dem organisierten Verbrechen wie Carlos Marcello organisiert. Kennedy hatte wenige Tage vor seiner Ermordung längere Gespräche mit General Douglas A. MacArthur geführt. Er war dabei zu der Überzeugung gelangt, den Vietnamkrieg so rasch wie möglich zu beenden. Diese bevorstehende Kursänderung bestätigte auch sein enger Freund und Berater Arthur Schlesinger.

Die Motive für den Mord an „JFK" sind seit dem November 1963 Gegenstand heftiger Spekulationen. Soviel ist klar, daß der junge Präsident dabei war, in einer Reihe strategisch wesentlicher Fragen seinen eigenen Kurs einzuschlagen, wobei er sich jeweils in diametralem Gegensatz zu den mächtigen politischen und finanziellen Interessen begab, welche das liberale Ostküstenestablishment kontrollierten.

Im Mai 1961, über zwei Jahre vor dem fatalen Autokorso über die Dealy Plaza in Dallas, fuhr Kennedy nach Paris zu General de Gaulle. In seinen *Memoiren der Hoffnung* schildert de Gaulle seinen Eindruck von dem amerikanischen Präsidenten. Kennedy hatte de Gaulle die amerikanischen Argumente dargestellt, warum seine Regierung die Diktatur Ngo Dinh Diems in Südvietnam unterstütze und unter dem Deckmantel der Wirtschaftshilfe erste Schritte zur Entsendung eines amerikanischen Expeditionskorps in das südostasiatische Land unternehme. Dies sei notwendig, so habe Kennedy argumentiert, um

ein Bollwerk gegen die sowjetische Expansion in Indochina zu errichten. „Aber anstatt ihm die erwünschte
Zustimmung zu erteilen, sagte ich dem Präsidenten, daß
er den falschen Weg einschlage", schreibt de Gaulle.

„Sie werden feststellen", fuhr de Gaulle fort, „daß sie
sich mit einer Intervention in dieser Region endlos ver-
stricken werden". Und dann erläuterte der General die
Gründe dafür. „Kennedy hörte mir zu." De Gaulle beschließt seine Eindrücke so: „Kennedy verließ Paris. Ich
hatte mit einem Mann gesprochen, dessen Alter und
berechtigter Ehrgeiz Anlaß zu ungeheuren Hoffnungen
boten. Er schien im Begriff zu sein, sich emporzuschwin-
gen wie ein mächtiger Vogel... Und als er nach Washington zurückkehrte, sagte er in seinem Bericht an das
amerikanische Volk am 6. Juni, daß er in General de
Gaulle einen ‚weisen Ratgeber für die Zukunft und einen
mitteilsamen Führer in bezug auf die Geschichte, welche
er selbst mitgestaltet hat' gefunden habe. Es gebe wohl
‚keinen Menschen, dem er mehr Vertrauen entgegen-
bringe'."

Anscheinend gab es in der anglo-amerikanischen Welt
mächtige Leute, die wenig begeistert von der Aussicht
eines solchen Vertrauensverhältnisses zwischen de Gaulle
und Kennedy und dem möglicherweise daraus entstehenden Kurswechsel in der amerikanischen Außenpolitik
waren. Lyndon B. Johnson, der am 22. November 1963
Kennedys Nachfolge antrat, gab jedenfalls keinen Anlaß
zu solchen Befürchtungen. Johnson hat es nie gewagt, der
mächtigen Wallstreet zu widersprechen.[5]

Präsident Johnson eskalierte bald nach seinem Amtsantritt den Vietnamkrieg von einer Angelegenheit amerikanischer Militärberater zu einem ausgewachsenen militärischen Konflikt. Er warf viele Milliarden Dollar und
500 000 Mann in einen aussichtslosen Kampf. Der Krieg
sollte den Wertpapierhandel an der Wallstreet in Schwung
halten und lenkte Rekordsummen von Geld in US-Staatsanleihen. Auch Rüstungsunternehmen zogen beträchtliche Sonderprofite aus dem südostasiatischen Unternehmen. Die mit Anleihen finanzierten Kriegslieferungen

weckten den Anschein, die anhaltende wirtschaftliche Stagnation in den USA wäre überwunden. Das brachte Johnson in den Wahlen von 1964 einen erdrutschartigen Sieg über den Republikaner Barry Goldwater ein. Es war ein Pyrrhus-Sieg, und dazu noch ein teurer.

Amerika fault

Am 20. August 1964 unterzeichnete Johnson das „Gesetz zur Chancengleichheit". Es sollte dem allzu offensichtlichen Zerfall amerikanischer Städte entgegenwirken. Bei seiner Unterzeichnung tönte der Präsident im Brustton der Überzeugung: „Heute, zum ersten Mal in der Geschichte der menschlichen Gattung, ist eine große Nation in der Lage und willens, die Verpflichtung auf sich zu nehmen, die Armut unter der eigenen Bevölkerung zu überwinden." Ein Sieg wurde in diesem Krieg gegen die Armut mit Johnsons Programm der „Great Society" – wenn er überhaupt je angestrebt wurde – natürlich nicht gewonnen. Aber es rechtfertigte das Schuldenmachen. Kein großer „Krieg gegen die Armut" brach aus, sondern die gewaltigste Wechselreiterei der bisherigen Menschheitsgeschichte. Finanziert wurde das Ganze unter anderem mit den sogenannten Eurodollars.

Der vorprogrammierte Niedergang zeigte sich auch in der Schulpolitik. Mitte der sechziger Jahre wurden Millionen amerikanische Jugendliche unter dem Motto der „Chancengleichheit" auf die Colleges geschickt. Die Regierung versteckte durch diesen sozialpolitischen Trick die wachsende Arbeitslosigkeit. Die Studentenzahlen an den Universitäten wuchsen von 4 Millionen im Jahre 1960 auf fast 10 Millionen im Jahre 1975 an. Neue Hochschulen wurden auf Staatsschulden gebaut, und die Wallstreet-Banken verdienten am Verkauf der Staatsanleihen gute Provisionen. Wirklich produktive Investitionen fehlten nach wie vor. Sie galten als nicht mehr zeitgemäß. Die neu angestrebte Gesellschaft sollte eine „nachindustrielle" sein, eine „Dienstleistungsgesellschaft". Man bildete große Teile der nachwachsenden Generation aus, um sie gleich auf den gesellschaftlichen Schrotthaufen der Arbeitslosigkeit zu werfen. Dementprechend stiegen die Ausgaben für Arbeitslosenunterstützung und Sozialhilfe.

Die NASA erreichte schon 1966 den Höhepunkt ihrer Ausgaben. Sie erhielt damals 6 Milliarden Dollar. Seitdem wurden ihre Mittel Jahr für Jahr weiter zusammengestrichen. Der Aufbruch zu neuen Ufern der Technikentwicklung an den amerikanischen Universitäten stagnierte zunächst und begann bald zu verkümmern. Die Studenten wurden stattdessen ermutigt, sich mit Soziologie oder Zen-Meditation zu befassen. Einst war die Universitätsausbildung für die eigenen Kinder der wichtigste Aspekt des „amerikanischen Traums" gewesen. Jetzt wurde das Studium zur minderwertigen Massenabfertigung, deren Niveau während der sechziger Jahre ganz bewußt gedrückt wurde.

Auf der Strecke blieben auch Investitionen in die grundlegende Infrastruktur des Landes. Ausgaben für Verkehrswege, die Elektrizitäts- und Wasserversorgung oder die Entsorgung von Abwässern und Abfällen wurden mehr und mehr eingespart. Wer keinen Wert auf die Produktion von Industrie- und Gebrauchsgütern legt, dachten wohl die New Yorker Bankiers, der braucht auch kein Geld für Straßen, Schienenwege oder Brücken auszugeben, um Waren zu transportieren. Vorausblickende Kreise des US-Establishments verstanden, daß der amerikanische Wähler diese Politik auf Dauer nur schlucken würde, wenn man seine Grundüberzeugungen tiefgreifend umkrempelte. Zu verändern war vor allem das traditionelle, amerikanische Engagement für den wissenschaftlich-technischen Fortschritt. Pläne für die angestrebte kulturelle Revolution gingen auf Leute wie Aldous Huxley oder Daniel Bell zurück. Ihre Folgen machten sich bald bemerkbar.

Die Demoralisierung durch den Vietnamkrieg bildete den Nährboden für Timothy Learys Rauschgift- und Sexbewegung der sogenannten „Blumenkinder". Das war aber keine spontane Reaktion auf den weder sinnvollen

noch gerechten Krieg, sie offenbarte vielmehr die kultur-
politische Strategie des anglo-amerikanischen „liberalen
Establishments". Amerikanische und britische Soziologen und Psychologen arbeiteten seit dem Krieg an einem
streng geheimen CIA-Projekt mit dem Codenamen „MK-
Ultra". Es galt die Wirkung bewußtseinsverändernder
Drogen festzustellen. Die Wissenschaftler experimentier-
ten Ende der fünfziger Jahre nicht mehr an Ratten und
Meerschweinchen. Ihre Versuchskaninchen waren inzwischen gelangweilte und unterforderte Studenten. Ihnen
verabreichten staatlich finanzierte Wissenschaftler teils
mit ihrer Einwilligung teils ohne, daß sie es selbst wußten,
Rauschgifte und sogenannte psychedelische Drogen. Solche massenhaft durchgeführten Experimente brachten
die Hippie-Bewegung der sechziger Jahre hervor.[6]
   Aus der Hippie-Bewegung wurde bruchlos die „New
Age"-Bewegung mit ihrer Schwärmerei für ein „neues
Zeitalter", die „Zeitenwende", das „Zeitalter des Wasser-
manns" und ähnliches. Die Helden und Propheten dieser
Bewegung waren Rockmusiker und Rauschgiftpropagan-
disten wie Jim Morrison oder die Rolling Stones oder der
Schriftsteller Ken Kesey. Nicht wenige von ihnen verfielen
selbst der Rauschgiftsucht oder kamen bei einem LSD-
Trip um. Mystischer Irrationalismus trat bei Millionen Ju-
gendlichen an die Stelle der Zuversicht, mit Hilfe des wissenschaftlich-technischen Fortschritts Hunger und Armut
auf der Welt zurückdrängen zu können.
   Johnson machte sich die Wallstreet-Perspektive einer
„nachindustriellen Gesellschaft" zueigen, und die Regierung kündigte eingegangene Verpflichtungen für wissenschaftliche und technische Entwicklungsprojekte. An den
Universitäten, vor allem in Harvard und Princeton, bildete sich eine neue Elite, die ihren Lebenssinn nur noch in
persönlichem Vergnügen suchte und allen nationalen Zielen mit skeptischem Zynismus begegnete. Andere „inter-
essierten sich zunächst, sahen dann, was vor sich ging
und stiegen aus" („turned on, tuned in and dropped out")
wie sich Harvardprofessor und LSD-Apostel Timothy
Leary einmal äußerte.

Die Bewußtseinsumkrempler machten auch vor dem
Denken des Managements in den amerikanischen Unternehmen und in der Industrie nicht halt. Die Verantwortlichen wurden neuen Verfahren des Managertrainings un-
terzogen. In „T-Gruppen" unter Aufsicht bestellter Psychologen aus den nationalen Versuchslabors und mithilfe
von „sensitivity training" wurde der Intellekt abgestumpft
und die Meinungsführer der Bevölkerung auf die zu erwartenden wirtschaftlichen Schocks vorbereitet. Bald war
man so fasziniert von der eigenen Empfindsamkeit und
den psychischen Defekten seiner Mitmenschen, daß man
das eigentliche Problem darüber vergaß: Die amerikanische Nation hatte ihr Ziel aus den Augen verloren.

1968 brachte neue Mordtaten. Ein „einsamer Mörder"
tötete Senator Robert Kennedy in Los Angeles. Wahrscheinlich wäre er sonst auf dem Wahlparteitag zum Präsidentschaftskandidaten nominiert worden. Im gleichen
Jahr fiel auch der Führer der amerikanischen Bürger-
rechtsbewegung, Dr. Martin Luther King, in Memphis
einem Attentat zum Opfer. Beide Morde erregten weltweit großes Aufsehen, aber nur wenige begriffen ihre strategische Bedeutung. So war Martin Luther King nach
Memphis gekommen, um einen Streik der schwarzen
Kommunalangestellten zu unterstützen. Er wollte damit
eine große Kampagne anwerfen, damit die zum großen
Teil schwarzen Arbeitnehmer in den Südstaaten sich endlich gewerkschaftlich organisierten.

Der Süden war damals nicht mehr das Land der Planta-
genwirtschaft. Im Zuge der neuen Investitionspolitik
nach der Rezession von 1957 wurde es üblich, nur noch
billige, steuerlich und praktisch in kurzer Zeit abzu-
schreibende Produktionsstätten, sogenannte Wegwerffir-
men („runaway plants") zu errichten. Hierbei bot sich vor
allem der Süden der USA als Billiglohngebiet an. Die
Löhne konnten aber nur solange niedrig gehalten werden,
wie es gelang, die Industriegewerkschaften, die in den
alten Industriezentren von Detroit, Pittsburgh, Chicago
und New York mitzureden hatten, aus dem Süden her-
auszuhalten.

Während die Großbetriebe ihre Produktion in die Billiglohngegenden des Südens verlegten oder gleich in die Dritte Welt auslagerten, überschwemmten Slums, Rauschgift und Arbeitslosigkeit die Wohngebiete der nördlichen Industriestädte. So nämlich wirkte sich der Investitionsboykott der Wallstreetbanken in den angestammten Industriezentren Amerikas aus. Die ehemals gut verdienenden Facharbeiter der nördlichen Industriestädte und die angelernten Arbeitskräfte der armen, meist spanischen oder schwarzen Bevölkerung des Südens konnten im Streit um die schrumpfende Anzahl der Arbeitsplätze gegeneinander ausgespielt werden. Provokateure wie Tom Hayden lösten absichtlich aufstandsähnliche Tumulte in den ehemaligen Industriestädten wie Newark, Boston, Oakland oder Philadelphia aus. Sie sollten den traditionellen Gewerkschaften der nördlichen Industriegebiete das Rückgrat brechen, indem man sie als rassistische Aufrührer brandmarken konnte. Die Ford-Stiftung finanzierte die Initiatoren solcher Krawalle aus dem sogenannten „Grauzonen"-Fonds.

Johnsons „Krieg gegen die Armut" – auch dieses Konzept stammte von der Ford-Stiftung – war kaum mehr als der Versuch, noch den Zerfall der Wirtschaft für das anglo-amerikanische Establishment gewinnbringend auszunutzen. Ideologisch ging es darum, die amerikanische Bevölkerung auf das bis dahin noch unerhörte Niveau von Armut, Elend und den Zerfall des Lebensstandards einzustellen, das die heraufziehende Wirtschaftskrise erwarten ließ. Die Regierung gründete im Zuge dieser Politik ein neues „Amt für Wirtschaftschancen". Es übernahm Gewerkschaftsaufgaben und drängte die Gewerkschaften aus ihrem ursprünglichen politischen Einflußgebiet, der Kommunalpolitik und der Kontrolle über die lokalen Parteiapparate, ab. Die Industriefacharbeiter, die noch vor wenigen Jahren als Rückgrat der amerikanischen Industrie gegolten hatte, wurden von den Sprachrohren des liberalen Establishments und den stets kritischen Medien als „reaktionär" und „rassistisch" beschimpft. Dabei waren diese Arbeitnehmer in erster Linie verängstigt und eingeschüchtert, weil die Investitionspolitik der Banken die Grundlagen ihrer Existenz zusammenbrechen ließ.

Der Dekan der Universität Harvard, McGeorge Bundy, hatte den Vietnamkrieg sowohl als Kennedys wie auch als Johnsons Sicherheitsberater geleitet. Im Jahre 1966 begab er sich als Chef der einflußreichen Ford-Stiftung nach New York, um den Vietnamkrieg in die USA zu bringen. Er zielte nämlich darauf ab, Schwarze gegen Weiße auszuspielen, Beschäftigte gegen Arbeitslose, Männer gegen Frauen, Jung gegen Alt, oder was sich sonst noch als Konfliktpotential zur Herstellung des gesellschaftlichen „Machtgleichgewichts" aktivieren ließ. Er entwickelte einen Plan, wie man die Gewerkschaften von einer ultralinken Position aus brechen konnte, um anstehende Kosten für Städtesanierung und Infrastrukturmaßnahmen einzusparen. Der Verfasser hat persönliche Erfahrungen mit diesem traurigen Kapitel amerikanischer Geschichte, dem Psychologen, Soziologen und Verwaltungsfachleute die Überschrift „Stille Revolution" gegeben haben.

Das Pfund Sterling bringt es an den Tag

Nicht nur die politischen Initiativen Charles de Gaulles forderten in den sechziger Jahren die Politiker der internationalen Finanzelite heraus. Es gab ein sehr konkretes Problem. 1959 erreichten die auf dem Weltmarkt als Verbindlichkeiten der USA zirkulierenden Dollar den Wert der verbliebenen Goldreserven der USA von rund 20 Milliarden Dollar. 1967, als die Pfundkrise das gesamte Bretton-Woods-System mit sich in den Abgrund zu reißen drohte, hatten die USA bereits 36 Milliarden Dollar Auslandsschulden. Sie verfügten aber nur noch über Währungsgold im Wert von 12 Milliarden Dollar. Es deckte also gerade noch ein Drittel der US-Schulden.

Wie die Schulden wuchsen, so schrumpfte die Golddeckung des Dollars. Das Kartenhaus aus Dollarscheinen mußte also früher oder später einstürzen. In seinem ersten

Bericht zur Lage der Nation im Januar 1961 hatte John F. Kennedy bereits gewarnt: „Seit 1958 hat sich die Schere zwischen der Dollarmenge, die wir im Ausland ausgeben oder dort investieren, und der Dollarmenge, die wir von dort zurückbekommen, wesentlich erweitert. Das Defizit in unserer Zahlungsbilanz hat sich in den letzten drei Jahren um fast 11 Milliarden Dollar erhöht. Dollarinhaber im Ausland sind dazu übergegangen, ihre Dollars in Gold einzulösen. Das ist in einem solchen Umfang geschehen, daß wir einen Goldabfluß aus unseren Reserven von fast 5 Milliarden Dollar verzeichnen".

Kennedy dachte offensichtlich daran, das Problem in Angriff zu nehmen. Kurz vor seiner Ermordung schlug er dem Kongreß am 18. Juli 1963 eine Reihe von Maßnahmen vor, die diese Entwicklung der US-Zahlungsbilanz umkehren sollten. Er wollte den Export von Industriegütern fördern und eine Zinsausgleichssteuer auf Auslandsguthaben amerikanischer Bürger erheben. Bis zu 15 Prozent Steuern sollten jährlich für im Ausland investiertes Kapital gezahlt werden. Das hätte natürlich heimische Investitionen gegenüber solchen im Ausland wieder ermutigt. Kein Wunder, daß dieser Vorschlag bei einigen einflußreichen Leuten einen Sturm der Entrüstung auslöste.

Kennedy erlebte die Verabschiedung dieses Gesetzes nicht mehr. Als es nach seiner Ermordung 1964 die Kammern passierte, hatten einflußreiche Leute einen kleinen, scheinbar harmlosen Zusatz in das Gesetz geschrieben. Dieser Zusatz klammerte nur Kanada aus dem Geltungsbereich des Gesetzes aus. Kanada war eines der wichtigsten Länder im britischen Commonwealth. Der unscheinbare Zusatz in dem Gesetz machte die kanadischen Städte Montreal und Toronto zur Dollarschleuse. Durch sie drangen weiterhin Dollars ungehindert ins Ausland. Nur hatten sich jetzt Londoner Banken als Mittler dazwischengeschaltet. Es war einer der geschicktesten Schachzüge der britischen Finanzgeschichte.

Das Gesetz wurde ferner so ausgelegt, daß die Steuer nicht die Kredite traf, die amerikanische Banken Auslän-

dern über ihre Auslandsfilialen gewährten. Das trieb die
US-Banken geradezu an, Kooperationsverträge mit ausländischen Banken zu schließen oder selbst Zweignieder-
lassungen im Ausland zu errichten. Mit dem im Grundsatz gutgemeinten Gesetz schaffte es die Londoner City,
sich wieder zum zentralen Finanzplatz der Welt zu machen. London wurde das Zentrum des sogenannten Eurodollarmarktes.

Londons trübe Tage waren nun bald vergessen. Die City
erstrahlte aufs neue als „Weltbankier" und pumpte wie nie
zuvorDollar auf die internationalen Märkte. Die Bank von
England unterstand damals Sir Siegmund Warburg. Ihm
war es in enger Zusammenarbeit mit dem stellvertretenden
US-Außenminister George Ball gelungen, die Dollar-
pumpe in London aufzustellen. Mit ihr erzeugte man in
den siebziger Jahren „heißes Geld" im Wert von rund 1 300
Milliarden Dollar. Dieses Geld war „offshore", das heißt es
unterlag weder der Kontrolle der US-Finanzbehörden noch
irgendeiner anderen staatlichen Aufsicht.

Die amerikanischen Banken und Maklerfirmen von der
Wallstreet richteten sich in London eigene Büros und Niederlassungen ein, um die neu gegründete Eurodollar-
Spielbank zu betreiben. Außerhalb der Reichweite der
amerikanischen Steuerbehörden beschafften sie hier US-
Banken und den großen multinationalen Konzernen
jeden nur denkbaren Betrag zu günstigen Vorzugs-
konditionen. Aber Washington hatte ja selbst die Schleuse
weit aufgerissen, wodurch der Dollar aus Amerika ins
Ausland geflossen war, um auf dem Eurodollarmarkt als
„heißes Geld" verschoben zu werden.

Die Eurodollaranleihen nannte man Eurobonds, ihre
Käufer blieben anonym. Zynisch nannte man sie in London, Zürich oder New York „belgische Zahnärzte". Es handelte sich um Inhaberpapiere, deren Käufer nirgends regi-
striert wurden. Sie bildeten willkommene Anlagepapiere
für alle, die „Steuern sparen" wollten. Natürlich dienten sie
auch Rauschgifthändlern hervorragend zum Waschen ihrer schmutzigen Gelder. Was gab es besseres, als schwarze
Gewinne in Eurobonds anzulegen, und die Zinsen dafür

steuerfrei von General Motors oder, noch sicherer, vom Rüstungskonzern McDonnell Douglas zu beziehen?

Ein guter Kenner der Szene, der Finanzanalytiker Marcello de Cecco aus Italien sagte dazu: „Der Eurodollarmarkt war das wichtigste finanzielle Phänomen der sechziger Jahre. Hier wurden die Erschütterungen der siebziger Jahre vorbereitet."[7]

Trotz der Vorteile, die London aus der kanadischen Geldschleuse und den Dollareinlagen amerikanischer Banken zog, erholte sich die britische Wirtschaft nicht. Die industrielle Grundlage seiner Wirtschaft rottete weiter vor sich hin. Das Vertrauen in das Pfund Sterling, dem zweiten Stützpfeiler des Bretton-Woods-Systems schwand zusehends. Die Außenhandelsbilanz Englands blieb so unsicher wie seine Wirtschaft. Die Zahlungsbilanz belasteten wachsende Ausgaben, um die Reste der britischen Imperialansprüche geltend zu machen. Die industrielle Grundlage seiner Wirtschaft verkam und die Währungsreserven versiegten. Als 1964 die Labour Party an die Regierung kam, war die Krise bereits chronisch.

Zu Beginn der Bretton-Woods-Ära war es England gelungen, mit Hilfe des Sterlingblocks sämtlicher Kolonien und ehemaligen Kolonien, aus dem Pfund Sterling eine relativ starke Währung zu machen. In manchen Teilen der Welt wurde das Pfund wie der Dollar gehandelt und als Währungsreserve eingelagert. Die Mitgliedstaaten des Commonwealth wurden angehalten, ihre nationalen Währungsreserven, Gold oder ausländische Währungen aus „Höflichkeit" in London anzulegen. Darüber hinaus sollten sie dort einen Beitrag in einer gemeinsamen Kasse hinterlegen, aus der Kursschwankungen des Pfund Sterling ausgeglichen werden konnten.

Großbritannien hatte nach den USA den zweitgrößten Betrag in den Internationalen Währungsfonds eingezahlt. Die hohe Bedeutung, die das Bretton-Woods-System dem Pfund als Stütze des Dollars zuwies, stand in keinem Verhältnis zu der wirtschaftlichen Leistungsfähigkeit des Landes. Während der sechziger Jahre exportierte England wie die USA seine Währung ins Ausland. Das war kein

Zeichen von Großzügigkeit oder Wirtschaftsmacht. Denn
Pfund oder Dollar gab es nicht umsonst. Man mußte dafür
mit eigener Währung, mit Warenlieferungen oder Eigen-
tumstiteln bezahlen. Allerdings ging mit dem Kapitalexport ein weiterer Rückgang der britischen und amerikanischen Güterproduktion und des Güterexports einher. Entsprechend stieg das Handelsdefizit.

Die EWG-Länder mußten dagegen für ihre Währungsreserven Warenwerte liefern, wollten sie nicht in finanzielle Abhängigkeit geraten. Das drängte sie, ihre Industrie
zu modernisieren. Der Erfolg zeigte sich in hohen industriellen Wachstumsraten.

Daß die Zinsen als Folge der hohen Bankenkonzentration
und durch politische Festlegungen relativ hoch waren, förderte den beschriebenen Trend. Den großen Bankinteressen
lieferten die Finanzspekulationen enorme Gewinne. Die Industrie versuchte dagegen, mit möglichst wenig Fremd-
geld auszukommen. Ihr Ziel hieß „Selbstfinanzierung".
Die relativ hohen Gewinne, die sich auf den Finanzmärkten erzielen ließen, verlockten Anleger allerdings immer
stärker, ihr Geld zur Bank zu bringen, als risikoreich zu investieren. Theoretisch hätte der Marktmechanismus diese
Diskrepanz ausgleichen sollen, wenn einer schrumpfenden
Geldnachfrage wachsende Geldangebote gegenübertraten.
Doch die Theorie brach sich an der wachsenden Nachfrage
aus Staatsdefiziten und den mit politischen Mitteln künstlich hochgehaltenen Zinssätzen.

Um 1967 spitzte sich die wirtschaftliche Situation in
Großbritannien zu. Das Pfund sackte ab und ließ sich
selbst mit großen Währungskrediten des Internationalen
Währungsfonds nicht mehr stützen. Die Auslandsverschuldung Englands wuchs unaufhaltsam. Allein im
Jahre 1967 wuchs sie um 20 Prozent, also um weitere 2
Milliarden Pfund. Schon im Januar war de Gaulles Wirtschaftsberater Jaques Rueff mit einem Paket von Repara-
turvorschlägen nach England gefahren. Darunter war
wieder der Rat, den Preis für Währungsgold anzuheben
und dem allgemeinen Goldpreis anzugleichen. England
und die USA wollten davon immer noch nichts wissen,

weil dies ihre Währungen abgewertet und ihre billigen Einkaufsmöglichkeiten im Ausland verschlechtert hätte.

Während des Jahres 1967 schrumpften die Goldreserven der Bank von England weiter. Die ausländischen Gläubiger rechneten mit einer Abwertung des schwachen Pfundes und wollten dem durch ihren Goldumtausch zuvorkommen.

Im Juni kündigte de Gaulle an, Frankreich werde sich aus dem Gold-Pool zurückziehen. Dieser Gold-Pool war 1961 auf Druck der USA hin zustandegekommen. Die Notenbankchefs der führenden zehn Industrienationen schlossen sich zur „Zehnergruppe" zusammen. Neben den USA und Großbritannien gehörten dazu Frankreich, Italien, die Beneluxstaaten, Schweden, Kanada, Japan und die Bundesrepublik. Die Zehn legten einen Sonderfonds an, aus dem währungsstabilisierende Interventionen getätigt werden konnten. Das war der Gold-Pool. Er wurde von der Bank von England in London verwaltet. Die USA wollte die eine Hälfte einzahlen. Die anderen neun Länder und die Schweiz teilten sich in die andere Hälfte. Mit dem Geld wollte man vor allem den Goldpreis auf dem künstlich tief angesetzten Stand von 35 Dollar pro Feinunze festhalten. Man glaubte damals noch, „Notzahlungen" zur Stützung des Goldpreises würden nur in gelegentlichen Ausnahmefällen erforderlich werden.

1967 wurde die Ausnahme aber zur chronischen Regel. Ein Grund dafür war, daß sich die USA weigerten, ihre fortgesetzte Schuldenmacherei einzuschränken. Einen anderen Grund bildete die notorische Schwäche des Pfundes. De Gaulle zog sich deshalb aus dem Gold-Pool zurück, weil er die solide Golddeckung des Franc nicht für ständige Notzahlungen in ein Faß ohne Boden aufopfern wollte. Die stets kritischen anglo-amerikanischen Medien begannen unter Führung der in London erscheinenden Zeitung *The Economist* mit hysterischen Angriffen auf Frankreich und de Gaulle.

De Gaulle war bei dieser Operation allerdings ein taktischer Fehler unterlaufen. Am 31. Januar 1967 trat in Frankreich ein neues Gesetz in Kraft. Es erlaubte die un-

eingeschränkte Konvertibilität des französischen Franc.
Zu dieser Zeit war die französische Wirtschaft nämlich
eine der stärksten in Europa. Den Franc deckte eine solide
Rücklage an Gold. Er galt auf den Finanzmärkten als eine
der härtesten Währungen. Die freie Konvertibilität des
Franc sollte den Erfolg der Wirtschaftspolitik de Gaulles
unter Beweis stellen. Sie wurde aber bald zur Achilles-
ferse, an der die anglo-amerikanischen Finanzinteressen
Frankreich packen und unter Druck setzen konnten.

Der französische Ministerpräsident Georges Pompidou
hielt im darauffolgenden Februar eine vielbeachtete Rede,
worin er betonte, daß Frankreich im Goldstandard die
einzige Gewähr für seine Währungssicherheit und den
einzigen Schutz gegen internationale Finanzmanipulationen sah. Er fügte hinzu: „Das internationale Währungssystem funktioniert so miserabel, weil es Länder, die Re-
servewährungen stellen (also die USA und England) be-
vorzugt. Diese Länder können sich eine jahrelange Inflation erlauben, ohne dafür zu bezahlen." Tatsächlich war
es so, daß in den USA unter Präsident Johnson die Federal
Reserve Dollars druckte und damit im Ausland anstelle
von Gold bezahlte.

Die Fronten hatten sich verhärtet, als Frankreichs Zentralbank im Jahr 1967 dazu überging, die in Dollar und
Pfund angelegten Währungsreserven in Gold einzutau-
schen. Diesem Beispiel schlossen sich bald andere Zentralbanken an. Ende des Jahres entstand eine panikartige Situation. Innerhalb von nur fünf Tagen mußte London
ganze 80 Tonnen Gold verkaufen, eine bis dahin unerhörte
Menge. Es bestand Gefahr, daß das Bretton-Woods-Ge-
bäude über dem schwachen Pfund in sich zusammen-
stürzte. Auch Spekulanten begannen nun, das Pfund abzustoßen und dafür Dollar oder andere Währungen zu
kaufen, um damit auf allen greifbaren Märkten zwischen
Frankfurt und Pretoria Gold zu erwerben.

Dies trieb den freien Goldpreis gewaltig in die Höhe.
Die immer groteskere Diskrepanz zwischen dem künstlichen Preis für Währungsgold und dem realen Goldpreis
brachte auch den Dollar ins Gerede. Die Sterlingkrise

deckte die Verwundbarkeit des Weltwährungssystems auf.

Am 18. November beugte sich die Labour-Regierung unter Harold Wilson dem unentrinnbaren Schicksal. Trotz großer Widerstände aus den USA willigte sie in eine Pfundabwertung um 14 Prozent ein. Es handelte sich um die erste Abwertung seit 1949. Die Sterlingkrise schien damit zur Ruhe zu kommen. Dafür begann nun die Dollarkrise.

Nachdem das Pfund Sterling abgewertet worden war, richtete sich der Druck der Spekulation Ende 1967 gegen den Dollar. Die Eigentümer von Dollarguthaben wandten sich daraufhin an die Goldschalter der Federal Reserve Bank in New York und forderten ihr verbrieftes Recht ein. Sie wollten Gold gegen Papierdollar. Das wiederum trieb den Marktpreis des Goldes weiter in die Höhe, obwohl die amerikanische Notenbank ihr Währungsgold zusammenkratzte und auf den Markt warf, um den Goldpreis zu drücken. Unter dem Druck der New Yorker Bankiers weigerte sich Washington, einen gestiegenen Goldpreis anzuerkennen. Nachdem Frankreich den Gold-Pool verließ, wuchsen die Probleme für die US-Bundesbank drastisch. Ende des Jahres waren die US-Goldreserven auf 12 Milliarden Dollar abgeschmolzen.

De Gaulle wird aus dem Weg geräumt

Zwischen dem 8. und 15. März 1968 mußte der Gold-Pool in London 1 000 Tonnen Gold auf den Markt werfen, um den Goldpreis zu halten. Die Decke unter dem Wägeraum der Bank von England bekam unter dem Gewicht des zur Bearbeitung anstehenden Goldes Risse. Flugzeuge der US-Luftwaffe wurden bereitgestellt, um zusätzlich Gold aus dem US-Goldreservelager in Ford Knox heranzuschaffen. Am 15. März verordnete die US-Regierung dem Goldmarkt in London zwei Wochen Urlaub.

Im April 1968 berief sie ein Sondertreffen der Zehnergruppe in Stockholm ein. US-Beamte hatten sich eine neue

Konstruktion ausgedacht, um die Goldreserven zu scho-
nen. Sie schlugen vor, der Internationale Währungsfonds
solle eine Art „Papiergold" mit Namen „Sonderziehungsrechte" schaffen. Mit seiner Hilfe sollte der Tag der Ab-
rechnung in Gold weiter hinausgezögert werden.

In Stockholm bereitete man die Einführung der von
Washington vorgeschlagenen Sonderziehungsrechte
beim Internationalen Währungsfonds vor. Sie sollten auf
dem schon für den nächsten Monat angesetzten regulären
Treffen des Internationalen Währungsfonds abgesegnet
werden. Aber Frankreich blieb beharrlich dagegen und
verhinderte, daß die Zustimmung einstimmig erfolgte.
De Gaulles Finanzminister Michel Debré beharrte un-
nachgiebig auf der traditionellen französischen Position
und verlangte die Rückkehr zu den ursprünglichen Vereinbarungen von Bretton Woods.

Jaques Rueff hatte wiederholt eine ruckartige Abwertung des Dollar um die Hälfte vorgeschlagen. Auf diese
elegant einfache Weise hätten sich der Dollarwert der US-
Goldreserven über Nacht verdoppelt. Die USA hätten unschwer ihre rund 10 Milliarden Dollar Auslandsschulden
zurückkaufen können und noch die gleiche Menge an
Goldreserven wie zuvor behalten. Diese Lösung war offensichtlich viel vernünftiger und schmerzloser durchzu-
führen als das, was sich die US-Beamten da ausgedacht
hatten. Aber so liefen die Dinge leider nicht.[8]

Nur Tage, nachdem sich Frankreich der von Washington vorgeschlagenen Regelung mit den Sonderziehungsrechten widersetzt hatte, wurde es selbst Ziel der
schlimmsten politischen Destabilisierung der Nachkriegszeit. Wie auf Kommando erhoben sich die „linken"
Studenten unter Führung der Internationalen der Situa-
tionisten in Straßburg. Bald tobten Studentenunruhen
überall in Frankreich. Sozialistische Organisationen der
Arbeiterschaft schlossen sich an. Auf der „Linken" gab
sich interessanterweise nur die französische Kommunistische Partei alle ihr vor der aufgereizten Öffentlichkeit
mögliche Mühe, „die Bewegung" zu beruhigen. Amerikanische und britische Finanzhäuser bliesen zum Run auf

den Franc. Und die stets kritischen Medien trommelten
dazu.

Die Maiunruhen von 1968 waren die Antwort der Finanzkreise in London und New York an diejenige Nation
in der Zehnergruppe, welche es gewagt hatte, sich ihren
Anordnungen zu widersetzen. Die Zusammenarbeit zwischen der „Linken" und den Bankiers mag dem Betrach-
ter auf den ersten Blick eigenartig vorkommen. Die Politik der sozialistischen Bewegung dieses Jahrhunderts
zeigt aber durchgehend diese merkwürdige Zusammenarbeit mit den politischen Interessen und Aktionen des internationalen Finanzkapitals. Fast immer kämpfte die
Linke gegen Versuche des jeweiligen nationalen Unter-
nehmertums, die Unabhängigkeit des eigenen Landes
wirtschaftspolitisch zu behaupten. Im Falle Frankreichs
half den internationalen Finanzeliten das neue französische Gesetz, das die freie Konvertibilität des französischen Franc festlegte. Die multinationalen Großbanken
begannen alle erreichbaren Franc zusammenzukratzen,
um dafür französisches Währungsgold zu kaufen. Bis
Ende 1968 trugen sie rund 30 Prozent der französischen
Goldreserven davon. Der Franc geriet in die Krise.

Die anglo-amerikanischen Finanziers hatten Erfolg.
Binnen eines Jahres hatten sie de Gaulle aus dem Amt getrieben und Frankreichs politische Stimme deutlich geschwächt. Eine der letzten Amtshandlungen de Gaulles
war ein Treffen mit dem britischen Botschafter in Paris,
Christopher Soames. De Gaulle legte Soames bei der Gelegenheit im Februar 1969 ausführlich die französische
Nachkriegspolitik dar. Er betonte dabei wie in einem Vermächtnis, Europa müsse unabhängig werden, aber diese
Unabhängigkeit werde durch den Atlantizismus vieler
europäischer Politiker untergraben.[9]

Noch ein anderes Land wagte es, sich den anglo-amerikanischen Finanzinteressen in New York und London öffentlich zu widersetzen. Es war der größte Goldlieferant
dieser Tage, die Republik Südafrika. Südafrika hielt seine
Goldbestände seit Anfang 1968 vom Markt zurück und
weigerte sich, sie zum offiziellen Kurs von 35 Dollar die

Unze zu verschleudern. Bei Gesprächen zwischen Vertretern aus Frankreich und Südafrika wurde erörtert, wie sich dem Bretton-Woods-System eine neue Goldgrundlage unterlegen ließ. Das löste damals den ersten Boykott der US-Banken gegen Südafrika aus. Gut 20 Jahre später sollte sich dieses Vorgehen unter ähnlichen Bedingungen wiederholen.

Wenn sich die französische Bedrohung auch rasch und scheinbar leicht abschlagen ließ, Washington und London hatten damit – wie sich bald zeigen sollte – doch nur einen Pyrrhussieg errungen.

Anmerkungen

1. McCracken, Paul: *Towards Full Employment and Price Stability. A Report to the OECD by a Group of Independent Experts.* OECD, Paris 1977.
2. Bairoch, P.: *International Industrialization Levels from 1750 to 1980.* In: *Journal of European Economic History.* Vol. 11, 1982.
3. De Gaulle, Charles: *The War Memoirs.* London 1967, bei Weidenfeld & Nicholson, S. 214.
4. De Menil, Lois P.: *Who Speaks for Europe?: The Vision of Charles de Gaulle.* London 1977, bei Weidenfeld & Nicholson. Und Mende, Erich: *Von Wende zu Wende 1962-1982.* München 1986, bei Herbig.
5. Um die Ermordung Präsident Kennedys am 22. November 1963 angemessen darzustellen, ist mehr Platz nötig, als hier zur Verfügung steht. Hier soll die Bemerkung genügen, daß dieser Mord einen grundsätzlichen Umschwung in der amerikanischen Politik bewirkte. Das zeigte sich schon an dem massiven militärischen Engagement Lyndon Johnsons in Vietnam. Nach zahlreichen glaubwürdigen Berichten hatte sich Kennedy kurz vor seinem Tod entschlossen, die militärischen Aktivitäten der CIA in Südostasien deutlich zurückzuschrauben. Verschiedentlich wird auf die Rolle McGeorge Bundys in diesem dunklen Kapitel der amerikanischen Geschichte verwiesen. Die Rolle der CIA, bei der Ermordung Kennedys behandeln u.a.: Groden, Robert J. und Livingstone, H.E.: *High Treason: The Assassination of John F. Kennedy and the New Evidence of Conspiracy.* New York 1989, bei Berkley Books. Und Lane, Mark: *Plausible Denial: Was the CIA Involved in the Assassination of JFK?* New York 1991, bei Thunder's Mouth Press.
6. Ranelagh, John: *The Agency: The Rise and Decline of the CIA.* London 1986, bei Weidenfeld and Nicholson.
7. De Cecco, Marcello: *International Financial Markets and U.S. Domestic Policy Since 1945.* In: *International Affairs.* London, Juli 1976.
8. Rueff, Jacques: *Balance of Payments: Proposals for the Resolution of the Most Pressing World Economic Problem of Our Time.* New York 1967, bei Macmillan.
9. De Menil, siehe oben, S. 174.

9. KAPITEL

Weltwirtschaft im Rückwärtsgang

Nixon öffnet ein Ventil

Präsident Richard Nixon regierte kaum ein Jahr in Washington, als die US-Wirtschaft 1969 schon wieder in eine Rezession glitt. Um dem entgegenzuwirken, senkte die Regierung in den USA die Zinsen deutlich. Fallende Zinsraten sorgten dafür, daß spekulative Gelder in Rekordhöhe die USA verließen und in Europa und anderswo günstigere Zinserträge bei kurzfristiger Anlage suchten.

Wieder wirkte sich die Jahrzehnte dauernde Weigerung der Amerikaner, den Dollar auf seine tatsächliche Kaufkraft abzuwerten und ernsthafte Schritte zu unternehmen, um den unregulierten Eurodollarmarkt unter Kontrolle zu bekommen, verhängnisvoll aus. Es entstand eine in wachsendem Maße riskante Spekulation in kurzfristige Währungsanleihen. Aber, wie die meisten Weltbankiers wohl wissen, kann sich auch jener sagenhafte König Kanute nur während einer Windstille brüsten, die Wellen zurückgehalten zu haben.

Nixons Geldpolitik, die die Wirtschaft zu Hause ankurbeln sollte, kehrte die früheren Geldströme um. Die USA registrierten 1970 eine Kapitalflucht in Höhe von 6,5 Milliarden Dollar. An der Rezession änderte sich nichts, sie bestand fort. Deshalb wurden auch die Zinsen 1971 niedrig gehalten und sanken dann sogar noch weiter ab. Die Geldschöpfung wurde erleichtert. Das alles kurbelte nichts außer der Kapitalflucht an. Sie erreichte 1971 die stolze Summe von 20 Milliarden. Schon im Mai 1971 mußten die USA wieder ein Handelsbilanzdefizit melden. Das löste nun wieder eine Art Panik auf den internationalen Märkten aus. Jeder, der es konnte, versuchte sich von seinen Dollars zu trennen. Die Regierung geriet in eine verzweifelte Lage.

Die offiziellen Goldreserven der USA schrumpften 1971 auf ein Viertel ihrer tatsächlichen Auslandsschulden zusammen. Das bedeutete, die Regierung wäre ohne drastische Maßnahmen nicht in der Lage gewesen, die Forderungen ausländischer Dollarbesitzer zu erfüllen, hätten sie darauf bestanden.[1] Die Größen von der Wallstreet hatten zwar Präsident Nixon überzeugt, er solle seine nutzlosen Versuche aufgeben und den Dollar nicht länger gegen die Flut von Forderungen der internationalen Märkte verteidigen, auf denen man Dollar gegen Währungsgold einlösen wollte. Aber sie verhinderten mit allen Mitteln, daß er den Dollar gegenüber dem Gold abwertete, was seit einem Jahrzehnt verlangt worden war.

Am 15. August 1971 beugte sich Nixon dem Rat seines kleinen Kreises intimer Berater. Zu dem Kreis gehörten George Shultz, damals Chefhaushaltsberater der Regierung, Paul A. Volcker, der zum inneren Stab im US-Finanzministerium gehörte, und Jack F. Bennett, der spätere Vorstandsvorsitzende von Exxon. An diesem warmen Sommertag verkündete der Präsident der Vereinigten Staaten mit wenigen Worten, die die Welt erschüttern sollten, daß die USA in aller Form die Konvertibilität des Dollars in Gold abschafften. Damit nötigte er der Welt einen Dollarstandard ohne jede Golddeckung auf und zerriß einseitig für die USA die entscheidenden Abkommen von Bretton Woods, worauf sich das gesamte Weltwährungssystem stützte. Eigentümer von Dollarguthaben konnten nicht mehr damit rechnen, daß die US-Regierung das Papiergeld gegebenenfalls in Währungsgold umtauschte.

Nixon ließ sich sein einseitiges Vorgehen im Nachhinein von internationalen Vereinbarungen absegnen. Sie wurden zwischen Vertretern der führenden europäischen Staaten, Japan und einigen anderen Ländern auf einer Tagung im Dezember 1971 in Washington getroffen. Es war ein Paket übler Kompromisse, das als „Smithsonian Agreement" bekannt wurde. Mit den üblichen Übertreibungen, die noch die Sprücheklopferei seines Vorgängers im Amt, Lyndon Johnson, übertrafen, nannte Nixon es „das größte Ereignis eines währungspolitischen Übereinkommens der gesamten Weltgeschichte". Die USA hatten formell zugestimmt, den Dollar dem Gold gegenüber um magere 8 Prozent abzuwerten. Der Goldpreis stieg demnach von 35 Dollar die Feinunze auf 38 Dollar. Die Verbündeten hatten aber eine Abwertung um die Hälfte gefordert. Die Verträge verbreiterten außerdem ganz offiziell die Bandbreite für Währungsschwankungen. Das ursprüngliche Abkommen von Bretton Woods hatte nur Schwankungen von bis zu einem Prozent erlauben wollen. Nun sollte sich der Wert der verschiedenen Währungen bis zu 2,5 Prozent gegeneinander verschieben dürfen.

Mit seiner Erklärung, ausländischen Dollarbesitzern ihr Papier gegebenenfalls nicht mehr in Gold eintauschen zu wollen, zog Nixon den Stöpsel aus der Wanne der Weltwirtschaft. Er löste eine Reihe von Entwicklungen aus, die die Welt – wie nichts zuvor – erschüttern sollten. Das Vertrauen in das neue Abkommen dauerte nur wenige Wochen.

Im April 1968 hatte de Gaulle Washington die Stirn geboten, als er nach dem wirklichen Goldwert des Dollars fragte und wie dieser mit den Bestimmungen des Bretton-Woods-Abkommens in Einklang zu bringen sei. Sein Anstoß hatte nicht ausgereicht, um die lange überfällige Neuordnung des Weltwährungssystems zu erreichen. Aber de Gaulle hatte immerhin ein sehr schlechtes Licht auf Washingtons miserablen Plan geworfen, mit sogenannten Sonderziehungsrechten das Dollarproblem zu verschleiern.

Dadurch, daß die USA den Dollar vom Goldpreis abkoppelten und den Wert der internationalen Wechselkurse in größeren Bandbreiten gegeneinander schwanken ließ, wurde in den frühen siebziger Jahren kein einziges wirtschaftspolitisches Problem gelöst. Man gewann damit nur etwas Zeit, die jedoch schlecht genutzt wurde.

Eine tragfähigere Lösung wäre es zweifellos gewesen, den Dollar auf ein realistisches Wertniveau einzustellen. De Gaulles früherer Währungsberater Jacques Rueff forderte immer noch eine Abwertung des Dollars auf 70 Dollar pro Feinunze. Durch die Dollarabwertung würde, so argumentierte Rueff, die weltweite Spekulation eingedämmt. Die USA könnten durch die Aufwertung ihrer Goldbestände die gewaltigen Eurodollarguthaben in Übersee, von denen die wirtschaftliche Verunsicherung in erster Linie ausgegangen war, unter Kontrolle bringen. Dies hätte relativ einfach geschehen können und ohne daß dadurch die US-Wirtschaft in ein größeres Chaos gestürzt worden wäre. Die Abwertung hätte der amerikanischen Industrie sogar einen gewaltigen Auftrieb bringen können, weil sie die Exporte aus den USA auf den Weltmärkten drastisch verbilligt hätte. Das hätte allerdings zur Folge haben können, daß sich in den USA die Industrieinteressen gegenüber den Finanz- und Bankinteressen wieder eine politische Vormachtstellung zurückerobert hätten. Daher stießen Rueffs Vorschläge auf taube Ohren. Die Vernunft ließ sich nicht durchsetzen.

Die Größen von der Wallstreet wollten ihre Finanzmacht auf keinen Fall antasten lassen. Sie wollten ihre finanzpolitische Vorherrschaft auf den Weltmärkten um jeden Preis behaupten. Dafür nahmen sie sogar den Zerfall der Produktionskapazitäten und des nationalen Wohlstands der USA in Kauf.

Gold hat an sich nur einen geringen Wert. Für die industrielle Produktion wird es nur in beschränktem Umfang gebraucht. Seine große Bedeutung hat historische Gründe. Wegen der Knappheit des Metalls haben verschiedene Nationen es frühzeitig als internationales Zahlungsmittel benutzt und später ihre Papierwährungen darauf gegründet. Als Präsident Nixon sich entschloß, die Währungsschulden der USA nicht mehr mit Gold zu bedienen, verwandelte er den Weltmarkt, und vor allem die internationalen Finanzmärkte, in ein Spielkasino.

Ein solches Glücksspiel hatte die Welt bislang noch nicht erlebt. Statt mit stabilen Wechselkursen die Voraussetzung für langfristige Wirtschaftsvereinbarungen zu legen, wurde nach dem 15. August 1971 der Weltmarkt zu einem Tummelplatz üppigster Währungsspekulation. Gewettet und gesetzt wurde auf die Richtung, in die sich die einzelnen Währungen bei ihren Schwankungen jeweils bewegen würden. Dabei ließ sich die Richtung, in die sich der Wert einer Währung jeweils bewegte, durchaus beeinflussen. Voraussetzung dafür war nur, daß man über genügend große Geldmengen verfügte.

Da die Währungsschwankungen auf den Weltmärkten die Preise für Waren veränderten, verunsicherte die Währungsspekulation den Welthandel mit Güter und Rohstoffen. Wer ex- oder importieren wollte, mußte entweder teure Versicherungen gegen das Wechselkursrisiko abschließen, große Summen in sogenannte Swap-Abkommen binden und dafür Zinsen zahlen, oder er mußte mit diesem Risiko selbst spekulieren. Die Sachzwänge der Produktion und Warenlieferung hinderten den wirklichen Kaufmann daran, schnell auf Preisschwankungen reagieren zu können. Was lag da näher, als die Produktion aufzugeben und sein Geld mit mehr Gewinnaussichten unmittelbar im Spekulationsgeschäft anzulegen. Dazu mußte man sich allerdings starke Partner suchen, die über die erforderlichen großen Geldmengen verfügten. Das waren nur die internationalen Großbanken.

Die Architekten der neuen Währungsstrategie Präsident Nixons findet man in einer kleinen Gruppe einflußreicher Bankiers. Sie vertraten die großen Handelsbanken der Londoner City. Sir Siegmund Warburg, Edmond de Rothschild, Jocelyn Hambro und einige andere witterten eine goldene Gelegenheit, als Nixon den Goldstandard aufkündigte. Mit geübtem Blick erkannten sie die Chance, London wieder zur Hauptzentrale der Weltfinanzen zu machen und von geborgtem Geld gut zu leben. Sie hatten es dabei besonders auf die amerikanischen Eurodollar abgesehen.

Der 15. August 1971 bedeutete einen Wendepunkt in der amerikanischen Weltwirtschaftspolitik. Unter Nixons Sicherheitsberater Henry Kissinger verlor die amerikanische Außenpolitik endgültig das Interesse an weltweiter Wirtschaftsentwicklung. Ziel war lediglich noch, die Weltwirtschaft zu kontrollieren und das, was sich nicht kontrollieren ließ, auszuschalten. Höhere Regierungsbeamte der USA nannten sich seitdem ungeniert und bisweilen stolz „Neomalthusianer". Jetzt ging es nicht mehr darum, Entwicklungsländer durch den Transfer von industriellen Produktionsverfahren und moderner Technik wirtschaftlich leistungsfähiger zu machen. Den Mangel, den die Bevölkerung in der sogenannten Dritten Welt litt, schrieb man nicht mehr unterentwickelten Produktionsweisen zu, sondern einzig der angeblichen Übervölkerung dieser Länder. „Bevölkerungsreduktion" wurde bevorzugtes Ziel der US-Politik gegenüber Entwicklungsländern. Das war schlichtweg der Rückfall in das britische Kolonialdenken des 19. Jahrhunderts. Welche Auswirkungen das auf die Industriegesellschaften im Westen insgesamt hatte, werden wir gleich sehen.

Das „Smithsonian Agreement" erwies sich schon bald als recht unwirksam. Jedenfalls verhinderte es nicht, daß die Wirtschaft weiter in die Rezession abglitt. Auch die Kapitalflucht aus den USA nach Europa und Japan schritt kräftig voran. Sie zwang Nixon noch im Februar 1973, den Dollar um weitere 10 Prozent gegenüber dem Gold abzuwerten. Der Kurs wurde auf 42,22 Dollar für die Feinunze Gold festgelegt. Dort liegt er offiziell heute noch, auch wenn man zu diesem Preis auf keinem Markt der Welt Gold kaufen kann.

Damals setzte zwischen den wichtigsten Währungen der Welt ein Prozeß der „gelenkten Wechselkursschwankungen" ein. Zwischen Februar und März 1973 sank der Wert des Dollars gegenüber der DM um weitere 40 Prozent. Die wachsende Währungsunsicherheit betraf nicht nur die Finanzmärkte, sondern alle internationalen Handelsgeschäfte. Der Weltmarkt war so unsicher wie seit 1930 nicht mehr. Um die Finanzmärkte wieder fest in den

Griff zu bekommen und sich selbst für die verheerenden Verluste ihrer Geldpolster zu entschädigen, bereiteten die Finanzstrategen in London, New York und Washington eine dramatische Überraschung vor.

Ein ungewöhnliches Treffen in Saltsjöbaden

Erst im Oktober 1973 wurde deutlich, welche Absichten Nixon mit der Abkopplung des Dollars vom Gold in Wirklichkeit verfolgt hatte. Aber selbst dann verstanden nur wenige eingeweihte Spezialisten, sogenannte „Insider", was wirklich gespielt wurde. Die dramatische Aufkündigung des Goldstandards war eine Verzögerungstaktik des Finanzestablishments von London und New York. Inzwischen erarbeiteten Fachleute in den Hinterzimmern der Regierung an einem kühnen währungspolitischen Husarenstück. Es sollte so revolutionär ausfallen, daß seine Schöpfer von einem „Paradigmenwechsel" sprachen. Damit wollten sie den siechen Dollar wieder genügend stärken, daß er über den Rest der Welt verfügen konnte.

Der erste richtig dramatische Dollarsturz in der Nachkriegszeit erhitzte noch die Gemüter, da traf sich im Mai 1973 eine Gruppe von 84 Personen der Weltspitze von Finanzen und Politik auf einem abgelegenen Eiland. Es hieß Saltsjöbaden und gehörte der schwedischen Bankiersfamilie Wallenberg. Versammelt hatte sich dort Prinz Bernhards Bilderberg-Gruppe. Ein Amerikaner erörterte vor diesem Kreis „Szenario", das von einem bevorstehenden Anstieg der Öleinnahmen der OPEC (Organisation erdölexportierender Länder) um 400 Prozent ausging. Das geheime Treffen der Bilderberg-Gruppe war nicht etwa zu dem Zweck nach Saltsjöbaden einberufen worden, um eine derartige Verteuerung der Weltenergieversorgung zu verhindern. Im Gegenteil, es bereitete den Ölpreisschock vor und erarbeitete Pläne, wie die erwartete Öldollar-„Flut" am zweckmäßigsten gehandhabt werden sollte. Henry Kissinger sprach in diesem Zusammenhang vom „Petrodollar-Recycling".

Zugegen waren damals unter anderen Robert O. Anderson von der Firma Atlantic Richfield Oil Co.; Lord Greenhill, der Aufsichtsratsvorsitzende von British Petroleum; Sir Eric Roll vom Bankhaus S.G. Warburg, der Schöpfer der Eurobonds; sowie George Ball von der Investment-Bank Lehman Brothers. Ball hatte vor gut zehn Jahren seinem Freund Siegmund Warburg die Erlaubnis gegeben, den Eurodollarmarkt in Europa aufzubauen. Mit von der Partie waren ferner David Rockefeller von der Chase Manhattan Bank und Zbigniew Brzezinski, der sich bald als Sicherheitsberater Präsident Carters einen Namen machen sollte. Aus Italien war Gianni Agnelli eingeflogen und aus Deutschland Otto Wolff von Amerongen. Natürlich fehlte auch Henry Kissinger nicht, der an solchen Konferenzen regelmäßig teilnimmt.[2]

Die Bilderberger hielten mehr oder weniger regelmäßig seit Mai 1954 Jahrestreffen ab. Sie wurden von einer Gruppe anglophiler Politiker angeregt und stehen unter absoluter Geheimhaltung. Das erste Zusammentreffen fand im Hotel Bilderberg in der Nähe von Arnheim in Holland statt, daher stammt der Name. Zu den Gründungsmitgliedern gehörten George Ball, David Rockefeller, Dr. Joseph Retinger, Hollands Prinz Bernhard, George McGhee. McGhee war damals hoher Beamter im US-Außenamt und später im Vorstand von Mobil Oil Co. Auf den streng geheimen Treffen kommt die Spitzenelite der westlichen Welt zusammen, um die für die nächste Zeit gültige politische Linie festzulegen. Journalisten werden nicht zugelassen. Über die „Ergebnisse" wird eine für die Veröffentlichung zurechtgestutzte Verlautbarung an die Presse geliefert und mit zusätzlichen, vorgefertigten Kommentaren garniert. Diese geheimen Bilderberg Gespräche erwiesen sich als das wirksamste Mittel der anglo-amerikanischen Elite, ihre Nachkriegspolitik zu gestalten und international durchzusetzen.

1973 in Saltsjöbaden beschlossen die mächtigen Bilderberger einen gewaltigen Anschlag auf die Industriegesellschaft und ihr wirtschaftliches Wachstum. Oberstes Ziel dabei war, die ins Wanken geratene Vormachtstellung der anglo-amerikanischen Finanzinteressen wieder zu festigen und ihnen die Kontrolle über die weltweiten Geldströme zurückzugeben. Zu diesem Zweck griffen sie auf die altbewährte und immer noch scharfe Ölwaffe zurück.

Ihr Plan war sehr einfach. Ein globales Ölembargo sollte die Ölversorgung weltweit drastisch verknappen. Das würde die Weltölpreise dramatisch steigen lassen. Da die amerikanischen Ölgesellschaften den Weltmarkt seit 1945 fest in der Hand hatten, war es üblich geworden, die internationalen Ölrechnungen in Dollar zu fakturieren. Mit dem Ölpreis mußte also auch die Nachfrage nach US-Dollar ansteigen. Die steigende Nachfrage nach Dollar würde den Druck vom Dollar nehmen und seinen Wert stützen. Sie würde natürlich auch die Position derer stärken, die Dollar drucken und liefern konnten.

Niemals in der bisherigen Geschichte hatte ein so kleiner Kreis von Männern einen so tiefen Einschnitt in die Geschicke der Weltwirtschaft und der davon betroffenen Menschheit gewagt. Die Finanzgrößen in London und New York hatten beschlossen, ihre Ölmacht auf eine Art und Weise einzusetzen, die kaum jemand für möglich gehalten hätte. Die Ungeheuerlichkeit ihres Vorgehens, so hatten sie kalkuliert, war dabei nur vorteilhaft.

Jom-Kippur-Krieg und Ölkrise

Am 6. Oktober 1973, dem israelischen Versöhnungstag „Jom Kippur", fielen Ägypten und Syrien in Israel ein und lösten damit den sogenannten Jom-Kippur-Krieg aus. Die stets kritischen Medien verbreiteten die Meinung, die sich dann ja auch unangefochten durchsetzen konnte, der Krieg sei das unglückliche Ergebnis von Fehlern, Fehlkalkulationen oder einer arabischen militärischen Verschwörung gegen den Staat Israel. Sämtliche Ereignisse, die zum Kriegsausbruch im Oktober führten, waren jedoch in London und Washington auf der Grundlage der in Saltsjöbaden vereinbarten Strategie eingefädelt worden. Eine zentrale Rolle spielten dabei die geheimen diplomatischen Kanäle auf höchster Ebene, die der Nationale Sicherheitsberater Henry Kissinger aufgetan hatte.

Kissinger hatte durch seine äußerst enge Beziehung zum israelischen Botschafter in Washington, Simcha Dinitz, großen Einfluß auf die israelische Außenpolitik. Zugleich unterhielt er beste Beziehungen zu den Regierungen Syriens und Ägyptens. Seine Methode bestand darin, bei seiner „Pendeldiplomatie" jeder Seite die Antworten der anderen Seite auf geeignete Weise zu interpretieren. Dies führte zum Krieg und dem anschließenden arabischen Ölembargo.

Als Sicherheitsbeauftragter erhielt er die Berichte der US-Geheimdienste über die Mobilmachung und den Kriegsaufmarsch. Er erhielt ähnliche Unterlagen von arabischen Regierungsstellen, die damit vor der wachsenden Kriegsgefahr warnen wollten. Was davon an die Träger politischer Entscheidungen in Washington, Tel Aviv oder bei jeweils anderen arabischen Regierungen gelangte, entschied Nixons „Geheimdienstzar" Henry Kissinger. Das Drehbuch für Kissingers Pendeldiplomatie wurde in Washington geschrieben, wenn auch nicht am Kabinettstisch Nixons. Es folgte exakt den Richtlinien, die bei dem Bilderberg-Treffen auf Saltsjöbaden nur knapp sechs Monate vor Ausbruch des Krieges festgelegt worden waren. Den ölproduzierenden Ländern Arabiens schob man den Schwarzen Peter und die Schuld an der ausgelösten Misere zu. Die Volkswut sollte sich gegen die bösen „Ölscheichs" richten, dabei waren sie doch kaum mehr als Bankkonten, denen man einen seidenen Burnus umgehängt hatte. Die eigentlichen Drahtzieher blieben verborgen und gebärdeten sich nach außen auch noch als die hintergangenen Geschädigten.[3]

Im Oktober 1973 erklärte der damalige Bundeskanzler Willy Brandt dem amerikanischen Gesandten in Bonn, daß die Bundesrepublik in dem Nahostkonflikt strikte Neutralität wahren wolle. Sie könne es daher nicht zulassen, daß die USA von ihren Militärbasen in Deutschland aus die israelischen Truppen aufrüste. Daraufhin sandte Präsident Nixon Willy Brandt eine scharfe Protestnote, wohlmöglich aus der Feder Henry Kissingers. Es heißt darin:

„Wir erkennen an, daß die Europäer stärker vom arabischen Öl abhängig sind als wir. Wir können aber nicht darin übereinstimmen, daß sich Ihre Verwundbarkeit mindern läßt, indem Sie sich in einer Angelegenheit von solchem Gewicht von uns abwenden... Sie bemerken, diese Krise falle nicht in den gemeinsamen Verantwortungsbereich der Allianz und die Versorgung Israels mit militärischen Gütern unterliege Zwecken außerhalb des Verantwortungsbereiches der Allianz. Ich glaube nicht, daß wir hier eine derart feine Grenzlinie ziehen können..."[4] –Im Jahre 1990, im Vorfeld des Golfkriegs, dürften wohl ähnliche Noten ausgetauscht worden sein.

Der deutschen Regierung wollte Washington nicht erlauben, im Nahostkrieg Neutralität zu wahren. Anders war es mit den Engländern. Es ist bezeichnend, daß die USA ihnen gestattete, nach außen hin neutral zu bleiben und sich der Verantwortung für das Ölembargo zu entziehen. Wieder einmal war es den Briten gelungen, sich aus einer internationalen Krise herauszuwinden, die sie selbst mit voller Absicht herbeigeführt hatten.

Zur Beurteilung der Vorgänge um das Ölembargo, das den Preis für Rohöl erst um 70 Prozent und schließlich insgesamt um 400 Prozent anhob, ist ein anderer Aspekt der Sache nicht unerheblich: BP, Shell und andere anglo-amerikanischen Ölkonzerne hatten Hunderte von Millionen Dollar in die Entwicklung der Nordseeölfelder investiert, die ohne Kissingers Ölschock wohl kaum jemals Gewinn abgeworfen hätten. Ob das wohl reiner Zufall war?

Am 16. Oktober 1973 hatte sich die Organisation erdölexportierender Länder (OPEC) in Wien getroffen und den schwankenden Ölpreis von rund 3,01 Dollar pro Faß auf 5,11 Dollar, also um 70 Prozent, angehoben. Am gleichen Tag verhängten sie ein Ölembargo gegen die USA und die Niederlande, durch deren Tiefseehäfen Kontinentaleuropa mit Öl versorgt wird. Den Vorwand lieferte, daß diese Länder Israel im Jom-Kippur-Krieg unterstützt hätten. Saudi-Arabien, Kuwait, Irak, Libyen, Abu Dhabi, Quatar und Algerien beschlossen am Tag danach, ihre Produktion schon ab Oktober um 5 Prozent gegenüber der Förderung im September zu senken. In jedem folgenden Monat wollten sie die Förderung um weitere 5 Prozent senken, und dies so lange, bis Israel sich aus allen 1967 unrechtmäßig besetzten arabischen Gebieten zurückgezogen hätte und die von den Vereinten Nationen bestätigten Rechte der palästinensischen Bevölkerung wiederhergestellt wären.

Die Welt erlebte ihren ersten Ölschock – oder „Oil Shokku", wie ihn die Japaner nannten. Die Ölkrise kam aber erst so richtig in Fahrt, als Präsident Nixon durch den Watergate-Skandal lahmgelegt war, so daß Henry Kissinger während der kritischen Zeit der Ölkrise Ende 1973 mehr oder weniger die Regierungsgeschäfte übernahm.

Was da gespielt wurde, macht folgendes Beispiel deutlich. Nixon beauftragte Anfang 1974 das Finanzministerium, eine Strategie zu entwickeln, mit der man die OPEC zwingen könne, die überhöhten Ölpreise wieder zu senken. Der Auftrag wurde schlicht und einfach abgewiesen. In einem Memorandum, das den Vorfall später bekannt werden ließ, schrieb der Beamte des Weißen Hauses, durch den der Präsident den Auftrag übermitteln ließ: „Es waren die Führer der Banken, die diesen Vorschlag beiseitefegten. Sie verlangten mit allem Nachdruck ein ‚Recycling'-Programm, um sich den gestiegenen Ölpreisen anzupassen. Dies war ein fataler Beschluß..."

Das US-Finanzministerium unterstand damals George Shultz. Neben ihm wirkte Jack F. Bennett, einer derjenigen, die Nixon 1971 die Abkopplung des Dollar vom Goldstandard eingeflüstert hatten. Bennett hatte mit der Agentur SAMA, welche die saudiarabischen Öleinnahmen verwaltete, ein geheimes Abkommen getroffen. Die Natur dieses Abkommens enthüllt ein Memorandum Bennetts an Staatssekretär Henry Kissinger vom Februar 1975. Danach sah das Abkommen vor, daß die riesigen zusätzlichen Gewinne, die den Saudis als Folge des höheren Ölpreises in den Schoß fielen, zu einem beträchtlichen Teil die Defizite der US-Regierung decken sollten. Um das zu gewährleisten, erhielt ein junger Bankier der Firma White, Weld & Co., einer Investment-Bank mit Sitz in London und an der Wallstreet, David Mulford, den Posten des Investment-Beraters bei der SAMA in Riad. Mulford sollte dafür sorgen, daß die Petrodollars ordnungsgemäß bei den richtigen Banken in London und an der Wallstreet eingezahlt wurden.[5]

Der in Saltsjöbaden von den Bilderbergern ausgearbeitete Plan wurde Schritt für Schritt in die Tat umgesetzt. Zunächst kontrollierte Kissinger als Sicherheitsberater Nixons im Weißen Haus alle Einschätzungen, die von den US-Geheimdiensten an den Präsident gelangten und politisch wirksam hätten werden können. Dann bekam er die US-Außenpolitik selbst in die Hand. Es gelang ihm, Nixon zu überreden, ihn auch noch zum Außenminister zu ernennen. Das geschah in den Wochen unmittelbar vor Ausbruch des Jom-Kippur-Krieges. Vor oder nach Kissinger ist nie jemand Nationaler Sicherheitsberater und Außenminister zugleich gewesen. Niemand hatte während der letzten Monate von Nixons Amtzeit soviel Macht wie Henry Kissinger. Um dem Unrecht, das er verschuldet hat, auch noch den Hohn beizufügen, erhielt Henry Kissinger den Friedensnobelpreis.

Am 1. Januar 1974 traf sich die OPEC in Teheran erneut. Sie vereinbarte, den Ölpreis auf 11,65 Dollar pro Faß anzuheben. Das erstaunliche daran war, daß der Schah des Iran diese Forderung auf dem Treffen vortrug. Nur wenige Monate vorher hatte sich der Schah noch gewehrt, den Ölpreis auf 3,01 Dollar das Faß anzuheben. Er hatte befürchtet, die Ölverteuerung könnte die westeuropäischen Exporteure veranlassen, die Preise ihrer Industriegüter anzuheben. Diese Güter wurden aber zur Industrialisierung Persiens und anderer Entwicklungsländer dringend benötigt. Der Schah verfolgte nämlich einen Plan zur industriellen Entwicklung des Landes. Aber die provokativ einseitige Unterstützung der USA und ihrer Verbündeten für Israel hatte den Zorn der arabischen OPEC Vertreter angeheizt. Dem konnte sich der Schah wohl nicht entziehen. Wieder war es Henry Kissinger ge-

wesen, der dem Schah insgeheim die Forderung nach dra-
stischer Ölpreiserhöhung nahegelegt hatte. Davon hatte
Kissinger aber nicht einmal sein eigenes Außenministerium unterrichtet.[6]

Zwischen 1949 bis Ende 1970 lag der Preis für Rohöl aus
dem Nahen Osten relativ fest bei 1,90 Dollar pro Faß. Anfang 1973 stieg er auf 3,01 Dollar an. Dieser Preis vervier-
fachte sich nahezu bis Anfang 1974 und hielt sich damit
recht genau an die Vorgaben des Bilderberg-Treffens in
Saltsjöbaden, das bei seinen Planungen einen Preisanstieg
von 400 Prozent zugrundegelegt hatte.

Der Ölschock greift

Wirtschaftlich und sozial löste der Ölschock in den USA
so etwas wie eine „Wirtschaftspanik" aus. Aber auch sie
war nicht ganz unbeabsichtigt. Während des Jahres 1972
und noch Anfang 1973 hatten die US-Ölfirmen eine eigenartige Importpolitik verfolgt. Sie hatten systematisch
die Ölvorräte im Land abgebaut und die Inlandsversor-
gung verknappt. Eigentlich war den auf dem Inlands-
markt aktiven Ölfirmen eine bestimmte Vorratshaltung
verbindlich vorgeschrieben, aber diese Bestimmungen
wurden von einer Reihe merkwürdiger Entscheidungen
außer Kraft gesetzt, die Nixon von seinen Beratern nahegelegt worden waren. Als dann das Ölembargo im November 1973 zuschlug, hätte sein Effekt nicht dramati-
scher ausfallen können.

Wie konnte es dazu kommen? Aufgrund eines US-Aus-
senhandelsgesetzes aus dem Jahre 1959 war das Weiße
Haus selbst für die Regelung der Ölimporte zuständig. Im
Januar 1973 hatte Präsident Nixon seinen Finanzminister
George Shultz zum Berater für Wirtschaftsangelegenhei-
ten gemacht. In dieser Funktion überwachte Shultz den
Ölimport vom Weißen Haus aus. Sein Stellvertreter im Finanzministerium, William E. Simon, ein früherer Wertpapierhändler an der Wallstreet, erhielt den Vorsitz des
wichtigen Komitees für Ölpolitik im Weißen Haus. Dieses

Komitee legte die Quoten für den Ölimport in die USA fest.

Im Februar 1973 wurde Nixon dazu überredet, ein besonderes Triumvirat für Energiefragen einzurichten. Darin arbeitete George Shultz mit John Ehrlichman aus dem Stab des Weißen Hauses und Sicherheitsberater Henry Kissinger zusammen. Die Gruppe wurde unter dem Namen „Energie-Sonderkomitee im Weißen Haus" bekannt. Sie sorgte dafür, daß der Bilderberg-Plan still und heimlich in Szene gesetzt wurde, ohne daß unberufene Leute in Washington oder anderswo davon Wind bekamen. Sie hatte es zu verantworten, daß im Oktober 1973 die Ölvorräte in den Vereinigten Staaten auf einen alarmierend kleinen Rest zusammengeschrumpft waren. Das folgende Ölembargo löste dann bei der Bevölkerung Panikkäufe aus. Vor den Tankstellen bildeten sich riesige Schlangen. Erst vereinzelt und bald lauter erscholl der Ruf nach Rationierung der Ölverteilung. Schließlich folgte eine schwere Rezession im produzierenden Gewerbe.[7]

Am schwersten und auffälligsten wurde die größte Stadt der Vereinigten Staaten, New York, von der Ölkrise heimgesucht. Die Stadt war bereits hoch verschuldet, und nun kam auch noch der hohe Ölpreis dazu. Im Dezember 1974 ließ eine Gruppe der mächtigsten Bankiers der Welt unter Vorsitz David Rockefellers den New Yorker Bürgermeister Abraham Beame einbestellen. Beame war ein Politiker, der sich noch auf die alte politische Maschine der Demokratischen Partei stützen konnte. Sie setzten ihm die Pistole auf die Brust: Die Banken würden der Stadt jeden weiteren Kredit versagen und durch ihre Freunde in den Medien dafür sorgen, daß der Bankrott der Stadt nicht geheim bliebe; Beame könne das abwenden, wenn er die Rücklagen für die Renten der Bediensteten an ein Bankenkomitee verpfändete, das die Banken einrichten wollten und das sich mit ihrem Sachverstand der städtischen Finanzen annehmen werde. Das Komitee erhielt den Namen „Municipal Assistance Corporation", abgekürzt ,

Der Bürgermeister fügte sich dem Druck. Die demokratisch in keiner Form legitimierte MAC kontrollierte die

Ausgabenpolitik der Stadt. Für Straßenbau, Sanierung
der Brücken oder Kanalisation, für Krankenhäuser, Schulen, Kindergärten und dergleichen stand nun immer weniger Geld zur Verfügung. Bei Polizei und Feuerwehr
wurde gespart. Zigtausend öffentliche Angestellte wurden „wegrationalisiert" und verloren ihren Arbeitsplatz.
Jeder verfügbare Dollar floß den Banken zu. Die größte
Stadt der USA verwandelte sich zunehmend in den
Dreckhaufen, den man heute bestaunen kann. Felix Ro-
hatyn vom Bankhaus Lazard Frères wurde Chef der privaten Aufsichtsbehörde der privaten Banken über die
Stadt. Die stets kritischen Medien gaben der Behörde lie-
bevoll den Spitznamen „Big Mac".

Auch in Europa wirkten sich Ölembargo und Ölpreiserhöhung dramatisch aus. Der Kontinent lernte bald die
Auswirkungen der schlimmsten Wirtschaftskrise seit
1930 kennen. Überall kam es zu Firmenpleiten, Zusam-
menbrüchen und Entlassungen. Die Arbeitslosigkeit
wuchs in Europa ebenfalls dramatisch. Wegen der Vor-
kriegserfahrungen reagierte man darauf damals noch
sehr. Inzwischen scheint man sich allerdings an solche Arbeitslosenzahlen gewöhnt zu haben.

Die Bundesregierung in Bonn verhängte damals Sonn-
tagsfahrverbote. Im Juni kam es zu dem spektakulären
Zusammenbruch der Herstatt-Bank. Die DM rutschte in
eine Krise. Die Bundesrepublik mußte allein im Jahr 1974
trotz gedrosselter Ölimporte 17 Milliarden DM mehr bezahlen. Eine halbe Million Arbeitnehmer verloren als
Folge des Ölschocks ihre Arbeitsplätze. Lebensmittel und
Konsumartikel verteuerten sich in rascher Folge um 8 Prozent. Die Vervierfachung der Energiekosten wirkte sich
auf das produzierende Gewerbe, das Transportgewerbe
und die Landwirtschaft verheerend aus. Nur unproduk-
tive Dienstleistungen, vor allem die Provisionsjägerei der
Branche „Finanzdienstleistungen" blühte auf. Schlüssel-
industrien wie Stahl, Schiffsbau und Chemie rutschten
dagegen in eine tiefe Depression.

Es war wohl weniger die Stasi-Affäre des „Kanzlerspi-
ons" Günther Guillaume als die innenpolitischen Aus-

wirkungen der Ölkrise, die zum Sturz der Regierung Willy Brandt im Jahr 1974 geführt haben. Ihm folgte Helmut Schmidt als Kanzler. Überall in Europa stürzten damals Regierungen über die wirtschaftlichen und sozialen Auswirkungen des Ölschocks. Mit ihnen gingen gewisse Grundorientierungen der Regierungspolitik.

Am schärfsten allerdings trafen die wirtschaftlichen Auswirkungen des Ölschocks die Entwicklungsländer. Damals konnte man diese Länder noch mit einigem Recht „Entwicklungsländer" nennen, weil da und dort noch Fortschritte in Landwirtschaft und Industrieaufbau zu beobachten waren. Inzwischen spricht man von Ländern der sogenannten „Dritten Welt". Die meisten dieser Länder wurden völlig unvorbereitet von der plötzlichen Verteuerung ihrer Energieversorgung um 400 Prozent überrascht. Die Verteuerung beschränkte sich ja auch keineswegs auf die Energieträger. Sie schlug auf nahezu alle Güter durch. Besonders empfindlich wirkte sie sich bei energieintensiven Gütern wie Düngemitteln, Baustahl und den Werkstoffen der chemischen Industrie aus. Die stets kritischen Medien begannen damals zwischen Ländern der Dritten Welt und solchen der „Vierten Welt" zu unterscheiden. Sie sprachen von „Triage". Der Begriff stammt aus bestimmten Kriegssituationen, wenn die Sanitäter wegen der vielen anfallenden Verwundeten auf dem Schlachtfeld und in den Lazaretten zwischen rettbaren und unrettbar verlorenen Verwundeten unterscheiden müssen. Als Vierte Welt ausgemustert wurden jene Länder, über die man heute – abgesehen von Rekordzahlen bei AIDS-Opfern und Hungertoten – nur noch wenig in den stets kritischen Medien erfährt.

1973 hatten viele Entwicklungsländer wie zum Beispiel Indien noch eine positive Handelsbilanz. Im Jahr 1974 schrumpften die Währungsreserven Indiens auf 629 Millionen Dollar. Dem standen noch offene Ölrechnungen über 1 241 Millionen Dollar gegenüber. Im Sudan, in Pakistan, auf den Philippinen, in Thailand, in Afrika und Lateinamerika – überall rissen Defizite aus den Ölrechnungen die Zahlungsbilanzen auseinander. Nach Angaben des Internationalen Währungsfonds erlitten die Entwicklungsländer allein im Jahr 1974 ein plötzliches Handelsdefizit von 35 Milliarden Dollar. Das war damals noch eine kolossal hohe Summe. Inzwischen hat man sich an solche Zahlen gewöhnt. Dieses 35-Milliarden-Defizit war genau – wen wundert's? – viermal so groß wie das des Jahres 1973. Es wuchs im Gleichschritt mit den Ölpreisen.

Anfang der siebziger Jahre war es zu einem sprunghaften Anstieg bei der Industrieproduktion und dem Exporthandel der Entwicklungsländer gekommen. Aber schon 1972 überschwemmten die stets kritischen Medien die öffentliche Meinung mit den eigenartigen Warnungen des noch eigenartigeren Club of Rome. 1973 brach die Aufbauentwicklung jäh ab. In den Jahren 1974 und 1975 kam es weltweit zum steilsten Absturz der gewerblichen Aktivitäten seit dem Kriege.

Die gewerbliche Wirtschaft erlitt unter dem Ölpreisanstieg einen drastischen Schock. Er traf natürlich nicht die Finanz- und Ölwirtschaft. Diese, vor allem die Großbanken in London und an der Wallstreet und die seither berühmten „Sieben Schwestern", das internationale Ölkartell, erlebten einen enormen Aufschwung. Der Ölmulti Esso (Exxon) verdrängte den Automobilriesen General Motors von der Spitze der einkommensstärksten amerikanischen Gesellschaften. Die Schwestern Mobil Oil, Texaco, Chevron und Gulf folgten mit geringem Abstand.

Die Masse des OPEC-Dollareinkommens, die Kissinger „recycled Petrodollars" nannte, floß auf die New Yorker und Londoner Großbanken, die mit Eurodollar handelten und den Ölhandel finanzierten. Chase Manhattan, Citibank, Manufacturers Hanover Trust, Bank of Amerika, Barclays, Lloyds, Midland Bank und wie sie alle hießen, sie alle blähte die neue Petrodollarflut zu bisher nie geahnten Umsätzen auf. Auf dem Wege des „Recycling", der Umverteilung dieser Petrodollar, wurde nun die gigantische Schuldenkrise der achtziger Jahre in die Wege geleitet.[8]

Die „Atomrose" wird entblättert

Die Autoren der Ölpreiserhöhung trieb eine Haupt-
sorge: Wie konnten sie verhindern, daß der Ölpreisschock
nicht die Bemühungen um Alternativen zum Erdöl antrieb und ihnen schließlich ihre wichtigste Waffe aus der
Hand schlug? 1955 hatte Präsident Eisenhower mit seiner
Kampagne „Atomkraft für den Frieden" Entwicklungsländern, die nicht über Kohle- und Erdölvorkommen verfügten – und das waren die meisten –, eine hoffnungsvolle
Perspektive eröffnet. Seitdem wurde auf dem Gebiet viel
getan, und bei der friedlichen Nutzung der Kernenergie
wurden große Erfolge errungen. Anfang der siebziger
Jahre kam die friedliche Nutzung der Kernenergie erst so
richtig in Schwung. Sie bot für die Stromerzeugung eine
wirtschaftlichere und umweltfreundlichere Alternative
zum Verbrennen fossiler Energieträger wie Kohle und
Erdöl.

Das Problem wurde auf höchster Ebene angegangen.
Henry Kissinger hatte einen Mentor mit Namen McGeorge Bundy. Als Dekan hatte er den Studenten Kissinger
in Harvard gefördert. Später, als Kissinger unter John F.
Kennedy im Sicherheitsrat diente, war Bundy sein Vorgesetzter. 1966 verließ McGeorge Bundy seinen Posten im
Weißen Haus, um Präsident der größten und finanzstärk-
sten privaten Stiftung der Welt zu werden, der Ford
Foundation. Er sollte eine entscheidende Rolle bei der
Umgestaltung der Innenpolitik der Vereinigten Staaten
spielen.

Als Präsident der Ford Foundation richtete Bundy 1971
einen neuen Arbeitsbereich der Stiftung ein. Dieses „Projekt Energiepolitik" wurde der Leitung von David S. Free-
man anvertraut. Das Projekt erhielt die stolze Summe von
4 Millionen Dollar zugeteilt und wurde zunächst auf drei
Jahre begrenzt. Auf dem Höhepunkt der Ölkrise 1974
veröffentlichte die Ford-Stiftung dann die Studie: „Zeit zu
wählen, Amerikas Energiezukunft". Sie sollte die öffentliche Diskussion während der kritischen Phase der Ölkrise
in die gewünschte Richtung lenken.

Zum ersten Mal wurde in den Führungskreisen der USA die verlogene These verfochten: „Wirtschaftswachstum ist nicht an wachsenden Energieverbrauch gekoppelt. Es handelt sich nicht um siamesische Zwillinge." Freemans Studie trat für bizarre und auf Grund ihrer niedrigen Effizienz nachweislich unbrauchbare „alternative" Energiequellen ein. Sie lenkte die öffentliche Diskussion auf Sonnenenergie, Windkraft, Biogasanlagen und ähnliches. Die Ford-Studie holte auch zum ersten Mal zum Angriff gegen die Kernenergie aus: Kerntechnik könne dazu dienen, Atombomben zu bauen. „Das Brennmaterial selbst oder eines seiner Nebenprodukte, Plutonium, kann selbst direkt oder aufbereitet als Sprengstoff für Atombomben oder atomare Sprengsätze verwendet werden."

Der Jungsozialist Holger Strohm fertigte aus dem Material der Ford-Studie sein im gleichen Jahr auf deutsch erschienenes Buch *Friedlich in die Katastrophe*. Er führte damit die „linke" Studentenbewegung der bis dahin eher „rechts" eingestuften Naturschützerfraktion zu. Noch besser gelang das 1974 Karl Bechert (SPD) mit dem Verdacht, die Bundesregierung verfolge mit ihren Ausbauplänen für die Kernenergie den „Run nach der Atombombe".

Die Ford-Studie stellte zutreffend fest, daß sich die Kernenergie in Zukunft als stärkster Konkurrent zum Erdöl entwickeln werde. Sie warnte in diesem Zusammenhang vor der „zu großen Schnelligkeit, mit der sich die Kernenergie über die Welt ausbreiten werde, insbesondere vor der Entwicklung neuer nuklearer Technologien, unter denen der Schnelle Brüter und die Zentrifugalmethode zur Anreicherung von Uranium herausragen". McGeorge Bundys Projekt umriß den Rahmen für den „grünen" Sturmangriff der amerikanischen Finanzeliten gegen die Kernenergie.[9]

Anfang 1970 hatte sich die Kerntechnik als Hoffnungsträger für die künftige Stromerzeugung durchgesetzt. Sie erwies sich als wirtschaftlicher und umweltfreundlicher als die Verbrennung fossiler Brennstoffe. Als der Ölschock einsetzte, hatte die Europäische Gemeinschaft ihr Atomprogramm weit vorangetrieben. Es sah vor, daß in den Mitgliedsländern bis 1985 160 bis 200 neue Kernkraftwerke ans Netz gehen sollten.

Auch die SPD-Regierung unter Helmut Schmidt reagierte zunächst vernünftig auf den Ölschock. Sie stellte ein neues Atomprogramm vor, das den Bau von Kernkraftwerken mit einer zusätzlichen Leistung von 42 Gigawatt vorsah. Bis 1985 sollten 45 Prozent der Stromerzeugung aus Kernkraftwerken gedeckt werden. Dieses Ziel übertraf in der EG nur Frankreich, das den Bau von Kernkraftwerken mit einer Gesamtleistung von 45 Gigawatt plante. Im Herbst 1975 wies Italiens Industrieminister Carlo Donat Cattin die staatlichen kerntechnischen Gesellschaften ENEL und CNEN an, Vorbereitungen für den Bau von zwanzig neuen Kernkraftwerken zu treffen und sie bis Anfang der achtziger Jahre in Betrieb zu nehmen. Selbst Spanien, das nach vierzig Jahren Franco endlich Luft holen konnte, faßte den Plan, bis zum Jahr 1980 zwanzig neue Kernkraftwerke in Betrieb zu nehmen. Ein typisches Kernkraftwerk mit einer Leistung von 1 Gigawatt – das entspricht der Leistung eines Blocks des Kernkraftwerks Biblis – kann den Strombedarf einer Industriestadt mit einer Million Einwohnern decken.

Die rasch wachsende Atomindustrie der europäischen Staaten, vor allem in Frankreich und Deutschland, bedrohte das relative Energiemonopol der Sieben Schwestern und machte es als Waffe im weltweiten Finanzkrieg ihrer Banken stumpf. Sie wurde auch zu einer bedrohlichen Konkurrenz für den US-Export von Kernkraftwerken. Frankreich hatte beim Schah eine Absichtserklärung erwirkt, vier Kernkraftwerke zu kaufen. Das gleiche war der deutschen Firma KWU gelungen. Mit der Regierung Bhutto in Pakistan hatte Frankreich einen Vertrag über den Aufbau einer eigenen kerntechnischen Infrastruktur, die neben dem Bau von Kernkraftwerken auch den Ausbau des Elektrizitätsnetzes und die Ver- und Entsorgung mit nuklearen Brennstoffen vorsah. Deutschland hatte noch 1976 ein solches Abkommen mit Brasilien trotz heftigen ausländischen Drucks zu Stande gebracht. Dort soll-

ten nicht nur acht Kernkraftwerke, sondern auch eine
Wiederaufbereitungsanlage und eine Anlage zur Anreicherung von Uran entstehen. Die kerntechnische Industrie in Deutschland und Frankreich arbeitete bei voller
Unterstützung ihrer Regierung mit den technisch ent-
wickeltsten Ländern der sogenannten Dritten Welt zusammen, um dort die energetische Voraussetzung für
deren Industrialisierung zu legen. Sie sahen ihre Tätigkeit
noch ganz im Geiste der Erklärung des amerikanischen
Präsidenten Eisenhower „Atomkraft für den Frieden".
Aber seit 1953 war viel geschehen.

Diese Entwicklung mußte früher oder später die Rolle
des Öls als Energielieferant der Weltindustrie schmälern.
Es ist nur logisch, daß sie diejenigen alarmierte, welche
mit der Hand am Ölhahn Weltpolitik zu machen gewohnt
waren – und mit ihnen natürlich die stets kritischen Medien.

Die Kernenergie wuchs in der Nachkriegszeit in eine
ähnliche Rolle, wie das Öl nach dem Ersten Weltkrieg, als
es allmählich die Bedeutung der Kohle zurückzudrängen
begann. Damals hatten Lord Fisher und Winston
Churchill darüber gestritten, ob die britische Flotte von
Kohle- auf Ölfeuerung umgerüstet werden sollte. Als Bei-
werk dieses Streits hatten sich England und sein Junior-
partner, die USA, den Zugriff über die Weltölreserven gesichert und ihn zur „objektiven" Grundlage ihrer Weltherrschaft ausgebaut. Die Kerntechnik drohte nun schier
unkontrollierbare Energiequellen zu erschließen. Die Ur-
anvorkommen lagen anders gestreut als die traditionellen
Ölquellen. Die Brütertechnik versprach die Energieaus-
beute des Urans zu versechzigfachen, so daß es recht einfach wurde, langfristige strategische Energievorräte anzulegen. Die Kernfusionstechnik schließlich würde jede
Kontrolle über die Energiequellen unmöglich machen.

Unmittelbar auf dem Höhepunkt des Ölschocks 1974
gründeten sich zwei Industrieorganisationen, die bezeichnenderweise ihr Hauptquartier in London aufschlu-
gen. Anfang 1975 bildete sich die halb offizielle, halb geheime „Londoner Gruppe". In ihr taten sich die Ausrüster

von kerntechnischen Anlagen aus England, den USA, Kanada, Frankreich, der UdSSR aber auch aus der Bundesrepublik und Japan zusammen. Sie stellt einen Versuch der anglo-amerikanischen Elite dar, eine Art Selbstbeschränkung beim Export kerntechnischer Anlagen an Entwicklungsländer zu organisieren. Dieser Gruppe trat im Mai 1975 eine ganz geheime Organisation der wichtigsten Lieferanten von Nuklearbrennstoff zur Seite. Im „Londoner Uran-Institut", wie sie sich unauffällig nannte, bestimmten neben England die Vertreter der traditionell britischen Einflußsphäre, wie Kanada, Australien, Südafrika.

Diese „Insider"-Organisationen waren eine notwendige, doch längst nicht hinreichende Voraussetzung, um die „nukleare Bedrohung" anglo-amerikanischer Interessen in den Griff zu bekommen. Die eigentliche Aufgabe konnten solche Institutionen nicht lösen. Diese Aufgabe umriß ein prominentes amerikanisches Mitglied des Aspen-Instituts mit den blumigen Worten: „Wir müssen der Atomrose die Blüte abbrechen." Und genau das taten sie auch.

Das „Projekt Öko-Bewegung"

Es war kein Zufall, daß der Ölschock das Gerede von den „Grenzen des Wachstums" mit sich gebracht hat. Es breitete sich vor allem in der Bevölkerung Westeuropas, und besonders natürlich in Deutschland, aus. Die Härten der Rezession, die dem Ölschock gefolgt war, lieferten dem Gerede einen gewissen anschaulichen Hintergrund. Die Existenzverunsicherung vieler Bürger trug ein gehöriges Maß zur unbewußten Angst bei, aus der sich das Gerede speisen konnte. Die scheinbar aus heiterem Himmel hereingebrochene Unbill nährte Zweifel an dem Optimismus, den man dem technischen Fortschritt ohne große Überlegungen entgegengebracht hatte. Das alles förderte eine kritische Einstellung zum Wirtschaftswachstum. Daran ließ sich die Sorge um den Fortbestand der Lebens-

welt und Fortschrittspessimismus festmachen. Die neue
Weltanschauung kam über die meisten Menschen wie
eine Mode. Sie merkten nicht, was ihnen da angezogen
wurde und glaubten, es wäre ihrem ureigenen Geschmack entsprungen. Ausgearbeitet und verbreitet wurden diese Meinungen von den Soziologen und Psychologen, die das Brot der anglo-amerikanischen Finanzkreise
aßen, welche nach Saltsjöbaden den Ölschock inszeniert
hatten – flankiert natürlich von den stets kritischen Medien.

Anfang der siebziger Jahre begann eine gewaltige Pro-
pagandaoffensive. Die Materialien stammten von ausgesuchten anglo-amerikanischen Denkfabriken. Zuerst ausgesuchte Zeitungen und schon bald die ganze Medien-
schar beteiligten sich einhellig an der Kampagne. Eine allgemeine Diskussion über „Grenzen des Wachstums"
setzte ein. Sie sollte indirekt die willkürlich auferlegten
Härten des Ölschocks rechtfertigen und den Erfolg dieser
Politik absichern. Die zentrale Figur hinter der Kampagne
war der Boß von Atlantic Richfield, Robert O. Anderson.
Der amerikanische Ölmann hatte am Bilderberg-Treffen
in Saltsjöbaden teilgenommen und es auf sich genommen,
die „Ökologiebewegung" in Gang zu bringen.

Anderson und seine Firma trichterten Millionen Dollar
in die Atlantic-Richfield-Stiftung und von dort weiter in
Organisationen, die gegen die Kernenergie mobilmach-
ten. Einer der größten Nutznießer dieser außerordentlichen Freigebigkeit war eine Gruppe, die sich „Freunde
der Erde" nannte. Sie wurde mit einem Scheck der Stiftung über 200 000 Dollar als Starthilfe bedacht. Als erstes
nahmen sich Andersons „Freunde der Erde" die deutsche
Nuklearindustrie vor. Ihr Mann war der Jungsozialist
Holger Strohm, der mit seinem Buch *Friedlich in die Katastrophe* schon 1973 die Argumente aus Freemanns Ford-
Studie nach Deutschland importiert hatte. Strohm und
seine öligen „Freunde der Erde" waren die treibende
Kraft hinter den Antikernkraft-Demonstrationen zum
Beispiel gegen Brokdorf 1976, die nicht selten zu gewalt-
tätigen Schlachten ausarteten. Die „Freunde der Erde" in

Frankreich leitete Brice LaLonde. Er war Rechtsanwalt und leitete das Pariser Büro der Kanzlei des Rockefeller-Clans, Coudert Brothers. LaLonde ist heute Mitterrands Umweltminister.

Atlantic Richfields „Freunde der Erde" waren es auch, die ein großes Uranabkommen zwischen Australien und Japan zu Fall brachten. Im November kam es zu einem Treffen zwischen Japans Premierminister Tanaka und seinem australischen Kollegen Gough Whitlam in Canberra. Sie beschlossen, daß Australien an Japan Uran im Wert von rund einer Milliarde Dollar liefern sollte, und die Entwicklung und den Betrieb einer gemeinsamen Urananreicherungsanlage. Das Abkommen paßte der weltweit operierenden Bergwerksgesellschaft Rio Tinto Zinc nicht ins Konzept. Sie sorgte dafür, daß die „Freunde der Erde" nach Australien reisten und gegen die anstehenden Abmachungen mit Japan zu Felde zogen. Die Demonstrationen und begleitenden Maßnahmen der einflußreichen Freunde dieser „Freunde der Erde", die in den Regierungen Washingtons und Londons saßen, führten in wenigen Monaten zum Sturz der Regierung Whitlam. Damit war das Abkommen aus der Welt geschafft.

Die Freunde der Erde waren aber nur eines der bescheideneren Mittel des Robert O. Anderson von Atlantic Richfield Oil Co. Das bedeutendste Vehikel zur Verbreitung der „Grenzen des Wachstums" war sein „Aspen-Institut für humanistische Studien". Er selbst war Vorsitzender des Instituts, ein weiteres Vorstandsmitglied der Atlantic Richfield Oil Co., Thornton Bradshaw, sein Stellvertreter. Das renommierte Aspen-Institut war der wichtigste Kanal, über den die Antikernkraft-Bewegung in den frühen siebziger Jahren finanziert und aufgebaut worden ist. Und für neue Ideen und Geld waren nicht nur die stets kritischen Medien, sondern auch „linke" Oppositionelle schon immer zu haben.

Im Kuratorium des Aspen-Instituts fanden sich so oppositionelle Denker wie Robert S. McNamara, Kriegsminister während des Vietnamdesasters und später Weltbankpräsident, oder Lord Bullock von der Universität Oxford, Richard Gardner, später US-Botschafter in Italien, und der Wallstreet-Bankier Russell Peterson vom Bankhaus Lehmann Brothers Kuhn Loeb Inc. Man traf dort auch die liebe Konkurrenz, nämlich Jack G. Clarke aus dem Aufsichtsrat von Exxon, Jerry McAfee von Gulf Oil, sowie den Direktor von Mobil Oil George C. McGhee, der inzwischen einen hohen Posten im US-Außenministerium bekleidet hatte und schon bei der Gründung der Bilderberg-Gruppe 1954 mitgespielt hatte. Aus Deutschland gehörte dem erlauchten Gremium Marion Gräfin Dönhoff an, die sich als Herausgeberin der Wochenzeitung *Die Zeit* einen Namen gemacht hatte, und der frühere Hochkommissar John McCloy, der lange den Vorsitz bei der Chase Manhattan Bank innehatte.

Aus McGeorge Bundys Ford-Stiftung lieh sich Robert O. Anderson Joseph Slater aus, um die Geschäfte des Aspen-Instituts zu führen. Als erstes holte Slater sich den Segen und die Gelder der Vereinten Nationen für einen Feldzug gegen industrielles Wachstum und vor allem gegen die Kernenergie. Slater sorgte auch dafür, daß ein Vorschlag des schwedischen Gesandten bei den Vereinten Nationen, Sverker Astrom, gegen den erbitterten Widerstand aus dem Lager der Entwicklungsländer durchgesetzt wurde: eine Weltumweltkonferenz der Vereinten Nationen.

Diese Umweltkonferenz, die 1972 in Stockholm stattfand, war von Anfang an das Werk der Funktionäre des Aspen-Instituts. Den Vorsitz der Konferenz führte ein Vorstandsmitglied des Aspen-Instituts, nämlich Maurice Strong von der kanadischen Ölfirma Petro-Canada. Das Institut sorgte dafür, daß die Vereinten Nationen eine Propagandaagentur gegen industrielle Entwicklung und Kernenergie errichteten, das Internationale Institut für Umwelt und Entwicklung. Im Vorstand saßen unter anderen Robert O. Anderson, Robert McNamara, Maurice Strong und dazu Roy Jenkins von der britischen Labour Party. Die neue Organisation veröffentlichte als eine der ersten Maßnahmen das Buch *Nur eine Erde* von René Dubos, einem Mitarbeiter der Rockefeller-Universität, und Barbara Ward. Barbara Ward oder auch Lady Jackson ist eine britische Neomalthusianerin. Auch die Organisation der Internationalen Handelskammern begann Seminare zu sponsern, auf denen Maurice Strong ausgesuchten, internationalen Geschäftsleuten die neue Öko-Ideologie nahebrachte.

Die Stockholmer Umweltkonferenz der Vereinten Nationen bereitete die Infrastruktur für die bald vehement einsetzende Medienkampagne vor. Sie wurde genau zu dem Zeitpunkt gestartet, als der Jom-Kippur-Krieg die Ölkrise auslöste. Sie richtete sich in erster Linie gegen die Kernenergie und benutzte die breiter angelegten Umweltschutzargumente weitgehend nur als Einführungs- und Rahmenprogramm der Antikernenergie-Kampagne. Mit der Ölindustrie so stark verwobene Einrichtungen wie die Atlantic Richfield Foundation, die Rockefeller Brothers Foundation und andere vergleichbare Organisationen der anglo-amerikanischen Führungselite spuckten Millionenbeträge für diese sich doch so „oppositionell" gebärdende Bewegung aus. Und siehe da, die Öko-Kampagne lief wie geschmiert.

Eine der renommierteren Organisationen, die damals Finanzmittel erhielten, war der World Wildlife Fund (heute World Wide Fund for Nature, WWF). Im Vorstand dieses Elitevereins trifft man so „oppositionelle Aktivisten" wie Prinz Bernhard von der Bilderberg-Gruppe oder John H. Loudon vom Vorstand der Royal Dutch Shell. Loudon ist zufällig auch Direktor beim Bankhaus N.M. Rothschild Orion und bei der Chase Manhattan. Des weiteren findet man beim WWF Dr. Luc Hoffmann vom Chemiegiganten Hoffmann-LaRoche, IBM-Vorstandsmitglied Thomas J. Watson und hohe NATO-Beamte wie Russell Train und Aurelio Peccei.[10]

Den überwältigenden Einfluß der Finanzeliten auf die stets kritischen Medien zeigt die einfache Tatsache, daß in den langen Jahren der Antikernkraft-Kampagnen niemand empört auf Interessenverflechtung ihrer Betreiber verwies – auf die Verbindung zwischen der von Robert O. Anderson so reichlich finanzierten Antikernkraft-Bewegung und der Tatsache, daß seine Atlantic Richfield Oil

Co. und die Gesellschaften seiner Mitstreiter die Haupt-
nutznießer der fortgesetzten Abhängigkeit ganzer Volkswirtschaften vom Öl waren. Aber wer wollte schon die
wildgewordenen Antikernkraft-Demonstranten in Brokdorf und anderswo mit so ehrenwerten und staatstragen-
den Gesellschaften wie Andersons Atlantic Richfield Oil
Co., Esso, BP, und Shell in Verbindung bringen?

Diese Gesellschaften hatten zig Millionen Dollar in finanziell hochriskante Ölunternehmungen in Alaska und
in der Nordsee gesteckt. Sollten sie zusehen, wie billige
Kernenergie diese Investitionen wertlos machte? Die
Öko-Bewegung und die stets kritischen Medien zeigten
für diese Interessen viel Verständnis, versteckten es aber
schamhaft hinter impotentem Geschimpfe auf das hem-
mungslose Profitinteresse des Kapitals. Hätte der Ölschock von 1974 nicht den Ölpreis pro Faß von 1,9 Dollar
auf 3,01 Dollar und dann bis auf 11,65 Dollar hochgetrieben, wären diese Investitionen in Alaska und in der Nordsee nicht nur unrentabel gewesen, sondern hätten diese
Gesellschaften in den finanziellen Ruin treiben können.

Um sich auch in England eine gute Presse zu sichern,
kaufte Anderson damals einfach die renommierte Londoner Zeitung *The Observer*. Davon abgesehen fragte auch
niemand öffentlich nach, ob Anderson und seine einflußreichen Freunde nicht vielleicht doch im voraus wußten, daß Henry Kissinger ihre riskanten Investitionen
durch einen Ölpreisanstieg um 400% absichern würde.[11]

Aber werfen wir noch einen scheuen Blick unter die Ma-
tratzen eines anderen wichtigen Wegbereiters der Null-
wachstums- und Öko-Ideologie! In Italien unterhält die
Familie Rockefeller einen wunderschönen Landsitz, die
Villa Bellagio am Comer See. Dorthin luden die Rockefellers Aurelio Peccei von Olivetti und Fiat, Alexander King
von der OECD und weitere einflußreiche Leute ein, um
den Club of Rome ins Leben zu rufen. Dieser Club wurde
weltberühmt, als er 1972 mit der Veröffentlichung *Limits
to Growth* oder *Grenzen des Wachstums* an die Öffentlichkeit trat. Es handelte sich um eine Neuauflage von Thomas Malthus' widerlegten Thesen, jedoch garniert mit

modernen Computergraphiken.

Dennis Meadows und Jay Forrester waren die Autoren dieses Pamphlets. Heute kann es keiner mehr lesen, ohne sich über die darin enthaltenen Unrichtigkeiten und Dummheiten zu wundern. Doch den stets kritischen Medien erschien es wie eine neue Offenbarung. Die beiden Verfasser kündigten an, die Menschheit werde demnächst untergehen, weil ihr die Energie, die Nahrungsmittel und andere Rohstoffe ausgingen. Technischen Fortschritt berücksichtigten oder liebten sie sowenig wie ihr Vorgänger Malthus. Die Menschheit könne – so schlugen sie vor – nur dadurch ihre Überlebenszeit verlängern, daß sie mit den Rohstoffen, vor allem mit dem Öl sparsamer umginge. Das beste Mittel hierfür ist bekanntlich die Verteuerung. Eine weitere Forderung war, die Menschheit müsse ihre Zahl reduzieren. Mit wem man anfangen solle, sagten die beiden Schreibtischtäter natürlich nicht. Die Opfer sollten alle denken, die anderen würden zuerst „reduziert". Die Botschaft des Club of Rome war ein niederdrückender Kulturpessimismus übelster Sorte.

Das Land, in dem sich die Antiatombewegung am heftigsten rührte, war Deutschland. Zwar hatte Frankreich ein weit ehrgeizigeres Nuklearprogramm als Deutschland, aber in Deutschland stand seit 1945 ein erfolgreicher Umerziehungs- und Meinungsformungsapparat zur Verfügung. Auch schien Deutschland der gefährlichere wirtschaftliche Konkurrent zu sein. Helmut Schmidts Unterschrift unter dem nuklearen Aufbauprogramm von 1975 war kaum trocken, da brach der Sturm gegen die Kernenergie im Lande los. Er wurde nicht zuletzt von Helmut Schmidts eigener Partei angefacht.

In diesem Sturm spielte eine junge Frau mit eigenartiger Vergangenheit eine besondere Rolle. Petra Kellys Mutter war Deutsche, ihr Stiefvater Amerikaner. Bis 1970 hatte sie in Amerika gelebt und unter anderem für Senator Hubert Humphrey gearbeitet. Dann war sie in Kontakt mit einer der Frontorganisationen geraten, die McGeorge Bundys Ford-Stiftung gegen die Kernenergie aufgebaut hatte. Sie nannte sich „Natural Resources Defence Council", Rat zur

Verteidigung der natürlichen Rohstoffe. In ihrem Vorstand traf sie auf Barbara Ward und Laurance Rockefeller.

  Die Organisation schickte Petra Kelly nach Deutschland, um der Antikernkraft-Bewegung neue, amerikanische Impulse einzuhauchen. Zunächst wurde der Bau von
Kernkraftwerken mit Hilfe allerlei Verwaltungstricks
kostspielig verzögert. Inzwischen wurde ein „breites
Bündnis" von der „neuen Linken" bis zur SPD und den
Gewerkschaftsfunktionären aufgebaut. Das Atomprogramm der Bundesrepublik wurde nicht direkt gekippt,
es bröckelte ab und zerfiel und wurde allmählich und
Stück für Stück als „in der breiten Bevölkerung nicht mehr
durchsetzbar" begraben. Zig Milliarden DM an Entwick-
lungskosten, Investitionen und Prozeßkosten der gefährlichen Konkurrenz waren im Sande verronnen.

Bevölkerungskontrolle zur nationalen Sicherheit

1798 stellte die britische Monopolgesellschaft, die East
India Company, einen obskuren Pfarrer an und machte
ihn zum Professor für Volkswirtschaftslehre am firmenei-
genen Haileybury College. Sie brachte ihn und seinen
Essay über das Bevölkerungsgesetz (Essay on the Principle of
Population as it affects the Future Improvement of Society) ganz groß heraus. Thomas Malthus wurde von der
Gesellschaft weltberühmt gemacht. Dabei war das Mach-
werk weitgehend ein Plagiat. Malthus hatte es aus einem
Pamphlet abgeschrieben, womit ein Venezianer die opti-
mistische Bevölkerungstheorie Benjamin Franklins angegriffen hatte. Das Pamphlet aus dem Jahre 1774 stammte
von Giammaria Ortes. Malthus übernahm die Aussagen
von Ortes, fügte ihnen einige Rechenbeispiele bei, die ihm
den Anstrich mathematischer Exaktheit und „Wissen-
schaftlichkeit" geben sollten. So entstand sein „Gesetz
vom geometrischen Wachstum". Es besagte schlicht und
einfach, während die Bevölkerung geometrisch (exponentiell) wachse, könne die Nahrungsmittelproduktion nur
arithmetisch (linear) gesteigert werden. Das sei der

Grund, warum es mit Naturnotwendigkeit immer wieder zu Versorgungskrisen komme, welche die Bevölkerung auf ein tragbares Maß reduzierten. Vom rein menschlichen Standpunkt möge man das bedauern, vom wissenschaftlichen Standpunkt müsse man sich mit dieser Notwendigkeit abfinden.

Malthus' Theorie des naturgewollten Elends der Massen wurde von der damals einsetzenden Entwicklung der industriellen Zivilisation widerlegt. Technische Erfindungen, die Malthus als unbedeutend ausgeklammert hatte, ermöglichten enorme Wachstumsraten in Industrie und Landwirtschaft und eröffneten den Menschen neue Entfaltungsräume.[12]

Mitte der siebziger Jahre unseres Jahrhunderts wurde der obskure britische Pfarrer wieder aktuell. Hohe Regierungsbeamte der USA und angesehene Vertreter des Establishments stellten sich vor Reporter und Fernsehkameras und bekannten, sie seien überzeugte Neomalthusianer. Sie taten das ungestraft und zeigten damit, wie weit die neue Öko-Ideologie die öffentliche Meinung bereits durchsäuert hatte. Nur wenige Jahre früher wären sie wegen solcher Bekenntnisse aus Amt und Würden hinausgelacht worden. Aber nirgends zeigte sich der Missionserfolg der neuen Glaubensrichtung so brutal wie in Kissingers Nationalem Sicherheitsrat.

Am 24. April 1974, also auf dem Höhepunkt der Ölkrise, unterschrieb der Sicherheitsberater des Weißen Hauses Henry Kissinger ein Memorandum, das die Grundlinien der US-Politik für die nächsten Jahre festlegte. Das „National Security Study Memorandum 200" (NSSM 200) trug den Titel „Auswirkungen des weltweiten Bevölkerungswachstums auf die Sicherheit der Vereinigten Staaten und ihre Interessen in Übersee". Es richtete sich an alle Kabinettsmitglieder, an den Generalstab und die verantwortlichen Leiter der CIA und anderer Dienste der USA. Am 16. Oktober 1975 bestätigte Präsident Gerald Ford auf Betreiben Kissingers in einem weiteren Memorandum die Notwendigkeit, „amerikanischer Führung in Sachen Weltbevölkerung". Es bezog sich im wesentlichen auf das

geheime Memorandum NSSM 200. Dieser Ausführungsverordnung machte zum ersten Mal in der Geschichte der
Vereinigten Staaten den Malthusianismus zur Leitidee der
Sicherheitspolitik der amerikanischen Regierung.

Es ist eine bittere Ironie der Geschichte, daß diese Politik in den USA ausgerechnet durch einen in Deutschland
geborenen Juden, Henry Kissinger, eingeführt wurde. In
dem für den Nationalsozialismus richtungweisenden
Buch *Das Dritte Reich* hatte Möller van den Bruck das Problem der Übervölkerung zum politischen Leitbegriff
schlechthin erhoben. Die Nationalsozialisten waren allerdings aus Rücksicht auf das Wertgefühl der Bevölkerung
mit der öffentlichen Propagierung solcher Ziele noch sehr
vorsichtig umgegangen.

Die beiden US-Memoranden argumentieren, das Bevölkerungswachstum in den Entwicklungsländern, die an
die Schwelle zur Industrialisierung heranrückten und in
denen wichtige Rohstoffquellen lagen, stelle eine „potentielle Bedrohung der nationalen Sicherheit der USA" dar.
NSSM 200 warnt davor, daß diese Länder unter dem
Druck ihrer wachsenden Bevölkerung von den USA für
ihre Rohstoffe höhere Preise und für sie günstigere Handelsbedingungen durchsetzen könnten. Es listet dreizehn
Länder auf, die sich als „strategische Ziele" für amerikanische Initiativen zur Bevölkerungskontrolle anböten. Die
Liste, die Henry Kissinger 1974 nach Konsultationen mit
dem britischen Außenministerium zusammengestellt
hatte, ist aufschlußreich.

Kissinger sagt in seinem Memorandum wörtlich: „Um
wieviel wirksamer sind Ausgaben für Maßnahmen zur
Bevölkerungskontrolle als Investitionen, die die Produktion anheben, zum Beispiel Investitionen in Bewässerungsanlagen, Kraftwerke und Fabriken." Die britischen
Imperialisten des 19. Jahrhundert hätten sich nicht deutlicher ausdrücken können. Damit hatte sich die US-Regierung einem politischen Programm verschrieben, das den
Abbau der eigenen gewerblichen Wirtschaft in Kauf
nahm und dem Rest der Welt Hunger, Elend und vorzeitiges Sterben verordnete. Als wichtigste Opfer der Maß-

nahmen zur Bevölkerungskontrolle nennt die Studie die Länder in der Reihenfolge: Brasilien, Pakistan, Indien, Bangladesch, Ägypten, Nigeria, Mexiko, Indonesien, die Philippinen, Thailand, Türkei, Äthiopien und Kolumbien. Der Leser mag selbst über die tragische Geschichte dieser dreizehn unglücklichen Länder seit 1974 nachdenken.[13]

Anmerkungen

1. Argy, Victor: *The Postwar International Monetary Crisis*. London 1981, bei George Allen & Unwin.
2. Vgl. Unterlagen der Bilderberg-Konferenz in Saltsjöbaden, 11.-13. Mai 1973. Der amerikanische Teilnehmer, der im Einleitungsvortrag das Szenario des Ölpreisanstiegs um 400 Prozent darstellte, war Walter Levy. Dem Verfasser liegen private Unterlagen Levys in Fotokopie vor. Seine Karriere band ihn fest an die großen Ölkonzerne. 1948 arbeitete er als zuständiger Sachbearbeiter für die US-Regierung bei der Marshall-Plan-Behörde. In dieser Funktion schmetterte er eine offizielle Anfrage der US-Regierung ab, wonach Vorwürfe untersucht werden sollten, daß die Ölfirmen den Empfängerländern von Geldern aus dem Marshall-Plan für ihre Öllieferungen einen ungerechtfertigt überzogenen Preis berechneten.
   Das Bilderberg-Treffen in Saltsjöbaden hatte ein Robert Murphy organisiert. Auch er hat eine interessante Vorgeschichte. Robert D. Murphy hatte sich als Generalkonsul der Vereinigten Staaten 1922 zum ersten Mal mit Adolf Hitler getroffen und über das Treffen und die Fähigkeiten Adolf Hitlers einen äußerst günstigen Bericht nach Washington geschickt (vgl. Kap. 6). Derselbe Murphy war 1944 als „politischer Berater bei der US-Regierung für Deutschland" und ab 1945 als „politischer Berater bei der US-Militärregierung in Deutschland" tätig.
3. Golan, Matti: *The Secret Conversations of Henry Kissinger: Step by Step Diplomacy in the Middle East*. New York 1976, bei Bantam Books.
4. Kissinger, Henry, A.: *Years of Upheaval*. Boston 1982, bei Little Brown.
5. Das Memorandum ist abgedruckt in: *International Currency Review*, Vol. 20, London, 6. Jan. 1991, S. 45.
6. Aus einem Interview mit James Akins. Akins diente damals als Direktor des Büros für Treibstoff und Energie des US-Außenamtes und später als US-Botschafter in Saudi-Arabien.
7. Goodwin, Craufurd D., u.a.: *Energy Policy in Perspective*. The Brookings Institution, Washington D.C. 1981.
8. Welche intimen Beziehungen damals zwischen Henry Kissinger und dem britischen Außenministerium während der gesamten Periode der Ölkrise bestanden, stellt er selbst in seiner Rede vom 2. Mai 1982 vor dem Royal Institute of International Afairs in London (Chatham House) dar. Nachdem er mehrere Minuten lang die britische Gleich-

gewichtspolitik zweier Jahrhunderte in den höchsten Tönen gelobt
hatte, kam Kissinger auf die „Sonderbeziehungen" zwischen England und den USA in der Nachkriegszeit zu sprechen. „Unsere diplomatische Nachkriegsgeschichte ist von anglo-amerikanischen
Abkommen und Verständigungen durchzogen, die manchmal ganz
entscheidende Gegenstände betrafen, die sich aber *niemals in schrift-
lichen Dokumenten niederschlugen.* Die Briten waren dabei tatsächlich
so hilfreich, daß sie an den internen amerikanischen Überlegungen
beteiligt wurden, und das in einem Maße, *wie es wohl nie zuvor zwischen zwei souveränen Nationen praktiziert worden war.* Während mei-
ner Amtszeit spielten die Briten in einigen bilateralen Abkommen die
Schlüsselrolle. Während ich im Weißen Haus arbeitete, hielt ich *das
britische Außenministerium besser informiert* und in den Entschei-
dungsprozeß enger eingebunden als das amerikanische Außenministerium..." Kissinger gab dafür als Beispiel seine Verhandlungen über
die Zukunft Rhodesiens an und sagte wörtlich: „In meinen Verhandlungen über Rhodesien ging ich von einer britischen Vorlage mit britischer Schreibweise aus, wobei ich den Unterschied zwischen einem
Arbeitskonzept und einem vom Kabinett verabschiedeten Dokument nicht ganz erfaßte. Diese Art von Zusammenarbeit erstreckt
sich bis in unsere Tage". — Vgl. Kissinger, Henry A.: *Reflections on a
Partnership: British and American Attitudes to Postwar Foreign Policy.
Royal Institute of International Affairs, Chatham House, London, 10. Mai
1982.

9. *Das Energieprojekt der Ford-Stiftung:* A Time to Choose: Americas
Energy Future. Cambridge, Mass. 1974, bei Ballinger Publishing Co.
10. Im Juni 1973 gründete der Vorsitzende der Chase Manhattan Bank,
David Rockefeller, eine neue einflußreiche internationale Institution,
die sich weitgehend aus Mitgliedern der Bilderberg-Gruppe zusam-
mensetzte. Er nannte sie Trilaterale Kommission. Ihr erster leitender
Direktor war Zbigniew Brzezinski von der Bilderberg-Gruppe. Aufgabe der Kommission war es, Spitzenleute der europäischen und japanischen Geschäftswelt und Finanzelite in den anglo-amerikanischen Prozeß der politischen Entscheidungsfindung und vor allem
Durchsetzung einzubeziehen. Als Brzezinski 1976 unter Präsident
Jimmy Carter Kissingers Platz als Sicherheitsberater des Weißen
Hauses einnahm, löste Kissinger ihn auf seinem Posten bei der Trilateralen Kommission ab. Carter, wie viele seiner Kabinettskollegen,
gehörte selbst dem erlauchten Kreis der Trilateralen an.
11. Die Aussagen basieren auf umfangreichen Interviews und For-
schungsarbeiten, die der Verfasser über gut sechzehn Jahre hinweg
betrieben hat.
12. Eine ausgezeichnete und weitreichende Kritik an Malthus und dem
modernen Malthusianismus findet man in LaRouche, Lyndon H.: *Es
gibt keine Grenzen des Wachstums.* Wiesbaden 1983, bei Dr. Böttiger
Verlags-GmbH.
13. National Security Study Memorandum 200: *Implications of Worldwide
Population Growth for U.S. Security and Overseas Interest.* U.S. National
Archives, Dezember 1974.

10. Kapitel

Stöhnen unter dem Ölschock

Die „Petrodollarordnung" ruiniert die Entwicklungsländer

Ein tiefsitzender ökonomischer Schock war der Öl-preisinflation des Jahres 1974 gefolgt und hatte die Weltwirtschaft gelähmt. Trotzdem konnten sich einige Regionen der Welt gegen Ende 1975 von dem schweren Schlag etwas erholen. Sie versuchten auf dem Weg der industriellen Entwicklung etwas weiterzukommen. Im wesentlichen war aber die Zielsetzung der anglo-amerikanischen Bilderberg-Gruppe erreicht worden, auch wenn sie den allgemeinen Rahmen industrieller Entwicklung noch nicht zu ihrer vollen Zufriedenheit hatte verändern können. Wären ernsthafte Bemühungen zur Industrialisierung der Entwicklungsländer aufgeflammt, hätte das noch immer ihre strategische Vorherrschaft herausfordern können.

Sucht man einen zuverlässigen Maßstab für die Gesundheit des wirtschaftlichen Fortschritts der Welt, dann eignet sich dazu am besten die Weltstahlproduktion oder die Dichte des weltweiten Güterfrachtverkehrs, also die Anzahl der Tonnen pro im Seefrachtverkehr zurückgelegter Meile. Solche Zahlen deuten besser an, was wirtschaftlich geschieht, als die üblichen Angaben des Bruttosozialprodukts. Im Bruttosozialprodukt werden die Gelderlöse für wirtschaftliche Dienste, Güter und Transferzahlungen ohne Rücksicht auf ihren produktiven Charakter zusammengezählt. Erlöse aus den Spielkasinos von Las Vegas zählen dabei ebensoviel wie solche aus

dem Bau von Fabriken oder Eisenbahnlinien. Die Zahlen
der Stahlproduktion oder des Weltgüterverkehrs lassen
sich weniger leicht beschönigen. Stahl kommt eine besondere Bedeutung zu, weil er noch immer der wichtigste
Werkstoff für die Herstellung von Produktions-, und
Transport- und Infrastrukturanlagen ist.

Seit den frühen fünfziger Jahren stieg die Weltstahlproduktion ständig an. Sie erreichte 1974-75 mit knapp 500
Millionen Jahrestonnen ihren Höhepunkt. Dann schlug
Kissinger mit der Ölwaffe zu. Die Stahlherstellung ist sehr
energieintensiv und reagierte auf die erste Energiekrise
des Jahres 1974 sehr empfindlich. Sie sackte sogleich um
drastische 15 Prozent ab. Aber schon 1976 begann sie wieder leicht anzusteigen.

Ein ähnliches Muster zeigt der weltweite Seefrachtverkehr. Auch er brach nach der Ölkrise zunächst ein. 1975
war der Weltgüterverkehr zum ersten Mal seit 1945 um
gut 6 Prozent rückläufig. Auch er begann sich in den Jahren 1977 und 1978 wieder leicht zu erholen.[1]

Ein Sektor der Weltwirtschaft konnte sich allerdings
von dem Ölschock nicht mehr erholen. Dies waren die
südlich des Äquators gelegenen Länder und hier besonders solche, die über keine heimischen Ölquellen verfügen. Für die große Mehrheit der Entwicklungsländer bedeutete der Ölschock von 1974 das Ende ihrer wirtschaftlichen Entwicklung. Ihre Ölrechnung verschlang alle Mittel, die sie für den Aufbau der Landwirtschaft und
Industrie zusammengekratzt hatten und trieb sie in eine
rasch wachsende Verschuldung. Ihre Bevölkerung mußte
alle Hoffnung auf ein besseres Leben, die im Wirtschaftsaufschwung der sechziger Jahre aufgekeimt war, fahren
lassen.

Als hätten sich alle Übel miteinander verschworen, fiel
der Ölschock mit dem Beginn der schlimmsten Trocken-
heitsperiode seit mehreren Jahrzehnten zusammen. Es
kam in Afrika, Südamerika und Teilen Asiens zu nach-
haltigen Ernteausfällen. Die Trockenheit schlug gerade in
dem Jahr zu, als die zerstörerische Wirkung des Ölschocks
auf die Wirtschaft dieser Länder am größten war. Die Län-

der sahen sich genötigt, Nahrungsmittel in bisher nie ge-
kanntem Umfang auf dem Weltmarkt, vor allem in den
USA, Kanada und Australien einzukaufen. Da sie die
benötigten Importe aber nicht finanzieren konnten, kam
es in vielen Ländern zu großen Hungersnöten.

1971 hatten die USA die Weltwährung, den Dollar, einseitig vom Gold abgekoppelt. Das hatte eine verdeckte
Preisinflation ausgelöst. Dazu kam 1974 die einseitige Anhebung des Ölpreises um 400 Prozent. Die Folgen für die
im Entwicklungssektor lebenden Menschen waren kata-
strophal.

Der italienische Zentralbankchef Guido Carli klagte damals: „Die Banken werden mit zunehmender Feindseligkeit betrachtet... Das Gefühl des Mißtrauens stammt aus
der Überzeugung, die Geschäftsbanken maßten sich
einen zu großen Eingriff in die Souveränität der Länder
an." Carli ging in seinem Vortrag vor Bankierskollegen
Anfang 1976 auf diese Auswirkungen des Ölschocks
etwas näher ein. Er bemerkte: „Der Schock des Ölpreises
hatte einen Liquiditätsengpaß bewirkt. Die Knappheit an
internationaler Liquidität wurde durch die Banken hervorgerufen, und zwar in großem Maße durch die Filialen
amerikanischer Banken in Übersee."

Carli stellte in diesem Zusammenhang fest, daß einige
Regierungen diese Entwicklung als „eine weitere Bestätigung bösartiger Absichten" jener Kräfte ansahen, die den
Dollar vom Gold abgelöst und schwankende Wechselkurse eingeführt hätten. „Eine derartige Einschätzung
geht davon aus, daß die Entfernung des Goldes aus dem
Währungssystem und das Scheitern aller Bemühungen
um die offizielle Festlegung der Wechselkurse auf einen
hinterhältigen Plan hindeuten, der nur die Vorherrschaft
der amerikanischen Banken stärken solle."[2] Und stimmte
das etwa nicht? Carli jedenfalls setzt seinen ketzerischen
Überlegungen nichts entgegen.

Während sich die Industrieländer 1975 wieder langsam
von dem Ölschock des Vorjahres erholten, verschlimm-
merte sich die allgemeine Lage der Volkswirtschaften in
den Entwicklungsländern. Das Bilanzdefizit aller Ent-

wicklungsländer zusammen genommen erhöhte sich von jährlich ungefähr 6 Milliarden Dollar Anfang der siebziger Jahre auf mehr als 26 Milliarden im Jahr 1974. 1976 erreichte es mit 42 Milliarden bereits das Siebenfache des ursprünglichen Niveaus. Dabei trugen die Länder mit dem niedrigsten Pro-Kopf-Einkommen am meisten zu diesem Defizit bei.

Die Kreditfähigkeit solcher Länder wurde nun öffentlich in Frage gestellt. Bei der Weltbank und den internationalen Großbanken konnten sie daher nicht mehr ohne weiteres Geld aufnehmen. So gaben sie als erstes die für ihre wirtschaftliche Entwicklung vorgesehenen Gelder zur „Sanierung" ihrer Zahlungsbilanz aus. Während sie nach dem Ölschock für eine deutlich schrumpfende Energieversorgung mehr bezahlen mußten, erzielten sie als Folge der allgemeinen Rezession für ihre Rohstoffexporte drastisch geringere Erlöse. Mit kurzfristigen, sehr teuren Krediten mußten sie ihre Zahlungsschwierigkeiten überbrücken. Die einzigen Geldgeber, bei denen sie leihen konnten, waren die anglo-amerikanischen „Eurodollarbanken". Sie brachten auf diese Weise ihre riesigen Petrodollar-Bestände gewinnbringend in Umlauf.

Die Strategie des „Petrodollar-Recycling" der Bilderberg Gruppe war genau abgesteckt. Beteiligte amerikanische und europäische Banken gaben Entwicklungsländern ausschließlich zu dem einen Zweck Kredit, daß diese damit ihre „Zahlungsbilanz" ausglichen. Für Baumaßnahmen bei der Infrastruktur, als produktive Investitionen in Industrie und Landwirtschaft, oder für Zuschüsse, die den Preis der Grundnahrungsmittel für die ärmere Bevölkerung senken sollten, standen keine Kredite zur Verfügung.

So kommt es, daß die meisten „Kredite" dieser multinationalen Großbanken gar nicht erst in die entsprechenden Nehmerländer transferiert werden mußten. Es verschoben sich lediglich die Zahlen auf den Konten der Öllieferanten und Ölkonzerne gegenüber den Konten der Entwicklungsländer. Dafür wurden noch Provisionen und hohe Zinsen berechnet. Ein hervorragendes Geschäft!

Dr. Kissinger und seine Freunde überließen in diesem Geschäft nichts dem Zufall. David Mulford, langjähriger Geschäftspartner der amerikanischen Bank, die im Zentrum des Eurodollarmarktes stand, nämlich White, Weld & Co., wurde zum Leiter und Chefberater der Saudi-Arabian Monetary Agency (SAMA) ernannt. Es handelte sich um eine Abteilung der Zentralbank Saudi-Arabiens. Auf Saudi-Arabien, den damals größten Öllieferanten der OPEC, richteten sich die amerikanischen Ölinteressen besonders. Trotzdem ist es auffällig, daß Saudi-Arabien seine Gelder jetzt ausgerechnet einem Amerikaner anvertrauen wollte, gegen dessen Land die Saudis nur wenige Monate zuvor glaubten, ein Ölembargo verhängen zu müssen. Natürlich haben die stets kritischen Medien auf diesen seltsamen Zusammenhang nicht aufmerksam gemacht. Neben dem Bankhaus White, Weld & Co. arbeitete noch die alteingesessene Londoner Bank Baring Brothers als Finanzvermittler für den Hof Saudi-Arabiens.

Zu den Aufgaben David Mulfords als Direktor der SAMA gehörte es, darüber zu wachen, daß die Saudis einen „weisen" Gebrauch von ihrem ungeheuer gewachsenen Geldreichtum machten. Sie wurde durch die Tatsache erleichtert, daß damals nur die New Yorker Citibank als rein ausländische Bank in Saudi-Arabien tätig sein durfte. Citibank ist die Hausbank großer amerikanischer Ölkonzerne, besonders von Esso und ARAMCO. Es überrascht also nicht, daß allein 1974 70 Prozent der Einnahmen der OPEC-Staaten in ausländischen Wertpapieren angelegt worden sind. Von dieser stattlichen Summe von 57 Milliarden Dollar entfielen gut 60 Prozent auf amerikanische und britische Finanzinstitutionen.[3]

Am 8. Juni 1974 unterzeichnete Henry Kissinger in seiner Funktion als US-Außenminister einen Vertrag über die Einrichtung einer amerikanisch-saudischen Kommission für wirtschaftliche Zusammenarbeit (Joint Commission on Economic Cooperation), wovon wenig öffentliche Notiz genommen wurde. Dieser Vertrag regelte die enge wirtschaftliche Zusammenarbeit zwischen den USA und Saudi-Arabien besonders „auf dem Gebiet der Finanzen".

(Kissinger vereinigte in seiner Person, wie gesagt, eine für amerikanische Verhältnisse höchst ungewöhnliche Machtfülle. Noch bis in die Tage der Regierung Ford blieb er Nationaler Sicherheitsberater des Präsidenten und zugleich Außenminister.)

Über Wesen und Inhalt ihrer neu vereinbarten besonderen Zusammenarbeit bewahrten die Amerikaner und Saudis striktes Stillschweigen, obwohl die geheimen Bestimmungen im Dezember 1974 bis in alle Einzelheiten festgelegt worden waren. Damals war es außerdem noch zu einem gesonderten Abkommen zwischen dem US-Finanzministerium und der SAMA gekommen, das auch die Federal Reserve Bank in New York einbezog. „Die SAMA sollte US-Schatzbriefe mit Mindestlaufzeiten von einem Jahr kaufen", erklärte Jack F. Bennett. Er war damals stellvertretender US-Finanzminister und später Vorstandsvorsitzender bei Esso. Bennett hatte im Februar 1975 ein Memorandum an Henry Kissinger geschickt und darin die Vereinbarungen erläutert, die er vor zwei Monaten getroffen hatte.[4]

Es gab noch eine weitere Merkwürdigkeit, die jedem, der die anglo-amerikanischen Interessen im Persischen Golf nicht genau kannte, auffallen mußte. Die OPEC-Staaten versteiften sich trotz ihrer angeblichen Feindschaft zu den USA - ein Ölembargo ist nun wirklich kein freundlicher Akt - darauf, in Zukunft ausschließlich US-Dollar als Zahlungsmittel für Öllieferungen anzunehmen. Sie wollten keine andere Währung akzeptieren, und wäre sie noch so „hart", weder DM, Yen noch Schweizer Franken.

Nach dem Zweiten Weltkrieg hatte sich der US-Dollar automatisch als Zahlungsmittel für Öl angeboten. Die US-Wirtschaft überragte alle anderen Länder und Volkswirtschaften. Als aber europäische Regierungen nach dem Ölschock mit arabischen Ölländern in ernsthafte Verhandlungen eintreten wollten und zur Begleichung ihrer Ölrechnung Warenlieferungen oder Bezahlung in der eigenen Währung anboten, bissen sie auf Granit. In der nationalen Währung hätten sie die höheren Ölrechnungen nämlich ohne größere, negative Auswirkungen bezahlen können. Industrieländer wie Deutschland und Frankreich hätten die Mittel dafür relativ leicht aufbringen können. Aber nun mußten sie sich erst auf dem Finanzmarkt Dollar beschaffen. Dabei trieben sie den Dollarkurs zum eigenen Nachteil selbst unverhältnismäßig hoch.

Die unglaubliche Inszenierung wird noch durchsichtiger, wenn man bedenkt, daß 1975 eigens zu dem Zweck ein OPEC-Treffen einberufen wurde, die OPEC-Länder darauf festzulegen, daß sie nur noch Dollar als Zahlungsmittel zu akzeptieren hätten. Nicht einmal britische Pfund durften angenommen werden. Noch erstaunlicher und unbegreiflicher ist die Tatsache, daß diese Regelung von der OPEC auch dann noch aufrecht erhalten wurde, als in den folgenden Jahren die Kursschwankungen des US-Dollar der OPEC gewaltige Verluste einbrachten.

Natürlich stabilisierte die Regelung den stark überbewerteten US-Dollar. Die ganze Welt war gezwungen, in riesigen Mengen US-Dollar anzukaufen, um damit die Energieversorgung sicherzustellen. Aber einen nicht minder großen Vorteil zogen daraus die privaten Banken des Eurodollargeschäfts in London und New York.

Daß diese OPEC-Regelung nicht so freiwillig, wie es den Anschein hatte, getroffen worden war, zeigt eine andere Begebenheit aus jenen Tagen. Der damalige Botschafter der Vereinigten Staaten in Saudi-Arabien, James Akins, hat darauf im Vorfeld des Golfkriegs von 1991 hingewiesen. Akins, einer der wenigen Gegner des militärischen Engagements der USA gegen den Irak, zog vom Vorgehen George Bushs eine Verbindung zu Plänen Henry Kissingers aus dem Jahr 1975. Kissinger habe 1975 einen Plan zur militärischen Besetzung Saudi-Arabiens ausarbeiten und dafür nach propagandistisch verwertbaren Vorwänden suchen lassen. Daß sich Akins diesen Plänen entgegengestellt habe, habe seine außenpolitische Karriere abrupt beendet. Akins erkannte im Golfkrieg die damaligen Pläne Kissingers wieder.

Die Art und Weise, wie die Petrodollar in das angloamerikanische Bankensystem zurückgeschleust wurden, hatte eine weitere Wirkung. Die OPEC-Regelungen be-

vorzugten einen eng begrenzten Kreis von Banken. Ihnen
floß damit ein unverhältnismäßig größeres Liquiditätsvo-
lumen zu als ihrer Konkurrenz. Sie entwickelten sich
rasch zu wahren Giganten der Bankenwelt. Das gleiche
galt für ihre wichtigsten Klienten, die internationalen Ölmultis, wenn man sie mit anderen großen Industrieunternehmen vergleicht. Die anglo-amerikanische Verbindung
zwischen Banken und Ölindustrie sprengte den Rahmen
gewöhnlicher Großunternehmen. Es entstanden Wirt-
schaftskomplexe, die es gemessen an ihrer Finanzkraft
und politischen Macht mit ganzen Nationen aufnehmen
konnten.

Auf diese Weise war es den USA also gelungen, den
Dollar statt auf Gold nun auf die Ölnachfrage zu gründen.
Den Ölstandard glaubten sie besser als den Goldstandard
beeinflussen zu können. Doch das neue Währungssystem
erwies sich im Gegensatz zu den Wunschträumen der Bil-
derberg-Strategen als höchst labil und anfällig.

Aber noch haben wir die Frage nicht beantwortet: Wer
hat denn eigentlich bei der OPEC die Fäden gezogen? Für
politisch Blauäugige auf der Linken wie der Rechten steht
die Antwort fest: Sie beschimpfen die Scheichs und „Übel-
täter" wie Saddam Hussein oder den Schah. Hätten Washington oder London den Ölschock wirklich - wie sie
immer behaupteten - als tödliche Bedrohung erlebt, hätten sie genug Druckmittel in der Hand gehabt, um einen
vernünftigen Ölpreis zu erzwingen. Die Anglo-Amerikaner brauchten aber den hohen Ölpreis und zwangen die
„Scheichs", dafür öffentlich die Prügel zu beziehen.

Das Petrodollarsystem sorgte dafür, daß die beiden
Leitwährungen des Bretton-Woods-Abkommens, der
Dollar und das britische Pfund, in den siebziger Jahren
ihre Weltgeltung behaupten konnten. Dem britischen
Pfund half ferner, daß die hohen Ölpreise die Ausbeutung
des Nordseeöls rentabel erscheinen ließen. Wie weiter
oben schon bemerkt, war man gerade zu dem Zeitpunkt,
als die Vervierfachung des Ölpreises einsetzte, soweit gekommen, daß mit der Förderung des Nordseeöls begonnen werden konnte. Zufall oder nicht, jedenfalls erhielt

das britische Pfund damals in Fachkreisen den Spitznamen „Petrowährung".

Die Bilderberger waren sich bei ihren Beratungen in
Saltsjöbaden in jenen schicksalsschweren Maitagen des
Jahres 1973 völlig über die Reichweite ihrer Entscheidungen im klaren. Sie nahmen nicht nur die schrecklichen
Auswirkungen des überhöhten Ölpreises zur Stützung
des Dollars in Kauf. Sie wünschten den vorhersehbaren
Effekt auf die Lebenssituation in den Entwicklungsländern ausdrücklich. Das zeigt das 1975 zur Regierungsleit-
linie erhobene Memorandum 200 des Nationalen Sicherheitsrates der USA. Es erklärt die „Reduzierung der Überbevölkerung" zum vordringlichen Ziel amerikanischer Sicherheitspolitik. Daß sich dadurch der gesamte
Geldreichtum in den Händen einer verschwindend kleinen Clique von Menschen konzentrierte, stört die liberalen Anhänger Adam Smith' keineswegs. Im Gegenteil,
das sei eben die „Magie des Marktes", sagen sie.

Das damalige politische Vorgehen der Banken erinnert
sehr an berüchtigte Mafiamethoden. Denn die Mafia
pflegte auch kleineren Geschäftsleuten für teure Tribut-
zahlungen „Schutz" vor Überfällen eben dieser Mafia anzubieten. Die gleichen Leute, die den Ölpreis um 400 Prozent angehoben hatten, boten den bedrängten Opfern ihre
Petrodollar als Finanzierungshilfe an. Daß sie dafür über-
zogen hohe Zinsen forderten, versteht sich aus der auf
den Finanzmärkten geschaffenen Lage.

Im Jahre 1975 ließ Rechtsanwalt Cyrus Vance als Vorsitzender des New Yorker Council on Foreign Relations eine
Reihe politischer Zukunftsentwürfe erarbeiten. Ähnliches
hatte das gleiche Institut in der kritischen Periode der Rezession der späten fünfziger Jahre getan. In den vorgelegten Papieren erfährt man, wie sich diese Leute die Zukunft des Weltwährungssystems vorstellten: „Ein gewis-
ses Maß an ‚kontrollierter Desintegration' der Weltwirtschaft ist ein legitimes Ziel der achtziger Jahre." Auf diese
Weise desintegrierte das gesamte traditionelle Gefüge der
industriellen und landwirtschaftlichen Produktion. Am
schmerzhaftesten erfuhren das die Entwicklungsländer.[5]

Eine bemerkenswerte Pressekonferenz in Bonn

Mit der Verzweiflung dieser Jahre wuchs natürlich auch
ein neuer Kampfgeist. Entwicklungsländer versuchten
sich gemeinsam gegen diese Art des Wuchers zur Wehr zu
setzen, der ihr wirtschaftliches Überleben in Frage stellte.
Mehrere Konferenzen der nichtpaktgebundenen Entwicklungsländer, der „blockfreien Bewegung", standen
unter diesen Vorzeichen.

Vor dem Hintergrund solcher Diskussionen in der Dritten Welt gab ein bis dahin wenig bekannter Wirtschaftswissenschaftler aus den USA, Lyndon H. LaRouche, 1975
eine Pressekonferenz in Bonn. Er kam gerade aus Bagdad,
wo er mit Politikern aus dem Nahen Osten zahlreiche Gespräche geführt hatte. LaRouche erläuterte den versammelten Journalisten und Diplomaten seine revolutionären
Vorstellungen zur Neuordnung des bankrotten Weltwährungssystems von Bretton Woods.

Im Zentrum seines Vorschlags stand die Schaffung einer
Internationalen Entwicklungsbank. Sie sollte sich auf ein
wechselseitiges Abkommen zwischen den Industrieländern, den sozialistischen Ländern und den Entwicklungsländern stützen. Er wollte vor allem Gelder aus der Finanzspekulation in Investitionen für Produktionsanlagen
und Infrastrukturmaßnahmen umlenken. Kredite, die
diesem Zwecke dienten, mußten allerdings eine lange
Laufzeit (10-15 Jahre) bei niedrigen Zinsen (2-4 Prozent)
haben. Das verlangte besondere Instrumente der Kreditvergabe.

LaRouche hob besonders die Notwendigkeit hervor, in
die landwirtschaftliche Produktion zu investieren, um
ihre Leistungsfähigkeit zu steigern. Jedes Land sollte in
die Lage kommen, die Grundnahrungsmittel der eigenen
Bevölkerung selbst herstellen zu können. In diesen Zusammenhang gehörten drei Großprojekte, die LaRouche
zur Veranschaulichung seiner Vorschläge näher behan-
delte. Das erste dieser Projekte war die landwirtschaftliche Entwicklung des Rio de la Plata-Beckens in Südamerika. Das zweite umriß ein gewaltiges Bewässerungs-

system für die afrikanische Sahelzone und die Urbarmachung der Sümpfe des Sud im oberen Niltal. Als drittes schlug LaRouche vor, das Gangesbecken in Bangladesch gegen Flutwellen zu sichern. Angemessen ausgebaut könnte es die Kornkammer Asiens bilden.

Zur Finanzierung dieser oder ähnlicher produktiver Großprojekte sollte die neu zu gründende Internationale Entwicklungsbank Anleihen ausgeben, wofür die Regierungen der Mitgliedsländer bürgten. Die Bank sollte die Aufgabe erhalten, „die von den jeweiligen Regierungen im Handel zwischen den Nationen zugelassenen Kreditbriefe und Wechsel zu diskontieren beziehungsweise zu rediskontieren".

Schließlich sprach LaRouche die Schuldenberge an, die sich über den Entwicklungsländern auftürmten. Seit 1973 waren sie aufgrund der Ölpreiserhöhung auf fast 200 Milliarden Dollar angewachsen. (Diese Zahl war noch verhältnismäßig gering im Verhältnis zu dem, was Ende der siebziger Jahre geschehen sollte.) LaRouche verlangte, diese Schulden einzufrieren, bis die wirtschaftliche Entwicklung es den Ländern erlaube, Schulden in diesem Umfang zu handhaben. Das von ihm vorgeschlagene Verfahren ähnelt einem Konkursverfahren, wie es das Rechtssystem aller Industrieländer kennt. Entsprechende Moratorien würden, meinte er weitsichtig, das internationale Währungssystem weniger belasten und den ordentlichen Handel und Zahlungsverkehr zwischen den Ländern eher aufrechterhalten als weiteres ungezügeltes Wuchern der Verschuldung. Ein weiteres Wachstum des Schuldenbergs müsse dagegen früher oder später zu krisenhaften Einbrüchen führen. Er warnte die Industriestaaten, daß sie ohne eine drastische Kursänderung und ohne ein derartiges Moratorium auf einen wirtschaftlichen Abgrund zusteuerten.

Der Vorschlag LaRouches fand in den folgenden Monaten weite Verbreitung. Er wurde nicht nur in Europa, sondern auch im gesamten Entwicklungssektor diskutiert. Im August 1975 wurde sein Vorschlag auf dem Treffen der Außenminister der blockfreien Staaten in Lima herumgereicht. Schon wenige Monate später tauchte er auf einem Forum auf, wo ihn die etablierten Finanzinteressen am wenigsten vermuteten und wünschten.[6] Im August 1976 trafen sich in Colombo, der Hauptstadt Sri Lankas, die Staatschefs von 85 blockfreien Nationen, unter ihnen Indiens Ministerpräsidentin Indira Gandhi.

In Colombo erbebte die Erde

Die Blockfreienkonferenz in Colombo versprach zunächst nichts Aufsehenerregendes. Es schien sich um eine der endlosen Runden zu handeln, bei denen sich die Vertreter ehemaliger Kolonien in Rhetorik und Wortgezänken übten. Doch die Gastgeberin, Premierministerin Sirimavo Bandaranaike, war entschlossen, auf dem Gipfeltreffen die Sturmglocke gegen den sich rasch verschlechternden wirtschaftlichen Zustand der Entwicklungsländer so zu läuten, daß sie auch gehört würde. Sie war selbst aus dem Befreiungskrieg gegen die britische Kolonialmacht hervorgegangen, hatte sich an dem Ringen um die Enteignung großer britischer und amerikanischer Ölfirmen in Sri Lanka beteiligt und war nun gewillt, sich der Vergewaltigung durch die Multis zu widersetzen.

Die Abschlußerklärung des Colombo-Gipfels vom 20. August 1976 war ein einzigartiges Dokument der Nachkriegsgeschichte. Die vertretenen 85 Nationen forderten eine Neuordnung der Weltwirtschaft, die ihnen faire und gerechte Chancen zur eigenen wirtschaftlichen Entwicklung ließ. Es hieß in dem Dokument wörtlich: „Die wirtschaftlichen Probleme sind zum gewichtigsten Aspekt der internationalen Beziehungen geworden... Die Entwicklungsländer sind das Opfer der weltweiten Krise geworden", und diese Krise untergrabe alle Versuche der versammelten Länder, Hunger, Krankheit und Analphabetismus zu überwinden.

Die Erklärung verwies auf die dramatisch anwachsende Verschuldung der Länder als Folge der Ölkrise und die katastrophale Verschlechterung der Handelsbedingungen für Rohstoffexporte. Sie regte auch – und das war in solchem Zusammenhang neu – konkrete Schritte in Richtung einer Neuen Weltwirtschaftsordnung an. Darin waren LaRouches Vorschläge unschwer wiederzuerkennen.

Die Erklärung stellte fest, daß die bisherige Weltwirtschaftsordnung an ihr Ende gekommen sei und bei einer restriktiven Politik zu Rezession, Inflation und Arbeitslosigkeit führen müsse. Sie forderte eine „grundlegende Neuordnung des internationalen Handelssystems mit Verbesserungen der Handelsbedingungen... eine weltweite Neuordnung der industriellen Produktion, die den Entwicklungsländern Zugang zu Industrieprodukten und Technologietransfer ermöglichten". Nach dem Hinweis auf das Chaos im Bretton-Woods-System und „seine Anarchie schwankender Wechselkurse" forderte die Erklärung eine gründliche Überholung des internationalen Währungssystems, um den erforderlichen Transfer investiven Produktionskapitals in die Entwicklungsländer zu ermöglichen.

Schließlich forderte die Abschlußerklärung von Colombo noch - und das mußte die Bankiers in New York und London am meisten alarmieren - „eine zufriedenstellende Lösung der staatlichen Verschuldung besonders für die am wenigsten entwickelten und am schwersten betroffenen Länder". Damit wurde das Problem der wachsenden Auslandsverschuldung zum ersten Mal öffentlich auf den internationalen Verhandlungstisch gelegt, und zwar nicht von einer einzelnen Regierung, sondern gemeinsam von 85 Nationen!

Frau Bandaranaike hatte den Themenkatalog für diese Konferenz zusammen mit Indira Gandhi sorgfältig vorbereitet. Sie hatten dabei eng mit dem Außenminister von Guyana (eine ehemalige britische Kolonie an der Nordostküste Südamerikas), Dr. Frederick Wills, zusammengearbeitet. Es ist wahrscheinlich kein Zufall, daß es gerade die Vertreter dreier ehemaliger britischer Kolonien waren, die das neue Bündnis anführten. Sie wollten die Industrialisierung und wirtschaftliche Entwicklung der

Entwicklungsländer wieder in den Vordergrund der Weltpolitik rücken.

Bei dem Treffen in Colombo hatte man sich schon auf
den nächsten Schritt geeinigt. Bei dem Jahrestreffen der
Vereinten Nationen in New York im kommenden Monat
sollten die Forderungen der Blockfreien der versammelten Weltgemeinschaft vorgelegt werden. Frederick Wills
sollte als Außenminister Guyanas die Vorstellungen der
Colombo-Gruppe dort vortragen. In seiner Rede vor der
UNO betonte er zunächst die Unabhängigkeit der blockfreien Staaten von den die Nachkriegsära beherrschenden
Supermächten. Dann kam er auf die einzelnen Punkte der
Erklärung von Colombo zu sprechen.

Dr. Wills legte dar, mit welchen Schwierigkeiten die Entwicklungsländer bei der Industrialisierung ihrer Länder
zu kämpfen hatten. Dann betonte er, daß eine zufriedenstellende Lösung der wirtschaftlichen Probleme dieser
Länder auch im Interesse der Industrienationen liegen
sollte. Schließlich zündete er mit folgender Bemerkung
eine politische Sprengladung. Er sagte: „Der Internationale Währungsfonds und das Währungssystem von Bretton Woods soll alternativen Strukturen wie zum Beispiel
Internationalen Entwicklungsbanken Raum geben. Deren
Ziel soll nicht nur die Erholung und der Wiederaufbau
Europas oder die bevorzugte Förderung des Aufbaus
einer Marktwirtschaft sein, sondern die gerechte Aufteilung der Gewinne aus einem ungleichen Weltwirtschafts-
system."

Wills schloß mit den Worten: „Das brennende Problem
der Verschuldung und der Schuldendienste hat eine besondere Wichtigkeit bekommen. Die Entwicklungsländer
sind, wie in Colombo festgestellt wurde, nicht in der Lage,
ihre Grundbedürfnisse zu befriedigen, ohne Zuflucht zu
einer Form der Umschuldung oder zu Moratorien zu nehmen. Wir müssen mit Entschiedenheit alle Versuche
zurückweisen, uns mit sogenannten „Fall-zu-Fall"-Ver-
handlungstaktiken aufspalten zu lassen. Wir dürfen es
uns nicht erlauben, künftige, noch ungeborene Generatio-
nen an die drückenden Schuldenrückzahlungen und

Schuldendienste zu verpfänden. Die Zeit für ein Schuldenmoratorium ist gekommen."

Die Erklärung von Colombo und Wills' Rede vor der UNO erzeugten in eingeweihten politischen Kreisen eine Schockwelle. Der Versuch der Entwicklungsländer, im Hinblick auf ihre Dollarschulden zusammenzuarbeiten, brachte die Finanzwelt in Erregung. An der Wallstreet sprachen die Geldhändler von einer „Vertrauenskrise". Sogar die Aktiennotierungen der wichtigsten New Yorker Banken begannen zu fallen. Die Federal Reserve Bank sah sich zur Intervention gezwungen, um den ebenfalls fallenden Dollar zu stützen. Man witterte die Gefahr, daß sich die Entwicklungsländer am Ende sogar mit Industrieländern in Westeuropa oder Japan oder auch mit Ölförderländern zusammentun könnten. Dies hätte die anglo-amerikanische Weltordnung gesprengt.

Als Frederick Wills dem Autor die Ereignisse des Jahres 1976 später einmal schilderte, fügte er hinzu:

„In der sogenannten Dritten Welt leben ungefähr 80 Prozent der Menschheit als Anhängsel der rivalisierenden Supermächte. Sie haben den Volkswirtschaften der ersten und zweiten Welt Rohstoffe zur Verarbeitung zu liefern und bieten sich der Marktwirtschaft in der ersten Welt als Zusatzmärkte an.

Dennoch hatten die Politiker der Dritten Welt damals noch eine andere Auffassung von ihrer internationalen Rolle. Sie sahen in der politischen Unabhängigkeit nur einen wichtigen Schritt auf ihrem Weg zu wirtschaftlichem Wachstum und industrieller Entwicklung. Sie wollten technisch weiterkommen, das heißt, ihre Landwirtschaft ertragreicher machen und eine eigene Industrie aufbauen, um die Trennungsgräben zwischen den verschiedenen ‚Welten' zuzuschütten.

Aber wie sollte all das finanziert werden? Die Wirtschaftstheoretiker vor allem in England und Frankreich legten fest, daß die Exporteinkünfte das Tempo und die Art und Weise der Entwicklung in der Dritten Welt bestimmen sollten. Wenn die Exporteinkünfte den Erwartungen nicht entsprächen, müßte man beim

Bretton-Woods-System Zuflucht suchen. Das bedeutete praktisch, daß man sich beim Internationalen
Währungsfonds für alle volkswirtschaftlichen Maßnahmen zuerst einen Stempel der Einwilligung geben
lassen mußte. So war man genötigt, sich den barbari-
schen Bedingungen zu unterwerfen, auf denen der
Währungsfonds bestand.

In diesem Kontext fand die Konferenz der blockfreien
Länder 1976 in Colombo statt. Es gab Rufe nach einer
neuen Finanzierungsinstitution, einer internationalen
Rohstoffbank, welche an die Stelle des IWF-Neokolo-
nialismus treten sollte. Andere Stimmen verlangten,
die vertikalen wirtschaftlichen Abhängigkeiten der
Dritten Welt von Großbritannien, Frankreich und den
USA zu lockern und durch engere horizontale Zusammenarbeit zwischen den Ländern der Dritten Welt zu
ersetzen. Auch die Forderung nach regionalen Zoll-
vereinen zum Schutz der aufkeimenden Industrie in
Ländern der Dritten Welt wurde erhoben.

Man hoffte, die Vereinten Nationen würden sich als
das Feld erweisen, von dem aus die neue Ära globaler
Zusammenarbeit ihren Ausgang nehmen würde. Solche Hoffnungen wurden bitter enttäuscht. Diejenigen,
welche sich für die landwirtschaftliche und industrielle Entwicklung in ihren Ländern eingesetzt hatten,
wurden einer nach dem anderen von ihren politischen
Positionen verdrängt. Die aufkeimende Solidarität
wurde nach dem uralten Prinzip des „Teile und Herrsche" zerschlagen. Die fortschreitende Manipulation
der Preise für Rohstoffe und Fertigprodukte riß weiterhin riesige Lücken in die Zahlungsbilanz der Entwicklungsländer. Und man sagte ihnen weiterhin, sie
müßten zuerst das Placet des Internationalen Währungsfonds erhalten, ehe ihnen irgendeine Regierung
oder private Bank weitere Kredite bewilligen würden.
Der Währungsfonds bestand darauf, daß diese Länder
ihre Währungen abwerteten und rigorose Sparpro-
gramme durchführten. Beides vermehrte das Elend
der Bevölkerung in diesen Ländern.

Damit war der Währungsfonds direkt für die Ausbreitung der Seuchen und die Ermunterung des Rauschgiftanbaus in diesen unglücklichen Ländern verantwortlich. Immer wieder wurde den Ländern der Rauschgiftanbau als Trugbild einer gewinnbringenden, landwirtschaftlichen Betätigung, die rasch zu beträchtlichen Einnahmen führe und die Schwierigkeiten mit dem Staatshaushalt leicht beheben könne, vorgestellt."

Zur Rolle der erdölexportierenden Länder der Dritten Welt sagte Wills:

„Der einzige Rohstoff aus der Dritten Welt, der sich wirtschaftlich lohnte, war das Erdöl. Aber die großen Erdölvorkommen lagen vorwiegend im Nahen Osten. Dort sorgte die Manipulation des arabisch-israelischen und der verschiedenen innerarabischen Konflikte wie auch die Vorliebe der Scheichs für wirtschaftlich unerhebliche Prestigeobjekte dafür, daß die Einkommen aus Erdöl keinen nennenswerten Beitrag zur wirtschaftlichen Entwicklung der Dritten Welt beisteuerten. Stattdessen versank ein Entwicklungsland nach dem anderen in Inflation und Hungersnot, die von sinkender Lebenserwartung der Bevölkerung und steigender Kindersterblichkeit begleitet wurden. So wurde die alte Ordnung eines Canning, Castlereagh, Pitt oder Disraeli wiederhergestellt."

Mit Recht verwies Wills in diesem Zusammenhang auf die Methoden des alten Castlereagh, die Mächte – angeblich um des bedrohten „Gleichgewichts" willen – gegeneinander auszuspielen. Henry Kissinger, der die Unterzeichner der Colombo-Erklärung in den folgenden Jahren mit der ganzen Gewalt der amerikanischen Regierung, ihrer Geheimdienste und den ihr zu Gebote stehenden wirtschaftlichen Zwangsmitteln auszuschalten trachtete, promovierte nicht nur über Castlereagh und den Wiener Kongreß von 1815, er bezeichnete sich des öfteren als dessen Schüler.

Im Dezember 1976 trafen sich die Außenminister der Europäischen Gemeinschaft, um unter anderem auch eine mögliche Zusammenarbeit mit den blockfreien Ländern zu erörtern. Damals sandte Kissinger ein warnendes Telegramm, in dem es hieß: „Die Vereinigten Staaten vertreten die Auffassung, daß es für die Industrieländer gefährlich wäre, die Bande zwischen den Ländern des Nord-Süd-Dialogs (Conference for International Economic Cooperation) und der OPEC zu stärken. Eine Anzahl von Sprechern der OPEC hat öffentlich erklärt, daß die endgültige Entscheidung über den Ölpreis weitgehend von Konzessionen der Industriestaaten gegenüber den Ländern des Nord-Süd-Dialogs abhängig sein wird. Das wäre das Gegenteil der von uns angestrebten Bindung der OPEC an die OECD (Industrieländer) und würde zu einer engeren Bindung der OPEC an die unterentwickelten Länder führen."

Kissingers diplomatische Drohung verhinderte erfolgreich, daß die europäischen Staaten die Zusammenarbeit zwischen OPEC und den Entwicklungsländern, wie ursprünglich geplant, unterstützten. Diplomaten, die an dem Treffen teilgenommen hatten, berichteten, vor allem Italien und die Bundesrepublik Deutschland hätten damals offen eine solche Zusammenarbeit angestrebt. Am 12. Dezember 1976 konnte man in den italienischen Zeitungen über ein von der deutschen und italienischen Regierung einberufenes Treffen führender Gewerkschafter, Regierungsvertreter und Industrieller lesen. Man wollte eine europäische Verteidigungslinie gegen die destabilisierende und schädliche Wirkung des vom Ölgeschäft abhängigen Dollars aufbauen. Washington soll der Regierung Helmut Schmidt über private Kanäle mit einem amerikanischen Truppenabzug gedroht haben, sollte Bonn es wagen, das Angebot der blockfreien Länder ernsthaft weiter zu verfolgen. Italien unter Andreotti wurde isoliert und war allein nicht handlungsfähig.

Was die Politiker betraf, die sich für die Colombo-Erklärung eingesetzt hatten, so waren sie nach nur wenigen Monaten aus ihren Regierungspositionen entfernt worden. Man erledigte „einen Fall nach dem anderen", wie Kissinger es ausdrücken würde.

Indira Gandhi wurde in Indien im Februar 1977 überraschend zu Parlamentsneuwahlen gezwungen. Prominente Mitglieder der Kongreß-Partei spalteten sich unter Führung von Jagjivan Ram plötzlich von der Partei ab, um mit der radikalen Janata-Partei eine Koalition in Opposition zur regierenden Restpartei einzugehen. Die Auseinandersetzung entzündete sich an Auflagen, die der Internationale Währungsfonds völlig unvorhergesehen durchgesetzt sehen wollte. Im März 1977, kaum sechs Monate nach der Erklärung der blockfreien Staaten vor der UNO, war Indira Gandhi nicht mehr im Amt.

Auf Sri Lanka brach unvermittelt eine gewaltige Streikwelle aus und lähmte die Regierung Bandaranaikes. Den Streik führte eine trotzkistische Partei, der enge Kontakte zu anglo-amerikanischen Geheimdiensten nachgesagt wurden. Frau Bandaranaike machte bei ihren Bemühungen, die Ruhe im Land wiederherzustellen, wohl kaum zu Unrecht „ausländische Einmischungen" für die Streikwelle verantwortlich. Im Mai 1977 war auch sie nicht mehr im Amt.

In Guyana wurde der dritte Politiker, der sich für die Industrialisierung der blockfreien Länder in Colombo und vor der UNO eingesetzt hatte, Frederick Wills, am 14.2.1978 zum Rücktritt gezwungen. Der ausländische Druck auf die Regierung Forbes Burnham, der Wills als Außenminister angehört hatte, war übermächtig geworden.

Gut unterrichtete Kreise entdeckten in jedem dieser Fälle die Handschrift Henry Kissingers. „Aber - so äußerte sich ein Beobachter - er arbeitete dabei eng mit den Briten zusammen. Die Briten, müssen Sie wissen, waren sehr schlau. Sie ließen die Amerikaner die Dreckarbeit machen und gegebenenfalls dafür auch die Prügel beziehen, während sie viel diskreter vorgingen. Natürlich waren damit auch nicht Leute wie Jim Callaghan (Premierminister der damaligen Labour Regierung in England) befaßt, sondern Leute vom Chatham House (Royal Institute for International Affairs). Also Leute wie Michael Howard, die Cecils und Leute vom Geheimdienst MI-5 wurden gegen die Colombo-Initiative eingesetzt."[7]

Die anglo-amerikanische Ordnung konnte die Gefährdung ihrer als Ölpreiserhöhung maskierten „Sondersteuer" damals gegen den Angriff der blockfreien Staaten
verteidigen. Die Eurodollarbanken in New York und London öffneten wieder ihre Kreditschleusen und liehen - allerdings nur noch an ausgesuchte, sich wohlverhaltende
Länder der Dritten Welt - zur Refinanzierung ihrer Schuldendienste immer größere Summen aus. Selbstverständlich mußten sich auch diese Länder den drakonischen
IWF-Bedingungen unterwerfen.

„Atomkraft für den Frieden" als casus belli

Es gab weiterhin Initiativen europäischer Industrieländer
und Japans, den Entwicklungsländern mit modernen Produktionstechniken, sogenanntem Technologietransfer,
auf die Beine zu helfen. Die Niederlage der Colombo-Initiative hatte die Idee von einer besseren Zusammenarbeit
zwischen Nord und Süd auf der Grundlage des Technologietransfers noch nicht restlos verdrängt. Allerdings
gaben sich die stets kritischen Medien alle Mühe, solche
Ideen als „Kulturimperialismus" bei der linken und rechten Öffentlichkeit der Industriestaaten zu diskreditieren
und zu bekämpfen.

Ende 1975 hatte die brasilianische Regierung mit der
deutschen Regierung unter Helmut Schmidt (SPD) beschlossen, gemeinsam einen Kernkraftwerkskomplex zu
errichten. Er sollte neben Kraftwerken auch eine Wiederaufbereitungsanlage und eine Anlage für die Anreicherung von Kernbrennstoffen umfassen. Der Hersteller
KWU unterzeichnete den bis dahin weltweit größten Vertrag über den Bau einer Atomanlage. Die Gesamtsumme
für die schlüsselfertig zu erstellenden Anlagen sollte sich
auf rund 5 Milliarden Dollar belaufen. Das Gesamtprojekt
sollte 1990 fertig gestellt sein. Bis die eigene Urananreicherungsanlage die Arbeit übernehmen konnte, sollte der europäische Konzern Urenco die Erstausstattung mit Uranbrennstoff liefern. Im gleichen Jahr unterzeichnete Brasi-

lien noch ein Kooperationsabkommen mit Frankreich mit einem Volumen von 2,5 Milliarden Dollar. Es sah die Errichtung eines experimentellen Schnellen Brüters vor.

Washington handelte schnell. Es zwang sowohl Deutschland als auch Brasilien, das bereits unterzeichnete Abkommen zu zerreißen. Brasilien hatte den Wunsch gehegt, sich zu einer Wirtschaftsmacht zu entwickeln. Die Kernenergie hätte es für die anglo-amerikanische Ölwaffe weniger verwundbar gemacht. Das durfte nicht zugelassen werden - meinten die Ölkonzerne und ihre Regierung.

Das Öl erzeugende Mexiko kam aus vernünftigen, wirtschaftlichen Überlegungen ebenfalls zu dem richtigen Schluß, zur Stromerzeugung Kernenergie einsetzen zu wollen. Mit dem eigenen Öl wollte man harte Dollar verdienen. Die mexikanische Energiekommission hatte erkannt, daß es verschwenderisch, ineffizient und der Umwelt abträglich sei, wenn man die wertvollen Kohlenwasserstoffe weiterhin zur Stromerzeugung verbrenne. Mexiko schloß zu diesem Zweck mit dem japanischen Konzern Mitsubishi und der Firma Siemens entsprechende Verträge. In den nächsten 20 Jahren wollte man 15 neue Kernkraftwerke bauen. Natürlich wurde auch daraus nichts.

Auch Zulfikar Ali Bhutto, der Premierminister Pakistans, reagierte auf den Ölschock mit dem Entschluß, das bisher kleine pakistanische Kernenergieprogramm auszubauen. Bhutto hatte zuvor, um sein nationales Aufbauprogramm ungehindert durchführen zu können, Pakistan aus dem britischen Commonwealth of Nations herausgeführt. Seine Regierung verhandelte nun mit Frankreich über den Bau von Kernkraftwerken und einer Anreicherungsanlage für Kernbrennstoffe. Im März 1976 wurde man sich einig.

Im August setzte dann der Druck der USA ein. Wieder schaltete sich Henry Kissinger persönlich ein. Er sprach in Frankreich und in Pakistan vor und verlangte, die Verträge zu lösen. Die stets kritischen Medien unterstützten ihn dabei mit der Behauptung, Pakistan strebe nach der Atomwaffe für den israelisch-arabischen Konflikt. So etwas zog in der westlichen Öffentlichkeit immer. An der Behauptung änderte auch die Bestätigung der Internationalen Atombehörde nichts, Pakistan habe alle Auflagen erfüllt, die sicherstellen, daß unbemerkt kein Kernbrennstoff zur Herstellung von Waffenplutonium abgezweigt werden könne. Bhuttos Tochter Benazir und andere diplomatische Quellen berichteten später, Kissinger habe Anfang 1977 Ali Bhutto in Lahore gedroht, er werde „an Pakistan ein schreckliches Exempel statuieren", sollte Bhutto den Vertrag mit Frankreich über den Bau der nuklearen Anlagen nicht kündigen.

Im gleichen Jahr putschte General Zia ul Haq gegen Bhutto und ließ ihn von seinem Militärgericht zum Tod durch den Strang verurteilen. Kurz vor seiner Hinrichtung machte Ali Bhutto persönlich Henry Kissinger für seinen Sturz und gewaltsamen Tod verantwortlich. Kissingers Grund sei gewesen, daß er, Bhutto, das Nuklearprogramm Pakistans nicht habe aufgeben wollen. In seiner im Gefängnis geschriebenen Verteidigung heißt es: „Dr. Henry Kissinger, der Außenminister der Vereinigten Staaten, ist ein brillanter Kopf. Er sagte mir, ich solle die Intelligenz der Vereinigten Staaten nicht mit der Behauptung beleidigen, Pakistan brauche die Wiederaufbereitungsanlage für seine Energiebedürfnisse. Ich entgegnete ihm, daß ich die Intelligenz der USA nicht durch eine Diskussion pakistanischer Energiebedürfnisse beleidigen wolle, aber entsprechend solle auch er die Souveränität und Selbstachtung Pakistans nicht beleidigen, indem er das Thema der Anlage überhaupt aufbringe... Ich wurde zum Tode verurteilt."[8]

Es versteht sich beinahe von selbst, daß General Zia Bhuttos unabhängige Außenpolitik revidierte, vom Bau der Kernenergieanlagen absah und dafür von den USA reichlich Militärhilfe erhielt. Die Waffen waren für einen sinnlosen Krieg zwischen Indien und Pakistan bestimmt, der immer wieder angeheizt und dann doch noch - allerdings nicht seitens der USA - verhindert werden konnte. Zia durchschaute einige Jahre später die amerikanische Außenpolitik. Die im afghanischen Krieg neu aufkeimende Einsicht sollte Zia nicht lange überleben. Er stürzte mit seiner Militärmaschine unter eigenartigen, bisher ungeklärten Umständen ab.

Am eindrucksvollsten war wohl nach dem Ölschock von 1974 das Engagement des Schahs von Persien. Er verdankte seine Macht der Tatsache, daß 1953 britische und amerikanische Geheimdienstkreise die patriotische Regierung Dr. Mossadeghs stürzen halfen. Mit von der Partie war damals, wie gesagt, der Vater des „Wüstenstürmers" von 1991, General Schwarzkopf. Ohne solche Unterstützung hätte Schah Resa Pahlewi vielleicht gar nicht mehr aus dem Exil heimkehren können. Anschließend war der Schah über zwanzig Jahre lang ein dankbarer Empfänger amerikanischer Militärhilfen und großzügiger Einkäufer ihrer Waffen gewesen. Auf dem OPEC-Treffen im Januar 1974 hatte er Henry Kissingers Forderung nach Anhebung des OPEC-Richtpreises für Öl auf 11,65 Dollar pro Faß vorgetragen.

Nun erlaubten ihm die neu zufließenden Öleinkünfte, einen lang gehegten Traum in die Tat umzusetzen. Er wollte für sein Land eine moderne Infrastruktur aufbauen und das landesweite Energieversorgungsnetz mit Kernenergie speisen. Atomstrom sollte das eigene Öl für den Export bereithalten und den politischen Druck aus Washington und London auf den Iran abbauen helfen. 1978 legte der Iran das viertgrößte Kernenergieprogramm der Welt und das weitaus größte unter den Nationen der Dritten Welt auf. Bis zum Jahr 1995 wollten die Iraner zwanzig Kernkraftwerke mit insgesamt 23 000 Megawatt elektrischer Leistung errichten.

Um sein Atomprogramm zu verwirklichen, verhandelte der Schah mit Deutschland und Frankreich. Seit 1974 bestand ein Abkommen mit Frankreich über den Bau einer Kernforschungsanlage und von fünf kommerziellen Kernkraftwerken 1975 wurde der Vertrag erweitert. Nun umfaßte er den Bau von acht Kernkraftwerken für 8,6 Milliarden Dollar. Gleichzeitig kaufte sich der Schah mit 10 Prozent der Aktien in die französische Urananreicherungsanlage von Tricastin ein und unterstützte ihren Bau mit einem Kredit von einer Milliarde Dollar.

Ein Jahr später kam es zu einem Vertrag mit der deutschen KWU. Es sollten zunächst zwei Kernkraftwerke vom Typ Biblis mit dem zu ihrem Betrieb erforderlichen Verteilungsnetz gebaut werden. 1977 bestellte der Schah vier weitere Kernkraftwerke bei der KWU. Zur Absicherung seines ehrgeizigen Industrialisierungsprogramms kaufte er sich in führende europäische Firmen des Anlagenbaus ein. So übernahm er beispielsweise 25 Prozent Aktienanteile der Firma Krupp. Ein Strom europäischer Investitionsgüter und anderer Industriewaren begann in den Iran zu fließen.

Die USA unter Präsident Carter behinderten den angebotenen Export amerikanischer Kerntechnik nach Persien. Sie setzten alle Mittel ein, um auch die iranischen Aufträge an die französischen und deutschen Firmen zu unterbinden. Der diplomatische Druck aus Washington und London zeigte aber keine Wirkung. Die Kernenergie galt als der einzige Ausweg aus der für die Zukunft erwarteten Ölverknappung. Mit dieser Erwartung hatte man ja den Ölschock selbst propagandistisch gerechtfertigt. Daher verbuchte nach 1973 die Kernenergie überall in der Welt von allen Energiequellen die schnellsten Zuwachsraten. Das läutete bei den für die anglo-amerikanische Nachkriegspolitik Verantwortlichen die Alarmglocke. Und schon bald setzten sie die „systemkritische" Antiatombewegung in Marsch.

Kein Lächeln für die Welt

Die anglo-amerikanische Politik war nach dem Ölschock in Gefahr geraten. Henry Kissingers „Pendeldiplomatie", die darin bestand, die Länder einzeln unter vehementen politischen Druck zu setzen und durch Medienkampagnen öffentlich ins Unrecht zu setzen, sprach sich herum. Man begann auch die schonungslose Art zu durchschauen, in der er die US-Politik hinter der OPEC versteckte und diese für die Härten gegen die Länder der

1945–1970

Erste Bilderberg-Konferenz 1954 in Oosterbeek. Den Vorsitz führt
Prinz Bernhard persönlich.

Der patriotische Premierminister Mossadegh verstaatlichte 1951
Britisch Petroleum im Iran. 1953 wurde er durch einen CIA-Putsch mit
britischer Unterstützung gestürzt.

Enrico Mattei schloß 1957 zum Ärger der „Sieben Schwestern" ein weitreichendes Abkommen mit dem Schah. Der Iran sollte Öl liefern und dafür aus Italien Technologie erhalten.

Staatspräsident Charles de Gaulle und Bundeskanzler
Konrad Adenauer legten durch ihre persönliche Freund-
schaft den Grundstein einer deutsch-französischen
Zusammenarbeit, die den anglo-amerikanischen
Interessen gar nicht ins Konzept paßte.

Bundeskanzler Erhard und Königin Elisabeth II. 1965 in Berlin. Erhard war einem britischen EG-Beitritt weit zugeneigter als Adenauer, der wie de Gaulle eine Europapolitik auf der Grundlage der deutsch-französischen Freundschaft verfolgte.

Die Warren-Kommission vertuschte den Hergang des Mordes an Präsident J.F. Kennedy am 22. November 1963. Von links nach rechts: Gerald Ford, Hale Boggs, Richard Russell, Earl Warren, John S. Cooper, John J. McCloy, Allen W. Dulles und J. Lee Rankin.

Unter Präsident Lyndon B. Johnson wurden die gesetzlichen Voraussetzungen für eine wahre Dollarflut aus den USA geschaffen. So entstand der Londoner Eurodollarmarkt, den das organisierte Verbrechen zum Waschen schmutziger Gelder benutzte. Im Bild Bernie Cornfield, Gründer des berüchtigten Investment Overseas Service (IOS).

Robert Vesco übernahm 1971 die IOS von Cornfield. Vesco, eine mysteriöse Gestalt mit Verbindungen zum Weißen Haus unter Präsident Nixon, wurde später wegen Rauschgiftdelikte und Waschens von Drogengeldern gesucht.

George Bush begann
seine Karriere als Chef
der texanischen Ölfirma
Zapata Off-Shore Co.
Rechts 1956 mit Sohn
George, oben 1986 als
Vizepräsident mit König
Fahd von Saudi-Arabien.

1971–1991

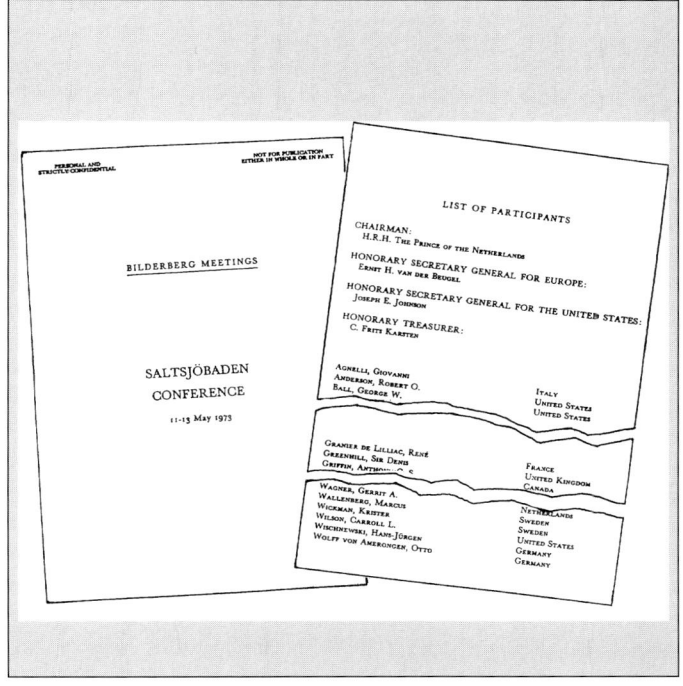

Beim Bilderberg-Treffen auf Saltsjöbaden im Mai 1973 wurde die Öl-krise vorgeplant. Sechs Monate später führte der „Jom-Kippur-Krieg" tatsächlich zu der vorgesehenen Ölpreissteigerung um 400 Prozent.

January 8, 1973

BILDERBERG MEETINGS

Names of Americans Proposed For Participation

In The Salsjobaden Conference, May 10-13, 1973

(There will be room for 20 Americans at Salsjobaden, not including the authors of the papers and me. There are ten Steering Committee Members. This makes only ten places free.)

The following individuals have been proposed by one person or another – including in two cases themselves. In considering possible participants we must remember the importance of having some younger people and some women. It is also desirable to have one or two persons connected with the press and one labor leader if possible.

U.S. Government - Executive Branch

Henry Kissinger (Alternate: Under Secretary of State Rush)
George Schultz (Alternate: Donald Rumsfeld; Ambassador Eberle)
James Akins (Energy Expert in White House and State Department)

U.S. Government - Congressional

Senator John Tower (Alternates: Senators Brook, Percy and Scott)
Senator Jackson (Alternates: Senators Mondale or Proxmire)
Congressman John Culver

Journalism	Others	
Donald Cook	Graham Allison	Richard Holbrooke
Osborn Elliott	Robert Anderson	Robert Hunter
Katherine Graham	Robert Bowie	General G. A. Lincoln
Andrew Heiskell	Harvey Brooks	Dean Robison of Bowdoin
Max Frankel	Zbig Brzezinski	College
Flora Lewis	William Bundy	Robert Schaetzel
Tom Wicker	Miriam Camps	Carroll Wilson.
	Patricia Harris	
	Stanley Hoffman	

Robert Murphy war mit der Organisation des Bilderberg-Treffens in Saltsjöbaden befaßt. In diesem Schreiben schlägt er vor, wer aus den USA teilnehmen soll.

Auf dem Rückweg von Gesprächen in Bagdad gab der amerikanische Wirtschaftswissenschaftler Lyndon LaRouche im April 1975 eine Pressekonferenz in Bonn. Er schlug die Gründung einer Internationalen Entwicklungsbank zur Finanzierung großangelegter Infrastrukturprojekte in der Dritten Welt vor, um so die negativen Auswirkungen des Ölschocks aufzufangen.

Frederick D. Wills, der Außenminister von Guyana,
legte der Generalversammlung der Vereinten Nationen am 8. September 1976 den Vorschlag der
blockfreien Nationen zur Lösung des Nord-Süd-
Problems vor: Internationale Entwicklungsbanken
sollen Investitionen und Wachstum im Entwicklungssektor ankurbeln.

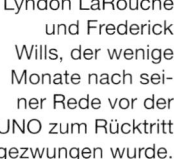

Lyndon LaRouche
und Frederick
Wills, der wenige
Monate nach sei-
ner Rede vor der
UNO zum Rücktritt
gezwungen wurde.

Lyndon LaRouche traf während des Wahlkampfes 1980 in Concord, New Hampshire, mit Ronald Reagan zusammen. Einige Leute in Reagans Umgebung reagierten positiv auf verschiedene Vorschläge LaRouches. Dazu gehört seine Version der „Strategischen Verteidigungsinitiative", aber auch „Operation Juarez". Dieser Vorschlag zur Lösung der internationalen Schuldenkrise wurde von der WallStreet-Fraktion um Donald Reagan und James Baker zunichtegemacht.

Am 27. Juli 1990, wenige Tage vor dem irakischen Einmarsch
in Kuwait, traf US-Botschafterin April Glaspie Saddam
Hussein und sagte ihm auf Anweisung aus Washington, die
USA hätten „keine Meinung zu dem Grenzdisput mit Kuwait".

Margaret Thatcher und George Bush fällten die Entscheidung zum
Golfkrieg Anfang August 1990 gemeinsam beim Aspen-Institut in
Colorado. Wenige Monate später wurde die Premierministerin von ihren
Parteifreunden gestürzt.

Ein Siegertreffen im Weißen Haus im April 1991 nach der Militäraktion gegen den Irak. Von links: Verteidigungsminister Richard Cheney, Vizepräsident Dan Quayle, General Norman Schwarzkopf, Sicherheitsberater Brent Scowcroft und Präsident Bush.

Ramsey Clark, US-Justizminister unter Johnson, auf einer der vielen
Demonstrationen gegen den Golfkrieg, im Okt. 1990.

Vier Monate nach „Operation Wüstensturm" versuchte Washington,
den „Geist des Sieges" in der amerikanischen Bevölkerung mit Militär-
paraden wach zu halten. Im Bild eine Parade von französischen, britischen und amerikanischen Teilnehmern der Militäraktion.

Dritten Welt nach außen hin verantwortlich machte. Das schürte die bestehenden Verbitterungen. Das Vorgehen ihres Außenministers Henry Kissingers hatte die US-Regierung insgesamt und die regierende Republikanische Partei vor der Weltöffentlichkeit in Verruf gebracht und ihre Möglichkeiten, diese Politik durchzusetzen, sehr erschwert.

Abhilfe suchte man auf einem privaten Treffen der 1973 gegründeten Trilateralen Kommission. Die Crème des anglo- amerikanischen Establishments hatte sich dazu im April 1975 in Tokio hinter verschlossenen Türen zusammengefunden. Gastgeber war David Rockefeller von der Chase Manhattan Bank und George W. Ball, Mitgründer der Bilderberg-Gruppe. Die Namen der geladenen Gäste sprechen für sich. Da fand man Lord Roll of Ipsden vom Bankhaus S.G. Warburg und Direktor bei der Bank von England, des weiteren David Ormsby Gore oder Lord Harlech, unter Präsident Kennedy britischer Botschafter in Washington. Anwesend war auch der Chef des Bankhauses Barclays, Sir Anthony Tuke, und der Earl of Cromer, sowie George Baring, der Verbindungen zum Bankhaus Morgan Guaranty Trust und zu Royal Dutch Shell unterhielt. Während der riskanten politischen Phase, als es den Ölschock durchzudrücken galt, war er britischer Botschafter in Washington. Ferner traf man noch den Chef von Royal Dutch Shell, John Loudon, den Rockefeller sich als Berater in die Chase Manhattan Bank geholt hatte. Insgesamt waren etwa einhundert Personen diesen Kalibers in Tokio angereist.

Die Elite war alarmiert darüber, daß die rüpelhafte Außenpolitik der USA nicht nur den Widerstand vieler Länder hervorgerufen hatte, sondern dieser Widerstand die Länder zu vereinigen drohte. Die amerikanische Vorherrschaft brauchte dringend ein neues politisches Image. Das setzte als erstes in den USA einen Machtwechsel voraus. David Rockefeller hatte vorgesorgt. Er zog einen Mann aus der Tasche, den er den Versammelten wie selbstverständlich schon als den neuen US-Präsidenten präsentierte. Bis zu den amerikanischen Präsidentschaftswahlen waren noch anderthalb Jahre Zeit, und noch kaum jemand hatte von dem Erdnußfarmer aus Georgia etwas gehört. „Jimmy - Who?", fragte man verwundert, und Jimmy Carter hatte seinen Spitznamen gefunden.[9]

Nach seinem Debut auf dem Tokioer Treffen entfalteten die stets kritischen Medien einen ungeheueren Werberummel, um Jimmy Carter der Öffentlichkeit nahezubringen. Die liberale *New York Times* pries Carter als progressiven und dynamischen Exponenten des „Neuen Südens" der USA an. Anderen empfahl man andere herausragende Eigenschaften dieses unbeschriebenen Blattes. Im November 1976 wurde Jimmy Who zum Präsidenten der USA gewählt. Zwar waren dazu noch einige Unregelmäßigkeiten bei der Stimmenauszählung erforderlich, aber Gerald Ford sah aus ungeklärten Gründen von ihrer näheren Untersuchung ab.

Carter erhielt einen illustren Kreis politischer Berater. Sie entstammten alle der Trilateralen Kommission. Deswegen nannten manche ihn auch den „trilateralen Präsidenten". Denn dieser Gesellschaft gehörte nicht nur sein Vizepräsident Walter Mondale an, sondern auch sein Sicherheitsberater Zbigniew Brzezinski, Außenminister Cyrus Vance, Finanzminister Michael Blumenthal, Verteidigungsminister Harold Brown, der US-Botschafter bei den Vereinten Nationen Andrew Young, sowie Richard Cooper und Warren Christopher vom Außenministerium.

Carter gab sich als „Außenseiter" des bösen Establishments und trat mit dem Image „Menschenrechte" für die Länder der Dritten Welt auf. Er forderte stereotyp: „Verhandlungen statt Konfrontation". Das änderte zwar nichts an den Inhalten und Methoden der amerikanischen Außenpolitik, ließ sie aber besser verkaufen. In der neuen Verpackung „Reform der alten Ordnung" verkaufte Carter den Neomalthusianismus, den Henry Kissinger im Nationalen Sicherheitsrat eingebracht und in dem verbindlichen National Security Study Memorandum 200 festgeschrieben hatte. Die wirtschaftlich-industrielle Entwicklung der Dritten Welt sollte blockiert und eine „nachindustrielle Gesellschaft" der „Grenzen des Wachstums" errichtet werden. Nur so glaubte man, das Dollarimperium weltweit behaupten zu können. Während die Auflagen des Internationalen Währungsfonds dafür sorgten, daß das Elend in der Dritten Welt immer weiter wuchs und die Menschenrechte entsprechend litten, nutzte die US-Regierung fortan die Kennmarke „Menschenrechte" zur Einmischung in die inneren Angelegenheiten der Staaten, die den US-Bemühungen Widerstand entgegensetzten.

Doch die Strategie sollte jämmerlich scheitern. Schon bald nach der Ölkrise tauchte ein Problem auf, das das künstliche Gebäude des „Petrodollar-Währungssystems" auseinanderzublasen drohte. Schon 1974 hatte die EG-Kommission den Zentralbanken der Mitgliedstaaten ein System vorgeschlagen, wie die Handelsbilanzen innerhalb der EG ausgeglichen werden konnten. Dazu sollte ein Goldhort angelegt werden. Gold konnte man für 150 Dollar die Feinunze auf dem freien Markt kaufen. Der willkürlich niedrige Wert des Währungsgoldes lag jedoch bei 42,22 Dollar die Feinunze. Die interne Höherbewertung der Währungsgoldbestände der EG-Länder hätte den Druck der Ölrechnungen auf die europäischen Länder beträchtlich gemildert und den Dollareinfluß eingeschränkt.

Das US-Finanzministerium war entsprechend alarmiert und beharrte darauf, daß die Goldbestände der EG-Zentralbanken weiterhin mit dem künstlichen Nichtmarktpreis von 42,22 Dollar zu bewerten seien. Dabei hätte eine Aufwertung des Goldes auch beträchtliche Handelsmöglichkeiten zu den beiden führenden Goldlieferländern, UdSSR und Südafrika, eröffnet. Der stellvertretende US-Finanzminister Paul A. Volcker reiste im Herbst 1974 nach London, wo er eine unverhohlene Warnung gegen derartige Schritte der Europäer aussprach und massiven Widerstand gegen alle Versuche ankündigte, nach der Ölkrise nun den Goldstandard wieder einführen zu wollen.

Damit war freilich die Idee noch nicht gestorben. Die südafrikanische Regierung John Vorsters hatte, wie die meisten Regierungen, mit dem plötzlichen Anstieg der

Ölrechnung zu kämpfen. Südafrika war völlig auf Ölimporte angewiesen. Gleichzeitig streckte es trotz der überkommenen Apartheid-Politik seine Fühler zu den schwarzafrikanischen Nachbarn aus, um mit ihnen ins Geschäft zu kommen und eine großräumige wirtschaftliche Entwicklung in Gang zu bringen. Die Europäer witterten darin auch für sich gewisse Chancen.

Angola verfügte über reiche Ölvorkommen und Südafrika über die Technik, sie zu heben und das Land zu industrialisieren. Die Region brauchte Kapitalinvestitionen und sichere Auslandsmärkte. Ende 1974 setzte sich der südafrikanische Finanzminister Nicolaas Diederichs öffentlich für die Neubewertung des internationalen Währungsgoldes ein und reagierte damit auf die entsprechenden Diskussionen in der EG. Er sagte in diesem Zusammenhang: „Ich habe mich immer dafür eingesetzt, daß es den Währungsbehörden erlaubt sein sollte, Gold zu den marktgängigen Preisen untereinander auszutauschen... Das Gold in den Tresoren der Zentralbanken würde so neu bewertet, und es gäbe viel mehr Geld zur Bezahlung an die Araber... Zweitens verlöre der Dollar relativ an Wert..."

Deutschland und Italien verständigten sich zu dieser Zeit in einem bilateralen Abkommen. Danach wollte Deutschland Währungsgold, das Italien als Pfand für einen größeren deutschen Kredit hinterlegen wollte, zu 80 Prozent des damaligen Marktpreises bewerten. Bei den Versuchen der Europäer, ihre Währungskurse wechselseitig zu stabilisieren, spielte das Gold eine immer größere Rolle. Sie versuchten, sich auf diese Weise gegen die Tyrannei und die Überraschungen des schwankenden Dollars zu schützen.

Die Perspektive engerer Wirtschaftsbeziehungen zwischen Kontinentaleuropa und Südafrika wurde bald zunichtegemacht. Als erstes brach in Angola Bürgerkrieg aus. Die Sowjetunion und Kuba unterstützten die MPLA, die in Pretoria ihren Hauptfeind zu sehen vorgab. Dann verkauften die USA überraschend größere Bestände ihrer Währungsgoldreserven. Dadurch drückten sie den Gold-

preis auf dem Weltmarkt und brachten so den südafrikanischen Goldbergbau in wirtschaftliche Schwierigkeiten.
Schließlich kam der Mai 1976. In Soweto brachen Unruhen aus. Das geschah interessanterweise, unmittelbar
nachdem Henry Kissinger das Land besucht hatte. Die Polizei ging äußerst brutal vor, und die stets kritischen Medien erhielten ihr Thema. Dies machte die wirtschaftlichen Beziehungen zwischen Europa und Südafrika sehr
schwierig. Südafrika hatte die Möglichkeit verloren, einen
Beitrag zur Stabilisierung der internationalen Währungsbeziehungen zu leisten.

Im Juli 1977 veröffentlichte das in Südafrika monatlich
erscheinende Wirtschaftsmagazin *To the Point International*
ein Interview mit dem Chef der Dresdner Bank, Jürgen
Ponto. Er entwickelte darin seine Vision, wie sich die Rassen- und Armutskrise in Südafrika lösen ließe. Dazu müßten die wirtschaftlichen Lebensumstände der dunkelhäutigen Bevölkerung verbessert werden, und Europa könne
dabei eine wichtige Rolle spielen. Aber zuerst müsse Europa seine eigenen, durch den Ölschock durcheinander
geratenen wirtschaftlichen Probleme in Ordnung bringen. „Dazu muß der Schaffung eines stabilen Währungssystems Vorrang eingeräumt werden. Wenn eine kleinere,
aber wirtschaftlich wichtige Region der Welt wie die Europäische Gemeinschaft den Stein ins Rollen bringt,
indem sie ihr eigenes Währungschaos behebt, befinden
wir uns auf dem richtigen Weg zur Verwirklichung dieser
Aufgaben."

Im gleichen Interview stellte Ponto ein Konzept neuer
europäischer Entwicklungsinitiativen vor. Danach sollte
die ganze südafrikanische Region sowie besser gestellte
Länder wie Elfenbeinküste und Algerien aufgebaut und
wirtschaftlich entwickelt werden, damit diese Länder
wiederum den ärmsten Ländern helfen könnten. „Sie
können genug Nahrungsmittel, Beschäftigung und Ausbildungsmöglichkeiten für den gesamten Kontinent erwirtschaften. Voraussetzung ist, daß die wichtigsten Beschränkungen der Entwicklung beiseitegeräumt werden". Ponto war ein enger Freund des südafrikanischen

Finanzministers Nicolaas Diederichs und dessen designierten Nachfolgers Robert Smit. Die Entwicklungsinitiativen, von denen da die Rede war, waren in ausführlichen Diskussionen zwischen Europäischen Industriellen und Bankiers und der Regierung dieses rohstoffreichen Landes schon weitgehend durchgeplant. Die fruchtbare Zusammenarbeit, die sich bereits abzuzeichnen begann, hätte die politische Landkarte der anglo-amerikanischen Weltordnung zum klaren Nachteil der Londor-New Yorker Elite kraß verändert.

Wenig später, am 31. Juli 1977, war Jürgen Ponto tot - ermordet von „Terroristen" der „Rote Armee Fraktion". Wenige Wochen später wurde der Arbeitgeberpräsident Hanns-Martin Schleyer von der gleichen Organisation entführt und später ermordet. Die Spur der „roten" Terroristen führte zwar nach Osten, aber es gab auch Anlaß zu der Vermutung, daß mächtige westliche Geheimdienstkreise bei beiden Anschlägen die Hand im Spiel hatten. Die europäisch-südafrikanische Entwicklungsinitiative starb mit Ponto und Schleyer. Der Versuch, mit dem Dollarimperium zu brechen, wurde erst einmal auf Eis gelegt.

Teures Ticket für Khomeini

Ein Punkt aus dem letzten Interview Jürgen Pontos sollte doch Wirklichkeit werden. Die Regierungen in Europa versuchten auf die ständigen politischen Zusammenstöße mit der Regierung Carter in Washington zu reagieren. Streit gab es hinter vorgehaltener Hand in Sachen Kernenergie, internationaler Währungspolitik, über die zu Spekulationszwecken schwankenden Dollarparitäten. Bei aller zur Schau gestellten Unterwürfigkeit der europäischen Regierungen war man sich im Grunde in jedem Punkt der Außenpolitik uneins mit den USA. Auf Anregung von Deutschland und Frankreich beschlossen daher die Mitgliedsstaaten der Europäischen Gemeinschaft im Juni 1978, Schritte in Richtung auf eine gemeinsame eu-

ropäische Währungszone zu unternehmen. Kontinentaleuropa versuchte sich gegen die zu erwartenden Erschütterungen des Dollarregimes abzuschotten.

Bundeskanzler Schmidt und Staatspräsident Giscard
d'Estaing schlugen etwas vor, was als Phase 1 des Europäischen Währungssystems bekannt wurde. Die Zentralbanken der acht Mitgliedsländer verabredeten feste
Austauschkurse für ihre Währungen. Sie wollten dadurch
die Währungsunsicherheit wenigstens für den europäischen Markt etwas stabilisieren. Dazu schufen sie einen
Europäischen Währungsfonds, in den die Mitgliedsländer 20 Prozent ihrer Gold und Devisenbestände einlegten.
Er hatte damals ein Volumen von rund 35 Milliarden
Dollar. Mit diesem Fonds sollten spekulativ verursachte
Währungsschwankungen gedämpft werden. Auch die
neutrale Schweiz band ihre Währung an die Paritäten des
Europäischen Währungssystems.

Am 13. März 1979 trat die erste Phase des Europäischen
Währungssystems in Kraft. Seine positiven Auswirkungen auf den europäischen Binnenhandel wurden sogleich
spürbar, der europäische Binnenhandel wuchs sprunghaft. Auch die Londoner und New Yorker Eliten sahen in
die Zukunft und erkannten die Gefahr, daß das Europäische Währungssystem sich zum Kristallisationskern einer
neuen Weltwährungsordnung entwickeln konnte. Hier
erwuchs also dem „Petrodollar-Währungssystem" eine
bedrohliche Konkurrenz. Einem höheren deutschen Beamten entfuhr ja auch im privaten Kreis die unvorsichtige
Bemerkung, das Europäische Währungssystem sei der
„Kristallisationskern eines Ersatzes für den Internationalen Währungsfonds". Die französische Regierung äußerte
sich zur gleichen Zeit ganz unverhohlen zu solchen Absichten.

Schon 1977 knüpften Deutschland und Frankreich auch
engere Beziehungen zu den OPEC-Ländern an. Sie son-
dierten die Möglichkeiten eines Tauschabkommens. Man
wollte gegen langfristige Öllieferverträge zu festgesetzten
Preisen den Aufbau der Länder auf dem neuesten Stand
industrieller Technik und Infrastruktur garantieren. Die

OPEC-Länder sollten ihre überschüssigen Gewinne in kontinentaleuropäischen Banken hinterlegen, das heißt letztlich im Europäischen Währungssystem. Daraus wollte man einen Fonds speisen, der auch für Aufbaukredite an Entwicklungsländer gedacht war.

London bekämpfte das Konzept des Europäischen Währungssystems in jedem Punkt und mit allen Mitteln. Die Regierung lehnte den Beitritt zu diesem Währungsmechanismus strikt ab und verzögerte seine Realisierung, so gut es ging. Die Londoner City hatte etwas andere Absichten.

Im September 1978 trafen sich Bundeskanzler Helmut Schmidt und Giscard d'Estaing in Aachen. Sie einigten sich dort auf Pläne für eine Annäherung der wissenschaftlich-technischen Erziehung in beiden Ländern und die engere Zusammenarbeit auf dem Gebiet der Kernenergie. Die Partei Giscard d'Estaings, die UDF, hatte damals ein gewaltiges Entwicklungsprogramm vorgelegt. Es sah ein Investitionsprogramm von 100 Milliarden Dollar für die Entwicklung in Europa und Afrika vor. Der Staatsbesuch Präsident Carters in Bonn und Westberlin im Juli 1978 konnte die französische und deutsche Regierung nur in ihrer Entschlossenheit zu einer unabhängigeren Politik bestärken.

Mit dem Gesetz über die Nichtweiterverbreitung von Nukleartechnik versuchte Carter den Export jeder Form von Kerntechnik in Länder der Dritten Welt zu unterbinden. Er bediente sich dabei der falschen, von grüner Seite aber immer wieder nachgebeteten Behauptung, die Technik der friedlichen Nutzung der Kernenergie könne ohne weiteres auch zur Herstellung von Atomwaffen verwendet werden. Im Grunde zielte Carters Antiatomkampagne wie die seiner Mitstreiter auf der „Linken" oder „Rechten" darauf, die Abhängigkeit der Staaten vom Erdöl zu verfestigen und eine „technologische Apartheid" gegen die um ihre Entwicklung bemühten Länder der Dritten Welt zu verhängen.

Um aber nachhaltig die „Gefahr" einer unabhängigen wirtschaftlichen Entwicklung der Dritten Welt zu bannen, waren noch drastischere Schritte erforderlich. Im November 1978 ernannte Präsident Carter seinen Kollegen in der Trilateralen Kommission, George Ball, der schon der Bilderberg-Gruppe ins Leben geholfen hatte, zum Leiter einer eigenartigen Sonderkommission. Es handelte sich um eine „Arbeitsgruppe Iran" im Weißen Haus. Sie arbeitete engstens mit Sicherheitsberater Brzezinski zusammen. Ball empfahl, den Schah im Iran fallen zu lassen und eine fundamentalistische islamische Opposition, die sich um den Ayatollah Khomeini geschart hatte, zu unterstützen. Sofort erhielten die „Linken" die erforderlichen Signale und unterstützten diese eigenartige „Revolution", die wohl das „reaktionärste" war, das man sich denken kann. Die Einmütigkeit aller sonst miteinander verfeindeten linken Gruppen in dieser Sache verblüffte. Richard Bowie vom CIA wurde zum „case officer" für den Sturz des Schahs ernannt. Er leitete und koordinierte die Aktionen gegen den Mann, den General Schwarzkopf sen. für die USA vor 25 Jahren auf ähnliche Weise an die Macht gebracht hatte. Man verfuhr nach dem gleichen Rezept wie damals.

Der Sturz des Schahs war nur ein Moment in einem breit angelegten Plan zur Neugestaltung des Nahen Ostens. Für den Plan ist der britische „Islam-Spezialist" Dr. Bernard Lewis verantwortlich. Er bekam damals gerade einen Lehrauftrag an der Princeton-Universität in den USA. Sein Plan lag der Bilderberg-Gruppe bei ihrem Treffen im Mai 1979 in Österreich vor. Danach wollte man den islamischen Fundamentalismus und seine radikalen Bruderschaften dazu benutzen, um den gesamten moslemischen Nahen Osten, den arabischen Halbmond, zu balkanisieren und in stammesmäßig und religiös aufgesplitterte Kleineinheiten zu zersprengen.

Lewis schlug vor, der Westen solle autonome Gruppen und Minderheiten wie die Kurden, Armenier, libanesische Maroniten, äthiopische Kopten, verschiedene Turkvölker usw. ermutigen, sich gegen die Regierungen der Staaten, in denen sie lebten, aufzulehnen. Das daraus resultierende Chaos würde, wie er sich ausdrückte, „einen

Krisenbogen" erzeugen. Er machte seinen Plan den USA besonders mit dem Hinweis schmackhaft, daß die so erzeugte Destabilisierung rasch in die moslemischen Gebiete der UdSSR vordringen werde.

Den Staatsstreich gegen den Schah leiteten die britischen und amerikanischen Dienste, wie damals schon gegen Mossadegh, in trauter Gemeinsamkeit. Im Rampenlicht des Einsatzes gegen den plötzlich so „korrupten Schah" stand Zbigniew Brzezinski, während die Briten sich vornehm im Hintergrund hielten und Khomeinis Propaganda über ihren Rundfunk BBC auf persisch ausstrahlten.

Im Jahre 1978 standen neue Verhandlungen über das auslaufende, 25 Jahre alte Ölförderabkommen zwischen der Schah-Regierung und British Petroleum an. Die Gespräche scheiterten im Oktober 1978 am britischen „Angebot", das ultimativ die exklusiven Rechte auf die zukünftige iranische Ölförderung verlangte, ohne Garantien über eine Mindestabnahme an Öl geben zu wollen. Die Iraner übersahen das Nordseeöl nicht und blieben hart. Sie wollten ihre Abhängigkeit von dem durch die Briten kontrollierten Export ihres Öls beenden und wie 1953 ihr Öl wieder selbst vermarkten. Abnahmewillige Käufer standen in Frankreich, Japan, Deutschland und anderswo genug bereit.

In jenem September erschien in einem Leitartikel der iranischen Zeitung *Kayhan International* folgende Bemerkung: „Schaut man zurück, so war die 25-jährige Zusammenarbeit mit dem britischen Konsortium und die vorangegangene 50-jährige Beziehung zu British Petroleum für den Iran alles andere als zufriedenstellend... NIOC (National Iranian Oil Company) sollte seine künftigen Planungen darauf abstellen, alle Geschäftsaktivitäten selbst auszuführen."

London reagierte auf den Abbruch der Gespräche mit einer Abnahmeweigerung, die einem Boykott iranischen Öls gleichkam. Durch einen provozierten Streik wurde zusätzlich noch die Ölproduktion lahmgelegt. Damit verschärften die Briten die innenpolitischen Schwierigkeiten für das Schah-Regime und schufen weiteren Vorwand für die Agitation professioneller Aufwiegler im Dienste amerikanischer und britischer Geheimdienste. Sie schürten religiöse Unzufriedenheiten und verbanden sie mit den sozialen Unruhen der städtischen Armen.

Amerikanische „Berater" trieben die gefürchtete SAVAK, die Geheimpolizei des Schahs, bei wachsender Unruhe und steigenden wirtschaftlichen Schwierigkeiten zu einem immer brutaleren, provokativeren Vorgehen an. Das sollte im Volk ein Höchstmaß an Haß gegen den Schah schüren. Und prompt beschwerte sich die Regierung Carter über die „Verletzung der Menschenrechte" im Iran. Dabei wußten Brzezinski und die CIA sehr genau, was da gespielt wurde.

Natürlich fehlte die Kapitalflucht nicht. British Petroleum hatte naturgemäß den stärksten Einfluß auf iranische Banken und die Finanzwelt. Sie wußte den verunsicherten Reichen mit den richtigen Ratschlägen auszuhelfen. Der britische Rundfunk BBC, der Programme in persischer Sprache bis in den hintersten Winkel Persiens ausstrahlte, peitschte die plötzlich ausbrechende Hysterie gegen das Schahregime durch übertriebene Berichterstattung und breite Reportagen vom Protest gegen den Schah an. BBC diente sich dem in Frankreich bereitgehaltenen Ayatollah Khomeini als Medium und Propagandainstrument geradezu an und verweigerte den Regierungsvertretern des Schahs jedes Recht der Gegendarstellung oder der Möglichkeit, erklärend und besänftigend auf Vorwürfe zu antworten. Die BBC ist ein Staatsrundfunk und fest in der Hand der britischen Regierung. Der Schah wandte sich in zahlreichen Versuchen an die britische Regierung, ihre Eingriffe in die inneren Angelegenheiten des Iran zu unterlassen. Auch seine persönlichen Appelle an die Rundfunkanstalt selbst hatten keinen Erfolg.

Der Sturz des Schahs war beschlossene Sache, auch wenn er das von seinen ehemaligen Gönnern zunächst nicht glauben wollte. Im Januar 1979 floh er außer Landes, und einen Monat später begann der damals von SPD und den Linken hochgelobte Khomeini sein theokratisch verklärtes Blutbad gegen Andersdenkende und politische Gegner.

Der Schah kam erst Monate später, kurz vor seinem Tod, zur Einsicht. Im Exil diktierte er einem Interviewer: „Damals wußte ich es nicht oder wollte es vielleicht auch nicht wissen, aber jetzt ist es mir klar: Es waren die Amerikaner, die mich weg haben wollten. Es besteht gar kein Zweifel mehr, das war es, was die Advokaten der Menschenrechte im State Department wollten... Was sollte ich von der plötzlichen Entscheidung halten, den früheren Staatssekretär im Außenministerium George Ball als Sonderberater für Iran-Angelegenheiten ins Weiße Haus zu holen? Ball gehörte zu jenen jungen Amerikanern, die mich und auch mein Land loswerden wollten".[10]

Mit dem Sturz des Schahs und der Machtergreifung der fanatisierten Khomeini-Anhänger war das Chaos vorprogrammiert. Es dauerte nur bis zum Mai, bis Khomeini sich die Industrieaufbaupläne des Schahs vornahm und alle mit deutschen und französischen Firmen abgeschlossenen Verträge über den Ausbau der heimischen Kernenergie aufkündigte.

Die Förderung iranischen Erdöls von damals noch etwa 3 Millionen Faß pro Tag wurde unterbrochen. Auch Saudi-Arabien reduzierte seine Erdölförderung in jenen kritischen Januartagen des Jahres 1979 um täglich rund 2 Millionen Faß. Gründe wurden nicht genannt, sie lagen auf der Hand. British Petroleum berief sich auf „höhere Gewalt" (gemeint war wohl die Gottheit von Adam Smith, die „unsichtbare Hand") und kündigte größere Öllieferverträge. BP, Royal Dutch Shell und andere multinationale Unternehmen trieben am Rotterdamer Spotmarkt die Erdölpreise in die Höhe. Damit kam die zweite Ölkrise der siebziger Jahre in Gang.

Es gibt Anzeichen dafür, daß die höheren Ränge des US-Establishments und die Londoner Drahtzieher des Khomeini-Putsches Präsident Carter über die eigentlichen Hintergründe und Absichten ihres Vorgehens in Unkenntnis gelassen hatten. Die Folgen der neuen Energiekrise bildeten neben der Geiselaffäre den Hauptgrund für seine Wahlniederlage im folgenden Jahr.

Eine wirkliche Knappheit hat es in der Weltölversorgung nie gegeben. Die Förderkapazitäten Saudi-Arabiens und Kuwaits hätten ohne weiteres die iranischen und andere Ausfälle ausgleichen können. Zu dem Ergebnis kam später eine Untersuchungskommission des General Accounting Office in einer Studie für den amerikanischen Kongreß.

Trotzdem stiegen die Preise in diesen Tagen rasant um bis zu 14 Dollar pro Faß und erreichten in manchen Sorten und Bereichen die astronomische Höhe von 40 Dollar pro Faß. In Amerika bildeten sich an den Tankstellen lange Schlangen. Ein seit langem vergessenes Gefühl der Panik kam wieder auf. Präsident Carter und sein Energieminister, der frühere CIA-Direktor James R. Schlesinger, beruhigten die Lage auch nicht gerade mit Erklärungen wie dieser vom Februar 1979: „Der Ausfall des iranischen Öls hat voraussichtlich schwerwiegendere Folgen als das arabische Ölembargo von 1973."[11]

Die Trilaterale Kommission hielt die Außenpolitik der Regierung Carter fest in der Hand. Sie sorgte auch dafür, daß aus den Bemühungen Deutschlands und Frankreichs, im Rahmen der Entspannungspolitik die Wirtschafts-, Handels- und diplomatischen Beziehungen mit der benachbarten Sowjetunion zu verbessern, nicht viel wurde. Vor allem strebten die beiden wichtigsten Länder Kontinentaleuropas nämlich ein verläßliches, langfristiges sowjetisch-europäisches Energieabkommen an. Dagegen setzten Carters Sicherheitsberater Brzezinski und Außenminister Cyrus Vance nun den Plan von Dr. Bernard Lewis für einen islamischen „Krisenbogen" ein. Der iranische Putsch sollte an der Südflanke der Sowjetunion Unruhe unter der moslemischen Bevölkerung auslösen. Ein Heer amerikanischer Berater reiste in die Grenzregionen, vor allem nach Pakistan und in die Türkei.

Um den Druck noch zu steigern, zog Brzezinski die „China-Karte". Im Dezember 1978 erkannten die USA das kommunistische China diplomatisch an und entzogen zu diesem Zweck ihrem Verbündeten, dem nationalchinesischen Regime in Taiwan, die Anerkennung. Rotchina erhielt Sitz und Stimme, einschließlich Vetorecht, im Gremium der fünf ständigen Mitglieder im Sicherheitsrat der Vereinten Nationen. Außerdem erhielten die chinesischen Kommunisten Zugang zu amerikanischer Hochtechnologie und, um das Maß voll zu machen, umfassende amerikanische Militärhilfe. Auf dem Gipfeltreffen im Januar 1979 protestierte Bundeskanzler Helmut Schmidt gegen diese Politik der „China-Karte" Präsident Carters, weil sie die neu entstehenden, noch zerbrechlichen deutsch-sowjetischen Beziehungen gefährde. In Moskau werde dadurch der Eindruck geweckt, die NATO kehre zu ihrer aggressiven und feindseligen Einkreisungspolitik aus der Zeit des Kalten Krieges zurück.[12]

Schließlich entfesselten die Anglo-Amerikaner im Oktober 1979 zusätzlich zur zweiten Ölkrise der siebziger Jahre einen Finanzschock. Im August hatte Carter auf Anraten David Rockefellers und anderer einflußreicher Stimmen der Wallstreet Paul Volcker zum Chef der Federal Reserve Bank ernannt. Paul Volcker war schon im August 1971 maßgeblich an der Abkoppelung des Dollars vom Gold beteiligt gewesen. Als ehemals leitender Angestellter bei Rockefellers Chase Manhattan Bank saß er selbstverständlich auch in David Rockefellers Trilateraler Kommission.

Obwohl der Ölpreisanstieg bis auf 40 Dollar das Faß die Nachfrage nach Dollar gewaltig steigerte, reagierte der Dollar an der Börse schwach. Die Sorge über die wachsende Inkompetenz der amerikanischen Regierung schwächte den Dollar. Seit Beginn des Jahres 1978 war sein Wert um 15 Prozent gegenüber anderen starken Währungen gesunken. Der Goldpreis begann zu steigen und erreichte im September 1979 die damalige Rekordhöhe von 400 Dollar die Feinunze. Die Araber und andere Geldbesitzer begannen ihr Geld lieber in Gold als in unsicheren Dollar anzulegen. Schon im September drohte der Dollar durch den Fußboden zu fallen, als bekannt wurde, daß die saudische Zentralbank ihre US-Schatzanleihen zu verkaufen begann. Sie besaß solche Anleihen in Milliar-

denhöhe. Anscheinend waren selbst diesen 150-prozenti-
gen Verbündeten der USA Zweifel an der Präsidentschaft
Jimmy Carters gekommen.

Um dieser Entwicklung zu begegnen, entschlossen sich
die Finanzstrategen in London und New York, auf den Ölschock noch einen Finanzschock zu setzen. Im Oktober
1979 verkündete der neue Chef der Federal Reserve Bank
in New York eine völlig neue Währungspolitik. Der Kongreß war schockiert, das Weiße Haus hilflos. Paul Volcker
belog beide in voller Absicht, als er verkündete, seine ra-
dikale-monetaristische „Kur" ziele nur darauf ab, „die Inflation aus dem System zu treiben". In Wirklichkeit ging
es darum, den Dollar wieder zur begehrtesten Währung
der Welt zu machen. Daß er damit der amerikanischen Industrie den Todesstoß versetzte, nahm Paul Volcker in
Kauf. Vor dem Kongreß erklärte er: „Eine restriktive Geld-
und Kreditpolitik über einen beträchtlich langen Zeitraum aufrechtzuerhalten, muß ein wesentlicher Punkt
eines jeden Programms sein, das der tiefverwurzelten Inflation und inflationären Erwartungen begegnen will."

Der Betrug an seinen Ausführungen war, daß er die eigentlichen Gründe der ansteigenden Inflation verschwieg
oder falsch darstellte. Zwei Ölschocks hatten den Ener-
giepreis in nur sechs Jahren um 1 300 Prozent ansteigen
lassen. Auch seine Vorhaltungen, er müsse den amerikanischen Geldumlauf durch die Beschränkung von Krediten für Banken, Industrie und Konsumenten verknappen,
waren natürlich Spiegelfechterei. Wie jeder Bankier wußte
auch Volcker, daß die Verknappung der heimischen Geldversorgung nur ein kleiner Teil des Problems war. Er
wußte, daß seine Maßnahmen auf die schätzungsweise
500 Milliarden Dollar, die außerhalb der USA auf den Eurodollarmärkten Londons oder der Cayman Islands zir-
kulierten, kaum Einfluß hatten. Als Paul Volcker im Oktober 1979 seine restriktive Geldpolitik durchsetzte,
schätzte Morgan Guaranty Trust die Dollarmenge auf den
Eurodollarmärkten auf 57 Prozent der heimischen Geld-
menge. Der US-Bürger mußte für diese in den internationalen Steueroasen und Offshore-Banken wuchernden

Geldmengen nun die Zeche bezahlen.

Die neue Finanzpolitik trieb die Zinsraten auf den Eurodollarmärkten binnen weniger Wochen von stattlichen 10 Prozent auf 16 und schließlich bis auf über 20 Prozent in die Höhe. Die Welt schaute mit offenem Mund zu. Das schien der „Inflation" tatsächlich den Garaus zu machen. Dafür machte sich eine tiefe Wirtschaftsdepression breit. Die Schuldner kratzten das letzte Geld zusammen, um wenigstens ihre Zinsen zahlen zu können, und der Dollar feierte fünf Jahre lang einen außerordentlichen Aufstieg.

Ein „Unfall" in Three Mile Island

Zum Öl- und Finanzschock reihte sich die dritte grundlegende Entscheidung des Establishments der Weltfinanzen: Die Konkurrenz der Kernenergie sollte endgültig ausgeschaltet werden, denn noch immer war die „Atomrose" nicht gänzlich entblättert. Der weltweite Trend, sich vom Öl zurückzuziehen und auf Kernenergie zu verlegen, mußte umgekehrt werden. Das Weiße Haus hatte seit 1977 vergeblich versucht, dies durch diplomatischen Druck zu schaffen. Da kam es am 28. März 1979 in einer Kleinstadt mitten in Pennsylvania zu einem bizarren Ereignis. Im Block 2 des Kraftwerkkomplexes Three Mile Island in Harrisburg ereignete sich eine Kette höchst unwahrscheinlicher und in ihrem Zusammentreffen unerklärlicher Ereignisse. Spätere Untersuchungen enthüllten, daß wesentliche Ventile vor dem Störfall per Hand geschlossen worden waren, was nach dem Reglement des Kraftwerks strengstens verboten war. Durch diese Manipulationen konnte kein Notkühlwasser zum Dampferzeugungssystem des Reaktors gelangen. Binnen 15 Sekunden hatte ein weiteres Sicherheitssystem zwar den Kernspaltungsprozeß zum Stillstand gebracht, aber dann griff ein unbekannter Täter aus dem Bedienungspersonal ein und schaltete entgegen jeder Vorschrift und Vernunft kurzerhand die gesamte Kühlwasserversorgung des Reaktors ab. So kam es, daß ein Teil der Brennelemente schmolz und radioaktive Stoffe ins Kühlwasser gelangten. Ein Teil des kontaminierten Kühlwassers gelangte über ein Überdruckventil ins Reaktorgebäude, wo es aber immer noch von der Sicherheitshülle umschlossen war. Dann ereignete sich ein weiterer Zufall: Plötzlich schaltete jemand eine Pumpe ein, die das radioaktive Wasser aus dem Sicherheitsbereich heraus in vorbereitete Tanks für radioaktiven Abfall außerhalb der Sicherheitshülle pumpte. Eine geringe, für die Anwohner noch ungefährliche Menge Radioaktivität gelangte so an die Außenwelt. (Details dieses ungewöhnlichen Vorfalls kann man an anderer Stelle nachlesen.[13])

Am 3. August 1979 mußte die Atomkontrollbehörde der USA in ihrem offiziellen Bericht zugeben, daß Sabotage oder kriminelle Nachlässigkeit einer von sechs möglichen Gründen dieses Vorfalls war. Obwohl alle fünf anderen Gründe in den detaillierten Untersuchungen nacheinander ausgeschlossen wurden, weigerte sich die Regierung, die Möglichkeit von Sabotage ernsthaft weiter zu untersuchen.

Für die stets kritischen Medien stand die Sache natürlich sofort fest. Sie spulte ihr Spektakel drehbuchartig ab. Es hatte mit den festgestellten Tatsachen kaum etwas gemein. Damit aber keine dieses Drehbuch störenden Informationen an die Öffentlichkeit gelangen konnten, wurde für alle Beteiligten ein striktes Aussageverbot verhängt. Allein die Notstandsbehörde des Weißen Hauses, die sogenannte FEMA (Federal Emergency Management Agency), war zur Information der Öffentlichkeit befugt.

Diese Notstandsbehörde war nach einem schon länger vorliegenden Konzept eines Mitglieds der Trilateralen Kommission, Samuel Huntington, entstanden. Seit einiger Zeit stand fest, daß sie ihre Arbeit am 1. April aufnehmen sollte. Aber aus unerklärlichen Gründen wurde die FEMA plötzlich fünf Tage vor dem festgelegten Termin aktiviert. Das war genau einen Tag vor dem Reaktorunfall. Auch dies ist einer der vielen seltsamen Zufälle bei diesem „Unfall". Ein anderer war, daß noch im gleichen Monat ein spektakulär angekündigter Hollywood-Film

mit dem Titel „Das China-Syndrom" in den Kinos anlief.
Die grüne Aktivistin Jane Fonda spielte die Hauptrolle in
dieser Geschichte über einen fiktiven Reaktorunfall, der
verblüffend viele Ähnlichkeiten mit dem von Harrisburg
hatte.

Unter Leitung des Sicherheitsberaters Brzezinski kontrollierte die FEMA sämtliche Informationen, die über
Harrisburg an die Öffentlichkeit drangen. Sie ordnete die
Evakuierung der umliegenden Ortschaften an, obwohl
bei diesem Unfall nachweislich keine über das erlaubte
Maß hinausreichende radioaktive Strahlung in die Umgebung des Reaktors gelangt war. Sie verweigerte tagelang
jegliche Auskunft und ließ stattdessen phantasievolle Pa-
nikgeschichten von der Möglichkeit einer „Kern-
schmelze", einer „radioaktiven Wolke über Harrisburg"
usw. die Schlagzeilen der Medien füllen.[14]

Noch größeren Effekt hatte später der nun wirklich dramatische Reaktorunfall von Tschernobyl. Dieser Reaktor
kann freilich, was die stets kritischen Medien sich einzu-
sehen weigern, mit keinem kommerziellen Reaktor zur
Stromerzeugung verglichen werden. Er war eine veraltete
Waffenplutonium-Brutanlage. Seitdem jedenfalls scheint
die Hoffnung auf die breite Nutzung nuklearer Energiequellen ausgeträumt zu sein. Bis auf weiteres wagte keine
Regierung mehr – auch nicht im Entwicklungssektor –
dem US-Establishment und ihrer Bevölkerung eine solche
Energiequelle zuzumuten.

Ende 1979 hatte das Establishment in London und New
York das Heft wieder fest in der Hand. Wieder einmal
hatte sich die Kontrolle über die Ölversorgung als das eigentliche machtpolitische Mittel bewährt. Mit ihrer Hilfe
gelang es, der Welt eine neomalthusianische Industrie-
und Wirtschaftspolitik aufzunötigen. Über den Wolken
der Öl- und Finanzschocks, der Zerstörung hoffnungs-
voller Aufbauchancen in den Entwicklungsländern und
dem schleichenden Ruin der güterproduzierenden gewerblichen Wirtschaft thronten die grauen Eminenzen
der Finanzwelt und fühlten sich wie die antiken Götter
des Olymp. Aber tief unten in ihrem Götterberg grollte es.

Im kommenden Jahrzehnt wurde klar, daß sie auf einem Vulkan saßen.

Anmerkungen

1. Quellen: International Iron and Steel Institute: World Steel in Figures. Brüssel 1991. Und Fearnley's World Shipping Annual Reports, Oslo.
2. Carli, Guido: *Why Banks Are Unpopular*. Vorlesung vor der Per-Jacobsson-Stiftung. Stockholm, 12. Juni 1976.
3. Jahresbericht der Bank für Internationalen Zahlungsausgleich. Basel, Juni 1976.
4. Ganz abgedruckt in *International Currency Review*, Vol. 20, Nr. 6, Januar 1991. Brief von Jack F. Bennett an Henry Kissinger, February 1975. „Betrifft: Besondere Vereinbarungen über den Ankauf amerikanischer Regierungsanleihen durch die Regierung Saudi-Arabiens".

    An der Karriere Jack F. Bennetts ist bemerkenswert, daß Exxon ihn 1971 dem Schatzamt unter Nixon „ausgeliehen hatte". Dort half er Paul Volcker die monetäre Seite des kommenden „Petrodollar-Währungssystems" und die Abkopplung des Dollars vom Gold vorzubereiten. Nach dem ersten Ölschock von 1973 und der erfolgreichen Einführung des Petrodollarsystems kehrte Bennett 1975 zu Exxon zurück. Ähnlich erging es Lord Victor Rothschild. Er wechselte vom Leiter der strategischen Forschungsabteilung bei Royal Dutch Shell 1971 an den Sitz des britischen Premierministers über, wo er die Leitung des zentralen politischen Stabes übernahm. In dieser Position konnte er nicht nur außergewöhnlich stark auf die britische Politik einwirken, er konnte sich und seine Firma auch auf den drastischen Ölpreisanstieg des Jahres 1973 einstellen, den er genialerweise „vorhergesehen" hatte. Er arbeitete damals besonders eng mit dem damaligen US-Sicherheitsberater Kissinger zusammen.
5. Hirsh, Fred, u.a.: *Alternatives to Monetary Disorder*. Council on Foreign Relations 1980's Project. London 1977, bei McGraw-Hill. S. 55.
6. Lyndon LaRouches Projekt der Internationalen Entwicklungsbank tauchte zwei Jahre später, nämlich 1977 in Vorschlägen auf, die Masaki Nakajima als Vorsitzender des Forschungsinstituts der japanischen Firma Mitsubishi veröffentlichte. Nakajima schlug damals vor, einen Weltinfrastrukturfonds zu gründen und begründete dies so: „Unter der Rezession in den Jahren nach der Ölkrise sucht jedes Land der Welt nach einem Ausweg. Unser Vorschlag eines Weltinfrastrukturfonds entspringt der Idee, daß Japan sich seiner Verantwortung für die weltweite Entwicklung bewußt werden sollte... Wir schlagen vor, einen Betrag von 500 Milliarden Dollar zusam-

menzulegen und gehen davon aus, daß alle führenden Industrie- und Ölförderländer dabei mitwirken... Damit sollen neue Energiequellen und neue Wege der Nahrungsmittelproduktion für die Welt erschlossen werden. Die Durchführung der zahlreichen Großprojekte, die der Vorschlag umfaßt, würde eine friedfertige Nachfrage nach Industriegütern und technologischen Entwicklungsanstrengungen anstelle der Waffenproduktion fördern... Die Zeit für eine mutige Vision in die weitere Zukunft ist für die Menschheit gekommen."

Zu den Großprojekten in Nakajimas Vorschlag gehörten die Bewässerung und Kultivierung der Sahara, Ausbau der Wasserkraftpotentiale des Himalaja-Gebirges, das Anlegen eines künstlichen innerafrikanischen Sees im Kongobecken mit einer Verbindung zum Tschadsee in der Sahelzone und die Errichtung zahlreicher Wasserkraftwerke in Südamerika. Nakajimas Vorschlag wurde noch einmal im Jahr 1990 in Davos auf dem Treffen des Weltwirtschaftsforums vom japanischen Industrieverband Keidanren erneuert.

7. Vgl. 9. Kapitel 9, Anmerkung 8: Die Ausführungen Henry Kissingers über seine enge Zusammenarbeit als US-Außenminister mit dem britischen Außenministerium.

8. Bhutto, Benazir: *Tochter der Macht: Autobiographie*. München 1989, bei Droemer Knaur.

9. Zur Gründung der Trilateralen Kommission vgl. 9. Kapitel, Anmerkung 10. Diese Einrichtung sollte dem Einfluß der Bilderberg-Gruppe eine breitere politische Basis geben, um ihn in den politischen Instanzen in Europa, Amerika und Japan besser und koordinierter zur Geltung bringen zu können. Ihre Gründung versuchte auch der aufkommenden Wirtschaftsmacht Japan Rechnung zu tragen. In Europa gehörte ihr u.a Graf Lambsdorff an. Die meisten europäischen Mitglieder waren langjährige Kontakte der Rockefellers oder stammten aus den „synarchistischen" Kreisen der Kriegszeit.
Daß zwischen Henry Kissinger und Rockefellers Zögling, dem US-Präsidenten Jimmy Carter, keine grundsätzlichen Meinungsverschiedenheiten bestanden, erhellt schon die Tatsache, daß Rockefeller Henry Kissinger nach dessen Ausscheiden aus der Regierung in den Beraterstab der Chase Manhattan Bank holte. Es war damals innenpolitisch nicht zu verkraften, ihn in die neue „demokratische" Administration zu übernehmen. Darüber hinaus machte Rockefeller Kissinger anstelle des in die Carter-Regierung abkommandierten Brzezinski zum leitenden Direktor der Trilateralen Kommission.

10. Dreyfuss, Robert: *Hostage to Khomeini*. New York 1980, bei New Benjamin Franklin House.

11. Comptroller General of the United States: *Iranian Oil Cutoff: Reduced Petroleum Supplies and Inadequate U.S. Government Response*. Bericht des General Accounting Office an den amerikanischen Kongreß, 1979.

12. Im April 1975 hatte die Regierung Helmut Schmidt mit dem Generalsekretär der KPdSU Breschnew und Schah Resa Pahlewi ein bemerkenswertes Dreiecksgeschäft ausgehandelt. Es sah vor, das sonst

abgefackelte Erdgas der Felder Bebehan und Gachsaran über eine Pipeline nach Kasachstan und Isfahan im Süden der Sowjetunion zu leiten. Dort gab es größere Energieversorgungsprobleme. Dafür wollte die Sowjetunion Erdgas aus Sibirien nach Westdeutschland leiten. Als Entgelt würden deutsche Firmen die Röhren für die Pipeline und ein Stahlwerk in Isfahan bauen, während die Sowjetunion an den Iran Industriegüter im Wert von einer Milliarde Rubel schicken würde. Abgesehen von der geschäftlichen Seite bedeutete, wie der Schah feststellte, „dieses Vorgehen eine Sicherheit gegen mögliche sowjetische Feindseligkeiten". Eine der ersten Amtshandlungen des Khomeini-Regimes war es, dieses Dreiecksgeschäft von iranischer Seite aufzukündigen.

13. Schauerhammer, Ralf: *Sackgasse Ökostaat, kein Platz für Menschen*. Wiesbaden 1990, bei Dr. Böttiger Verlags-GmbH.

14. Den unmfassendsten Bericht über die unglaublichen Vorgänge um den Reaktorunfall im Kernkraftwerk Three Mile Island mit den deutlichsten Hinweisen auf Sabotage und bewußt geplante Eingriffe, um den Unfall herbeizuführen, findet man in einer in New York herausgegebenen englischsprachigen Studie des Fusions-Energie-Forums vom Mai 1979. Die Zeitschrift *Fusion* erhielt dafür den Preis der Freedom Foundation für hervorragenden Journalismus.

11. Kapitel

Die neue Weltordnung als Götterdämmerung

Paul Volcker leiht sich das britische Modell

Lange bevor Karl Marx von Klassenkampf sprach, verfolgte der britische Liberalismus ein Gesellschaftsmodell, das die Gesellschaft in eine „höhere" und eine „niedere" Klasse trennte. Die Grundlagen des Liberalismus im 19. Jahrhundert, die sich auch in der Freihandelsdoktrin eines Adam Smith und David Ricardo niederschlugen, führten logisch und vorhersehbar zur Verarmung des größten Teils der britischen Gesellschaft. Sie halfen, den gesellschaftlichen Reichtum in den Händen einer immer kleineren „Oberklasse" von Superreichen zu konzentrieren. Die Abschaffung der Korngesetze nach 1846 war – wie bereits dargelegt – ein entscheidender Schritt auf diesem Weg.

Der einflußreichste Publizist dieses britischen Liberalismus im heutigen Amerika war der aristokratisch gesonnene Walter Lippmann. Er stellte dem amerikanischen Publikum die angestrebte Klassengesellschaft in modernem Gewand vor. Eine Gesellschaft zerfällt naturgemäß, sagte Lippmann, in die große vulgäre Masse der ahnungslosen und meist dummen „Öffentlichkeit" und in eine „Sonderklasse", die Elite. Die Masse ist auf die Führung durch eine Elite angewiesen. Zur Sonderklasse gehören nach Lippmann die „verantwortlichen Männer". Sie legen fest, was jeweils als „nationales Interesse" zu gelten habe. Sie besetzen die Spitzen der Verwaltung und

Regierung und orientieren sich dabei an den Interessen privater Vermögen und privater Macht. Welche Beziehungen dort zwischen Macht und Reichtum herrschen, geht die Masse nichts an. „Sie würde es ohnehin nicht verstehen."

Nach Lippmann soll die breite Masse das Gefühl haben, als ob sie tatsächlich „demokratische" Macht ausübe. Die Illusion der Demokratie muß von der Elite der „Verantwortlichen" gepflegt und gelenkt werden, indem sie für einen gesellschaftstragenden „Konsens" sorgt. Diese und ähnliche Ideen wurden von Walter Lippmann Jahrzehnte vor Paul Volcker als die „politische Philosophie der liberalen Demokratie" erörtert. Mit der Vorstellung, daß eine kleine, auserwählte Schar die breite Masse zu beherrschen und zu lenken habe, näherte sich der moderne anglo-amerikanische Liberalismus zu einem erstaunlichen Grad den gesellschaftlichen Vorstellungen Lenins an. Auch bei ihm sollte ja eine Avantgarde die „Diktatur des Proletariats" über die träge breite Masse errichten und dies im Namen einer zukünftigen, idealeren Gesellschaft rechtfertigen. Beide Modelle gründen sich darauf, die breite Bevölkerung für dumm zu verkaufen.[1]

Seit der Nachkriegsrezession von 1957 propagierten eine kleine Zahl internationaler Bankiers und die Vorstände der Ölgesellschaften diese Art von Liberalismus in den USA. Im Grunde verpflanzten sie nur die Idee des Britischen Empire aus dem 19. Jahrhundert in das New Yorker Milieu. Der einzige Unterschied bestand darin, daß sich dieser aufgeklärte Liberalismus in Amerika auf eine Geldaristokratie und nicht auf eine der Geburt und der königlichen Protektion stützte. Dieser Liberalismus wurde zur Ideologie des sogenannten Ostküstenestablishments. Mit zunehmendem Einfluß auf die wirtschaftlichen Geschicke des Landes modelte es auch das geistige Wesen der Vereinigten Staaten um.

Amerika verkörperte für die Geknechteten der Welt einmal das Ideal der Freiheit. Nun verwandelte sich dieses Amerika hinter einer Fassade von „Freiheit und Demokratie" Schritt für Schritt in das Gegenteil.

Das Zusammenwirken der beiden Ölkrisen der siebziger Jahre und die damit verbundene „trabende Inflation", brachte in Amerika sogar eine Art „Landadel" hervor. Landbesitzer wurden über Nacht und ohne viel Zutun zu Millionären. Sie hatten keine neuen technischen Entwicklungen hervorgebracht und keine neue Industrie aufgebaut. Sie wurden es nur, weil für sie totes Land im Grundbuch eingetragen war.

Die Ölschocks führten zu einer weiteren Polarisierung der Gesellschaft. Einer wachsenden Gruppe armer Leute, deren Lebensstandard kontinuierlich absank, stand eine verschwindend kleine Zahl von Superreichen gegenüber, deren Vermögen exponentiell wuchs. Paul Volckers monetaristische Schocktherapie vom Oktober 1979 beschleunigte diese Entwicklung und trieb sie auf die Spitze.

Die monetaristische Schocktherapie, mit der Paul Volcker die USA seit dem 6. Oktober 1979 beglückt hatte, war keineswegs seine eigene Idee. Sie wurde bereits Monate vorher praktiziert. Man braucht nicht lange zu fragen, wo: in Großbritannien. Paul Volcker und seine Freunde unter den Bankiers, allen voran Lewis Preston von der traditionell anglophilen Wallstreet-Bank Morgan Guaranty Trust Company, hatten nur auf US-Verhältnisse übertragen, was die Regierung Thatcher in England tat.

Anfang Mai 1979 hatte Margaret Thatcher die Wahl gegen James Callaghan von der Labour Party gewonnen. Sie hatte sich mit der Forderung durchgesetzt: „Die Inflation muß aus der Wirtschaft hinausgedrängt werden." Thatcher war umringt von einem engen Kreis von Ideologen der „Freien Marktwirtschaft". Sie redeten mit Hilfe der Medien der breiten Masse ein, nicht der erneute Ölpreisanstieg um 140 Prozent seit dem Sturz des Schahs sei die Ursache für die auf 18 Prozent gekletterte englische Inflationsrate, sondern die Ausgabenpolitik der Regierung.

Die Regierung Thatcher verlangte, der Wirtschaft den Geldhahn zuzudrehen, um so die inflationär überhöhten Preise zu senken. Eine der Hauptquellen der überschäumenden Geldzufuhr bildete nach herrschender Meinung die Finanzierung der chronischen Regierungsschulden.

Man brauche den Haushalt nur tüchtig zu beschneiden, schon versiege der überschüssige Geldstrom in die Wirtschaft, und dadurch werde die Geldinflation gebremst: So einfach stellt sich das nach monetaristischer Doktrin dar. Gleichzeitig verteuerte die Bank von England durch höhere Zinsen die Kredite. Die Wirkung konnte nicht ausbleiben. Es entstand, wie jeder sich an den Fingern hätte abzählen können, eine Depression. Aber so nannte man das nicht. Man gab ihr den wohlklingenden Namen „Thatcher-Revolution".

Thatchers Wirtschaftspolitik bestand nur aus Beschneiden, Auspressen, Stillegen. Schon im Juni 1979, einen Monat nach Regierungsantritt, begann Thatchers Schatzkanzler Sir Geoffrey Howe die Zinsraten für die Banken anzuheben. In der kurzen Zeit von zwölf Wochen hob er sie von dem bereits hohen Niveau von 12 Prozent auf stolze 17 Prozent an. Investoren und Häuslebauer mußten binnen Wochen 42 Prozent mehr für das Geld, beziehungsweise ihre Schulden bezahlen. Nie zuvor hat eine Industrienation – abgesehen von Kriegszeiten – in so kurzer Zeit einen so drastischen Schock über sich ergehen lassen.

Dazu kürzte die Bank von England noch die Versorgung der Wirtschaft mit Geld, um die Zinsen hoch halten zu können. Geschäfte gingen reihenweise, weil sie anstehende Zahlungen nicht finanzieren konnten, bankrott. Familien verloren ihre Häuschen. An langfristige Investitionen in Kraftwerke, Infrastrukturmaßnahmen oder die Neuanlage von Fabriken war nicht mehr zu denken. Die Wirtschaft kam dank der monetaristischen Revolution Margaret Thatchers zu einer Art Stillstand.

Natürlich bestand das Problem der gewerblichen Wirtschaft in England nicht darin, daß größere Unternehmen wie der größte Automobilhersteller British Leyland oder Rolls Royce und viele andere in Staatshand lagen. Unter Thatcher wurden die meisten Staatsbetriebe privatisiert, das heißt an private Geldgeber versteigert. Das Problem der gewerblichen Wirtschaft lag anderswo. Es fehlte an Investitionen, und die Infrastruktur zerfiel vor den Augen

der lässigen Regierung. Das traf nicht nur das Transportwesen. Noch verheerender wirkte sich das verfaulende
Bildungssystem für angehende Facharbeiter wie auch die
Einsparungen im Forschungs- und Entwicklungsbereich
auf die Wirtschaft aus. Nicht „Einmischungen der Regierung in die Wirtschaft", sondern eine über mehr als zehn
Jahre fortgesetzte, falsche Regierungspolitik war für das
wirtschaftliche Desaster verantwortlich.

Thatchers Wirtschaftsrevolution verabreichte gegen die
sich verschlimmernde Krankheit eine falsche Medizin,
und das war wohl auch ganz bewußte Absicht. Ihre Maßnahmen kamen nur den Ölgesellschaften wie Shell, BP
und den ihnen verbundenen Großunternehmen zugute.
Margaret Thatcher, die Krämerstochter, war von ihren zy-
nischen Gönnern dazu ausersehen, die ihr vorbestimmte
Rolle im größeren, geopolitischen Spiel zu spielen.

Was brachte Thatchers Politik, für die sie den stolzen
Namen „Eiserne Lady" bekam, dem englischen Volk? Die
Arbeitslosenzahlen verdoppelten sich in Großbritannien.
Als sie gewählt wurde, waren 1,5 Millionen arbeitslos,
nach 18 Monaten Regierung brachte sie es auf 3 Millionen.
Die Gewerkschaften galten als Hindernis auf dem Weg
der großen Wirtschaftsrevolution. Ihnen wurde die
Hauptschuld an der Geldinflation gegeben. Entsprechend
wurden sie behandelt.

In all den Jahren, in denen Shell und BP den astronomischen Preis von 36 Dollar pro Faß für ihr Nordseeöl einstrichen, fiel kein Wort seitens der Regierung gegen die
großen Ölfirmen und die Großbanken der Londoner In-
nenstadt, die die Situation ausnutzten und überhöhte Gewinne einstrichen. Thatcher beseitigte sogar, um den Banken entgegenzukommen, alle Währungskontrollen. Dem-
zufolge wurde lieber mit Immobilien in Hongkong und
Lateinamerika spekuliert, als in die marode heimische Industrie und Infrastruktur zu investieren.[2]

Der radikale Monetarismus nahm seinen Ausgang in
Großbritannien, schwappte auf die USA über und drang
von dort aus in die übrige westliche Welt vor. Er wucherte
wie ein Krebsgeschwür. Überall trug er die gleichen Züge:

Beschneiden der Regierungsausgaben, Senken von Steuern, Deregulierung der Märkte und Ausschalten der Gewerkschaften. Die Zinsen stiegen weltweit auf ein Niveau, das man früher für Wucher gehalten hätte.

In den USA, wo Paul Volcker Thatchers monetaristische Schockpolitik nachäffte, stiegen die Zinssätze in manchen Fällen auf bis zu 20 Prozent. Welche Folgen dies für die Wirtschaft haben mußte, erfuhr man bald. Industrielle Investitionen konnten bei einem Zinssatz von 20 Prozent oder auch nur 17 Prozent nicht gewinnbringend sein und unterblieben deshalb. Investitionen, die bis zu ihrer Amortisierung einen Zeitraum von 4 bis 5 Jahren und mehr benötigten, wurden schlicht undenkbar. Das verboten allein schon die hohen Zinsen.

Nach dem Unfall im Kernkraftwerk Three Mile Island wurden die Zulassungsverfahren für Kernkraftwerke verlangsamt und die Sicherheitsauflagen verschärft. Dadurch verzögerte sich die Fertigstellung im Bau befindlicher Anlagen um Jahre. Für die Energieversorgungsunternehmen in den USA war es unter Volckers Hochzinsregime einfach nicht mehr rentabel, in weitere Kernkraftwerke zu investieren. Nach 1979 wurde kein einziges Kernkraftwerk in den USA mehr bestellt, und die Verträge für eine Reihe halbfertiger oder geplanter Kernkraftwerke wurden aus finanziellen Gründen zurückgezogen. SPD und Grüne setzten hierzulande das Atommoratorium durch. Einer der fortgeschrittensten Sektoren der gewerblichen Wirtschaft wurde einfach eingeschläfert.

Jimmy Carter wußte angesichts der Volckerschen Schocktherapie überhaupt nicht, wie und was ihm geschah. So unterschrieb er im März 1980 ein höchst merkwürdiges Gesetz, das „Gesetz zur Deregulierung der Geldinstitute und zur monetären Kontrolle von 1980". Es erlaubte der Federal Reserve Bank, einem privaten Bankenkonsortium, das die Aufgaben einer Notenbank wahrnimmt, anderen Banken Mindestreserveforderungen aufzuerlegen, auch wenn diese, wie etwa die Spar- und Darlehenskassen, nicht dem Federal Reserve System unter-

standen. Das Gesetz stellte sicher, daß Paul Volckers Geld-
verknappung die Kreditvergabe erfolgreich erschwerte.
Zusätzlich beseitigte das Gesetz alle gesetzlichen Obergrenzen für Zinsen, die Banken ihren Kunden abverlan-
gen durften. Solche Obergrenzen waren unter der Bezeichnung „Regulation Q" vom Federal Reserve System
festgelegt worden. Mit ihnen fielen auch in den Bundesstaaten alle Bestimmungen, die den Zinsanstieg begrenzt
hatten und deshalb auch „Gesetze gegen den Zinswu-
cher" genannt wurden.

Der Himmel bildete nun die Obergrenze für Zinsen, entsprechend dem religiösen Dogma der anglo-amerikanischen Monetaristen. Geld sollte die Welt wie einen unter-
würfigen Sklaven regieren. Jedenfalls sollte sie pünktlich
ihre Wucherzinsen an die Londoner und New Yorker Banken zahlen.

Langfristig angelegte, kapitalintensive Investitionsprogramme überlebten den Ansturm dieser politischen Offensive von Paul Volcker und Margaret Thatcher nicht. Im
Gegenteil, sie fielen zuerst den Einsparungen anheim.
Man sparte zuerst am Bau von Eisenbahnen, Autobahnen,
Brücken, Kanalisationswegen und bei der Stromversorgung. Grüne Umweltideologen lieferten nicht selten die
„antikapitalistischen" Argumente zum Abwürgen solcher Infrastrukturprojekte. Der Erfolg war enorm: Das Internationale Eisen- und Stahl-Institut errechnete, daß die
Regierungen der führenden Industrienationen Ausgaben
für Investitionen in öffentliche Infrastrukturmaßnahmen
zwischen dem ersten Ölschock und dem Jahr 1985 um die
Hälfte zusammengestrichen haben.

Die Produktionszahlen für Stahl oder die Tonnage des
internationalen Überseewarenverkehrs sind wichtige In-
dikatoren der realen gewerblichen Wirtschaftstätigkeit.
An ihnen zeigten sich deutlich die Auswirkungen der ka-
tastrophalen, monetaristischen Politik der anglo-amerikanischen Elite. Die Stahlindustrie versank in die tiefste
Krise seit der Depression der dreißiger Jahre.[3]

Paul Volckers Geldpolitik und die damit verbundene
Talfahrt der gewerblichen Wirtschaft in den USA bildeten

die Hauptursache für die vernichtende Wahlniederlage Jimmy Carters im November 1980. Sein Nachfolger, der ehemalige Hollywood-Schauspieler der zweiten Garnitur Ronald Reagan, gehörte zum konservativen Lager der Republikanischen Partei. Er hatte keine Schwierigkeiten mit Volckers monetärer Schockpolitik. Als Gouverneur von Kalifornien hatte ihn Milton Friedman, der Guru des Monetarismus und Chefökonom der Mont-Pélérin-Gesellschaft, betreut.

Auch Margaret Thatcher gab sich ausgesuchte Mühe, ihre „Sonderbeziehungen zu Reagan" zu pflegen. Sie ermutigte Reagan, die Geldpolitik Paul Volckers fortzusetzen, die Regierungsausgaben weiter zu drosseln und gegen die Gewerkschaften vorzugehen. Der frühere Funktionär der Schauspielergewerkschaft trat dann auch brav gegen die großen Industriegewerkschaften des Landes an.

Um die wirtschaftliche Entwicklung in England und in den USA in Gleichklang zu bringen, hatten beide Regierungschefs dieselben Wirtschaftsberater. Diese stammten vor allem aus der erwähnten Mont-Pélérin-Gesellschaft. Zu nennen wären hier Karl Brunner, Milton Friedman, Sir Alan Walters und andere Schüler Friedrich August von Hayeks.

Als erste Maßnahme löste Präsident Reagan kraft seines Amtes die Gewerkschaft der Fluglotsen, Patco, auf. Damit wollte er die anderen Gewerkschaften deutlich warnen, sich nicht gegen den das produzierende Gewerbe erstickenden Zinsdruck aufzulehnen. Reagan war wie seine konservative Kollegin Thatcher von dem Gedanken besessen, die Inflation aus der Wirtschaft „hinauszudrängen". Gut unterrichtete Kreise in London munkelten, es sei überhaupt ein wesentlicher Daseinszweck der Regierung Thatcher gewesen, die Wirtschaft der damals noch führenden Industriemacht der Welt fest auf monetaristischen Kurs zu bringen. Gelang dies, dann konnte man auch die Industriepolitik anderer Länder entsprechend beeinflussen. Langfristige produktive Investitionen in Industrie und Landwirtschaft sollten durch kurzfristige

Spekulationsinvestitionen, die raschen Umsatz versprachen, ersetzt werden. Wenn das der Plan war, dann ist er
gelungen.

Reagan war nur sechs Monate nach Frau Thatcher gewählt worden. Und es heißt, er habe sein Kabinett bei
jedem Treffen mit dem Refrain erfreut: „Inflation ist wie
Radioaktivität, wo sie sich einschleicht, breitet sie sich aus
und wächst." Er hielt sich Milton Friedman als seinen privaten Wirtschaftsberater. Die ganze Regierung steckte
ebenso voll von radikalen Monetaristen der Friedman-
Schule, wie Carters Regierung von Mitgliedern der Trilateralen Kommission gewimmelt hatte.[4]

Der radikale Monetarismus, dem man allgemein hul-
digte, war nichts als ein großer Betrug, ein Betrug allerdings mit grausamen wirtschaftlichen Auswirkungen. Es
ging dabei nicht um die Regelung des Geldumlaufs als
solchen, wie der breiten Masse weisgemacht wurde. Das
liberale Establishment in London und New York wollte
die gleichen radikalen Mittel zu Hause in die Hand bekommen, die Friedman unter der Militärdiktatur Pino-
chets in Chile erfolgreich erprobt hatte. Mit ihrer Hilfe
versprach man sich, die langfristig angelegten Investitionen in Infrastruktur und Industrieentwicklung auszusetzen und die dadurch frei gewordenen Gelder auf die
Mühlen der eigenen Spekulationsmaschinerie zu lenken.
Mit dieser Politik wollte sich die Finanzwirtschaft in dem
breiten Spektrum industrieller Interessen durchsetzen
und ihre Führung weltweit ausbauen.

Was dann in den achtziger Jahren folgte, wäre nicht
möglich gewesen, hätte sich die Welt nicht zuvor die Ölkrisen der siebziger Jahre gefallen lassen.

Kanonenboot-Diplomatie und eine mexikanische Initiative

Man kann ohne Übertreibung sagen: Ohne Paul Volckers
und Margaret Thatchers radikalen Monetarismus gäbe es
keine Schuldenkrise in der Dritten Welt.

Ölimporte werden in Dollar fakturiert. Ihr Preis wuchs erst um 400 Prozent und dann 1979 nach Khomeinis Machtergreifung noch einmal um 140 Prozent. Gleichzeitig wuchsen die Zinsen für kurzfristige und mittelfristige Dollarkredite, mit denen die Ölimporte bezahlt werden mußten, wegen Paul Volckers Finanzpolitik in astronomische Höhen. Die Entwicklungsländer hatten die größte Mühe, Kredite zur Finanzierung ihres Energiebedarfs aufzutreiben. Hinzu kam in den achtziger Jahren ein ganz neues Phänomen: Die Zinskurse ihrer Eurodollaranleihen begannen zu schwanken. Das berühmte „floating" wurde eingeführt.

Wie wir oben dargelegt haben, hatte die Bilderberggruppe beschlossen, die enormen Extragewinne der OPEC-Länder durch die Londoner und New Yorker Banken in den Eurodollarmarkt zurückzupumpen. Henry Kissinger sprach in diesem Zusammenhang von „recycling". Wieder auf dem Eurodollarmarkt angelangt, verwandelten sich die sogenannten Petrodollar in die größte Flut unkontrollierbarer Anlagegelder, die seit den zwanziger Jahren die Märkte unsicher gemacht hatte.

London hatte sich als das geographische Zentrum dieses „Offshore"-Bankgeschäfts für Eurodollar eingerichtet. Die Bezeichnung „offshore" heißt so viel wie „vor der Küste gelegen" und bezeichnet Steuer- und Bankenparadiese, die sich auf kleinen Inseln ohne eigenes Steuer- und Bankkontrollrecht gebildet hatten. Die Bank von England hatte seit den sechziger Jahren deutlich zu verstehen gegeben, sie werde Guthaben und Geldströme in ausländischer Währung nicht kontrollieren, beeinflussen oder behindern. Damit wollte sie die Londoner City wieder zum Zentrum der Weltfinanzen machen.

Banker und Provisionsjäger aller Art behaupteten zwar immer wieder, Eurodollaranleihen von Banken der Londoner City wären absolut sicher. Aber hinter den Papieren stand im Falle eines Konkurses kein „letztverantwortlicher Ausgeber". Keine Regierung war verpflichtet, für eventuelle Währungsverluste der Bankanleihen geradezustehen.

Das schien keinen weiter zu bewegen, solange sich nur
das Roulette der Eurodollarvergabe drehte. Die Verschuldung der Entwicklungsländer, die sich vor dem Ölschock
von 1973 auf 130 Milliarden Dollar belaufen hatten, ver-
vierfachte sich auf stolze 550 Milliarden im Jahr 1981 und
wuchs im entscheidenden Jahr 1982 auf über 612 Milliarden Dollar an. So jedenfalls errechnete es der Internationale Währungsfonds. Dabei werden die kurzfristigen Anleihen mit einer Laufzeit von weniger als einem Jahr nicht
mitgerechnet. Ihr Umfang ist erheblich. Der Vorstand des
bedeutenden New Yorker Bankhauses Citicorp., Walter
Wriston, rechtfertigte private Bankkredite an Länder wie
Mexiko oder Brasilien mit dem Argument: „Regierungen
haben Guthaben, die ihre Verbindlichkeiten weit über-
steigen, und damit meine ich, kurz gesagt, Regierungen
gehen nicht bankrott..."

Ein Aspekt der privaten Eurodollaranleihen für Entwicklungsländer in der Zeit nach dem Ölschock wurde
wenig beachtet. Vorreiter bei der Vergabe riesiger Euro-
dollarkredite an Entwicklungsländer, mit denen die Petrodollar in Umlauf gebracht wurden, war Manufacturers
Hanover Trust. Kreditnehmer waren Länder wie Mexiko,
Brasilien, Argentinien, sogar Polen und Jugoslawien. Die
Eurodollarbanken des anglo-amerikanischen Bankensyndikats räumten den Ländern weit günstigere Konditionen
ein als der Internationale Währungsfonds (IWF), der die
gewerbliche Wirtschaft der Kreditnehmerländer in der
Regel mit seinen Auflagen strangulierte. Sie beharrten
aber auf einem kleinen Zugeständnis, das Manufacturers
Hanover Trust Bank als erste verlangte und das zunächst
wenig Aufsehen erregte. Alle Zinsen an solche Länder
wurden an eine bestimmte Zinsrate gebunden, die etwas
über dem in London gültigen Zwischenbankzinssatz
(LIBOR) liegen sollte. Der LIBOR-Zinssatz stand aber
nicht fest. Er erlebte drastische Schwankungen nach
unten und oben, hervorgerufen durch die Zinsentwick-
lung für kurzfristige Anleihen in London und New York.
Vor dem Sommer 1979 schien es sich hierbei um ein völlig
harmloses Zugeständnis zu handeln.

Das änderte sich schlagartig im Juni 1979 mit Margaret Thatchers Zinspolitik, der sich Paul Volcker in den USA schon im Oktober anschloß. Die hohe Zinsbelastung traf die Entwicklungsländer völlig unvorbereitet, quasi über Nacht. Zum Beispiel kletterten die Zinsraten am Londoner Eurodollarmarkt von 7 Prozent Anfang 1978 auf bis zu 20 Prozent Anfang 1980.

Das allein hätte ausgereicht, Entwicklungsländer unter ihrer Schuldenlast zusammenbrechen zu lassen. Denn die hohen Zinsforderungen häuften bald riesige neue Schuldenberge auf die Länder, die wegen der Ölverteuerung ohnehin schon überbelastet waren. Es fiel auf, daß die Entwicklungsländer von den Londoner und New Yorker Banken gerade so behandelt wurden wie Deutschland nach dem Ersten Weltkrieg. Fast wörtlich wiederholten die Banken die Verrücktheiten des Versailler Systems der zwanziger Jahre. Damals führte das Karussell der alliierten Kriegsschulden und der Reparationen, die Deutschland nicht bezahlen konnte, zum Finanzkrach vom Oktober 1929, dem der Börsensturz und die Depression der dreißiger Jahre folgten.

Ölpreise und die Umschuldung ausstehender Zinszahlungen trieben die Verschuldung der Dritten Welt in die Höhe. Im Gegenzug sperrte sich der Markt gegen Waren aus der Dritten Welt. Grund dafür war, daß sich die Wirtschaftstätigkeit aus dem produzierenden Gewerbe zurückzog und in den Dienstleistungssektor, vor allem in Finanzgeschäfte, verlagerte. Die Geldpolitik des Gespanns Thatcher und Volcker stürzte das produzierende Gewerbe der Industrienationen in die steilste Talfahrt seit der Depression der dreißiger Jahre. Damit sank die Nachfrage nach Rohstoffen und Vorprodukten aus Entwicklungsländern. Die bisherigen Verkaufschancen ihrer Waren bildeten die Grundlage ihrer Kreditaufnahme. Diese Verkaufsmöglichkeiten entfielen nun weitgehend.

Die Entwicklungsländer gerieten in eine sich öffnende Schere: Hier explodierten die Schuldendienste, dort versiegte die Nachfrage, verfielen die Preise für ihre Produkte und sanken die Exporterlöse. Die Bankiers nannten dies die „Krise der Dritte-Welt-Schulden". Diese Krise hatte ihre Ursache aber in London, New York und Washington – nicht in Mexiko City, Brasilia, Buenos Aires, Lagos oder Warschau.

1982 trieb diese Entwicklung auf die zu erwartende Spitze zu. Es war absehbar, daß die wichtigsten Schuldnerländer in Lateinamerika bald unter der Last der sich über ihnen auftürmenden Schulden zusammenbrechen würden. Einflußreiche Leute um Margaret Thatcher und die Regierung Reagan mit Außenminister Alexander Haig, Vizepräsident George Bush und CIA-Direktor William Casey beschlossen, sich darauf vorzubereiten. Sie wollten an einem Schuldnerland ein Exempel statuieren, das alle anderen Länder davon abschrecken sollte, sich ihren Zahlungspflichten gegenüber den Großbanken in London und New York zu entziehen.

Im April 1982 tönte Premierministerin Thatcher im britischen Unterhaus: „Großbritannien wird nicht mit der Wimper zucken, wenn es gilt, Gewalt anzuwenden". Sie sprach über die Malwinen. Die abgelegenen, wertlosen Inseln im Südatlantik nannte man in England, als sie noch die wichtige Seeroute für die Umschiffung Südamerikas kontrollierten, Falklandinseln. Man hatte den Argentiniern Hoffnung auf die unmittelbar vor ihrer Küste gelegenen Inseln gemacht, die Verhandlungen aber dann sehr provokativ und abweisend geführt. So war es zum Streit mit der argentinischen Regierung unter Galtieri gekommen. Da sich keine Lösung abzeichnete und die Verhandlungen immer wieder unter fadenscheinigen Gründen mit unklaren und unverbindlichen Versprechungen hinausgezögert wurden, hatte Argentinien die Inseln in der Nacht zum 1. April kurzerhand besetzt. Im Grunde ging es Frau Thatcher und ihren amerikanischen Freunden nicht um die Inseln mit ihren unfruchtbaren Schafweiden. Da sich die Medien das Gerangel nicht erklären konnten, erfand man das Gerücht, es seien vor der Küste riesige, bisher unbekannte Öllager entdeckt worden.

In Wirklichkeit ging es bei diesem Schlagabtausch zwischen Großbritannien und Argentinien um die Frage des

Schuldendienstes, oder genauer, um das Recht, Schulden mit Gewalt einzutreiben. Die Kanonenboot-Diplomatie des 19. Jahrhunderts feierte ihre Wiederauferstehung. Großbritannien schickte im April 1982 zwei Drittel seiner gesamten Hochseeflotte in den Südatlantik. Trotzdem und trotz der massiven nachrichtendienstlichen Unterstützung durch die US-Luftaufklärung hätte England in der militärischen Auseinandersetzung beinahe den kürzeren gezogen. Argentinien verfügte über französische Exocet-Raketen und setzte sie auch ein.

Die Briten brauchten den Konflikt, um so die gesamte NATO für ihre Politik zu gewinnen. Die militärische Macht der NATO sollte dazu dienen, die Schulden der Dritten Welt mit Waffengewalt einzutreiben, obwohl diese wegen der Hochzinspolitik nicht mehr zu bezahlen waren.

Argentinien stand in Bezug auf die Höhe seiner Verschuldung an dritter Stelle. Schulden im Umfang von 38 Milliarden Dollar drückten es an den Rand des finanziellen Zusammenbruchs. Man hatte Frau Thatcher nahegelegt, Argentinien als einen Testfall zu benutzen. Die aufschlußreichen Details des mutwillig vom Zaum gebrochenen Konflikts mit Argentinien sind erst knapp zehn Jahre später, als sich niemand mehr dafür interessierte, an die Öffentlichkeit gedrungen. Dieser Konflikt sollte andere NATO-Mitglieder von der Notwendigkeit von Einsätzen „out of area" überzeugen. Gemeint sind damit militärische Unternehmungen außerhalb der in den NATO-Verträgen vorgesehenen Verteidigungszonen. Schritte in diese Richtung wurden am 7. Mai 1982 auf einer Sitzung der Nuklearen Planungsgruppe der NATO in Brüssel diskutiert. Abgesehen von den Vereinigten Staaten fand die Idee damals noch keine Unterstützung.

Die britische Militäraktion gegen Argentinien verschlechterte die Beziehungen zwischen den USA und seinen lateinamerikanischen Nachbarn. Die Regierung Reagan war in diesem Streit nach einigen Fraktionskämpfen eindeutig auf die Seite Großbritanniens mit seiner Kanonenboot-Diplomatie getreten. Sie hatte damit die ehrwürdige Monroe-Doktrin der Vereinigten Staaten aufgegeben.

Für die neuere Diplomatie der USA ist es kennzeichnend, daß der stellvertretende Außenminister der USA, Thomas Enders, im März 1982 nach Buenos Aires gefahren war und Präsident Galtieri in einem Gespräch unter vier Augen zugesagt hatte, daß sich die USA an die Monroe-Doktrin gebunden fühlten und sich aus einem Konflikt zwischen Argentinien und England über die Malwinen heraushalten würden. Buenos Aires mußte dies als „grünes Licht" für den eingeschlagenen Weg verstehen. Ähnliche Zusicherungen machte die amerikanische Botschafterin April Glaspie Ende Juli 1990 dem irakischen Staatschef Saddam Hussein, kurz bevor er nach Kuwait einmarschierte. Die politische Elite der USA handelte in voller Übereinstimmung mit dem Londoner Außenministerium. Argentinien sollte dazu verleitet werden, selbst den Vorwand für die britische Militäraktion zu liefern.

Ein Nachbarland der USA wollte sich nicht mit dem Rückfall in den Kolonialismus des 19. Jahrhunderts abfinden: Mexiko. Unter seinem damaligen Präsidenten Lopez Portillo hatte Mexiko 1976 ein eindrucksvolles Programm zur Industrialisierung und Modernisierung des Landes in Gang gebracht. Die mexikanische Regierung war entschlossen, die Erträge seiner staatseigenen Ölindustrie nach dem Ölschock zum Ausbau des Landes zu verwenden. Der Ausbau von Häfen, des Straßennetzes, großer landwirtschaftlicher Bewässerungskomplexe, einer eigenen petrochemischen Industrie und sogar einer nuklearen Stromversorgung sollten das Land ins moderne Industriezeitalter versetzen. Die bedeutenden nationalisierten Ölreserven gaben dafür die Mittel her.

Um 1981 beschlossen gewisse einflußreiche Zirkel in Washington und New York, dem entgegenzuwirken. Sie wollten nicht dulden, daß sich an ihrer Südflanke ein starkes industrialisiertes Mexiko bildete, ein „Japan an unserer Südflanke", wie es im Establishment spöttisch hieß. Man wiederholte, was man zuvor im Iran praktiziert hatte. Drei Jahre vorher war es die gleiche Firma Probe International, die im Iran das Kapital aus dem Land trieb.

Das hatte dort den Schah geschwächt und den Weg für Khomeinis Revolution freigemacht.

Ende 1981 blies man nach ausgiebigen Vorbereitungen zum Angriff auf den mexikanischen Peso. Auslöser war der frühere CIA-Chef William Colby, der verschiedene multinationale Unternehmen im Hinblick auf „politische Risiken" beriet. Er gab das Signal durch ein Interview in der *New York Times*, worin er scheinbar beiläufig erwähnte, daß er seinen Klienten abrate, in Mexiko zu investieren. Denn es stehe „eine Abwertung der mexikanischen Währung noch vor den allgemeinen Wahlen im nächsten Jahr" bevor. Colbys Aussagen hallten durch den gesamten Blätterwald der USA, einschließlich des renommierten *Wallstreet Journal* wider.

Die „private" internationale Beratungsfirma, für die Colby arbeitete, hieß Probe International. In ihrem Vorstand saß Lord Caradon oder Hugh Foot, ein hoher Beamter des britischen Nachrichtendienstes, der auf den Nahen Osten und Amerika spezialisiert war. Lord Caradon war Malthusianer und hatte unverblümt gefordert, statt die Erweiterung von Industrie und Landwirtschaft zu betreiben, solle der Entwicklungssektor lieber seine Bevölkerung reduzieren.

Präsident bei Probe International war Benjamin Weiner, der früher eine leitende Stellung im US-Außenministerium innehatte. Weiner veröffentlichte Anfang 1982 in den wichtigsten amerikanischen Zeitungen eine Reihe von Artikeln. Darin wurde er nicht müde zu behaupten, die informierteren mexikanischen Geschäftsleute seien längst dabei, ihr Geld im Ausland in Sicherheit zu bringen. Sie tauschten ihre Pesos in US-Dollar um und legten es in texanischen und kalifornischen Grundbesitz an. Sie wollten dadurch dem wirtschaftlichen Zusammenbruch ihres Landes zuvorkommen. Auch in Mexiko erschienen diese Artikel und heizten die Kapitalflucht aus Mexiko weiter an.

In einer Rede, die am 5. Februar im ganzen Land übertragen wurde, griff Lopez Portillo „verborgene ausländische Interessen" an, die das Land durch Gerüchte und Panikmache verunsicherten und eine Kapitalflucht auslösten, um eine Abwertung des Peso gegenüber dem Dollar durchzusetzen. Am 19. Februar spitzten sich die Geldbewegungen so zu, daß sich die Regierung Mexikos zu einem drastischen Sparprogramm genötigt sah. Die Regierung hoffte, mit derartig verzweifelten Anstrengungen die Lage stabilisieren und das Geld im Land halten zu können. Doch mächtige Finanzinteressen übten starken Druck auf Portillo aus, die einzig wirksame Maßnahme zur Eindämmung der Kapitalflucht, nämlich die Devisenbewirtschaftung, zu unterlassen. Die übrigen Sparmaßnahmen der Regierung wurden dadurch wirkungslos und heizten die Kapitalflucht nur weiter an.

An diesem 19. Februar beugte sich die Regierung Portillo dem massiven Druck der USA. Der Peso wurde um 30 Prozent abgewertet. Damit sollte das Geld aus dem Ausland zurückgelockt werden. Das gelang nicht, dafür geschah aber folgendes. Die Privatwirtschaft Mexikos, die sich in früheren Jahren für ihre Investitionen im Ausland Geld geliehen hatte, wurde durch die buchmäßige Aufwertung ihrer Schulden über Nacht in den Bankrott getrieben. Ein Beispiel dafür war die einst mächtige Alfa-Gruppe in Monterrey. Sie verdiente ihr Geld in Pesos, hatte die Kredite aber in Dollar zu zahlen. Um den Schuldendienst weiterhin bedienen zu können, mußte sie über Nacht 30 Prozent mehr dafür aufbringen. Das war nur durch drastische Einsparungen, den Abbau der Beschäftigtenzahl und das Abstoßen wichtiger Betriebsteile zu erreichen. Die Peso-Abwertung beschnitt das Industrialisierungsprogramm, senkte den allgemeinen Lebensstandard und trieb die heimische Preisinflation hoch. Mexiko, noch vor kurzem die am raschesten wachsende Volkswirtschaft der sich entwickelnden Welt, stürzte im Frühjahr 1982 in ein finanzielles Chaos. Ein für Mexiko zuständiger, hoher Beamter des Internationalen Währungsfonds erklärte dazu: „Sie haben es genau richtig gemacht."[5]

Die Scheinwerfer der internationalen Finanzwelt blieben auf Mexiko als „problematischem Kreditnehmer" und „Risikoland" gerichtet. Führende Eurodollarbanken in London und New York und ihre Ableger in Zürich, Tokio und Frankfurt stellten ihre Vergabepläne rasch auf die neue Situation ein. Das führte im August dazu, daß Mexiko unter der dreifachen Bürde, der Peso-Abwertung, die seine Altschulden um 30 Prozent aufwertete, der weiter angeheizten Kapitalflucht und der Umschuldungsweigerung seitens der Großbanken zusammenbrach.

Am 20. August versammelten sich über hundert führende Bankiers im Hauptbüro der Federal Reserve Bank in New York. Hinter verschlossenen Türen lauschten sie den Ausführungen des mexikanischen Finanzministers Jesus Silva Herzog, der darüber Auskunft geben sollte, wie Mexiko mit seinen 82 Milliarden Auslandsschulden umzugehen gedachte. Herzog eröffnete den versammelten Herren der internationalen Finanzwelt, daß die Währungsreserven aufgebraucht seien und das Land nicht einmal die nächste Rate seiner Zinszahlungen leisten könne.

Noch im Mai hatte Mexikos Präsident Portillo den amerikanischen Wirtschaftswissenschaftler Lyndon H. La-Rouche in seine Residenz nach Los Pinos eingeladen. Er wollte mit ihm über die heraufziehende internationale Wirtschaftskrise und die Optionen, die sie Mexiko ließ, sprechen. Gegenstand des Gesprächs waren auch die Auswirkungen, die der britische Malwinenkrieg auf die nationale Souveränität der übrigen lateinamerikanischen Staaten und anderer Entwicklungsländer haben würde.

LaRouche hatte als Gründer und Herausgeber eines einflußreichen internationalen Nachrichtenmagazins nur wenige Wochen vorher in Neu-Delhi mit führenden indischen Parlamentariern und mit Premierministerin Indira Ghandi, die wieder an der Regierung war, über ähnliche Fragen gesprochen. Bei beiden Gelegenheiten hatte La-Rouche Vorstellungen entwickelt, die verhindern sollten, daß die Weltwirtschaft weiter in die Katastrophe abglitt, und die sie zurück auf einen Kurs der industriellen Entwicklung steuern würden. In Neu-Delhi hatte er vor dem indischen Rat für internationale Angelegenheiten ein „Grand Design" für eine „Neue Weltwirtschaftsordnung" vorgestellt. Der Plan umfaßte dreiseitige Handelsabkommen zwischen den Ländern des industrialisierten Westens, den Entwicklungsländern und dem Ostblock. Aus den Industrieländern Europas, Japan und den USA sollte Technologie in die sich entwickelnden Volkswirtschaften des Südens und nach Osteuropa exportiert werden. Der Ostblock sollte als Gegenleistung sich mehr als bisher bei der wirtschaftlichen Entwicklung des Südens engagieren. Im Zentrum stand natürlich die Frage, wie sich eine solche Entwicklungsoffensive finanziell organisieren ließe.

Führende Kreise in Regierung und Wirtschaft Mexikos forderten LaRouche auf, einen konkreten Plan zu skizzieren, wie ihr Land das drohende finanzielle Desaster überwinden könne. Am 2. August, wenige Tage bevor Finanzminister Herzog mit den Führern der internationalen Finanzwelt zusammentraf, veröffentlichte LaRouche seinen Programmvorschlag. Unter dem Titel *Operation Juarez* wurde er Präsident Portillo und führenden Parlamentariern in Mexiko überreicht. Der Vorschlag richtete sich jedoch genauso an das Weiße Haus in Washington, wo eine erhitzte Debatte darüber geführt wurde, wie man mit Mexiko und den anderen Schuldnerländern umgehen sollte.

LaRouches Vorschlag *Operation Juarez* verlangte von Präsident Reagan, die strangulierenden Maßnahmen der Federal Reserve Bank zu beenden, dem Dollar wieder eine Goldreservedeckung zu geben und dabei einen Goldpreis von 500 Dollar die Feinunze zugrundezulegen. Er verlangte zugleich eine vernünftige Bankreform in den USA. Vor allem sollte die Notenbank der USA, die 13 Privatbanken gehörte, in eine staatliche Nationalbank umgewandelt werden. Zugleich sollte eine „zweigleisige Kreditpolitik" eingeführt werden. Für Investitionen in produktive Industrie- und Infrastrukturprojekte sollten niedrig verzinste, langfristige Kredite vergeben werden, während etwa Immobilienspekulanten weiterhin sehr hohe Kreditzinsen zahlen müßten.

Den Nationen Lateinamerikas empfahl das Programm LaRouches, ein gemeinsames Geldsystem für ganz Lateinamerika einzurichten. „Die Republiken Lateinamerikas müssen jede für sich und gemeinsam eine Reform ihrer Währungen, ihres Kreditsystems und der Bankinstitution vornehmen," hieß es. Regierungsanleihen müßten produktive Investitionen finanzieren. Investieren sollte man in erster Linie in Infrastrukturmaßnahmen wie Eisenbahnen und Telekommunikation sowie in die Landwirtschaft und Güterproduktion. Die Devisen sollten während einer Übergangsphase bewirtschaftet werden.

Gleichzeitig schlug LaRouche vor, einen gemeinsamen lateinamerikanischen Markt zu schaffen. Er sollte sich an den gesünderen Aspekten der Europäischen Gemeinschaft orientieren. Eine gemeinsame Entwicklungsbank sollte Kredit für Investitionen auf dem ganzen Kontinent bereitstellen, der Binnenhandel in Lateinamerika sollte gefördert und eine gemeinsame Verteidigungspolitik beschlossen werden. Auf diese Weise könnten sich die Wirtschaften der lateinamerikanischen Staaten gegenseitig stützen.

Unter wachsendem wirtschaftlichen Druck entschloß sich Präsident Portillo, wichtige programmatische Vorschläge, wenn auch nicht die entscheidendsten, aus LaRouches Paket zu übernehmen. In einem verspäteten Versuch, das Land gegen die überhand nehmende Kapitalflucht zu schützen, erklärte Portillo am 1. September 1982 vor der mexikanischen Nation, daß alle Banken gegen eine angemessene Entschädigung verstaatlicht würden. Dazu zählte vor allem die bis dahin private Zentralbank, die Bank von Mexiko. Hinzu kamen eine Reihe weiterer Maßnahmen, um wieder ordentliche Geldgeschäfte zu ermöglichen und den Kapitalabfluß abzustellen.

In einer dreistündigen Rede im nationalen Fernsehen warf Portillo den privaten Banken vor, sich „parasitär und spekulativ" zu verhalten. Im Detail wies er nach, wie sie der Industrialisierung des Landes das Kapital entzogen und es zu Spekulationszwecken ins Ausland schafften. Das Fluchtkapital belief sich auf 76 Milliarden Dollar, fast so viel wie die Summe aller Auslandsschulden Mexikos.

Lopez Portillo glaubte, in freundlichen Beziehungen zu Präsident Reagan zu stehen und hatte ihn persönlich über

die geplanten wirtschaftspolitisch dramatischen Schritte
informiert. Er versuchte ihm darzulegen, daß er nicht aus
unverantwortlichem Radikalismus gegen die USA, sondern zur Abwendung eines nationalen Notstandes in seinem Land so habe handeln müssen.

Am 1. Oktober des gleichen Jahres sprach Präsident
Portillo vor der Generalversammlung der Vereinten Nationen. Er forderte die Nationen der Welt zur Zusammenarbeit auf, um das „Abgleiten in ein neues finsteres Zeitalter" zu verhindern. Als Ursache für die die Krise des
Weltfinanzsystems nannte er die unerträglich hohen Zinsen und den Zusammenbruch der Rohstoffpreise. Denn
diese beiden Entwicklungen seien „die beiden Hälften
einer Schere, die den Impuls wirtschaftlicher Entwicklung
abzuschneiden drohe, der in einigen Ländern bereits erreicht worden ist, und den übrigen Ländern jede Möglichkeit des Fortschritts nimmt." Portillo warnte, die Entwicklungsländer könnten sich bald gezwungen sehen,
ihre Schuldzahlungen einseitig einzustellen, falls keine
für alle Seiten vorteilhafte Lösung gefunden werde. „Zah-
lungsmoratorien gereichen niemandem zum Vorteil, und
niemand wünscht sie sich. Aber ob sie eintreten oder un-
terbleiben, steht nicht allein in der Verantwortung der
Schuldner. Gemeinsame Situationen erzeugen gemeinsame Positionen, ohne daß es dafür der Verschwörung
oder der Intrigen bedarf."

Lopez Portillo griff die unter Volcker und Thatcher einseitig verhängten Kreditbedingungen an. „Mexiko und
viele andere Länder der Dritten Welt sind nicht in der
Lage, ihren Zahlungsverpflichtungen unter Bedingungen
nachzukommen, die sich sehr weit von denen entfernt
haben, denen sie einmal zugestimmt hatten... Wir Entwicklungsländer haben nicht vor, zu bloßen Vasallen zu
werden. Wir können unsere Wirtschaft nicht der Läh-
mung preisgeben oder unsere Bevölkerung in immer
größeres Elend stürzen, nur um die Schulden zu bezahlen,
deren Zins- und Abzahlungsforderungen sich verdrei-
facht haben, ohne daß wir dafür verantwortlich oder in
die Entscheidung darüber einbezogen worden wären. Die

Konditionen sind uns aufgenötigt worden... Unsere Wachstumsanstrengungen, um mit dem Hunger in unseren Ländern, den Krankheiten, der mangelnden Bildung und Abhängigkeit fertigzuwerden, sind für die internationale Krise nicht verantwortlich", betonte er.

Lopez Portillo betonte auch, daß es im wohlverstandenen Eigeninteresse der Vereinigten Staaten und anderer Gläubigerstaaten wäre, mit den Schuldnerländern zusammen einen gangbaren Weg aus der Krise zu finden. Präsident Joano Baptista Figueiredo von Brasilien, dem damals am meisten verschuldeten Land, knüpfte an Portillos Rede an. Er sprach von Symptomen, die ihn „dramatisch an die dreißiger Jahre erinnerten, als produktive Investitionen unter dem Ansturm hoher Zinsraten weltweit zum Erliegen kamen".

Während des Sommers 1982 wurde im Weißen Haus erregt darum gerungen, wie man sich zu der explosiven Schuldensituation stellen solle. Wenn auch LaRouches Vorschläge nicht in der Öffentlichkeit diskutiert wurden, so lagen sie doch den höherrangigen Wirtschaftsberatern des Weißen Hauses vor und wurden dort intensiv geprüft. Der Wirtschaftsfachmann des Nationalen Sicherheitsrats Norman Bailey bezeugt dies ebenso wie Richter William Clark, der schon in Kalifornien zum Kreise von Reagans Vertrauten gehört hatte und 1981 mit nach Washington gekommen war.

In den USA schlitterte die produzierende Wirtschaft unter dem Gewicht der von der Federal Reserve Bank verhängten Hochzinspolitik tiefer in die Krise. Deshalb trat eine Gruppe im Umkreis Präsident Reagans für eine Lösung der anstehenden Schuldenkrise Mexikos und gesamt Lateinamerikas ein, die zugleich den amerikanischen Kapitalgüterexport und industrielle Investitionen in den USA wieder ankurbeln würde. Diese Leute prüften LaRouches Vorschläge eingehend und hielten sie nicht nur für praktikabel, sondern für brillant.

Aber leider hatten die Wallstreet und Henry Kissingers Freunde im britischen Außenministerium und der Londoner City mehr Gehör beim zögerlichen Präsidenten

Reagan als seine alten Ratgeber. In Absprachen mit dem mächtigen Wallstreet-Establishment hatte Reagan noch vor der Wahl zugesichert, den früheren Vorsitzenden der Maklerfirma Merrill Lynch an der Wallstreet, Donald Regan, als Finanzminister in sein Kabinett aufzunehmen. Gleiche Zugeständnisse hatte er bei der Besetzung einer Reihe anderer Schlüsselpositionen gemacht. So machte er das Mitglied der Trilateralen Kommission George Bush zum Vizepräsidenten und dessen Freund James Baker zum Stabschef im Weißen Haus. Diese Leute vertraten nun die Linie, um jeden Preis die New Yorker Banken zu retten. Im Oktober 1982 bestimmten sie die Regierungspolitik Reagans und sein Vorgehen gegen das krisengeschüttelte Mexiko.[6]

Schon am Abend vor Lopez Portillos aufsehenerregender Rede vor den Vereinten Nationen gab der neu ernannte US-Außenminister die Antwort. George Shultz hielt eine Rede vor dem gleichen Gremium. Shultz war ein Wirtschaftsprofessor von der Universität Chicago und ein persönlicher Freund Milton Friedmans. Er hatte auch eine wichtige Rolle bei Nixons Entscheidung vom 15. August 1971, den Dollar vom Gold abzukoppeln gespielt. In seiner Rede enthüllte er, wie die Wallstreet sich die „Lösung" der Schuldenkrise vorstellte.

Mexiko hatte Anfang August seine Zahlungsunfähigkeit erklärt. Daraufhin hatte sich Paul Volcker mit den leitenden Beamten in der Regierung Reagan zusammengesetzt und einen Plan erarbeitet, wie sie den dadurch bedrängten New Yorker Banken Erleichterung verschaffen konnten. Diesen Plan stellte Shultz nun als „Reagans Programm für den Wirtschaftsaufschwung" vor. Er machte sich dabei nicht die Mühe, auf die Ursachen der Finanzkrise in den USA oder in den Entwicklungsländern einzugehen. Sein Rezept war simpel. Der Internationale Währungsfonds solle mit jedem einzelnen Land separat die Konditionen der Schuldenrückzahlung aushandeln. Parallel dazu sollte der Privatkonsum in den USA angekurbelt werden. Dadurch würde der Warenstrom aus den Entwicklungsländern in die USA gelenkt. Mit dem Erlös aus ihren Exporten könnten die Entwicklungsländer dann die Schulden bezahlen.

Dieser sogenannte „Aufschwung" sollte sich als der teuerste wirtschaftliche Fehlgriff der Weltgeschichte erweisen.

Neuauflage der zwanziger Jahre im Kostüm des IWF

Damit erteilte George Shultz Portillo eine Abfuhr, noch bevor dieser seine Vorschläge vorgetragen hatte. Was danach folgte, glaubt niemand, der mit den Gepflogenheiten der Verhandlungen zwischen den privaten Banken und den Schuldnerländern nicht vertraut ist.

Lopez Portillos Ruf nach Zusammenschluß der lateinamerikanischen Republiken verhallte. Seine Amtszeit lief in zwei Monaten aus, und die Verfassung verbot eine Wiederwahl. Die Hauptstädte Argentiniens und Brasiliens erlebten eine Invasion ganzer Heerscharen von US-Beamten und anderen Leute, die ungeahnten Druck auf die Regierungen ausübten. Es gab unverhüllte Drohungen, sich ja nicht auf die von Mexiko geforderte gemeinsame Lösung der Schuldenkrise einzulassen.

Henry Kissinger hatte damals eine mächtige neue Beratungsfirma unter dem Namen Kissinger Associates Inc. gegründet. In ihrem illustren Vorstand saßen der Ölmagnat und Vorsitzende des Aspen-Instituts Robert O. Anderson, Thatchers früherer Außenminister Lord Carrington und Lord Roll of Ipsden, der Direktor bei der Bank von England und dem Bankhaus S.G. Warburg war. Die Firma arbeitete mit den führenden Bankhäusern an der Wallstreet und mit der Regierung in Washington zusammen und hatte sich vorgenommen, jedem Schuldnerland einzeln („case by case") erdrückende Bedingungen für die Rückzahlung aufzuerlegen. So etwas hatte die Welt seit den Versailler Reparationsverhandlungen nach dem Ersten Weltkrieg nicht mehr gesehen.

Nach der Rede von Außenminister George Shultz am 30. September vor den Vereinten Nationen ließen die mächtigen Privatbanken alle Hemmungen fallen und schalteten alle Mahnungen der Vernunft aus. Es gelang ihnen, die Federal Reserve Bank, die Bank von England und vor allem den Internationalen Währungsfonds (IWF) einzuspannen, als „Weltpolizist" ihre Schulden einzutreiben. Daraus ergab sich die ausgeklügeltste Form der Ausbeutung, die in der modernen Geschichte je betrieben wurde. Sie stellte alles in den Schatten, was man von den zwanziger Jahren her kannte.

Im Gegensatz zu dem falschen Eindruck, den die Medien in den USA und Westeuropa zu erwecken verstanden, zahlten die Schuldnerländer ein Vielfaches ihrer ursprünglichen Schulden zurück. Sie bezahlten sie buchstäblich mit dem Blut und dem sprichwörtlichen „Pfund Fleisch" ihrer Bevölkerung an die modernen Shylocks in New York und London. Keines der großen Schuldnerländer getraute sich nach dem August 1982 die Zahlungen zu verweigern. Mit der Pistole des Internationalen Währungsfonds am Kopf unterschrieben sie, was die Banken, allen voran Citibank und Chase Manhattan, ihnen als Tilgungspläne vorlegten.

Im Vorgehen gegen die Schuldner- oder Entwicklungsländer zeichneten sich mehrere Schritte ab. Der erste Schritt der privaten Großbanken bestand darin, ihre Schuldenprobleme mit diesen Ländern zu „sozialisieren". Sie ließen zahlreiche Interviews und Stellungnahmen in den internationalen Medien verbreiten, die immer wieder vor den ungeheueren, unvorhersehbaren Folgen eines einseitigen Schuldenmoratoriums der Schuldnerländer für die Weltwirtschaft warnten. Dadurch sicherten sich die Privatbanken beispiellose internationale Zustimmung beim Eintreiben ihrer Schulden.

Ende 1982 versammelten sich die Vertreter der wichtigsten Banken hinter verschlossenen Türen im Ditchley Park in England. Sie gründeten bei dieser Gelegenheit ein Schuldnerkartell, das sie förmlich „Institut für internationale Finanzen" oder einfach nur „Ditchley-Gruppe" nannten. Es gelang ihnen etwas durchzusetzen, was ein Beobachter treffend den „Sozialismus der Bankiers" nannte. Denn die Privatbanken übertrugen nun ihre Verleihrisiken auf die Allgemeinheit der Steuerzahler, während sie den gesamten Profit daraus einstrichen. Ihre Gewinne waren damals trotz der offensichtlichen Krise beträchtlich.

Die Bankiers und ihre Leute im Weißen Haus, allen voran Finanzminister Donald Regan, versetzten Präsident Reagan über die eingetretene Situation gehörig in Schrecken, so daß er Paul Volcker, den Banken und dem IWF die gewünschte Anweisung erteilte, jedem Schuldnerland einzeln strenge „Konditionalitäten" aufzuerlegen.

Die Idee, den IWF und seine harschen Konditionalitäten in den Mittelpunkt aller Schuldenverhandlungen zu stellen, stammte aus Amerika. Im wesentlichen handelte es sich um eine Neuauflage dessen, was die New Yorker Bankiers nach dem Ersten Weltkrieg mit dem verhängnisvollen Dawes-Plan und später mit dem Young-Plan über Deutschland und das übrige Europa verhängt hatten.

Die Konditionalitäten des IWF, denen sich jedes Schuldnerland zu fügen hatte, wurden von dem amerikanischen IWF-Vertreter Irving Friedman ausgearbeitet. Er erhielt später für seine Leistungen eine gehobene Stellung bei der Citibank. Friedman erzählte Ende 1988 in einem Interview, was er damals dachte: „Meine Überlegung war, wir sollten die Mittel des Fonds den Ländern als eine Art ‚Karotte' hinhalten. Zunächst brauchte man eine genaue Übersicht über die wirtschaftliche Situation des Landes. Hatte man die Quelle der Schwierigkeiten ausgemacht, verwies man darauf, was unbedingt geändert werden mußte."

Die vom IWF in Form von Auflagen verschriebene „Medizin" war überall die gleiche. Dem Schuldnerland wurde mitgeteilt, wenn es je wieder einen Pfennig Kredit bei einer ausländischen Bank erhalten wolle, müsse es seine Importe auf das absolut Notwendige beschränken, die Staatsausgaben drastisch senken und vor allem alle Subventionen für Grundnahrungsmittel und andere Unterstützungsleistungen an die sozial Schwachen im Lande

einstellen. Die wichtigste Forderung war immer, die
Währung abzuwerten. Dadurch sollten angeblich die eigenen Exporte auf dem Weltmarkt preiswerter und attrak-
tiver erscheinen. Tatsächlich verteuerte man die Importe
und vermehrte die Schulden. Behauptet wurde, das Land
könne dadurch mehr harte Währung verdienen. Tatsächlich trieben diese Maßnahmen die Länder – und zwar alle
ohne Ausnahme – tiefer in die Verschuldung. Thomas P.
Malthus hätte daran sicher seine Freude gehabt.

Das strukturelle Anpassungsprogramm des IWF war
aber nur der „erste Schritt", womit der Kandidat sich für
den nächsten Schritt qualifizieren sollte. Dieser zweite
Schritt bestand in der Zustimmung des Landes zu einem
weitreichenden Umschuldungsprogramm. Dabei sicherten die Gläubigerbanken sich weitreichende künftige
Rechte über das Schuldnerland. Gleichzeitig wurden aus-
stehende Zins- und Tilgungszahlungen den bestehenden
Schulden hinzugerechnet.

Das Ergebnis dieser Umschuldungsverfahren seit 1982
war, daß die Schuldenberge in den Himmel wuchsen,
ohne daß Lateinamerika auch nur einen Pfennig neues
Geld gesehen hätte. Eine Schweizer Rückversicherungs-
gesellschaft, die Schweizer Re, errechnete, daß die Schulden aller Entwicklungsländer insgesamt von 839 Milliarden Dollar im Jahre 1982 auf 1 300 Milliarden im Jahr 1987
angewachsen sind, ohne daß erneut Gelder in nennens-
wertem Umfang in diese Länder geflossen wären. Die
neuen Schulden ergaben sich fast ausschließlich rechne-
risch aus dem Umschuldungsverfahren.

Unter dem IWF-Regiment breitete sich in Mexiko Elend
aus. Die Regierung wurde gezwungen die Preissubven-
tionen für wichtige Medikamente, Nahrungsmittel, Treibstoff und andere lebensnotwendige Güter wegzukürzen.
Unnötig starben Menschen, darunter viele Kinder, weil
notwendige Medikamente nicht importiert werden konnten.

Der Währungsfonds diktierte Mexiko eine Reihe von
Peso-Abwertungen. Vor der ersten Abwertung 1982 stand
der Peso zum Dollar 12:1. 1986 erreichte er ein Verhältnis

von 862:1, und 1989 waren es schon 2300:1. Entsprechend vermehrten sich die Auslandsschulden gegenüber Inlandswerten.

Auf Verlangen der New Yorker Banken und der Regierung in Washington hatte die mexikanische Regierung auch sämtliche Auslandsschulden der privaten Wirtschaft „übernehmen" müssen. Auf diese Weise wuchsen die Schulden im Jahre 1985 auf nahezu 100 Milliarden Dollar an. Ähnlich ging man mit Argentinien, Peru, Brasilien, Venezuela und den meisten Länder Schwarzafrikas und Asiens um.

Der IWF wurde zur internationalen Wirtschaftspolizei im Auftrag der großen Privatbanken. Er sorgte dafür, daß unternehmerisch unverantwortlich und zu wucherischen Zinsen ausgegebene Kredite mit dem politischen Gewicht der „Völkergemeinschaft" eingetrieben werden konnten. Er erlegte Völkern Spar- und Verelendungsmaßnahmen auf, wie sie von keinem anderem Regime in der bisherigen Geschichte brutaler und unmenschlicher gegen unterworfene Nationen durchgesetzt worden waren. Die arrangierten Stimmenverhältnisse im IWF waren eindeutig zugunsten der anglo-amerikanischen Achse eingerichtet worden. So diente diese Einrichtung der „Völkergemeinschaft" nur als Hebel anglo-amerikanischer Wirtschaftsinteressen. Kein Wunder, daß man in den Schuldnerländern zitterte, wenn wieder eine IWF-Delegation ihren Inspektionsbesuch ankündigte. Im Grunde lief das IWF-Arrangement darauf hinaus, daß die anglo-amerikanischen Großbanken, die die meisten Schuldscheine aus Lateinamerika hielten, ihre Partner in Europa und Japan mit der Drohung erpreßten, wenn sie sich nicht „solidarisierten", würden sie einen Zusammenbruch des internationalen Bankensystems heraufbeschwören.

1982 war das internationale Finanzsystem in der Tat bedroht. Niemand wollte es weiter belasten. Alle Länder mit großen Gläubigerbanken stellten sich hinter die New Yorker Banken und unterstützten das „harte Vorgehen" der USA. So konnten die stets kritischen Medien es so darstellen, als wäre die Schuldenkrise allein die Schuld korrupter, verantwortungsloser Regierungen in der Dritten Welt. Man erinnert sich noch an die Geschichten von „goldenen Badewannen", „diamantenen Klingelknöpfen" und dergleichen mehr.

Die Banken waren sich ihrer Sache so sicher, daß sie nicht einmal ihre Rücklagen auf Schuldenabschreibungen erhöhten. Citibank, Chase Manhattan und andere Großbanken schütteten eindrucksvolle Dividenden an ihre Aktieninhaber aus und warben öffentlich mit ihren „Rekordgewinnen", als ob es gar kein Problem gäbe. Denn sie fühlten sich stark mit dem ganzen Gewicht der Vereinigten Staaten und des IWF im Rücken. Kann man sich größere Sicherheit vorstellen?

Ein Land nach dem anderen mußte mit dem IWF und den Banken der Ditchley-Gruppe Rückzahlungsbedingungen aushandeln. Daraufhin setzte ein riesiger Kapitalrückstrom aus dem Entwicklungssektor ein. Nach Angaben der Weltbank flossen zwischen 1980 und 1986 Zinszahlungen in Höhe von 326 Milliarden Dollar aus 109 Schuldnerländern an die privaten Gläubigerbanken. Im gleichen Zeitraum wurden außerdem Schulden in Höhe von 332 Milliarden Dollar getilgt. Es wurden also in diesem Zeitraum 658 Milliarden Dollar bezahlt, wohingegen die ursprünglichen Schulden 430 Milliarden betragen hatten. Trotzdem schuldeten diese 109 Länder ihren Gläubigern 1986 immer noch 882 Milliarden Dollar. Das Zusammenspiel von enorm überhöhten Zinsen und schwankenden Wechselkursen hatte einen für die privaten Banken wunderbaren, weil unentrinnbaren Schuldenstrudel erzeugt.

Das veranschaulicht ein weiterer erstaunlicher Aspekt der Schuldenkrise der achtziger Jahre. Ein Großteil der gewaltigen Summen, um die es hier ging, brauchten die New Yorker und Londoner Banken gar nicht zu verlassen. Einer, der es wissen mußte, weil er selbst dabei war, der ehemalige peruanische Energieminister Pedro Pablo Kuczinski, der später einen einträglichen Posten beim Bankhaus Credit Suisse First Boston erhielt, drückte es so aus: „Der größte Teil der Umschuldungskredite erreichte nie

Lateinamerika. Von den 270 Milliarden Dollar, die lateinamerikanische Länder zwischen 1976 und 1981 aufgenommen hatten, wurden nur 8,4 Prozent ausbezahlt, so daß sie für Investitionen zu Verfügung standen. Alles übrige blieb in den Banken, kam nie nach Lateinamerika und erschien nur in der Buchhaltung."

Die Schuldnerländer saßen in der Falle. Der einzige Ausweg, den ihnen die New Yorker und Londoner Banken ließen, war die Übergabe der souveränen Kontrolle über ihre Volkswirtschaften an diese Banken. Vor allem sollten sie wichtige Rohstofflager an die Gläubiger verpfänden. Man sprach von „debt for equity"-Vereinbarungen, Schulden sollten gegen nationales Kapital eingetauscht werden. So hatte man es beispielsweise auf die Ölvorkommen in Mexiko abgesehen.

Das macht eine Studie deutlich, die vom dänischen Kinderhilfswerk UNICEF in Auftrag gegeben worden war. Es heißt dort: „1979 floß noch ein Nettobetrag von 40 Milliarden Dollar aus den reichen Staaten in den armen Süden. Schon 1983 kehrte sich dieser Geldfluß um, denn es flossen unter dem Strich 6 Milliarden Dollar aus den unterentwickelten Ländern an die Industrienationen. Seit dieser Zeit hat sich nach den Statistiken der Vereinten Nationen der Betrag des Netto-Geldrückstroms drastisch auf rund 30 Milliarden jährlich vermehrt. Aber wenn man zusätzlich die Verluste durch die in den achtziger Jahren fallenden Rohstoffpreise berücksichtigt, sprechen wir von einem Kapitaltransfer aus den Entwicklungsländern in die Industrienationen von jährlich wenigstens 60 Milliarden Dollar. Zu dieser Summe müßte man dann noch die Kapitalflucht schwarzer Gelder hinzuzählen..."[7]

Die Studie, für die Hans K. Rasmussen verantwortlich zeichnet, legt eindeutig den ungeheuren Transfer von Wohlstand aus den armen Staaten des Südens in die reichen Länder des Nordens dar. Die Gelder finanzierten in erster Linie die Staatsdefizite der USA und Großbritanniens. Rasmussen errechnet, daß alle Entwicklungsländer zusammengenommen in den achtziger Jahren den USA eine zins- und tilgungsfreie „Entwicklungshilfe" von 400

Milliarden Dollar gewährt haben. Damit konnte die Regierung Reagan ihre für Friedenszeiten ungeheuer hohen Defizite decken. Das genau war es, was die stets kritischen Medien der Weltöffentlichkeit als „die längste Aufschwungsperiode der Welt in Friedenszeiten" verkauften.

Hohe Zinsraten, überhöhte Dollarwerte und die politische Absicherung der Kredite durch die Militärmaschine der USA plünderten die sogenannten Entwicklungsländer aus und finanzierten 43 Prozent der Staatsschulden der USA. Wie schon in den zwanziger Jahren waren Schulden bloß das Instrument, um wirtschaftliche Kontrolle über andere Länder auszuüben. Die abgestumpften New Yorker Bankiers hatten von den machtlosen Regierungen Lateinamerikas und Schwarzafrikas wenig Widerstand zu fürchten. Und schließlich ging es ja nur ums Geschäft.

Im Mai 1986 hatte der gemeinsame Wirtschaftsausschuß im US-Kongreß eine Studie mit dem Titel „Auswirkungen der lateinamerikanischen Schuldenkrise auf die Wirtschaft der USA" erarbeiten lassen, worin einige alarmierende Aspekte des Vorgehens der Regierung Reagan aufgedeckt wurden. Der Bericht verwies vor allem auf die verheerende Wirkung der Maßnahmen des Internationalen Währungsfonds auf den Export- und Arbeitsmarkt der USA. Sie behinderten nämlich die Industrialisierung dieser Länder und damit ihren Import von Investitionsgütern.

Es hieß dort: „Es wird nur allzu klar, daß die Regierungspolitik alles überboten hat, was erforderlich gewesen wäre, um die wichtigsten Finanzierungsbanken vor der Zahlungsunfähigkeit zu bewahren... Die Regierung Reagan handhabe die Schuldenkrise so, daß diejenigen Institutionen, welche diese Krise in erster Linie verursacht hatten, belohnt wurden, während diejenigen Sektoren der amerikanischen Wirtschaft, die dabei keinerlei Rolle gespielt hatten, bestraft wurden." Die Studie wurde natürlich sofort aus dem Verkehr gezogen.

Die New Yorker Bank Morgan Guaranty Trust Company errechnete, daß zwischen 1975 und 1985 wenigstens

123 Milliarden Dollar an Fluchtkapital aus Entwicklungsländern illegal in die USA geflossen waren. Fast alle Großbanken New Yorks errichteten in Bogota, Medellin oder
Panama Filialen, um ihren Anteil am illegalen Fluchtkapital zu erhaschen. Es ist nicht erstaunlich, daß die Ko-
kainabhängigkeit in den Industriestädten des Nordens im
gleichen Maße wuchs wie die Schulden der Dritten Welt.
Parallel mit beiden Phänomenen entwickelte sich die Kapitalflucht aus Südamerika. Die Flucht erfolgte natürlich
gegen die Gesetze des jeweiligen Landes, gelang aber
dank der diskreten Mithilfe von Anlagefirmen wie Donald Regans Merill Lynch und anderen. Diese Firmen be-
zeichneten ihr Klientel übrigens geschmackvoll als „Individuen mit hohem Nettowert".

In einer Studie über die „Kapitalflucht" aus Lateinamerika wies Professor Joe Foweraker von der Universität Ka-
liforniens in San Diego nach, daß die Kapitalfluchthilfe
für solche Klienten ein höchst profitabler Aspekt der
Schuldenkrise für die großen US-Banken geworden war.
Neben den etwa 50 Milliarden Dollar an Schuldendienst,
die Citibank, Chase Manhattan, Morgan Guaranty und
Bank of America aus den Entwicklungsländern heraus-
preßten, zogen sie weitere 100 bis 120 Milliarden Dollar
Fluchtkapital ab – aus eben den Ländern, denen sie bru-
tale Austeritätsprogramme zur „Stabilisierung der
Währung" abforderten. Dieses Vorgehen war ebenso ver-
logen wie lukrativ für die Banken.

Zuverlässige Quellen geben an, daß die Jahresgewinne
aus dem Fluchtkapital aus Lateinamerika, das dem
strengsten Bankgeheimnis unterlag, im Durchschnitt bei
70 Prozent lagen. Ein Privatbankier äußerte sich zu dem
Geschäft der Großbanken mit dem Fluchtkapital wie
folgt: „Einige Banken würden, um an dem Geschäft teilhaben zu können, nicht einmal vor Mord zurück-
schrecken." Das war wahrscheinlich noch untertrieben.
1983 berichtete die in London erscheinende *Financial
Times*, das Geschäft mit Brasilien sei für Citibank bei weitem das profitabelste unter allen seinen weltweiten Aktivitäten.

Afrika litt noch schlimmer unter dem Druck der anglo-amerikanischen Schuldenstrategie. Seit dem 19. Jahrhundert, als die Kolonialmächte den Kontinent knebelten, wurden die afrikanischen Staaten mit Ausnahme von Südafrika als primitive unentwickelte Rohstoffgruben behandelt. Die Unabhängigkeitswelle der sechziger und siebziger Jahre änderte daran nicht viel. Sie verbesserte die wirtschaftlichen Verhältnisse in Schwarzafrika nicht.

Der Ölschock und in seinem Gefolge die Hochzinspolitik mit Zinsraten von 20 Prozent versetzten in Verbindung mit der Stagnation der weltweiten Industrieproduktion fast dem gesamten Kontinent den Todesstoß. Bis in die achtziger Jahre hinein deckten die afrikanischen Länder ihre bescheidene Entwicklung zu 90 Prozent mit dem Verkauf ihrer Rohstoffe. Seit Beginn der achtziger Jahre fielen die Rohstoffpreise durchgehend, handelte es sich nun um Baumwolle, Kaffee, Kupfer, Eisenerz, oder Zucker. 1987 erreichten sie den tiefsten Stand seit dem Zweiten Weltkrieg und lagen so tief wie im Jahr 1932 während der großen Depression.

Hätten sich die Rohstoffpreise auf dem Niveau von 1980 gehalten, hätte Schwarzafrika in den zehn Jahren bis 1990 150 Milliarden Dollar mehr erwirtschaftet. 1982 schuldeten die Länder Schwarzafrikas ihren westlichen Gläubigern etwa 73 Milliarden Dollar. Am Ende des Jahrzehnts hatte sich der Schuldenberg dank zahlreicher „Umschuldungsverfahren" und anderer Eingriffe des Internationalen Währungsfonds auf 160 Milliarden verdoppelt. Das war etwa genauso viel, wie Schwarzafrika bei gleichbleibenden Rohstoffpreisen in diesem Zeitraum verdient hätte.[8]

Wer sich diese Entwicklungen nachdenklich anschaut, begreift vielleicht, daß in der Schuldenfrage einiges anders gelaufen ist, als es die stets kritischen Medien glauben machen wollen.

Das war aber noch nicht alles. Nach den Bankfunktionären kamen die multinationalen Großkonzerne und errichteten in den verelendeten Schuldnerländern Arbeitslager. Dort konnten Männer, Frauen und Kinder zu

Bedingungen schuften, die die Sozialkundebücher für das 19. Jahrhundert beschreiben. Die bekanntesten dieser Lager sind die sogenannten „Maquiladores" an der Grenze zwischen Mexiko und den USA. Dort arbeiten verzweifelte 14- bis 15-jährige mexikanische Jugendliche für knapp 50 Cents die Stunde an Fließbändern von General Motors oder amerikanischer Elektrokonzerne. Die mexikanische Regierung wurde genötigt, die auch in Mexiko geltenden Arbeitsrechtsbestimmungen und Sicherheitsauflagen für diese Gebiete auszusetzen. Denn mit einem Teil des Profits dieser Unternehmen, den diese an die mexikanische Regierung als Steuern abführen, kann Mexiko die Schulden bedienen.

Reagans „Aufschwung" rächt sich bitter

Die Schuldenorgie der anglo-amerikanischen Banken in Deutschland nach dem Ersten Weltkrieg hatte damals zur Folge, daß für langfristige Investitionen das Geld fehlte und sie unterblieben. Es wurde interessanter, Geld auf die Bank zu legen, wo es in kurzfristigen Spekulationsgeschäften tätig wurde, statt dafür das Risiko in Kauf zu nehmen, das Geld in Produktionsstätten zu investieren, erst umständlich Roh- und Halbwaren zu kaufen, daraus Güter herzustellen, die mit Mühe abgesetzt werden mußten. So trockneten die internationalen Warenströme damals rasch aus. Sie fielen noch unter das Niveau der Vorkriegszeit. Kurzfristige Spekulationsgewinne waren allein interessant. Man legte sein Geld immer kurzfristiger an. Kredite gab es häufig nur mit einer Laufzeit von weniger als einem Jahr. Das Ganze lief dann ziemlich gesetzmäßig auf den großen Bankenkrach am Ende der zwanziger Jahre hinaus.

Während der Hochzinspolitik nach dem Ölschock wiederholte sich das Ganze noch einmal. An die Stelle der Bedingungen für die Zahlung der Reparationslasten durch das Versailler Abkommen traten nun die Auflagen des Internationalen Währungsfonds. Sollten sich überhaupt Geschäfte rentieren, dann mußten sie Gewinne versprechen, die über den unglaublich hohen Zinsen und entsprechend hohen Inflationsraten der achtziger Jahre von 12 bis 17 Prozent liegen mußten.

In dieser Situation hatten Reagans Strategen der „Freien Marktwirtschaft" und der reflationären „supply-side economics" leichtes Spiel. Unternehmerisches Denken konzentrierte sich einfach nur darauf, in kürzester Zeit größtmögliche Gewinne zu erzielen. Unter die Räder kamen dabei technische Neuentwicklungen, längerfristige Anlageinvestitionen und natürlich alles, was zur Erhaltung der Infrastruktur nötig gewesen wäre.

Milliarden Dollar wurden seit 1982 aus den Entwicklungsländern herausgepreßt und flossen in die Finanzmetropolen des Westens. Damit nicht genug. Zur gleichen Zeit sorgten die Ideologie der Wallstreet und Donald Regans Dienstfertigkeit dafür, daß die Regierung alle Schleusen finanzieller Kontrolle und Regelung weit aufriß. Die größte finanzielle Extravaganz seit Menschengedenken brach los. Als sich dann aber der Staub über Reagans Aufschwung gelegt hatte, sah man, daß dieser zehnjährige Geldrausch die Grundlagen der Wirtschaft in den USA gründlich zerstört hatte. Der Produktionsapparat des bisher größten Wirtschaftsblocks der westlichen Welt war abgeschrieben, aber nicht erneuert worden. Die ehedem größte Volkswirtschaft der Welt war ruiniert, und mit ihr die Grundlage des Weltwährungssystems.

Reagans Wirtschaftsdoktrin lehrte, daß man bloß die Steuern zu senken brauche, um die „aufgestaute kreative Energie" von Individuen und Firmen und unternehmerische Talente freizusetzen. Deshalb ordnete Präsident Reagan im August 1981 die weitreichendste Steuersenkung der Nachkriegszeit an. Das neue Steuergesetz honorierte spekulative Geldanlagen in Immobilienbesitz und die Spekulation mit gewerblichen Immobilien. Gesetze, die bisher unfreiwillige Unternehmensübernahmen erschwert hatten, wurden ausgesetzt. Washington gab das Signal: Alles, was Geld bringt und den Dow-Jones-Aktienindex hochtreibt, ist erlaubt.

Als im Herbst 1982 das Weiße Haus und Paul Volcker als Chef der Federal Reserve Bank sich darauf einigten, die Zinsraten langsam wieder zu senken, brach der Goldrausch der Spekulation erst richtig los. Der Bankrott einer kleineren Öl- und Hypothekenbank in Oklahoma mit Namen Penn Square Bank hatte Paul Volcker davon überzeugt, daß die Wirtschaft nicht mehr länger durch hohe Zinsen stranguliert werden solle. Bis Ende 1982 senkte er sieben Mal hintereinander den Leitzins. Insgesamt sank er dabei um 40 Prozent. Die Finanzmärkte spielten verrückt.

Reagans „Aufschwung" hatte außerdem den Nachteil, daß er Investitionen zur Verbesserung der Technik und der Industrieproduktivität nicht zuwegebrachte. Eine Ausnahme bildete eine Handvoll Waffenfirmen, die mit Regierungsaufträgen zu günstigsten Konditionen überschwemmt wurden. Ansonsten floß das Geld fast ausschließlich in die Spekulation mit Immobilien, Wertpapieren, allenfalls in Ölquellen in Texas und Colorado, und in sogenannte „Steuerparadiese".

Je weiter die Zinsraten sanken, desto hitziger wurde das Spekulationsfieber. Schuldenmachen kam in Mode. Man kaufte Wertpapiere auf Pump und zahlte die Zinsen aus dem Kursgewinn. Denn die Zinsen wurden ja immer billiger. Die Rechnung ging nicht ganz auf. Zwar wuchsen die Glasfassaden der Einkaufszentren und Kundenparadiese wie Pilze aus dem Boden. Aber die Städte verfielen immer mehr, Brücken stürzten ein, und auf den Straßen blieben die großen Schlaglöcher unrepariert. Oft genug blieben die neuen Bürotürme und Verkaufsstätten leer, weil der Anleger durch Steuerabschreibungen an ihnen schon genug verdiente.

Für die wirtschaftspolitischen Glaubenssätze Reagans: „Die Geldversorgung schafft alles", bildeten die Gewerkschaften ein großes Problem. Ihre Forderungen störten den allgemeinen Geldrausch. Die konservative Regierung Reagan zögerte daher nicht lange und brach eine „Klassenkonfrontation" im Stile Großbritanniens vom Zaum. Die hohe Arbeitslosigkeit erlaubte es der Regierung, diese

siegreich durchzufechten. Jedenfalls blieben die einst
mächtigen US-Gewerkschaften so gut wie auf der Strecke.

Die Regierung „deregulierte" das Transportwesen. Alle
tariflichen Untergrenzen, die die Gewerkschaften besonders in den Luft- und Landtransportunternehmen errungen hatten, wurden ausgesetzt. Nichttarifgebundene
Transportunternehmen, die auch an keine festen Sicher-
heitsbestimmungen gebunden waren, setzten sich durch.
Die Löhne der Transportarbeiter, Fernfahrer, Fluglotsen
und des anderen Personals wurden gedrückt und sanken
deutlich ab. Dafür nahmen die Arbeitsunfälle in er-
schreckendem Maße zu. Der „Aufschwung" machte
junge Wertpapierhändler über Nacht zu Multimil-
lionären. Gleichzeitig walzte er den Lebensstandard der
Facharbeiter und der in der gewerblichen Wirtschaft Beschäftigten nieder. Das regte in Washington kaum jeman-
den auf. Denn, so die Meinung der Konservativen in der
herrschenden Republikanischen Partei, Gewerkschaftler
sind ja beinahe so etwas wie Kommunisten. Sinkende
Löhne könnten der Wirtschaft nur förderlich sein, dachte
man in den Washingtoner Amtsstuben.

Die einst mächtige internationale Transportarbeiterge-
werkschaft der Teamster mußte 1982 einen Tarifvertrag
akzeptieren, der für die nächsten drei Jahre einen Lohn-
stopp verhängte. Außerdem hatten sie gegen die Konkurrenz, die nur gewerkschaftlich nicht organisierte Leute
einstellte, anzukämpfen. Auch die Vereinigte Autoarbei-
tergewerkschaft, in der die meisten Facharbeiter organisiert waren, mußte in Verhandlungen mit Chrysler, Ford
und General Motors 1982 Lohnsenkungen hinnehmen.
Die Stahlarbeiter und andere folgten ihr darin bald nach.
Die Lohnsenkungen wurden als verzweifelter Versuch
hingenommen, dadurch Arbeitsplätze zu sichern oder
Vorruhestandsregelungen für ältere Arbeitskollegen ein-
zuhandeln. Der reale Lebensstandard der Durchschnitts-
bevölkerung in den USA sank stetig. Dafür wuchsen die
Einkommen der höchsten Einkommensklassen überdimensional. Die Gesellschaft polarisierte sich um den Ein-
kommensunterschied.

Im Jahre 1983 kletterte das amerikanische Haushaltsdefizit auf unerhörte 200 Milliarden Dollar. Mit dem Defizit wuchsen die Staatsschulden, und die Wertpapiermakler und Provisionsjäger wurden an den Zinsen reich. In nur sechs Jahren verdoppelte sich der Schuldendienst der US-Regierung. Im Wahljahr 1980 flossen 52 Milliarden Dollar Zinsen an die Banken. 1986 holten sie sich schon 142 Milliarden Dollar aus dem Staatssäckel. Das waren ein Fünftel aller Regierungsausgaben. Trotz der Warnsignale floß weiterhin reichlich Geld aus Deutschland und Japan, Großbritannien und Holland in die USA, um sich am hohen Dollarkurs und Kursgewinnen bei US-Wertpapieren gütlich zu tun.

Jeder, der ein wenig Sinn für Geschichte oder nur etwas Gedächtnis besaß, konnte sehen, was hier ablief. Denn dies alles war in den zwanziger Jahren, den „Roaring Twenties", schon einmal dagewesen. Dem Spuk bereitete dann der Börsenkrach von 1929 ein jähes Ende.

Als sich 1985 eine Wetterfront über den USA zusammenzog und die Wahlambitionen Vizepräsident George Bushs störten, war es wieder das Öl, das für Entspannung sorgen mußte – nur diesesmal in umgekehrter Richtung als bei den beiden Ölkrisen der siebziger Jahre. Die Washingtoner Strategen dachten vermutlich: Wenn wir den Preis künstlich hochtreiben konnten, dann können wir ihn auch hinunterdrücken, wenn uns das so paßt. Also wurde Saudi-Arabien veranlaßt, einen „umgekehrten Ölschock" zu veranstalten und den flauen Weltölmarkt mit Öl zu überfluten. Der Preis für OPEC-Öl fiel im Frühjahr von 26 Dollar pro Faß wie ein Stein unter 10 Dollar. Die Wirtschaftsexperten der Wallstreet glaubten schon, sie hätten die Wunderwaffe für den Endsieg über die Inflation entdeckt und übersahen dabei geflissentlich die Rolle, die das Öl beim Zustandekommen der Inflation gespielt hatte.

Der Preisverfall des Öls traf zunächst die kleineren Ölunternehmen. Als er schließlich ans Eingemachte der großen britischen und amerikanischen Ölgesellschaften rührte, begab George Bush sich im März 1986 auf eine wenig beachtete Reise nach Riad. Er soll König Fahd den dezenten Hinweis überbracht haben, den ruinösen Preiskrieg zu beenden. Ölminister Scheich Zaki Jamani wurde als Sündenbock in die Wüste geschickt und die Ölpreise bei dem immer noch niedrigen Preis von 14 bis 16 Dollar pro Faß eingefroren. Das Öl in Texas oder auch das Nordseeöl war bei diesem Weltmarktpreisniveau nicht mehr rentabel.

Der Ölpreisverfall im Jahr 1986 löste eine Entwicklung aus, die der Phase zwischen 1927 und 1929 glich. Die Zinsen sanken dramatisch, und Geld überschwemmte die Aktienmärkte. Es wurde gekauft, was angeboten wurde. Als dann noch die Kosten für das Geldleihen sanken, die Wertpapiere scheinbar stetig und ohne Ende im Wert anstiegen und unter der Regierung Reagan ja alles, was Geld bringt, erlaubt war, kam an der Wall Street eine neue Mode auf: der sogenannte „Leveraged Buy-out", der Aufkauf einer anderen Firma mit geliehenem Geld. So konnte es geschehen, daß eine hundert Jahre alte, konservativ geführte Firma, die Reifen, Textilien oder Maschinen herstellte, das Interesse irgendeines Wallstreet-Hais auf sich zog, weil ihr Aktienkurs fiel. Bei diesen Haien handelte es sich um schillernde Persönlichkeiten wie T. Boone Pickens, Mike Milken oder Ivan Boesky, die bei solchen Aufkäufen als Strohmänner auftraten und plötzlich auf dem Papier Milliardenwerte besaßen. Ehrwürdige Institutionen, wie die Harvard Business School, entwickelten dafür eigens neue Unternehmensstrategien und bescheinigten dieser Verrücktheit „Markteffizienz".

Wie ging das nun vor sich? Im typischen Fall lieh sich ein Aufkäufer wie Boone Pickens Geld, um damit die Aktienmehrheit einer in Bedrängnis geratenen Firma an sich zu bringen. Dabei war die Firma ein Vielfaches von dem wert, was das Aktienpaket kostete. Der Aktienankauf trieb die Preise der Aktien der betreffenden Firma an der Börse hoch. Wenn alles gut ging, hatte der Ankäufer mit fast ausschließlich geliehenem Geld die Firma unter seine Kontrolle gebracht. Es handelte sich dabei auch um Firmen von der Größe einer Union Oil of California oder

sogar Gulf Oil. Der neue Mehrheitseigentümer zwang
nun die Firma, die entstandenen Schulden durch die Aus-
gabe neuer Obligationen oder niederwertiger Aktien zu
finanzieren. Solche Obligationen hießen im Börsenjargon
ganz treffend „Junk Bonds", „Müllanleihen". Denn brach
die Firma unter den vielen Schulden finanziell zusammen, waren diese Papiere nur noch Müll wert. Da aber der
Aktienmarkt boomte, pfiff man auf das Risiko.

Die Müllanleihen versprachen sehr hohe Zinsen, um
auch Abnehmer zu finden. Der Aufkäufer-Hai machte
nun schnell alle wertvollen Teile der aufgekauften Firma
zu Geld und stieß sie dann so schnell wie möglich wieder
ab, um sich dem nächsten Opfer zuzuwenden. In der
zweiten Hälfte der achtziger Jahre war Wallstreet mit solchen Spielchen voll beschäftigt. Sie trieben den Dow-
Jones-Aktienindex hoch und die einigermaßen gesunden
Unternehmen in eine Überverschuldung, wie sie seit der
Depression der dreißiger Jahre nicht mehr bestanden
hatte. Von diesen Schulden kam nichts, aber auch gar
nichts Investitionen in neue Anlagetechnik und verbesserte Produktivität zugute. Sie waren nur das Symptom
des Krebsgeschwürs der Spekulation, welcher der ultrali-
berale Wirtschaftskurs der Regierungen Reagan und Bush
Tür und Tor geöffnet hatte.

Während der gesamten Regierungszeit Reagans flossen
nahezu eine Billion, 1000 Milliarden Dollar, in die Immobilienspekulation. Das war eine Rekordsumme, fast das
Doppelte dessen, was in den Vorjahren dafür aufge-
wendet worden war. Die Banken, die sich gegen die wachsende Unsicherheit ihrer Außenstände in Lateinamerika
absichern wollten, investierten eher in Immobilien statt
auf traditionelle Art in produktive Unternehmen.

Ein Beispiel soll den Zirkus verdeutlichen: Während der
großen Depression hatte man besonders abgesicherte
Spar- und Darlehenskassen geschaffen. Die Bankgesetze
regulierten ihre Unternehmenspraxis und sicherten sie ab,
um dort die Spargroschen der kleineren Leute vor der
Spekulation der Großen zu sichern. Das Hauptgeschäft
dieser Sparkassen bestand darin, langfristige Hypotheken

für den privaten Hausbau zu finanzieren. Finanzminister Donald Regan hob die meisten dieser Schutzbestimmungen für die Spar- und Darlehenskassen im Oktober 1982 auf. Insbesondere erlaubte er ihnen, genau wie andere Banken alle Wertpapiere zu ersteigern, die Börsenmakler anzubieten hatten, und sogenannte „brokered deposits" anzulegen. Das heißt, sie durften mit Geldeinlagen spekulieren. Das sogenannte Garn-St.Germain-Gesetz erlaubte den Kassen, in alle nur denkbaren Papiere zu investieren und bestimmte, daß die US-Regierung die Sicherheit für alle Spareinlagen unter 100 000 Dollar im Falle eines Konkurses der Sparkasse übernähme.

Als der Präsident das Gesetz unterzeichnete, hielt er eine Rede, in der er den Zuhörern begeistert versicherte, „Ich denke, damit haben wir den Hauptgewinn gezogen", wobei er den Pokerausdruck „jackpot" benutzte. Dieser „Hauptgewinn" war der Anfang vom Ende der Spar- und Darlehenskassen. Sie hatten als Späteinsteiger nur noch die wackeligsten Papiere angeboten bekommen. Außerdem wurde das Gesetz wahrscheinlich ohnehin nur erlassen, um den Wallstreet-Haien zu ermöglichen, sich von inzwischen schwerverkäuflichen Papieren zu trennen. Der Zusammenbruch der Sparkassen vernichtete einen Wertpapierbestand von rund 1,3 Billionen Dollar.

Nach dem neuen Gesetz hatten sich viele der Sparkassen auf die lukrativen Geldgeschäfte gestürzt, die ihre großen Brüder, die Geschäftsbanken, scheinbar so reich gemacht hatten. Die Kassen eigneten sich besonders gut als Waschmaschine für illegale Gelder, die aus dem Rauschgiftgeschäft und anderen Operationen des organisierten Verbrechens stammten. Die stets kritischen Medien interessierte es leider wenig, daß ausgerechnet die frühere Maklerfirma des Finanzministers Donald Regan, Merrill Lynch, mit ihrer Filiale in Lugano dabei ertappt worden war, Milliarden von Dollar der Heroinmafia, der sogenannten „Pizza Connection", gewaschen zu haben.

In diesem Klima hemmungs- und regelloser Spekulationsorgien war derjenige schnell aus dem Rennen, welcher sich nicht an dubiosen Geschäften beteiligte. Erfolgreiche

Banken zogen, ohne nach der Herkunft zu fragen, alle ihnen angebotenen Gelder an Land, und wuschen Gelder für geheime Operationen – gleichviel, ob im Auftrag der CIA oder der Familie Bonano oder anderer Mafiafamilien. Selbst Neil Bush, der Sohn des damaligen Vizepräsidenten, wurde von der Staatsanwaltschaft überrascht, sich als Direktor einer Spar- und Darlehenskasse in Colorado an derartigen illegalen Geschäften beteiligt zu haben. Er zeigte wenigstens soviel Geschmack, von seinem Posten zurückzutreten, als sein Vater zum Präsidentschaftskandidaten der Republikaner nominiert wurde.[9]

Aber auch die konservativsten Sektoren der Finanzbranche, die Lebensversicherungen, konnten und wollten bei solch lukrativen Finanzspielen nicht abseits stehen. Die Versicherungen unterstanden im Unterschied zu Banken und Sparkassen nie staatlicher Oberaufsicht, wahrscheinlich weil sie sich bisher immer so seriös gegeben hatten. Daher gibt es für sie in den USA auch keinen nationalen Fonds, der – wie bei den Banken – im Falle eines Konkurses für geschädigte Versicherte einspringt. Bis 1989 hatten die Versicherungen nach amtlichen Schätzungen etwa 260 Milliarden Dollar aus den Einlagen der Versicherten in Immobilien angelegt. 1980 waren es noch 100 Milliarden gewesen. Ende 1989 und in den folgenden Jahren brachen die Preise am Immobilienmarkt so drastisch ein, wie es nicht einmal während der Depression in den dreißiger Jahren geschehen war. Zum ersten Mal in der Nachkriegsgeschichte kippten Versicherungen, weil die Versicherten in Panik gerieten und ihre Policen einlösen wollten.

Daran zeigte sich die einfache Realität, daß seit dem Ölschock die Finanzinteressen in den USA alle anderen nationalen Belange und Interessen beiseitegedrängt hatten. Neben der Finanzwelt konnte sich kaum eine andere Stimme in Washington noch Gehör verschaffen. Bankforderungen häuften sich bei den Privatleuten, und Firmen ebenso wie bei Gemeinden, Bundesstaaten und Regierung. Als Reagan sein Amt übernahm, betrugen die privaten und öffentlichen Schulden in den USA 3 873 Milli-

arden Dollar. Am Ende seiner Amtszeit beliefen sich diese
Schulden bereits auf fast 10 000 Milliarden Dollar. Das
heißt, in diesen acht Jahren wuchsen sie um 6 Billionen
Dollar auf fast das Dreifache.[10]

Die Schuldenlast ruht letztlich auf den Schultern der gewerblichen Wirtschaft. Denn wo sonst werden die materi-
ellen Werte geschaffen, wogegen die Schuldscheine
früher oder später eingetauscht werden wollen. Aber ein
zwei Jahrzehnte währendes Wuchern der Spekulation
hatte nicht viel Wertvolles übrig gelassen. Fahrbahn-
decken der Autobahn waren jahrelang nicht instandge-
setzt worden. Brücken stürzten ein oder mußten wegen
Einsturzgefahr gesperrt werden. Die Wasserent- und -ver-
sorgung verfiel, was im Fall Pittsburgh zur Verseuchung
des Trinkwassers führte. Krankenhäuser wurden wegen
Baufälligkeit geschlossen oder waren unzureichend aus-
gestattet. Die Wohnungen der Normalbürger verkamen
immer mehr. 1989 veröffentlichte die Hauptvereinigung
der Bauindustrie, die Associated General Contractors of
America, eine Studie, die vorrechnete, daß Investitionen
von 3,3 Billionen Dollar dringend erforderlich seien, um
die zerfallende Infrastruktur der USA auf einen modernen Stand zu bringen. Niemand in Washington scherte
sich darum. Der Regierung Bush fiel als Ausweg dann nur
noch die „Privatisierung" ein. Washington steckte 1990
bereits in der Haushaltskrise.

Reagans „Aufschwung" vergrößerte die wirtschaftliche
Ungerechtigkeit in Amerika. Das zeigte sich schon an der
wachsenden Anzahl der Mitbürger, welche die offizielle
Statistik als „unter der Armutsgrenze lebend" auswies.
1979, als Paul Volcker die Hochzinspolitik einleitete, verdienten 24 Millionen Amerikaner weniger als 500 Dollar
im Monat und fielen damit unter die Armutsgrenze. Im
Jahr 1988 zählten dazu bereits 32 Millionen, also 30 Prozent mehr. Die Steuerpolitik von Reagan und Bush hatten
den Wohlstand auf einige wenige konzentriert. Wie nie
zuvor in der Geschichte der USA zog sich ein immens
wachsender Reichtum auf eine winzig kleine Anzahl von
Menschen zusammen. Nach einer Statistik des US-Kon-

gresses konnten die 20 Prozent bestverdienenden Amerikaner seit 1980 einen Zugewinn von 32 Prozent verbuchen. Alle anderen Einkommensklassen mußten Einkom-
mensverluste hinnehmen.

Die Gesundheitskosten wuchsen überdimensional und
nahmen im Bruttosozialprodukt einen doppelt so großen
Posten ein wie etwa in England. Trotzdem konnten sich 37
Millionen Amerikaner keine Krankenkasse leisten und
blieben also unversichert. Die Gesundheitssituation in
den Ghettos der amerikanischen Großstädte nähert sich
Zuständen wie in der Dritten Welt und entspricht überhaupt nicht dem Niveau, das man bei der Führungsnation
der Welt erwarten sollte.

Thatchers elf Regierungsjahre hatten in England ähnliche Verhältnisse heraufbeschworen. Hinter der glänzen-
den Immobilienspekulation und dem dramatisch wuchernden Finanzgeschäft der Londoner City traten die
mangelnden Investitionen in Industrie und Infrastruktur
in den Hintergrund. Die Deregulierung der Finanzmärkte
von 1986, die angemessen „Big Bang" genannt wurde,
gehört zu Thatchers großen Errungenschaften. Aber
schon Ende der achtziger Jahre begann das Kartenhaus
einzustürzen. Die Zinssätze wurden wieder zweistellig,
die Industrieproduktion verfiel erst in eine Rezession und
dann in eine Depression, und die Inflation erreichte wieder das Niveau, das sie bei Regierungsantritt der „Eisernen Lady" hatte.

Die Wirtschaftspolitik der Regierung Thatcher versagte
sogar nach ihren eigenen Maßstäben. Das gleiche gilt für
„Reaganomics". Das schreckte die Finanzmächte in London und New York aber nicht im mindesten. Sie dachten
in Dimensionen einer weltweiten „nachindustriellen Gesellschaft". Sie verlangten, daß die Finanzmärkte überall
dereguliert würden, also auch in Tokio, Frankfurt, Paris,
Mailand, Mexiko-Stadt und Sao Paolo.

Mit etwas Unterstützung unserer Freunde...

Am 19. Oktober 1987 platzte die spekulative Blase. An diesem Tag stürzte der Dow-Jones-Aktienindex um 508 Punkte. Das hatte er bisher noch nie an einem Tag geschafft. Mit Reagans „Aufschwung" war es aus und vorbei.

Aber so schnell gaben Bush und die Elite ihre Sache nicht verloren. Man war fest entschlossen, die Gelder aufzutreiben, um den Wertpapierballon noch so lange aufrechtzuerhalten, bis der Regierung Bush der strategische „große Wurf" für das Ende des Jahrhunderts gelänge.

In der Zwischenzeit wurde verschiedentlich behauptet, der Finanzkrach am 19. Oktober 1987 habe gezeigt, daß ein Vergleich mit dem Börsenkrach von 1929 und der anschließenden Depression der dreißiger Jahre heute nicht mehr gelte. Jedenfalls bedeutete er das Ende der deregulierten Finanzspekulation, womit sich das „Anglo-Amerikanische Jahrhundert" seit Anfang der siebziger Jahre über Wasser gehalten hatte.

Angesichts der herannahenden Wahl griff George Bush auf das Rezept seines engen Freundes und damaligen Finanzministers James Baker zurück, hinter dem eine mächtige Fraktion des US-Establishments stand. Sie hatten sich eine Strategie ausgedacht, die gewährleisten sollte, daß trotz des erschütterten Vertrauens in die amerikanischen Finanzmärkte weiterhin ausländisches Geld in US-Obligationen und Aktien angelegt würde. Nur so ließ sich die Illusion eines Wirtschaftsaufschwungs in den Augen der Wähler aufrechterhalten.

Zunächst übte man mit Erfolg erheblichen Druck auf die japanische Regierung unter Ministerpräsident Nakasone aus. Man drohte den Japanern damit, eine Regierung der Demokraten werde den japanischen Export in die USA erschweren oder gar unterbinden. Japan müsse mithelfen, die Voraussetzungen für die Wahl einer republikanischen Regierung in den USA zu erhalten. Nakasone übte seinerseits Druck auf die japanischen Banken aus. Die japanischen Zinssätze wurden seit dem Oktober 1987 stetig gesenkt. Dadurch erschienen US-Obligationen und

Wertpapiere im Verhältnis gewinnbringender als vergleichbare Anlagen in Japan. Milliarden Dollar flossen aus Tokio in die USA. So konnte sich der Dollar während des Jahres 1988 relativ stabil behaupten. Das war ein wichtiger Beitrag zum Sieg George Bushs in den Wahlen vom November 1988 über den Herausforderer Dukakis von der Demokratischen Partei. Als Rückversicherung gab Bush den Japanern die private Zusicherung, eine Regierung Bush würde die japanisch-amerikanischen Beziehungen verbessern.

Mit Bush regierte im Weißen Haus zum ersten Mal seit Franklin D. Roosevelt wieder einer der Finanzbarone der Ostküste. Er hatte die Aufgabe, das „Amerikanische Jahrhundert" durch die gefährlichsten Untiefen seit 1919 zu steuern. Gleich in der ersten Woche seiner Amtszeit verstand er es, den Eindruck zu erwecken, als wolle er die wichtigsten Probleme der amerikanischen Nation entschlossen anpacken. Er verlangte eine durchgreifende Reorganisation des Banksystems der Spar- und Darlehenskassen. Dann nutzte er den Aufschrei der Bevölkerung über die Ölpest, die ein recht eigenartiger Unfall des Tankers „Valdez" der Firma Esso an der Küste Alaskas verursacht hatte, um radikalste Umweltschutzstrafgesetze durchzusetzen. Sie ließen alles hinter sich, was der Demokrat Jimmy Carter als Präsident vom Stapel gelassen hatte. Beide Initiativen stellten sich schon bald als Katastrophen heraus. Doch zunächst weckten sie die Hoffnung, die USA hätten nach dem altersschwachen Reagan in Bush einen Präsidenten, der die Dinge anpackte und die Weltereignisse fest im Griff halte.

Der eigentliche Regierungsplan war es aber, den ungeheuren Schuldendruck der USA auf einzelne Verbündete abzuwälzen. Man nannte das „burden sharing". Schon Anfang 1989 argumentierte man, die Sowjetunion werde zusammenbrechen, es bliebe somit nur noch eine militärische Supermacht übrig. Deshalb sollten Japan, Deutschland und andere wirtschaftlich besser gestellte Länder nun zum Unterhalt dieser Supermacht verstärkt, freiwillig und aus lauter Dankbarkeit Finanzmittel zur Verfü-

gung stellen. Bis zur direkten Erpressung fehlte nur sehr
wenig.

Es sollte sich bald zeigen, daß Bush im Wahlkampf für
ein „freundlicheres und großzügigeres Amerika" nur deswegen eingetreten war, um bei der alternden Wähler-
schaft einen guten Eindruck zu machen. Kaum hatte er
sich im Weißen Haus eingerichtet, kehrte er den in Amerika so geschätzten „tough guy", den „harten Burschen"
heraus. Mit Hilfe der stets kritischen Medien wurde der
panamaische Machthaber General Noriega, der früher
mit der CIA zusammengearbeitet hatte, vor der Weltöffentlichkeit zum blutrünstigen Diktator und Drogen-
händler abgestempelt. Dies war der Vorwand, um zu
Weihnachten in seinem ersten Regierungsjahr in das win-
zige Nachbarland Panama einzufallen. Dabei kamen laut
Augenzeugenberichten 5 000 bis 7 000 Menschen, die
meisten davon arme Zivilisten, in dem Bombenhagel der
US-Luftwaffe ums Leben.

Der amerikanische Justizminister Richard Thornburgh
– er war übrigens zur Zeit des „Unfalls" im Kernkraftwerk Three Mile Island Gouverneur von Pennsylvania –
hatte eine unglaubliche neue Doktrin erlassen. Die neue
Rechtsdoktrin verlieh Agenten des FBI und des Justizmi-
nisteriums das Recht, in jedem auswärtigen Land auch
ohne Zustimmung der dortigen Behörden Verhaftungen
und Entführungen vorzunehmen. Man nannte das „ex-
traterritorialen Gesetzesvollzug". Nach dieser Doktrin
nahm sich die US-Regierung das Recht heraus, unter dem
Vorwand, es handele sich um Rauschgifthändler oder Terroristen, irgendwelche Bürger aus Deutschland, Frankreich oder eben Panama in jedem Land der Erde ohne
Rücksicht auf dort geltendes Recht festzunehmen und in
die USA zu bringen. Einfacher ausgedrückt vertritt die
Thornburgh-Doktrin die Auffassung, amerikanisches
Recht breche jedes andere nationale Recht. Weder an dieser empörenden Doktrin noch an der Invasion und Besetzung Panamas wurde jedoch merkwürdigerweise von irgendeiner Regierung der zivilisierten Welt offiziell Anstoß genommen.

Es gab noch mehr Neuerungen. In einer Rede am 19. September 1989 gab der damalige CIA-Direktor William Webster vor einem ausgesuchten Kreis im Rat für Weltangelegenheiten in Los Angeles die neuen Aufgabenrichtlinien der Geheimdienste bekannt. Er verwies auf die veränderte Weltlage, insbesondere auf die neue enge Zusammenarbeit der Sowjetunion mit den USA in Fragen der Abrüstung und bei der Dämpfung von Krisenherden. Daraus müsse die CIA Konsequenzen ziehen und sich auf neue Aufgaben für die Zeit nach dem Kalten Krieg vorbereiten. Er sagte dann wörtlich: „Wirtschaftliche Aufgaben – ich erwähnte Handelsungleichgewichte und die technische Entwicklung – veranschaulichen einen Punkt, der nun immer klarer hervortritt: Unsere politischen und militärischen Verbündeten sind zugleich unsere wirtschaftlichen Konkurrenten." Hauptaufgabe der CIA war nicht mehr die Abwehr kommunistischer Subversion, sondern Industriespionage und andere verdeckte Tätigkeiten, die sich gegen die wichtigsten „verbündeten" Industrienationen richteten.

Hilfe, die Mauer ist weg!

Im November 1989 nahm die Entwicklung in Ostdeutschland eine dramatische Wende, die für viele in London und Washington unerwartet kam. Anläßlich der 40-Jahrfeier der DDR hatte Michail Gorbatschow sich mit der kommunistischen Führung der alten Garde unter Honecker in Ostberlin getroffen und ihnen sicher nicht nur mit der Bemerkung, „Wer zu spät kommt, den bestraft das Leben", den sowjetischen Teppich unter den Füßen weggezogen. Unter dem Druck der Fluchtbewegung über Ungarn und der Freiheitsbewegung auf den Straßen Ostdeutschlands wurde die alte DDR binnen weniger Wochen hinweggefegt. Es war auch der Anfang vom Ende der Sowjetunion und letztlich der Herrschaft Gorbatschows.

Der Zusammenbruch der Ölpreise im Jahr 1986 hatte die sowjetische Planwirtschaft schwer getroffen. Ölex-

porte an den Westen waren seit den siebziger Jahren für
die Herren im Kreml zum wichtigsten Devisenbringer geworden. Ihre Erträge schrumpften gerade zu dem Zeitpunkt, als Gorbatschows Reformen dem Volk mehr versprochen hatten, als sie nun halten konnten. Das ausbrechende wirtschaftliche Chaos in Rußland war der eigentliche Grund, warum man in Moskau die Bindungen an die
Satelliten in Osteuropa aufgab. Es gab Kreise in Moskau,
die darauf setzten, ein starkes wiedervereinigtes Deutschland könnte sich als geeigneter Partner beim Wiederaufbau der sowjetischen Wirtschaft erweisen.

Während man in Washington nach außen hin das dramatische Ende der vierzigjährigen, kommunistischen Ge-
waltherrschaft zu feiern vorgab, hegte Bush tiefste Beden-
ken gegen den Erfolg einer volksnahen Revolution in Osteuropa. Diese Sorge konnte er natürlich nur in privaten
Gesprächen zeigen. Er sah die Welt durch die dunkle
Brille des Geheimdienstlers, nicht umsonst war er lange
Chef der CIA gewesen. Von Volksbewegungen, die man
nicht selbst angestiftet hatte, wollte Bush ebensowenig
wissen wie Margaret Thatcher und ihre Tory-Partei.
Außerdem alarmierte sie die Aussicht, in Deutschland
könnte sich eine Alternative zur eigenen Wirtschaftspolitik entwickeln. Deshalb wurde den anglo-amerikanischen
Medien sogleich das Stichwort „Viertes Reich" gegeben.

Ein prominentes Sprachrohr der britischen Elite, Pe-
regrine Worsthorne vom einflußreichen *Sunday Telegraph*,
brachte zu Papier, was Margaret Thatcher und ihr Kreis
über die deutsche Wiedervereinigung dachten. Worsthorne ist der Stiefsohn des ehemaligen Gouverneurs der
Bank of England, Montagu Norman. Norman pflegte, wie
gesagt, enge Kontakte zu Hitlers Wirtschaftsminister
Hjalmar Schacht und hatte vorher in enger Zusammenarbeit mit dem New Yorker Bankhaus J.P. Morgan 1919 die
Reparationsbedingungen für den Versailler Vertrag und
später den Dawes-Plan ausgearbeitet.

In einem Leitartikel seiner Zeitung schrieb Worsthorne
am 22. Juli 1990 mit dem ihm eigenen Zynismus: „Mein
Stiefvater Montagu Norman, der als Gouverneur der

Bank von England soviel getan hat, um den Deutschen nach dem Ersten Weltkrieg wirtschaftlich wieder auf die Beine zu helfen, lebte gerade lange genug, um den Anfang des deutschen Wirtschaftswunders zu erleben." Im folgenden erinnerte er sich an einen Kommentar Normans kurz vor dessen Tod: „Ich wußte immer, wir würden die bösen Deutschen schlagen; aber ich wünschte, wir wären uns so sicher, genauso gut mit den guten Deutschen fertigzuwerden." Dann kam Worsthorne zu seinem eigentlichen Punkt: „Nehmen wir an, das wiedervereinigte Deutschland wird ein guter Riese, was dann? Nehmen wir weiter an, das vereinigte Deutschland brächte Rußland bei, auch ein guter Riese zu werden, was dann?... In Wahrheit würde die Bedrohung dadurch nur zu- und nicht abnehmen. Denn wie in aller Welt kann man gegen ein Deutschland effektiven Widerstand aufbauen, das dadurch gewinnen möchte, daß es in allem den auferlegten Regeln gehorcht? Deutschland wird wieder sehr mächtig werden. Und, wie uns Lord Acton beigebracht hat: Macht korrumpiert... Deutschland ist in einer herausragend guten Position, um dem Slaventum eine Rückkehr in die Völkergemeinschaft zu ermöglichen."

Es ist nicht unerheblich festzuhalten, daß Worsthornes *Sunday Telegraph* einer anglo-amerikanischen Holding gehört, der sogenannten Hollinger Corporation. In deren Aufsichtsrat findet man neben Henry Kissinger auch den früheren britischen Außenminister Lord Carrington, der auch Partner der Beratungsfirma Kissinger Associates ist.

Bekanntlich mußte Thatchers Handelsminister Nicholas Ridley den Hut nehmen, weil er zur gleichen Zeit in aller Öffentlichkeit die Regierung Kohl in Bonn mit Hitlers Drittem Reich gleichgestellt hatte. Worsthorne bezog sich auf die Affäre und beschloß seinen Artikel gegen die Wiedervereinigung Deutschlands folgendermaßen: „Mr. Ridley hat Unsinn geredet. Aber vielleicht war doch mehr Methode in diesem Unsinn, als man sich träumen läßt... Vielleicht sollte sich Großbritannien doch so weit aus der Sache heraushalten, daß es zu jedem gegebenen Zeitpunkt frei ist, diese Beschwerden nutzvoll aufzugreifen.

Auf seinem Weg, Gutes zu tun, wird Deutschland sich gerade so viele Feinde machen wie zuvor, als es anderen schadete. Und Amerika könnte durchaus zu diesen Feinden gehören... Früher oder später wird es erneut ein Fall für die Politik des Machtgleichgewichts sein... Das könnte eine Gelegenheit für Großbritannien sein, das sich in diesen Dingen auskennt."

Im Sommer des gleichen Jahres ließ die Regierung Thatcher nach Berichten aus London den britischen Nachrichtendienst seine Aktivitäten in Deutschland erheblich verstärken und richtete zu diesem Zweck eine neue Geheimdienstabteilung ein. Auch die Regierung Bush unternahm Schritte, um den Einfluß auf die deutsche Politik auszubauen. Im Frühjahr 1990 kam es in den USA zu einem Treffen ausgesuchter Mitglieder der Gesellschaft früherer Nachrichtendienstoffiziere. Vor diesem Kreis forderte Theodore Shackley, ein ehemaliger hochrangiger CIA-Mann, seine Kollegen auf, sie sollten führende frühere Stasi-Führungskader rekrutieren, um damit eine Grundlage für den amerikanischen Nachrichtendienst in Berlin und für die Arbeit im wiedervereinigten Deutschland zu legen. Shackley ist kein unbeschriebenes Blatt. Er hatte an führender Stelle mitgeholfen, den Schah von Persien zu stürzen und dem Regime Khomeinis den Weg zu ebnen. Und er hatte an führender Stelle illegale Waffen-gegen-Drogen-Geschäfte mit dem Iran vermittelt.

Die politischen Strategen in London und Washington sahen die längerfristigen Auswirkungen des Falls der Berliner Mauer nur zu deutlich. Sie erkannten als Gefahr, daß Deutschland bei der Modernisierung und Entwicklung der Volkswirtschaften in Osteuropa und schließlich auch der Sowjetunion eine Schlüsselrolle spielen könnte. David Hale, ein renommierter Wirtschaftsexperte in den USA mit engen Beziehungen zum US-Finanzministerium, schrieb im Januar 1990 in einem Wochenbericht an seine Klienten über die Gefahren, welche eine erfolgreiche Wiedervereinigung für die US-Finanzmärkte heraufbeschwören würde: „Eine der auffallendsten Züge in den wirtschaftlichen Untersuchungen der Wallstreet der letz-

ten Wochen ist die Selbstzufriedenheit, mit der sie die
möglichen Auswirkungen der Wirtschaftsentwicklung in
Osteuropa auf das weltweite finanzielle Gleichgewicht
behandeln. Dieses Gleichgewicht ermöglichte es Amerika
immerhin, während der achtziger Jahre noch über eine
Billion Dollar außerhalb seiner Landesgrenzen aufzunehmen."

Hale fuhr fort: „Wenn einmal die Wirtschaftshistoriker
die Geschichte der neunziger Jahre schreiben werden,
dürften sie den Fall der Berliner Mauer als einen Finanzschock betrachten, der sich nur mit dem seit langem mit
Furcht erwarteten Erdrutsch in Tokio vergleichen läßt.
Der Mauerabriß symbolisierte dann einen Umbruch, der
letztenendes Milliarden Dollar in eine Region umlenken
könnte, die in den letzten sechzig Jahren kaum eine Rolle
auf den internationalen Kreditmärkten gespielt hat." Hale
schloß seine Botschaft mit einer Bemerkung, um die ihn
angeblich einflußreiche Kreise in Washington gebeten
hatten. „Die Amerikaner sollten sich auch nicht damit beruhigen, daß Deutschland während der letzten Jahre nur
mäßig in den USA investiert hat. Der größte Geldgeber
der USA war seit 1987 Großbritannien mit einem Fir-
menankaufvolumen von über 100 Milliarden Dollar. Die
Briten wären zu so ausgedehnten Investitionen ohne den
Zugriff auf Spareinlagen in Deutschland nicht fähig gewesen."[11]

Am 29. November 1989, nur wenige Tage nach dem Zusammenbruch der Ostberliner Regierung, sprengten Be-
rufsmörder den gepanzerten Wagen des Chefs der Deutschen Bank, Alfred Herrhausen, in die Luft. Herrhausen
war ein wichtiger Berater Kanzler Kohls. Er hatte nur wenige Tage vorher in einem Interview dem *Wall Street Journal* von seinen Plänen über den Wiederaufbau Ostdeutschlands berichtet. In nur einem Jahrzehnt sollte es in
Europas fortgeschrittenste Industrieregion verwandelt
werden.

Herrhausens Ermordung erinnerte Deutsche mit Erin-
nerungsvermögen an den 67 Jahre zurückliegenden Mord
an Walter Rathenau. Rathenau war 1922 von „rechtsradi-

kalen" Terroristen ermordet worden, nachdem er in Rapallo mit dem sowjetischen Wirtschaftsminister Tschitscherin ein Abkommen zur Industrialisierung Rußlands mit deutscher Technik geschlossen hatte.

Die Bonner Regierung machte zunächst keine Abstriche an der vorgesehenen Wiedervereinigung und ihren Absichten, beim Wiederaufbau der zerfallenden sowjetischen Wirtschaft behilflich zu sein. Bundeskanzler Kohl sprach Ende November 1989 in einer Rede von seinem Vorhaben, eine moderne Eisenbahnverbindung von Paris über Hannover, Berlin und Warschau bis nach Moskau zu bauen. Sie sollte den Anfang für die Infrastruktur des neuen Europa bilden. Die alten Vorstellungen de Gaulles von einem Europa, das „vom Atlantik bis an den Ural" wirtschaftlich zusammenarbeiten würde, rückten zum ersten Mal seit 1948 wieder in greifbare Nähe.

In diesem Umfeld erlebten, wie Beobachter in London feststellten, die informellen Kontakte zwischen Frankreich und England plötzlich einen dramatischen Aufschwung. Höhere Diplomaten, Politiker und Geschäftsleute entfalteten plötzlich eine bisher nicht gekannte Aktivität. Großbritannien begann auf den tiefsitzenden Ängsten der Franzosen vor einer deutschen Dominanz in Europa zu spielen.

Das stieß bei François Mitterand, dem sozialistischen Präsidenten Frankreichs, auf offene Ohren. England begann seine Allianz mit Frankreich aus der Zeit vor dem Ersten Weltkrieg zu renovieren und betrieb recht unverhohlen Vorbereitungen für eine neue „Entente Cordiale" gegen die „deutsche Bedrohung". Die erste Bewährungsprobe dieser Entente sollte außerhalb Mitteleuropas durchexerziert werden.

Schon irgendwann im Laufe des Jahres 1989 muß der Plan entstanden sein, etwas im Nahen Osten zu unternehmen, um die dortigen Ölreserven wieder fester in den Griff zu bekommen, der sich über die Jahre etwas gelockert hatte. Wieder griffen die Strategen in London und Washington auf ihre bewährte „Ölwaffe" zurück, um der ernsthaften Bedrohung durch die wirtschaftliche Expansion Mitteleuropas zu begegnen. Die Form, in der dies geschah, sollte die Welt jedoch bald überraschen.

Saddam Hussein und die neue Weltordnung

Höhere Regierungskreise hatten sich seit geraumer Zeit um einen Vorwand bemüht, der es ihnen erlauben würde, am Hahn der Ölversorgung der Welt, besonders aber der Ölversorgung Westeuropas, zu drehen. Die wirtschaftliche und finanzielle Situation in England und den USA hatte dem Plan eine besondere Dringlichkeit verliehen. Thatchers Wirtschaftsrevolution war im Debakel auf den Wertpapiermärkten im Oktober 1987 untergegangen. Steigende Zinsen brachten die Immobilien-, Finanz- und Industriemärkte in größte Schwierigkeiten. In den USA gerieten die öffentlichen Haushalte außer Kontrolle. Zu den explodierenden Defiziten gesellten sich Bankenzusammenbrüche, wachsende Arbeitslosigkeit und alle Anzeichen für eine ausgewachsene Depression. Es mehrten sich die Stimmen, die diese Entwicklungen mit denen der frühen dreißiger Jahre verglichen.

Das 17-Millionen-Volk im Irak hatte gerade einen sinn- und ergebnislosen Krieg mit dem Nachbarstaat Iran hinter sich gebracht. Der Krieg gegen das unmenschliche Regime Khomeinis in Teheran hatte nämlich keinen anderen Zweck gehabt, als den internationalen Waffenhändlern phantastische Geschäfts- und Gewinnmöglichkeiten zu eröffnen. Anfang der achtziger Jahre hatten die USA der irakischen Regierung gefälschte nachrichtendienstliche Erkenntnisse, die einen raschen Sieg nahelegten, zugespielt und sie zum Krieg gegen Khomeini ermutigt. Der Krieg hatte das beachtliche industrielle und landwirtschaftliche Aufbauprogramm des Irak schwer belastet. Der Irak war nämlich aus der Entwicklung der übrigen Entwicklungsländer ausgebrochen und hatte ein bemerkenswertes Industriepotential, aber auch einen relativ hohen Grad der Selbstversorgung bei Nahrungsmitteln erreicht. Der achtjährige Krieg hatte die irakische Wirt-

schaft jedoch arg in Mitleidenschaft gezogen und auf beiden Seiten insgesamt über eine Million Menschenleben
gefordert.

Die Kriegsschulden des Irak waren gewaltig. 1989 beliefen sie sich auf insgesamt 65 Milliarden Dollar. Die
Hauptgeldgeber waren Saudi-Arabien, Kuwait, die Sowjetunion und andere osteuropäische Waffenlieferanten,
die gehofft hatten, mit irakischem Öl bezahlt zu werden.
Das übrige hatten französische, britische und amerikanische Banken vorgestreckt. Nach der Sowjetunion war
Frankreich der wichtigste Waffenlieferant des Irak gewesen.

Das anglo-amerikanische Planspiel sah vor, Saddam
Hussein eine Falle zu stellen, in die er unweigerlich tap-
pen mußte. Er sollte England und den USA den Vorwand
für eine militärische Intervention liefern, angeblich „um
die Weltölversorgung zu sichern". Im Juni 1989 reiste eine
hochrangige Delegation des Amerikanisch-Irakischen
Wirtschaftsforums auf Einladung Saddam Husseins, der
damals noch nicht als „Diktator schlimmer als Adolf Hitler" galt, nach Bagdad. Der Delegation gehörten Alan
Stoga von der Beratungsfirma Kissinger Associates an,
daneben Vorstandsmitglieder von Bankers Trust, Mobil
Oil, Occidental Petroleum und anderer multinationaler
US-Firmen. Saddam Hussein wollte über ein Wiederaufbauprogramm für den kriegsgeschädigten Irak verhan-
deln.

Im Mittelpunkt dieses Programms stand der Badush-
Staudamm, ein gewaltiges Bewässerungsprojekt, das 40
Milliarden Dollar kostete und den Irak innerhalb von fünf
Jahren von Nahrungsmittelimporten unabhängig gemacht hätte. Bis dahin war der Irak auf solche Importe angewiesen. Im Jahr 1989 mußte das Land für 1 Milliarde
Dollar Getreide von der Warenkreditgesellschaft der US-
Regierung kaufen. Darüber hinaus hatte der Irak US-Gesellschaften angeboten, in einen umfassenden petrochemischen Komplex, Düngemittelbetriebe, ein Stahlwerk
und ein Fahrzeugwerk zu investieren, um so zur Entwicklung des Landes beizutragen. Die amerikanischen

Geschäftsleute wollten darauf aber nicht eingehen. Sie bestanden darauf, Saddam müsse zuerst seine Staatsschulden in Ordnung bringen und zu diesem Zweck seine nationale Ölindustrie wenigstens zum größten Teil „privatisieren".

Nach den besten verfügbaren anglo-amerikanischen Untersuchungen sollen im irakischen Wüstensand die ergiebigsten, bisher nicht öffentlich zugegebenen Ölreserven der Welt liegen. Nur in der Sowjetunion werden noch größere Lager vermutet.[12]

Wie nicht anders vorherzusehen, weigerte sich Saddam Hussein, die Souveränität über die nationalen Ölquellen für vage Versprechungen, in der Zukunft irgendwann einmal Kredite zu erhalten, aufzugeben. Später im Jahre 1989 wurde die beträchtliche Summe von 2,3 Milliarden Dollar, die die Regierung Bush dem Irak zunächst zugesagt hatte und die absichtlich auf Umwegen durch die in Atlanta im Staate Georgia gelegene Filiale der italienischen Banca Nationale del Lavoro (BNL) geschleust wurde, unvermittelt gesperrt. Die Kreditsperrung begleiteten eine Reihe sensationeller Unterstellungen in der Londoner *Financial Times*, daß die Gelder insgeheim zur Nachrüstung der irakischen Kriegsmaschine benutzt werden sollten.

Als Wirkung der Besprechungen mit der Stoga-Gruppe und der Sperrung des BNL-Kredits sah sich der Irak Anfang 1990 plötzlich total von westlichen Bankkrediten ausgeschlossen. In dieser kritischen Situation betrat nun der Emir von Kuwait die Szene. Scheich Al-Sabah und seine Familie war seit Ende des letzten Jahrhunderts treue Vasallen des britischen Königshauses. Der Emir hatte bisher auf Anweisung aus London und Washington Geld aus seinen märchenhaften Ölerträgen in den Irak fließen lassen. Diese Gelder sollten verhindern, daß der Irak des sich über acht Jahre hinziehenden, aufreibenden Kriegs mit dem Iran müde würde. Der Krieg sollte sich nach anglo-amerikanischer Auffassung in einer gegenseitigen Patt-Situation möglichst lange hinschleppen. Er diente der „Strategie der Spannung", die sich nicht nur für die Waffenverkäufer an die beiden kriegsführenden Parteien, son-

dern auch politisch für Israel auszahlte. Diese nicht veröf-
fentlichten Absichten der westlichen Führungsmacht
brachten später Skandale in gewissem Umfang an die Öffentlichkeit.

Anfang 1990 sollte sich die Haltung Kuwaits ändern.
Kuwait bekam den Auftrag, entgegen allen unterschrie-
benen OPEC-Abmachungen den Markt mit billigem Öl zu
überschwemmen. Nach dem Zusammenbruch des Ölpreises 1986 hatte sich die OPEC erneut zusammengefunden, um die Fördermengen zugunsten der teureren Ölquellen der Nordsee und Alaskas zu drosseln. Kuwait begann sich plötzlich nicht mehr an die von ihm mitgetra-
genen Abmachungen zu halten und drückte durch seine
zusätzlichen Anlieferungen den Ölpreis von 19 Dollar das
Faß auf 13 Dollar hinunter. Wiederholte diplomatische
Anstrengungen verschiedener OPEC-Länder, darunter
auch des Irak, versuchten den Emir Scheich Al-Sabah und
seinen Ölminister Ali Khalifa Al-Sabah von diesem zer-
störerischen Kurs abzubringen. Sie stießen auf taube
Ohren. Im Juli sprachen Ölhändler von einer Wiederholung des Preissturzes des Jahres 1986 und kündigten
Preise an, die unter 10 Dollar das Faß liegen sollten. Dem
Irak raubte dieser Preissturz den Spielraum, neben dem
Schuldendienst Nahrungsmittelimporte bezahlen zu können.

Schon im Februar des gleichen Jahres hatte sich der Arabische Kooperationsrat im jordanischen Amman getroffen. Dazu gehörten die Präsidenten des Irak, Jordaniens,
Ägyptens und Nord-Jemens. Saddam Hussein hielt dort
eine Rede, in der er vor den strategischen Folgen des Zusammenbruchs der kommunistischen Regime in Osteuropa warnte, weil dann die USA als einzig verbleibende
militärische Supermacht eine besondere Gefahr für die
arabische Welt bedeute.

Saddam verwies in diesem Zusammenhang auf die
durchaus bedrohliche Tatsache, daß die amerikanischen
Marinestreitkräfte auch ein Jahr nach Beendigung des
Krieges zwischen dem Irak und dem Iran keine Anstalten
machten, sich aus dem Golf zurückzuziehen. Im Gegen-

teil war festzustellen: „Die USA erklärten wiederholt, sie würden bleiben". Hussein verwies darauf, daß die Sowjetunion immer mehr von ihren inneren Angelegenheiten beansprucht werde: „Wenn die Sowjetunion genug mit ihren inneren Angelegenheiten zu tun hat und der Iran-Irak-Krieg vorbei ist, so daß keine direkte Bedrohung existiert, und die USA besonders jetzt wiederholt, daß sie hierbleiben wollen, dann verlangt dies erhöhte Aufmerksamkeit."

Saddam schloß seine Bemerkungen mit der Aufforderung, die ölreichen arabischen Staaten sollten sich zusammentun und „ihren Besitz über Energiequellen, der sonst in der Welt keine Parallele hat, nutzen. Ich denke, wir sollten die Beziehungen zu Europa, Japan und zur Sowjetunion auf eine Weise ausbauen, die uns so schnell wie möglich Vorteile bringt."[13]

Wenn es irgendetwas gab, das die führenden Kreise in den USA und England antreiben konnte, ihre Pläne für militärische Aktionen in der Nahostregion voranzutreiben, dann war es diese Rede Saddam Husseins. Im Juli 1990 eskalierten die Streitigkeiten zwischen Kuwait und Irak. Am 27. Juli sprach deshalb die amerikanische Botschafterin in Bagdad, Frau April Glaspie, bei der dortigen Regierung vor. Sie bat um eine Unterredung mit Saddam Hussein, um die Spannungen zu erörtern. Die offizielle Mitschrift dieser Unterredung veröffentlichte die irakische Regierung nach Kriegsbeginn. Präsident Bush nahm diese Veröffentlichung zum Vorwand, Saddam Hussein öffentlich einen Lügner zu schimpfen. Aber ein Jahr später sah sich der US-Kongreß gezwungen, ihre Richtigkeit zu bestätigen. Nur dann interessierte das niemanden mehr, vor allem nicht die stets kritischen Medien.

Den Unterlagen entsprechend erklärte die US-Botschafterin Saddam Hussein, Washington werde zu der Auseinandersetzung zwischen Irak und Kuwait und ihren Grenzdisput nicht Stellung beziehen. Die Frage berühre die amerikanischen Interessen nicht. Da der amerikanischen Regierung längst Aufklärungsphotos über die Konzentration irakischer Streitkräfte an der irakisch-kuwaitischen Grenze vorlagen, bedeutete Glaspies Äußerung „grünes Licht". Am 2. August marschierten irakische Truppen in Kuwait ein. Die Herrscherfamilie hatte vorher Bescheid gewußt und war mitsamt ihrem Rolls-Royce-Fuhrpark, ihren Juwelen und anderen Wertsachen außer Landes geflohen. Ein früherer Regierungsbeamter aus Kuwait bemerkte dazu im Londoner Exil mit Bitterkeit: „Die CIA informierte die königliche Familie rechtzeitig, um außer Landes zu gehen. Aber die Al-Sabahs vergaßen geflissentlich, das kuwaitische Militär von der bevorstehenden Invasion in Kenntnis zu setzen."

Nur wenige Stunden nach der Invasion beschlagnahmten die Bank von England und die US-Regierung alle kuwaitischen Guthaben, die in dem größten Investmentfonds der Welt lagen und vom Kuwaitischen Investitionsbüro in London aus verwaltet wurden. Wie hoch diese Guthaben tatsächlich sind, ist ein streng gehütetes Staatsgeheimnis. Zuverlässige Quellen schätzen seinen Wert auf 100 bis 150 Milliarden Dollar.

In den folgenden sechs Monaten spielte sich dann ein mit dem größten Zynismus inszeniertes Theater ab. Präsident Bush erklärte sofort, die USA würden Truppen zur Verteidigung Saudi-Arabiens gegen einen angeblich drohenden irakischen Angriff an den Golf schicken. Die Regierung Thatcher stellte sich sogleich uneingeschränkt hinter diese Entscheidung. Daß ein solcher Angriff drohen könnte, war nirgends ersichtlich. Später flog auf, daß die USA Hinweise fabriziert hatte, die einen solchen Angriff dem saudiarabischen Herrscherhaus glaubhaft machen sollten. Die Tage Anfang August, als diese Entscheidungen gefällt wurden, verbrachten beide Staatschefs Bush und Thatcher gemeinsam beim Aspen-Institut in Colorado.

Am 11. September verkündigte US-Präsident Bush seine „neue Weltordnung": „Aus diesen unruhigen Zeiten kann sich eine neue Weltordnung herausbilden, worin die Vereinten Nationen die Rolle spielen, welche ihre Gründer ihnen zugedacht haben. Wir erleben einen einzigartigen und außergewöhnlichen Augenblick. Die Krise am

Golf, so schwerwiegend sie auch sein mag, bietet uns aber
auch die seltene Gelegenheit, eine historische Periode der
Zusammenarbeit heraufzuführen. Die neue Weltordnung
erlebt ihre Geburtswehen. Es wird eine andere Welt sein,
als die Welt, die wir kennen."

Anfang Oktober 1990 glaubte Gorbatschows persönlicher Nahostbeauftragter Jewgenij Primakow, der Krieg
gegen Irak könne sich vermeiden lassen. Nach Gesprächen mit Saddam Hussein und dem irakischen
Außenminister Tarik Asis in Bagdad traf sich Primakow
am 19. Oktober im Weißen Haus in Washington mit George Bush und Außenminister Baker, um von seinen Gesprächen in Bagdad zu berichten und eine friedliche Lösung vorzuschlagen. Der Präsident hörte gönnerhaft zu,
ließ ihn aber wenige Stunden später wissen, daß er an
weiteren Gesprächen in dieser Sache nicht mehr interes-
siert sei. Auf der Rückreise stoppte Primakow auf Anraten Gorbatschows in London, um Premierministerin
Thatcher in seinen Vermittlungsversuch einzuschalten.

Nach dem Gespräch mit Frau Thatcher gab Primakow
dem Nachrichtenmagazin *Time* ein Interview, das erst
nach dem Krieg, am 4. März 1991, abgedruckt wurde.
Darin berichtete er: Die Premierministerin empfing uns
auf ihrem Landsitz in Chequers. Sie hörte meinen Ausführungen, ohne mich zu unterbrechen, sehr aufmerksam
zu. Dann aber erlaubte sie für gut eine Stunde niemandem, ihren Monolog zu unterbrechen. Dabei entwickelte
sie in sehr konzentrierter Form eine Position, die sie
immer vehementer vertrat: Sie wollte das Unternehmen
nicht auf den Rückzug der irakischen Truppen aus Kuwait beschränkt sehen, sondern wollte einen Vernich-
tungsschlag gegen den Irak führen, um ,Saddam das
Rückgrat zu brechen', seine gesamte Armee zu zerstören
und vielleicht auch das industrielle Potential des Landes."

Die nächsten Monate waren angefüllt mit Verhandlungen, in denen die führenden Vertreter des Sicherheitsrates
der Vereinten Nationen teils unter Druck gesetzt, teils mit
allerlei Versprechungen geködert wurden. Das gleiche

galt für die arabischen Staaten, Ägypten, die Türkei und
andere wichtige Länder. Das Ergebnis war, daß ein totales
Embargo gegen den Irak verhängt und Anstrengungen in
die Wege geleitet wurden, Kuwait mit Gewalt zu befreien.
Am 29. Januar 1991 erklärte Präsident Bush vor dem Kongreß in seiner Rede zur Lage der Nation: „Die Welt kann
nun die Gelegenheit des gegenwärtigen Golfkriegs er-
greifen, um sich die lang gehegte Verheißung einer neuen
Weltordnung zu erfüllen..." Sie tat es, wenn auch mit ge-
mischten Gefühlen.

Inzwischen erreichte im Januar 1991 der gewaltigste Mi-
litäraufmarsch seit dem Vietnamkrieg seinen Höhepunkt.
Saudi-Arabien war Aufmarschgebiet für den Angriff auf
Kuwait und Irak. Dann wurden die Städte des Irak mit
Bomben überschüttet. In dieser kritischen Zeit hegten
nicht wenige Leute der amerikanischen Führungsschicht
Zweifel an den zu erwartenden Ergebnissen von Präsident Bushs militärischem Vorgehen. Schon am 12. November 1990 hatte der frühere Marineoberbefehlshaber
unter Präsident Reagan, James H. Webb, in einem Fern-
sehinterview gesagt: „Das Ziel unserer Präsenz am Persischen Golf ist es, die neue Weltordnung der Regierung
Bush auf den Weg zu bringen. Das gefällt mir nicht."

Am 31. Januar nahm Webb einen Kommentar im *Wall
Street Journal* zum Anlaß, um zu erklären: „Die Bush-Re-
gierung hat mit Unterstützung von verschiedenen Seiten... unsere Nation unerbittlich in einen Krieg
manövriert. Man muß sich schon auf William Randolph
Hearst zurückbesinnen, der uns in den spanisch-amerika-
nischen Krieg nötigte, um eine Parallele zu dem Druck der
Leitartikler zu finden, der unserem gegenwärtigen Konflikt vorausgegangen ist. Man muß wahrscheinlich noch
weiter zurückgehen, vielleicht zum Krieg mit Mexiko, um
auf einen Präsidenten zu stoßen, der so begierig darauf
aus ist, die Nation in einen militärischen Konflikt zu ver-
wickeln, obwohl sie nicht angegriffen worden ist."

Auch der frühere Botschafter der USA in Saudi-Arabien, der anerkannte Nahostexperte James Akins, wandte
sich öffentlich gegen Präsident Bushs Kriegspläne. Akins

veröffentlichte am 12. September 1990 einen namentlich gezeichneten Artikel in der *Los Angeles Times*. Das war nur wenige Tage nach der Entscheidung Präsident Bushs, Truppen nach Saudi-Arabien zu entsenden. Er schrieb darin, daß das Weiße Haus damit ein ganz anderes, „höher gestecktes Ziel" verfolge. Akins führte des weiteren aus, US-Verteidigungsminister Cheney habe König Fahd von Saudi-Arabien über die Invasionsgefahr vorsätzlich falsch informiert, um die Zustimmung für die Stationierung amerikanischer Truppen auf saudischem Territorium zu erreichen. Die Saudis hatten sich in den bisherigen Jahrzehnten immer vehement verweigert. Akins berichtete, schon 1975 hätte der damalige Außenminister Henry Kissinger Pläne unterstützt, die einen Vorwand für die Besetzung der wichtigsten Ölfelder des Nahen Ostens schaffen wollten. Er erinnerte daran, daß sein damaliger Vorgesetzter Kissinger Akins' Widerstand gegen solche Pläne hart abgewiesen habe: „Henry Kissinger, der damalige Außenminister, war anderer Ansicht, und so war meine Karriere im auswärtigen Dienst auch nicht von langer Dauer... Es gibt Leute in der Regierung Bush, die glauben, daß die Gelegenheit für so etwas heute günstiger ist als im Jahre 1975..."

Es ist nicht unerheblich, daran zu erinnern, daß der Präsident von Kissinger Associates, Lawrence Eagleburger, zu dieser Zeit stellvertretender Außenminister unter James Baker war und ein weiterer Angestellter Kissingers, Brent Scowcroft, Präsident Bush als Sicherheitsberater im Weißen Haus diente. Kissingers Ansichten waren also während der Tage, als die amerikanische Politik in Richtung Golfkrieg festgelegt wurde, an der Spitze der Administration personell stark vertreten. Außerdem hat sich Kissinger damals in zahlreichen Leitartikeln für einen Krieg gegen den Irak stark gemacht. Der Widerstand in den USA gegen den Golfkrieg wurde von der zunehmenden Kriegspropaganda von höchster Stelle wie in den stets kritischen Medien buchstäblich überrollt.

Europa und Japan im Fadenkreuz

Bald wurde nachdenklichen Menschen in Europa, Japan
und anderswo klar, daß der amerikanische Präsident
tatsächlich andere Ziele verfolgte, als nur US-amerikani-
sche oder vielleicht noch westliche Ölinteressen in Saudi-
Arabien zu verteidigen. In seinen unglaublich vulgären
öffentlichen Auftritten schalt George Bush den irakischen
Präsidenten Saddam Hussein immer wieder den „Adolf
Hitler unserer Tage". Er wählte diese Beschimpfung
durchaus bewußt.

Alle im Westen, die den Irak zum Teil auf ausdrückli-
chen Wunsch der US-Regierung gegen den Iran unterstützt hatten, wurden in einer unglaublichen Propagan-
dakampagne von London und Washington aus angegriffen. Ausgenommen wurden freilich die Sowjetunion und
Frankreich, die wichtigsten Waffenlieferanten des Irak.
Die Kampagne richtete sich am meisten gegen Deutschland und dort vor allem gegen die technisch entwickelt-
sten Industriezweige, die für den Wiederaufbau in Osteuropa von ausschlaggebender Bedeutung wären. Frankreich, die Sowjetunion und China, die neben den USA
und Großbritannien zu den fünf ständigen Mitgliedern
des Sicherheitsrats der Vereinten Nationen zählten, hatten
sich den Verheißungen oder den Wünschen Londons und
Washingtons gebeugt und nach dem Ultimatum für den
Krieg gestimmt. Die Rolle, die diese Länder zuvor bei der
Aufrüstung des Irak gespielt hatten, wurde daher in den
von Washington in Auftrag gegebenen Enthüllungen dis-
kret ausgeklammert.

Stattdessen richteten unter anderen der republikanische
Senator Jesse Helms und das bundesdeutsche Nachrichtenmagazin *Der Spiegel* heftige Angriffe gegen die deutsche Exportindustrie. Attackiert wurde vor allem der Export sogenannter „doppelt verwendbarer Technologien".
Gemeint sind Geräte und Materialien, die einen hohen zivilen Gebrauchswert haben, aber auch in der Rüstungs-
produktion Verwendung finden und Saddam Hussein in
die Lage versetzt hätten, nun Scud-Raketen auf Israel ab-

zufeuern. In einer kleinen historischen Fußnote plauderte die Londoner *Times* am 6. Februar 1991 aus dem Nähkästchen. Nach drei Wochen „Wüstensturm" schrieb sie: „Die Eisenbahn Berlin-Bagdad, einst ein gedeihlicher Schienenstrang, ist im Golfkrieg völlig zerstört worden. Die unablässige Bombardierung der irakischen Brücken, Gleisknotenpunkte und Rangierbahnhöfe hat eines der wenigen ausgedehnten Eisenbahnnetze des Nahen Ostens zertrümmert." In echt britischem Unterstatement fügte die *Times* hinzu: „Die alte Bagdadbahn war ein Brennpunkt der strategischen Rivalität zwischen Britannien und Deutschland." Gemeint ist die Zeit vor dem Ersten Weltkrieg.

Die Regierung in Bonn war perplex. Sie steckte bis zum Hals in den vielfältigen Wirren und Aufgaben, die die eben ermöglichte Wiedervereinigung mit sich gebracht hatten. Sie sah sich gezwungen, wertvolle Zeit, Aufmerksamkeit und viel Geld von dieser wichtigen Aufgabe abzuziehen, um sie für George Bushs Golfkrieg und seine neue Weltordnung zu verpulvern. Ende Januar machte sich James Baker auf die eigenartigste Geldsammeltour der bisherigen Geschichte. Er schaffte es, aus Deutschland, Japan, Kuwait und Saudi-Arabien Kriegskontributionen in der stolzen Höhe von 54,5 Milliarden Dollar einzutreiben.

Nach Abschluß der Kampfhandlungen deckte Lawrence J. Korb, ein früherer stellvertretender Verteidigungsminister unter Präsident Reagan, bei einer Pressekonferenz in Washington Anfang April auf, daß die Regierung Bush die wirklichen Kriegskosten verschleiere, um mit den Kontributionen der Verbündeten Löcher im Haushalt zu stopfen, beziehungsweise damit haushaltsfremde Zahlungen zu tätigen. Traditionell gut unterrichtete Kreise haben den „Nettoprofit" der USA in diesem Krieg auf 19 Milliarden veranschlagt. Die enormen Zahlungen der Vasallenstaaten trieben den US-Dollar auf den Devisenmärkten wieder hoch. Wenige Wochen vor dem Krieg hatte er mit DM 1,46 seinen Nachkriegstiefststand erreicht. Jetzt näherte er sich kurzfristig sogar der 2-DM-Grenze.

Außerdem war das Bombardement noch nicht einge-
stellt, da hatten aggressive Waffenhändler aus den USA
zum Leidwesen ihrer europäischen Konkurrenz umfangreiche Geschäfte mit Nahostländern abschließen können.

Die Regierung Bush trat in der Pose des römischen Tri-
umphators vor die Welt und behauptete immer wieder,
der Kriegsverlauf habe gezeigt, daß die USA nunmehr die
stärkste Militärmacht der Welt seien. Das klang denen eigenartig in den Ohren, die zuhause in den USA in immer
längeren Schlangen vor den Arbeitsämtern und Suppen-
küchen herumlungern mußten. Aber auch in Osteuropa
wunderte man sich, denn obwohl die meisten Regierungen Osteuropas dem Krieg zugestimmt hatten, verweigerten die Anglo-Amerikaner ihnen jegliche Wirtschaftshilfe.

Die angeschlagenen osteuropäischen Volkswirtschaften
wurden vom Golfkrieg schwer getroffen. Denn der Krieg
trieb die Ölpreise auf über 30 Dollar das Faß hoch und unterbrach die mit dem Irak vertraglich geregelte Ölversorgung. Vor dem Golfkrieg hatten die osteuropäischen Länder ihre Ölrechnung an Moskau mit der Lieferung von industriellen und landwirtschaftlichen Erzeugnissen begli-
chen. Das war nach dem 1. Januar 1991 nicht mehr
möglich. Jetzt akzeptierte Moskau, ebenso wie die osteuropäischen Länder, nur noch harte westliche Währungen,
im wesentlichen Dollar. Der Irak hatte Handelsverträge
mit Bulgarien, Ungarn und anderen osteuropäischen Ländern im Wert von mehr als einer Milliarde Dollar, die der
Golfkrieg nun hinfällig machte.

In der Märzausgabe der katholischen Monatszeitschrift
30 Tage erschien ein Interview mit dem italienischen Professor Gianfranco Miglio, der beste Verbindungen nach
Washington unterhält. Er sagte darin: „Um nicht einen
ähnlichen Absturz wie die Sowjetunion zu erleiden, sahen
sich die USA genötigt, gegenüber ihren möglichen Gegnern in der Zukunft Vorsorge zu treffen. Dazu zählen
Japan und Kontinentaleuropa, so weit es sich um die Wirtschaftsmacht Deutschlands schart... Die Vereinigten Staaten können sich nicht mit der Idee des heutigen Europa

abfinden: Europa als ein Kontinent, der sehr gut ohne die Vereinigten Staaten zurechtkommt und noch dazu wirtschaftlich und technisch überlegen ist." Aus diesem Grund, fuhr Miglio fort, „haben sich die Amerikaner dem Nahen Osten zugewandt, um die Kontrolle über das arabische Öl zu gewinnen, von dem Japan und Deutschland abhängen".

Aus Frankreich vernahm man eine ähnliche Stimme. Charles de Gaulles früherer Landwirtschaftsminister Edgar Pisani, der nun dem Institut du Monde Arabe, dem Arabien-Institut in Paris, vorsteht, äußerte sich einem Interview mit der *Tageszeitung*, das am 18. Februar 1991, auf dem Höhepunkt der alliierten Bombenangriffe auf die Infrastruktur des Irak, erschien. Pisani sagte: „Ich wünschte es wäre nicht so. Ich bin über die Tatsache zutiefst schockiert, daß eine Nation nur mit Waffengewalt Macht ausübt. Den USA mit seinen extremen wirtschaftlichen Problemen ist es gelungen, Japan und Europa zum Schweigen zu bringen, weil sie militärisch schwach sind. Wie lange wird es die Welt hinnehmen, daß verschiedene Länder den einen Polizisten auch noch bezahlen müssen, damit er ihnen seine Weltordnung auferlegt. Japan, Deutschland und die Ölstaaten finanzieren diesen Polizisten..."

Selbst Bundespräsident Richard von Weizsäcker, dem man nun wirklich keine Feindseligkeit gegenüber Großbritannien oder seiner Königin nachsagen kann, spielte in einem Interview mit dem Berliner *Tagesspiegel* kurz nach dem Golfkrieg indirekt auf die tragischen Fehler der britischen Geopolitik an: „Wir hatten früher die Politik des Gleichgewichts der europäischen Nationen, die schließlich in der Perversion des Nationalsozialismus und zweier Weltkriege untergegangen ist. Dann kam die Zeit der Dominanz der beiden Supermächte und der vermeintlichen Stabilität in der Abschreckung und des Kalten Krieges".

Von Weizsäcker appellierte danach an die europäische Einigung, die mit dieser Art von Politik endgültig brechen und Charles de Gaulles bisher unerfüllt gebliebene Vision eines „Europa vom Atlantik bis an den Ural" einlösen könnte.

Die „Operation Wüstensturm" unter dem Oberbefehl von Präsident Bush und Premierministerin Thatcher fügte dem Irak und seiner Bevölkerung, ebenso wie Kuwait und der Weltwirtschaft, unfaßbaren Schaden zu. Es gibt Anzeichen dafür, daß ihr Hauptziel nicht erreicht worden ist, nämlich Kontinentaleuropa der anglo-amerikanischen neuen Weltordnung zu unterwerfen.

Anmerkungen

1.   Chomsky, Noam: *The Struggle for Democracy in a Changed World*. Catholic Institute for International Relations. London, Januar 1991. Chomsky stellt in seinem Vortrag auf recht einleuchtende Weise die amerikanische Variante des britischen Liberalismus dar.

2.   Aronovitch, Sam: *The Road from Thatcherism*. London 1981, bei Lawrence & Wishart.

3.   International Iron and Steel Institute: *Infrastructure, Problems and Prospects for Steel*. Brüssel 1985.

4.   Greider William: *Secrets of the Temple*. London 1987, bei Simon & Schuster.

5.   Small, Dennis: *Wharton and the IMF Plan to give Mexiko the Iran Treatment*. In: *Executive Intelligence Review*, New York, 9. März 1982. Dies ist ein Beitrag aus einer Serie detaillierter Berichte des Magazins über die damalige Krise in Mexiko.

6.   LaRouche bekam in dieser Periode wachsende Bedeutung als Gegner der sich um Henry Kissinger und Donald Reagan gruppierenden politischen Interessen der New Yorker Banken und der von ihnen abhängigen Unternehmen. Gegen diesen wachsenden politischen Einfluß LaRouches wurde in der Folgezeit eine internationale Rufmordkampagne lanciert, für die sich zahlreiche Medien und andere Kanäle hergaben. Vor allem sollten LaRouches Vorstellungen über die Schuldenreorganisation ausgeschaltet werden, die führenden Finanzkreisen in New York und London nicht paßten. LaRouche geht in seiner Autobiographie ausführlich auf seine engen Beziehungen zum Weißen Haus zu Beginn der Schuldenkrise ein. LaRouche, Lyndon H.: *Die Macht der Vernunft*. Wiesbaden 1987, bei Dr. Böttiger Verlags-GmbH.

7.   Rasmussen, Hans Kornoe: *The Forgotten Generation: A Debate Book Concerning Children and the Debt Crisis*. UNICEF Dänemark, Kopenhagen 1987. Interessante Hintergründe über diese Vorgänge enthält auch: Milivojevic, Marko: *The Debt Rescheduling Process*. New York 1985, bei St. Martin's Press. Im Jahresbericht der Vereinten Nationen:

Economic Survey of Latin America findet man nützliche Daten, die sonst wenig benutzt werden. Die Bemerkung von Kuczinski stammt aus einer beachtlichen Dokumentation, die Independent Television 1988 in England ausgestrahlt hatte.

8. Michler, Walter: *Wirtschaftskrieg gegen einen Kontinent*. In: *Welternährung*, 1. Viertelj. 1991, Bonn.
9. Pizzo Stephan: *Inside Job, The Looting of Americas Savings & Loans*. New York 1989, bei MacGraw Hill.
10. U.S. Congress, Joint Economic Committee: Economic Indicators, Washington 1990.
11. Hale, David D.: *The Weekly Money Report*. Kemper Financial Services Inc., Chicago, 29. Januar 1990.
12. U.S.- Iraq Business Forum: *Bulletin*, New York, August 1989
13. Hussein, Saddam: Ansprache am 16. Februar 1990 vor dem Arabischen Kooperationsrat. Aus dem Arabischen ins Englische übersetzt vom U.S. State Department Foreign Broadcast Information Service, Washington, 20. Februar 1990.

Nachtrag

Seit dem Golfkrieg ist nun schon wieder ein Jahr vergangen. Die US-Regierung konnte diesen Krieg mit all seinen Abscheulichkeiten abwickeln, ohne auf den Widerstand eines westlichen oder sozialistischen Landes zu stoßen. Sie hat daraus geschlossen, daß die Zeit für eine „unipolare Welt" gekommen sei, welche nach dem ruhmlosen Ende der Sowjetmacht unter ihrer eigenen Führung stehen soll. Dazu hatten die Vereinigten Staaten ihre furchterregende Militärmacht am Golf schließlich vorgeführt.

Allerdings ist in der Welt inzwischen einiges anders geworden. George Bush steht mittlerweile recht isoliert da. Margaret Thatcher, seine beste Stütze, ist nicht mehr im Amt. In der Londoner City war schon länger davon die Rede, Frau Thatcher müsse gehen. Als sich im November 1990 deutlich abzeichnete, daß Präsident Bush von seinem Kriegskurs nicht mehr abweichen würde, wählten ihre Parteifreunde sie ab. An ihre Stelle trat ein Mann, von dem man in der Londoner Elite sagt, ihn empfehle seine Fähigkeit, „es jedem recht zu machen". Der stets lächelnde John Major führte alle ihm aufgetragenen diplomatischen Gänge aus und sprach alle von ihm verlangten Worte zur Unterstützung von George Bushs Kriegskurs aus. Trotzdem haben die Beziehungen Großbritanniens zu den Vereinigten Staaten sich etwas abgekühlt.

Auch andere Veränderungen machen sich bemerkbar. Die Wirtschaft der englischsprechenden Welt versinkt immer tiefer in eine Depression, die immer häufiger mit der Wirtschaftskrise der dreißiger Jahre verglichen wird. Thatchers Wirtschaftspolitik hat allzu offensichtlich versagt. England ist heute „der kranke Mann am Ärmelkanal". Zu Beginn ihrer Amtszeit zählte man schon 2,3 Millionen Arbeitslose. Heute, zehn Jahre danach, sind es knapp 3 Millionen.

Während George Bush für seinen Erfolg am Golf gelbe Bänder flattern ließ, verschlimmerte sich die Wirtschaftslage Amerikas. Kritiker erinnern an Präsident Hoover. Private Institute konnten der Regierung nachweisen, daß sie Wirtschaftsdaten gezinkt hatte, um politisch nicht ganz so miserabel auszusehen, wie sie nun dasteht. Man wollte die Stunde der Wahrheit auf die Zeit nach dem wichtigen Wahltermin im November 1992 hinausschieben. Aber die Menschen spüren die Realität schließlich am eigenen Leibe. Im Sommer zwangen die Gesetze das Weiße Haus, einige Wirtschaftsdaten zu veröffentlichen. Danach läßt sich für das kommende Haushaltsjahr ein Defizit von insgesamt 348 Milliarden Dollar erwarten. Bei Bushs Amtsantritt 1989 betrug das Defizit für damalige Verhältnisse unerhörte 153 Milliarden. Für diese Verdoppelung gibt es zwei Gründe: 1. Die Spar- und Darlehenskassen der Vereinigten Staaten mußten de facto verstaatlicht werden. Das kostete Unsummen. 2. Die Wirtschaftsdepression hatte am Steueraufkommen der gewerblichen Wirtschaft gezehrt.

Informierte Kreise an der Wallstreet und im Weißen Haus zweifeln immer stärker an ihrer Fähigkeit, weiterhin die Spargroschen der Welt als Fluchtkapital in die USA zu locken. Für sie muß das eine bedrückende Perspektive sein. Die Beziehungen zu Japan, die in den achtziger Jahren den Geldzufluß in die USA am üppigsten sprudeln ließen, verschlechterten sich in diesem Sommer dramatisch. Japans Elite wird von Skandalen gebeutelt. Sie bezeugen einen Machtkampf, der um die Frage ausgetragen wird, wie man sich am besten aus den „Finanzmethoden der Wallstreet" herauswinden soll. Japan ist nicht mehr willens und in der Lage, in US-Schulden zu „investieren". Die beträchtlichen Gelder, die sich in Deutschland angesammelt hatten, stehen auch nicht mehr zur Verfügung. Sie werden von den Kosten der Wiedervereinigung aufgezehrt. Selbst die englischen Banken beginnen, das unverantwortlich hohe Risiko auf den US-Märkten zu scheuen und ziehen sich zurück. Unter der größten Schuldnernation der Welt tickt eine Zeitbombe.

Politisch scheint Washington manches mit seinen prahlerisch übertriebenen, militärischen Erfolgen gegen das Entwicklungsland Irak gewonnen zu haben. Aber mehr als einem Politiker in Europa erschien der Krieg trotz allem unsinnig und klang die damit verbundene Aufschneiderei mehr als hohl. Amerikanische Militärstiefel stehen zwar auf mehr als 60 Prozent der Ölfelder der Welt, und der Persische Golf ist für den Moment ein „amerikanischer Binnensee" geworden. Aber den Nahen Osten hat die USA in ein unbeschreibliches Chaos gestürzt. Sollten die Araber, die dafür den höchsten Preis gezahlt haben, dies nicht bemerkt haben? Erfahrene Diplomaten und Sachverständige hatten die US-Regierung davor immer wieder eindringlich gewarnt. Die Folgen der neuen Instabilität werden sich in Monaten oder Jahren zeigen.

Auch in Europa hat sich vieles zum Schlechteren verändert. Man hat mehr als ein Jahr verloren. Entscheidende Schritte zum dringenden Wiederaufbau der ehemals kommunistischen Volkswirtschaften in Osteuropa und der ehemaligen Sowjetunion unterblieben. Davon abzulenken, war ja ein Zweck des Golfkriegs gewesen. Gewissen Kreisen der anglo-amerikanischen Elite ist anscheinend jedes erdenkliche Chaos recht, um Geldanleger das Fürchten zu lehren und ihr Kapital zurück in die USA zu locken. Die Warnungen David Hales hatten Erfolg. Es konnte verhindert werden, daß Milliarden Dollar in den Wiederaufbau Osteuropas flossen. Haben die USA aber dadurch etwas gewonnen?

Den europäischen Regierungen fehlte es an Klarheit und Entschlußkraft, sie haben das Spiel hilflos mitgespielt. Dringend erforderliche Voraussetzungen jeder modernen Wirtschaft, der Aufbau einer modernen Infrastruktur, eines Eisenbahn- und Straßennetzes, der Telekommunikation und Stromversorgung, sind in Osteuropa noch nicht in Angriff genommen worden. Stattdessen bürdete der Golfkrieg den osteuropäischen Volkswirtschaften auch noch eine Energiekrise auf. Dies stürzte sie in die schlimmste Wirtschaftskrise der Nachkriegszeit. Aber auch an der schleichenden Wirtschaftskrise in West-europa hat sich nichts geändert. Das Gebäude ist brüchi-ger geworden.

Frankreich tappte unter seinem Sozialisten Mitterand in die gleiche Falle, wie vor dem Ersten Weltkrieg und bei den Versailler Verhandlungen. Wieder einmal stand ein ir-rationales Ressentiment gegen Deutschland dem eigentli-chen Interesse Frankreichs im Wege. Die französische Führung ließ sich von der anglo-amerikanischen Elite ma-nipulieren und zahlte dafür teuer mit dem leichtfertig ver-spielten französischen Einfluß in Afrika und dem Nahen Osten. Ohne die Zugeständnisse Frankreichs an Bushs neue Weltordnung im Sicherheitsrat der Vereinten Natio-nen hätte der Nahostkrieg vermieden werden können. Und weil Frankreich diese schnöde Rolle spielte, hat es seinen Einfluß im Libanon, Irak, Algerien und anderen is-lamischen Staaten ernsthaft und nachhaltig beeinträch-tigt. In den Augen jener Länder verkörpert Mitterrand nicht mehr das unabhängige, europäische Frankreich de Gaulles, sondern eher das kolonialistische Frankreich des 19. Jahrhunderts.

Viele Länder im Nahen Osten hatten die amerikanische „Operation Wüstensturm" unterstützt. Was hat ihnen das gebracht? Ihre Lage hat sich seither sehr verschlechtert. Über 5 Millionen Menschen sind vom Krieg vertrieben worden. Betroffen sind davon Kurden, Syrier, Jordanier, Iraner, Pakistaner, Inder und Jemeniten. Ägypten hatten die USA mit dem Versprechen großzügiger Schulden-stundungen ihre Beteiligung am Krieg gegen den Irak ab-gekauft. Das Land sieht sich nun statt wirtschaftlicher Er-leichterungen verschärften „Konditionalitäten" des Inter-nationalen Währungsfonds ausgesetzt. Die Verarmung des Landes ist nur gewachsen.

Der Golfkrieg hatte die friedliche Transformation in Osteuropa erheblich zurückgeworfen. Als er zu Ende war, konnte man sich wieder auf diese Jahrhundertaufgabe zurückbesinnen. In Deutschland und Österreich wurden Stimmen laut, die offen den Wahnsinn der sogenannten

„Schocktherapie" anprangerten. Sie sahen nur zu gut, was der Harvardprofessor Jeffrey Sachs und der IWF in Polen angerichtet hatten und nun dem übrigen Osteuropa und der neuen Gemeinschaft unabhängiger Staaten aufnötigen wollten. Einige, die den erfolgreichen Wiederaufbau Europas nach dem Zweiten Weltkrieg noch nicht vergessen haben, begannen die internen wirtschaftlichen Probleme der USA und Englands mit dem dort herrschenden radikalen Wirtschaftsliberalismus in Zusammenhang zu bringen, dessen „Segnungen" der Osten nun wirklich nicht brauchen könne. Als Alternative tauchte der scheinbar längst vergessene Name Friedrich Lists wieder auf.

Der Sommer 1991 brachte einige ermutigende Anzeichen für Bestrebungen, den Wiederaufbau Osteuropas ernsthaft in Angriff nehmen zu wollen. Bei einem Treffen, zu dem der holländische Ministerpräsident im Juli 1991 nach Brüssel geladen hatte, erörterte man eine ost-westeuropäische Energievereinbarung. Immer mehr politisch verantwortliche Kreise in Westeuropa spüren den Wunsch, ihre Ölversorgung von amerikanisch kontrollierten Ölfeldern am Golf unabhängig zu machen. Sie sehen Erpressungen großen Stils auf sich zukommen. Die umfangreichen, noch nicht erschlossenen sowjetischen Öl- und Gasfelder und die verfügbare westeuropäische Technik und Industriekapazität bieten dazu eine Alternative an.

In den USA sah man dies mit großer Besorgnis. Eine am 4. September 1991 aus Dummheit oder Berechnung in die *Leipziger Volkszeitung* lancierte, streng geheime CIA-Studie belegt das. Danach sieht man im CIA das ungeheure Wirtschaftspotential Osteuropas und der ehemaligen Sowjetunion und warnt davor, es zu entwickeln. Denn, so fürchtet man, Europa und Asien könnten einen unbezwingbaren Wirtschaftskonkurrenten aufbauen.

In diesem Zusammenhang muß denn auch der Krieg im ehemaligen Jugoslawien gesehen werden, der im Juni 1991 begann und den friedlichen Übergang der osteuropäischen Länder zu einer vernünftigen Marktwirtschaft in neue Probleme stürzte. Ende Juni fuhr US-Außenminister Baker nach Belgrad, angeblich um in dem Konflikt zu „vermitteln". Er weigerte sich, mit Vertretern Kroatiens und Sloweniens zu sprechen und erklärte öffentlich, Washington werde keine sich unabhängig erklärende Einzelrepublik diplomatisch anerkennen. Daraufhin brach der bis dahin schwelende Konflikt erst richtig aus, denn die serbisch dominierte Bundesarmee und Slobodan Milosevics Tschetniks erhielten so „grünes Licht" für ihren weniger erfolgreichen Angriff auf Slowenien und dann den Krieg gegen Kroatien.

Auch die Rolle Serbiens sollte nicht übersehen werden. Wie achtzig Jahre zuvor, als Großbritannien seine Beziehungen zu Serbien benutzte, um die folgenschweren Balkankriege 1912-14 anzuzetteln, bediente man sich der Serben als Instrument zur Destabilisierung Mitteleuropas, mit dem Ziel der Schwächung Deutschlands. Der Krieg in Südosteuropa erzeugte erheblichen Druck auf die DM. Kurzfristig konnte Washington darauf pochen, daß Dollaranlagen „wesentlich sicherer" seien als Anlagen im krisengeschüttelten Europa.

Monatelang verhinderten die Regierungen der USA, Großbritanniens und Frankreichs eine Anerkennung Sloweniens und Kroatiens durch die Europäische Gemeinschaft und zögerten damit ein Ende der Kampfhandlungen hinaus. Dies war allzu auffällig. „Hinter der europäischen Ablehnungsfront treten immer stärker die Vereinigten Staaten hervor", schrieb die *Frankfurter Allgemeine Zeitung* am 7. Januar 1992. „Die slowenischen und die kroatischen Politiker fragen sich nach den Ursachen dieser amerikanischen Haltung. Sloweniens Außenminister Rupel schrieb einen Brief an den amerikanischen Außenminister Baker und fragte ihn nach den Gründen des amerikanischen ‚Antislowenismus'. In Ljubljana kommen Politiker immer mehr zu dem Schluß, daß Baker im Sommer dem Bundesministerpräsidenten Markovic nicht nur freie Hand für seinen Armee-Einsatz gegen Slowenien gelassen, sondern ihn dazu direkt ermutigt habe. Ebenso, wird vermutet, hätten die Vereinigten Staaten offenbar lange auch keinen Einwand gegen den Krieg gegen Kroatien gehabt... Was vorher britische Diplomaten nur ‚privat' flüsterten und dann öffentlich zu dementieren suchten, daß die Ablehnung der Unabhängigkeit einzelnder Republiken und die Schaffung irgendeines neuen Jugoslawiens Kampf gegen eine ‚deutsche Machtzone' auf dem Balkan sei, kann man heute mehr oder weniger offen in angelsächsischen und auch anderen Zeitungen lesen."

Während in Kroatien geschossen wurde, geriet Präsident Bush zuhause selbst in die Schußlinie. Es wurden Berichte verbreitet, Bush leide an Symptomen der Basedowschen Krankheit, ein Schilddrüsenleiden, das die psychische Leistungsfähigkeit beeinträchtigt. Eine ganze Reihe Skandale brachen wieder auf. So soll sich eine Untersuchungskommission des US-Kongresses mit Anschuldigungen befassen, Präsident Bush sei vor seiner Wahl, noch als Vizepräsident, selbst an den illegalen Verhandlungen mit führenden Vertretern der Regierung in Teheran beteiligt gewesen, wobei amerikanische Waffenlieferungen in Aussicht gestellt wurden, wenn das Teheraner Regime dafür sorge, daß die amerikanischen Geiseln aus der US-Botschaft erst nach der Präsidentschaftswahl 1980 freigelassen würden. Die Geiselfrage gilt als einer der wichtigen Gründe dafür, daß Carter die Wahl an Reagan und Bush verlor.

Außerdem gerieten die Brüder des Präsidenten Jonathan und Prescott sowie sein Sohn Neil ins Kreuzfeuer der Skandalpresse. Was jedoch am meisten an Bushs Siegerimage nagte, war der unaufhaltsame Verfall der amerikanischen Wirtschaft. Seine Popularität sank unter 50 Prozent. Anscheinend ergeht es Bush wie der „Eisernen Lady".

In England herrscht nach Thatchers Niederlage ein verändertes politisches Klima, auch wenn das nicht sofort ins Auge fällt. Gut informierte Kreise in London munkeln, die Mehrheit der britischen Führungsschicht, welche auch Thatchers Sturz veranlaßt hatte, sei zur Einsicht gekommen, die britischen Interessen lägen zur Zeit weniger in der „Sonderbeziehung zu den Vereinigten Staaten", sondern eher in einer vorübergehenden Zusammenarbeit mit Kontinentaleuropa. Ein gewichtiger Faktor in diesem Kalkül ist dabei wohl der heruntergekommene Zustand des Partners USA. Ein zynischer Kommentator drückte es so aus: „Ein erfolgreicher Parasit muß immer darauf bedacht sein, wo er den nächsten, noch gesunden Wirt findet". Seit 1990 entdeckten die einflußreicheren Kreise der City diesen Wirt offenbar in Kontinentaleuropa. Dabei geht es den Bankiers nach Parasitenmanier darum, sie nach ihren Plänen zu beeinflussen und umzumodeln.

Wenn Premierminister John Major seine guten Beziehungen zu einer anderen Person deutlich machen will, so pflegt er dieser Person wie eine britische Gouvernante gönnerhaft den Handrücken zu tätscheln. Im Juli 1991, während des Wirtschaftsgipfels in London, wurde beobachtet, daß John Major sich nicht weniger als vier Mal Helmut Kohl in dieser Weise näherte. Einflußreiche Kreise in London hatten beschlossen, es sei an der Zeit, sich nun Deutschland zuzuwenden.

William Engdahl
Wiesbaden, im Januar 1992

Anhang I

Zeittafel der wichtigsten Ereignisse

1846:
Das britische Parlament hebt die „Korngesetze" auf, führt dadurch den Freihandel in der Landwirtschaft ein und ruft schreckliche Hungersnöte in Irland hervor.

1873:
„Die Große Depression", Sie hält in England bis 1896 an.
1882: Admiral Fisher fordert zum ersten Mal, die Königliche Flotte auf Ölfeuerung umzurüsten.

1885:
Gottlieb Daimler entwickelt in Deutschland den ersten mit Öl getriebenen Motor, der für Straßenfahrzeuge verwendbar ist.

1888:
Der Sultan vergibt die Konzession zum Bau der Bagdadbahn quer durch das Osmanische Reich an ein Konsortium unter der Führung Karl Helfferichs von der Deutschen Bank.

1891:
Sergei Witte, Finanzminister unter Zar Nikolaus I, läßt mit dem Bau der Transsibirischen Eisenbahn, die bis an den Pazifik reichen soll, beginnen.

1892:
Rudolf Diesel erhält das Patent für den Verbrennungsmotor.

1898:
Französische Truppen weichen den Engländern bei Fashoda am oberen Nil kampflos. Mit dem Zwischenfall beginnt die englisch französische Entente gegen Deutschland.

1899:
Ein britisches Abkommen mit Scheich Al-Sabah von Kuweit verhindert den Anschluß der Bagdadbahn an den Persischen Golf.

1905:
Der Britische Geheimdienstagent Sidney Reilly sichert

sich die alleinigen Ölschürfrechte in Persien von W. Knox
d'Arcy.

1912:
Die Deutsche Bank erhält die Rechte auf die Bodenschätze
beiderseits der Baghdadbahn. Dazu gehören auch die reichen Ölfelder bei Kirkuk im heutigen Irak.

April 1914:
Der englische König Georg, sein Außenminister Earl Grey,
der französische Ministerpräsident Poincare und der Russische Botschafter vereinbaren in Paris ein geheimes Mi-
litärabkommen gegen Deutschland und Österreich-Ungarn.

28. Juni 1914:
Ein Serbe erschießt Erzherzog Ferdinand von Österreich
und löst damit eine diplomatische Kettenreaktion aus, die
zum ersten Weltkrieg führt.

Januar 1915:
Das New Yorker Bankhaus Morgan wird Großbritanniens
alleiniger Einkäufer für den gesamten militärischen
Nachschub aus den USA.

1916:
Das Sykes Picot Abkommen. England und Frankreich tei-
len die Besitzungen des Osmanischen Reichs im Nahen
Osten unter sich auf.

März 1917:
Der Britische Außenminister Balfour erklärt Lord Roth-
schild in einem Schreiben, England unterstütze jüdische
Ansiedlungen in Palestina.

Mai 1919:
Gründung der beiden einflußreichen Institute Royal In-
stitute of International Affairs in London und Council on
Foreign Relations in New York am Rande der Versailler
Friedenskonferenz durch Mitglieder des Bankhauses J.P.
Morgan und der britischen Gruppe „Round Table" um die
Lords Lothian und Cecil.

März 1921:
Kolonialminister Winston Churchill gründet die Nahost-
abteilung seines Ministeriums mit einer Konferenz wichtiger Nahostexperten wie T.E. Lawrence und Percy Cox in

Kairo. Er unterstreicht damit die strategische Bedeutung des Nahen Ostens für Großbritannien.

April 1922:
Der „Rapallopakt". Die Außenminister Deutschlands und Rußlands, Rathenau und Tschischerin, überraschen mit ihrem bilateralen Handels- und Wirtschaftsabkommen die Teilnehmer der von England einberufenen Internationalen Wirtschaftskonferenz in Genua.

22. Juni 1922:
Ermordung Rathenaus, angeblich durch zwei Rechtsradikale, die selbst unmittelbar nach dem Mord sterben.

11. Januar 1923:
Ruhrbesetzung durch französische Truppen angeblich wegen deutscher Säumnisse bei der Erfüllung des Versailler Abkommens. Die wirtschaftlichen Folgen lösen die Inflation von 1923 aus.

November 1923:
Hjalmar Schacht, Zögling des Bankhaus Morgan und des Governeurs der Bank von England, Montagu Norman, wird Währungsbevöllmächtigter in Deutschland.

Dezember 1923:
Gustav Stresemann läßt auf Druck der Alliierten Hjalmar Schacht statt Karl Helfferich zum Präsidenten der Reichsbank wählen. Helfferich stirbt wenige Monate später in einem bisher ungeklärten Eisenbahnunglück.

April 1924:
Die deutsche Regierung beugt sich dem Dawes-Plan. Die Zahlungsbedingungen für Kriegsreparationen waren von dem Partner J.P. Morgans, Charles C. Dawes, ausgearbeitet worden.

1928:
Royal Dutch Shell, Anglo-Persian Oil und die Rockefeller Gruppe schließen das sogenannte Red Line Abkommen, in dem sie förmlich ihre Einflußsphären im Nahen Osten abstecken.

Oktober 1929:
Der „Schwarze Freitag", ein Börsenkrach in New York veranlaßt die Liquidierung der Dollarguthaben in Europa.

Mai 1931:
Der Zusammenbruch der Wiener Kreditanstalt löst die Weltwirtschaftskrise mit Konkursen, Arbeitslosigkeit und wachsendem politischen Extremismus aus.

1932
Der schwedische Industrielle Ivar Kreuger stirbt, während er sich um größere Kredite für die deutsche Regierung bemüht, unter ungeklärten Umständen in einem Pariser Hotelzimmer.

1933:
Montagu Norman von der Bank von England unterstützt Adolf Hitler in einer kritischen Phase großzügig mit Kredit und sichert ihm dadurch die Macht.

1944:
Lord Keynes und der stellvertretende Finanzminister der USA, Harry Dexter White, erarbeiten die Neue Weltordnung der Nachkriegszeit, das sogenannte Bretton Woods System und gründen den Internationalen Währungsfond.

März 1946:
Winston Churchill erklärt in Fulton, Missouri, im Heimatstaat Präsident Trumans, der Sowjet Union den Kalten Krieg.

1951:
Mohammed Mossadegh wird mit dem Programm, die persischen Ölvorkommen zu nationalisieren und wirtschaftlich zu nutzen, im Iran zum Primier Minister gewählt. USA und Großbritannien verhängen daraufhin ein Wirtschaftsembargo gegen das Land.

August 1953:
General Norman Schwartzkopf sen. führt mit Hilfe britischer und amerikanischer Dienste die Operation AJAX durch. Er stürzt die gewählte Regierung Mossadegh und errichtet das monarchistische Schahregime. Schah Pahlevi läßt daraufhin die britischen und amerikanischen Ölgesellschaften wieder ins Land.

1953:
Der Industrielle Enrico Mattei setzt in Italien die Gründung des staatseigenen Unternehmens ENI zur Kontrolle der nationalen Öl- und Erdgasquellen durch.

1957:

Enrico Mattei schließt mit dem Iran ein „revolutionäres" Abkommen zur Entwicklung der Ölindustrie und fordert damit die „Sieben Schwestern" heraus. Die USA erlebt ihre erste größere Wirtschaftsrezession der Nachkriegszeit.

1958:

General DeGaulle wird französischer Präsident und lädt als eine der ersten Amtshandlungen Bundeskanzler Adenauer ein. Damit beginnt die historische Deutsch Französische Freundschaft.

Oktober 1960:

Mattei vereinbart trotz stärkster anglo-amerikanischer Widerstände zwischen ENI und Moskau ein historisches Tauschabkommen: Öl gegen technische Ausrüstungen.

Oktober 1962:

Enrico Mattei stirbt kurz vor einem vereinbarten Treffen mit Präsident John. F.Kennedy bei einem mysteriösen Flugzeugunglück. Kennedy hatte den amerikanischen Ölgesellschaften empfohlen, ihre Ölpolitik der Matteis anzunähern.

Januar 1963:

Das Deutsch Französische Abkommen wird zwischen De-Gaulle and Bundeskanzler Adenauer vereinbart. Adenauer wird von der FDP und Teilen der eigenen Partei aus dem Amt gedrängt.

November 1963:

Präsident John F. Kennedy wird ermordet, ohne daß der Hergang bis heute aufgeklärt werden konnte.

Juni 1967:

DeGaulle kündigt an, Frankreich werde sich nicht länger an die Währungsgold-Abmachungen halten, die den Goldpreis für Dollar und Pfund Sterling künstlich niedrig halten sollten.

November 1967:

Massive Sterlingverkäufe an den Börsen erzwingen die erste Abwertung der englischen Währung nach 1949.

April 1968:

France lehnt in Stockholm auf einem Treffen der Zehn den

amerikanischen Vorschlag über sogenannte Sonderziehungsrechte, das sogenannte „Papiergold" ab.

Mai 1968: Anglo-amerikanische Dienste lösen die sogenannten Mai Unruhen der Neuen Linken in Frankreich
aus. Ihnen und weltweit verbreiteten Gerüchten über
französische Währungsprobleme gelingt es, die Französische Regierung zu destabilisieren.

1969:
DeGaulle wird von Georges Pompidou abgelöst.

15. August 1971:
President Nixon kündigt einseitig den im Bretton Woods
System festgelegten Goldstandart. Er löst damit das Re-
gime „floatender" Wechselkurse aus.

Dezember 1971:
Die Ford Foundation unter McGeorge Bundy kündet in
einer größeren Studie eine weltweit drohende Energiekrise an und tritt zugleich die Kampagne gegen die Kernenergie los.

1972:
Gründung des Cub of Rome in der Rockefeller-Villa Bellagio

Juni 1972:
Maurice Strong, ein Finanz- und Ölmagnat aus Kanada,
wird in Stockholm zum Vorsitzenden der UN-Umwelt-
konferenz gewählt. Er hilft mit Dollarbeträgen von mehreren Millionen die „Grüne Umweltbewegung" und ihre
Kampagne gegen Industrialisierung und Kernenergie ins
Leben zu rufen.

Mai 1973:
Geheimtreffen der Bilderberg Gruppe in Saltsjöbaden
Schweden. Man beschließt den Ölpreises um 400 % anzuheben und die US-Währung mit Hilfe der Petrodollar zu
stützen.

Juni 1973:
David Rockefeller ruft mit führenden Leuten aus England
die Trilaterale Kommission ins Leben.

Oktober 1973:
Das Intrigenspiel des US Außenminister Kissinger löst
den "Yom Kippur Krieg" zwischen Israel und seinen ara-

bischen Nachbarn aus. Im Zuge dieses Krieges verteuert sich der Ölpreis um 400 %, wie es in Saltsjöbaden beschlossen worden war.

1974:
Die US Regierung billigt Kissingers Memorandum NSSC-200. Es erklärt zum Hauptziel der US Außen- und Sicherheitspolitik, das Bevölkerungswachstums in Entwicklungsländern senken zu wollen.

1975:
Bundeskanzler Helmut Schmidt (SPD) legt ein Energieprogramm vor, das zur Kompensation von Ölimporten auf Kernenergie setzt. Ähnliches planen die Regierungen in Frankreich, Spanien und Italien. Dem entgegen erarbeitet das New Yorker Council of Foreign Affairs sein Programm „Project on the 1980's", das die „kontrollierte Desintegration der Weltwirtschaft" vorsieht.

April 1975:
Der amerikanische Ökonom LaRouche schlägt eine Internationale Entwicklungsbank vor. Sie soll langfristige, niedrig verzinste Kredite für große Entwicklungsprojekte in Entwicklungsländern bereitstellen und dadurch weltweit einen industriellen Aufschwung auslösen.

August 1976:
Der Gipfel der blockfreien Staaten in Colombo auf Sri Lanka greift die Vorschläge LaRouches inhaltlich auf und verlangt ein Moratorium für Zinszahlungen auf die Schuldenlast der Dritten Welt.

September 1976:
Der Außenminister von Guyana, Frederick D. Wills, trägt die von den Vertretern der Blockfreien Staaten in Colombo gefaßten Beschlüsse der Generalversammlung der Vereinten Nationen vor. Die US Börse reagiert darauf mit einem Aktiensturz.

Januar 1977:
Die Japanische Firma Mitsubishi schlägt vor, einen Fond zur Finanzierung wichtiger Infrastrukturprojekte in Schlüsselgebieten der Entwicklungsländer einzurichten, um dadurch die Weltwirtschaft anzukurbeln.

Juli 1977:
Juergen Ponto von der Dresdner Bank wird ermordet. Kurz darauf entführen angebliche Linksextremisten Hans-Martin Schleyer vom Bundesverband Deutscher Industrie und ermorden ihn. Beide arbeiteten an einem Industrialisierungsplan für Afrika.

September 1978:
Bundeskanzler Schmidt and der Französische Präsident Giscard D'Estaing regen die Phase 1 eines gemeinsamen Europäischen Währungssystems an, um die Europäischen Währungen vor der wachsenden Unsicherheit des Dollars zu schützen.

Januar 1979:
Die Ölgesellschaft BP schürt zusammen mit US Geheimdienstkreisen eine fundamentalistische Revolte gegen den Schah von Persien. Der Schah wird gestürzt und der zweite Ölschock der siebziger Jahre inszeniert.

März 1979:
Ein „Unfall" im Kernkraftwerk Three-Mile Island in den USA bringt weltweit die Antikernkraftbewegung in Schwung. Der begründete Verdacht, daß der Unfall bewußt in Szene gesetzt worden war, konnte bisher nicht ausgeräumt werden.

Mai 1979:
In England kommt die konservative Regierung Thatcher an die Macht. Mit einer monetären „Schock-Therapie" versucht sie erfolglos der Inflation Herr zu werden verdoppelt aber in wenigen Monaten die Arbeitslosenrate.

Oktober 1979:
Paul Volcker übernimmt Thatchers „Schock Therapie" für die USA mit Zinsraten von über 20 %.

November 1979:
Der Republikaner Ronald Reagan gewinnt mit dem Programm des ungehemmten „Freien Marktes" die Präsidentschaft in den USA.

April 1982:
Premierministerin Thatcher schlägt eine veränderte NATO Strategie vor, um die Schulden der Dritten Welt mit einer Art „Kanonenboot Diplomatie" gewaltsam einzu-

treiben. Der Konflikt um die Malwinen-Inseln soll den Einsatz von Truppen der NATO außerhalb ihres Verteidigungsbereiches (out of area deployment) einleiten.

August 1982:
Mexico kann seinem Schuldendienst nicht mehr nachkommen und löst die „Krise der Dritte Welt Schulden" aus.

September 1982:
Der Präsident Mexikos, Lopez Portillo verstaatlicht die Banken, um die Kapitalflucht zu stoppen.

Oktober 1982:
US Außenminister George Shultz verkündet vor den Vereinten Nationen Präsident Reagans Aufschwung Programm. Gleichzeitig werden in den USA die Bankbestimmungen „dereguliert", mit denen man die Spekulation zurückdämmen wollte. Das löst eine Spekulationswelle aus, die die USA in ein bisher nicht erreichtes Ausmaß innerer Verschuldung stürzt.

1986:
Washington schließt mit Saudi-Arabien ein Geheimabkommen mit dem Ziel ab, den Ölpreis zu senken, um den Aufschwung „auf Pump" bis zu den nächsten Wahlen aufrecht zuerhalten. Dazu werden die Kreditzinsen in den USA über mehrere Monate hin drastisch gesenkt.

März 1986:
Vizepräsident Bush fliegt nach Riyad, um den Ölpreis zu halten und ein weiteres Absinken zu verhindern.

Oktober 1987:
Der „Schwarze Montag" mit dem größten Aktiensturz seit 1929 droht die Finanzblase des „Aufschwungs" in den USA platzen zu lassen.

November 1988:
George Bush gewinnt die Präsidentschaftswahlen in den USA.

September 1989:
CIA Director William Webster stellt das neue „Wirtschaftliche Direktorat" der CIA vor und stellt die Aufgabe des Dienstes für die Zeit nach dem Kalten Krieg dar.

9. November 1989:
Die Berliner Mauer wird geöffnet. Das führt zur Wiedervereinigung Deutschlands und Öffnung Osteuropas.

29. November 1989:
Alfred Herrhausen von der Deutschen Bank wird wenige
Tage, nachdem er in einem Interview sein Programm für
die Umschuldung der Dritten Welt und die Industrialisierung Ostdeutschlands angedeutet hatte, ermordet. Später
wird der Chef der Treuhand, Detlev Rohwedder, erschos-
sen. Ein Attentat auf Innenminister Wolfgang Schäuble
führte nicht zu dessen Tod. Alle Attentate stehen im Zusammenhang mit einem Wiederaufbauprogramm für
Ostdeutschland, von dem Kanzler Kohl inzwischen offenbar abgerückt ist.

Dezember 1989:
Die USA überfallen den Staat Panama unter dem Vorwand, dessen Ministerpräsident Manuel Noriega sei ein
Rauschgifthändler. In dieser Zeit schneidet die US Regierung den Irak von allen internationalen Krediten ab und
treibt dessen Regierungschef, Saddam Hussein, in außenpolitische Abenteuer.

März 1990:
Das Emirat Kuweit übt auf Anweisung Washingtons wirtschaftlichen Druck auf den Irak aus, in dem es im stillen
Einvernehmen mit Saudi Arabien die von der OPEC vereinbarten Ölpreise drastisch unterbietet und den Markt
mit billigem Öl überschwemmt.

27. Juli 1990:
US Botschafterin in Bagdad, Frau April Glaspie, übermit-
telt Saddam Hussein, daß die Regierung George Bush den
Disput zwischen Irak und Kuweit als innerarabischen
Streit ansieht, der „für die USA nicht von strategischem
Interesse" sei. Das war eine diplomatische Einladung zur
Invasion.

August 1990:
Die Regierung Bush beginnt als Reaktion auf den Irakischen Einmarsch nach Kuweit mit der Operation Wü-
stenschild ihren größten militärischen Aufmarsch seit
dem Vietnamkrieg.

Appendix II:

Gründungsmitglieder der Trilateralen Kommission im Jahr 1973

USA:

I.W. Abel
David M. Abshire
Graham Allison
John B. Anderson
Ernest C. Arbuckle
J.Paul Austin
George W. Ball
Lucy Wilson Benson
W. Michael Blumenthal
Robert R. Bowie
Harold Brown
Zbigniew Brzezinski
Jimmy Carter
Lawton Chiles
Warren Christopher
A. W. Clausen
William T. Coleman jr.
Barber B. Conable jr.
Richard N. Cooper
John C. Culver
Lloyd N. Cutler
Archibald Davis
Hedley W. Donovan
Daniel J. Evans
Walter F. Mondale
David Rockefeller
Robert V. Roosa
Cyrus Vance
Carroll Wilson
Leonard Woodcock
Belgien:
Baron Leon Lambert

Frankreich:	Raymond Barre
	Georges Berthoin
	Jean Boissonat
	Jean Claude Casanova
	Baron Edmond de Rothschild
	Roger Seydoux
Großbritannien:	The Earl of Cromer
	Sir Reay Geddes
	Lord Harlech
	Roy Jenkins
	Reginalud Maulding
	Julian Ridsdale
	Sir Frank K. Roberts
	Lord Eric Roll of Ipsden
	Sir Kenneth Younger
	Sir Philip de Zueleta
Italien:	Gianni Agnelli,
	Piero Bassetti
	Umberto Colombo
	Guido Colonna di Paliano
	Francesco Forte
	Arrigo Levi
	Cesare Merlini
Niederlande:	Andre Kloos
	Max Kohnstamm
	John Loudon (Vorstandsvorsitzender von Royal Dutch Shell)

Appendix III:

Die wichtigsten Teilnehmer am Bilderberg-Treffen in SALTSJÖBADEN, Schweden, vom 11. bis 13 Mai 1973 Vorsitz: Prinz Bernhard von den Niederlanden

Frankreich
René Granier de Lilliac, von Compagnie Francaise des Petroles
Baron Edmond de Rothschild

Deutschland
Egon Bahr (SPD), Bundesminister für besondere Aufgaben
Birgit Breuel (DCU), Hamburger Bürgerschaft
Helmut Schmidt (SPD), Bundesfinanzminister, später Bundeskanzler
Theo Sommer, Herausgeber „Die Zeit"
Otto Wolff von Amerongen, DIHT

Italien
Giovanni Agnelli, Vorstandsvorsitzender von FIAT
Il Marchese Cittadini Cesi
Raffaele Girotti, Vorstandsvorsitzender der Ente Nazionale Idrocaburi (ENI)
Arrigo Levi von "La Stampa"
Cesare Merlini, Direktor des Instituto Affari Internazionali, Rom

Niederlande
F.J. Philips, Vorstandsvorsitzender von Philips NV
Gerrit A. Wagner, Präsident von Royal Dutch Shell

Schweden
Olof Palme, Ministerpräsident
Marcus Wallenberg, Vorstandsvorsitzender von SE-Banken

Vereinigtes Königreich

Sir Eric Drake, Vorstandsvorsitzender von British Petroleum Co.

Sir Denis Greenhill, Vorstandsmitglied bei BP

Denis Healey, Parlamentsabgeordneter

Sir Eric Roll, stellvertretender Vorstandsvorsitzender von S.G. Warburg & Co.

USA

James Akins vom Weißen Haus

Robert O. Anderson–Vorstandsvorsitzender bei Atlantic Richfield Oil Co.

George Ball, früher Stellvertretender Außenminister und Direktionsmitglied im Bankhaus Lehman Brothers.

Zbigniew Brzezinski später Sicherheitsberater des Weißen Hauses

William P. Bundy vom New Yorker Council on Foreign Relations

Emilio G. Collado, Vizepräsident bei EXXON Corporation

Arthur H. Dean von Sullivan & Cromwell

Henry J. Heinz, Vorstandsvorsitzender von H.J. Heinz & Co.

Henry A. Kissinger, Beauftragter des Präsidenten für Nationale Sicherheit

Walter J. Levy, Berater in Sachen Öl, Autor zahlreicher Arbeitsvorlagen

Robert D. Murphy, Vorstandsvorsitzender von Corning Glass Co.

John G. Tower, US Senator

Carroll Wilson vom MIT

Über den Autor

F. William Engdahl (geb. 1944) wuchs zwischen den Öl-feldern von Osttexas auf. Das mag der Grund sein, warum ihn die Beschäftigung mit der technisch und politisch aufregenden Welt des Öls nicht mehr losließ. Nach dem Studium von Ingenieurwissenschaft und Jura an der Universität Princeton (NJ) absolvierte er ein wirtschaftswissenschaftliches Aufbaustudium in Stockholm mit dem Schwerpunkt „internationale Wirtschaftsbeziehungen". Seit 16 Jahren ist er wissenschaftlich und journalistisch tätig. Er veröffentlichte Arbeiten über die verschiedensten Aspekte internationaler Öl-, Energie- und Wirtschaftspolitik in unterschiedlichen Magazinen und Zeitschriften, unter anderem in *TIPRO-Reporter*, dem Magazin der unabhängigen Ölförderer in Texas. Er war in den siebziger Jahren, während der Zeit der Ölkrise, in den USA als Energie-Redakteur für das Wissenschaftsmagazin *Fusion* und das Nachrichtenmagazin *Executive Intelligence Review* tätig. Der Autor lebt heute als freier Schriftsteller in der Bundesrepublik Deutschland.

NAMENSREGISTER

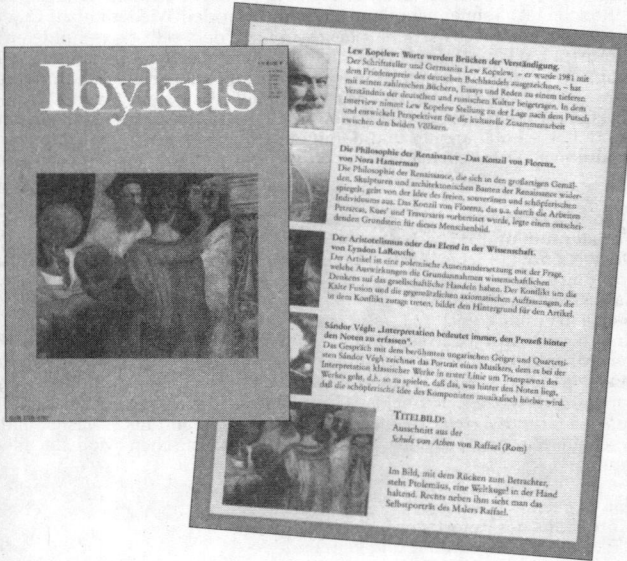

Absender.

Name...

Vorname...

Straße, Hausnr. ....

PLZ, Ort. ....

○ Ich bestelle ..... Exemplare des Taschenbuches
Engdahl: Mit der Ölwaffe zur Weltmacht.

Bitte liefern sie ..... Ex.

○ an meine Anschrift

○ an beiliegende Anschriften von Schulen, Einrichtungen und Personen

Zahlung erfolgt

○ per Rechnung per Abbuchung per Überweisung

○ Verrechnungsscheck über DM..... liegt bei

○ Bitte buchen Sie den Betrag von DM ..... von meinem
Konto ab

Kreditinstitut ....

Konto Nr. ....BLZ ....

Name....................................Vorname ....

Datum ....Unterschrift ....

Dr. Böttiger Verlags-GmbH
Postfach 1611

W-6200 Wiesbaden